中国社会科学院老年学者文库

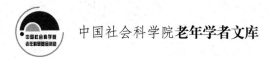

中国社会科学院**老年学者文库**

真与诗

——意大利哲学、文化论丛

田时纲　著

社会科学文献出版社

SOCIAL SCIENCES ACADEMIC PRESS (CHINA)

目　录
CONTENTS

评　传

克罗齐 ………………………………………………………… 3

葛兰西 ………………………………………………………… 36

贝林格 ………………………………………………………… 88

帕累托 ……………………………………………………… 119

论　文

马克思主义在意大利的最初传播者

　　——安东尼奥·拉布里奥拉 …………………………… 207

葛兰西与唯物主义 ………………………………………… 216

论葛兰西对马克思主义的理解 …………………………… 226

"egemonia"是"领导权"还是"霸权"？

　　——葛兰西政治理论的核心范畴 …………………… 243

葛兰西是"西方马克思主义者"吗？ …………………… 250

葛兰西研究的歧途与正道 ………………………………… 273

葛兰西：意识形态领导权与无产阶级专政 ……………… 278

史学家克罗齐与中国史学

　　——《克罗齐史学名著译丛》总序 ……………… 297

马基雅维利：正义，还是邪恶？ ………………………… 306

论布鲁诺自然哲学的唯物主义倾向 …………………… 310

蒙台梭利教育体系与中国儿童教育

　　——《蒙台梭利文集》中译者序 ……………… 321

《美学的理论》导读 ……………………………………… 339

朱光潜的误译 ……………………………………………… 354

为何重译《美学的理论》 ………………………………… 362

为何重译《美学纲要》 …………………………………… 369

为何重译《美学精要》 …………………………………… 378

对《狱中札记》中译本的几点意见 …………………… 385

《美的历史》中译本错漏百出

　　——从"序言"和"导论"看对艾柯的偏离……… 393

随　笔

史学家克罗齐与中国 …………………………………… 405

《狱中书简》译序 ………………………………………… 409

《火与玫瑰》译序 ………………………………………… 413

《作为思想和行动的历史》译后记 …………………… 418

东鳞西爪

　　——《文物修复理论》翻译札记 …………… 420

关于 Thomas Aquinas 的译名问题 …………………… 425

诺拉行 …………………………………………………… 428

奥维德，苏尔莫纳抹不去的记忆 ……………………… 436

实用·坚固·美

　　——意大利建筑札记三则 ………………… 441

难忘《最后的晚餐》 ……………………………………… 446

《爱的教育》翻译札记 …………………………………… 450

附　录

社会主义不是"畸形学"的历史过程
　　——多梅尼克·洛苏尔多访谈录 ………………… 463

后　记 ………………………………………………………… 468

评传

克罗齐

　　贝内德托·克罗齐（Benedetto Croce，1866～1952）是现代意大利著名哲学家、历史学家、文艺批评家和政治活动家。克罗齐学识渊博、勤奋著述，在他长达半个多世纪的学者生涯中，著有"精神哲学"4卷，哲学及美学论文集15卷，历史学、文学及文艺批评方面的专著44卷，政论、书信等13卷，总计76卷。克罗齐的主要著作被译成25国文字出版。在近代，像克罗齐这样涉及学术领域之广，著述之巨，集思想家与活动家于一身者并不多见。

　　克罗齐的美学理论在西方美学界与文艺界产生了广泛而深远的影响；他在文艺批评方面的成就，无疑使他成为独树一帜的大家；他用"差异辩证法"取代"对立"辩证法，从右的方面批判黑格尔，成为"新黑格尔主义"的重要代表；他在绝对历史主义的哲学主张中，宣扬主观唯心史观，批判唯物史观与客观唯心史观。从20世纪初至第二次世界大战结束，克罗齐成了意大利思想界的主导人物，影响了整整一代学者。早在20世纪30年代，意大利杰出的马克思主义理论家葛兰西就正确评价了克罗齐的历史作用（"精神教皇"），同时，清醒地认识到，要确立马克思主义在意识形态领域的领导权，就必须彻底清算克罗齐。

一　克罗齐的生平和历史背景

（一）那不勒斯—罗马—那不勒斯

1866年2月25日，克罗齐出生在阿奎拉的佩斯卡塞罗利的名门望族，这一家族从他祖父起就迁居意大利南方大城市那不勒斯。祖父贝内德托·克罗齐是那不勒斯大学法律系毕业生，后任波旁王朝那不勒斯大法官。他的父亲帕斯夸莱·克罗齐是个富有的资产者，他母亲路易莎·希帕莉是个很有文化修养的妇女。克罗齐受其家庭，尤其是母亲的影响很大。他在回忆自己童年生活时写道："我的家庭为我树立了和睦、井井有条和勤劳不懈的榜样：父亲整日关在书房里，处理着公文；母亲起得最早，天刚破晓就东奔西忙，帮女仆们料理家务。"① 克罗齐的母亲酷爱读书，非常喜欢造型艺术和古代建筑。在她的熏陶下，克罗齐自幼勤奋好学，"表现出重视和酷爱历史、文学的倾向"。他经常缠着妈妈让她讲故事，喜欢由妈妈领着逛书店，阅读小说成了他童年时的最大乐趣。

1875 年，不足 10 岁的克罗齐，开始到那不勒斯由耶稣会主办的"上帝之爱"（"Carità"）公学学习，受到良好的道德与宗教教育。但在这所教会学校的最后 3 年，克罗齐完全成了"局外人"，他的宗教信仰发生了动摇，因而到那不勒斯大学听其叔父贝尔特兰多·斯帕芬达②的逻辑课程。他叔父是个叛教神甫，当时著名的黑格尔主义者，通过他，克罗齐开始接触黑格尔哲学。中学时代的克罗齐阅读了大量的德·桑克蒂斯③和卡尔杜齐④的作品，这为其美学及文艺批评理论的形成奠定了基础。他在 16 岁时，就撰写了多篇文学评论，发表在罗马的《意见》杂志的文学副刊上。

1883 年 6 月 28 日，克罗齐和家人在伊斯基亚岛上的卡萨米齐奥拉度假，突发的地震夺去了他双亲和姐姐的生命，他本人也被埋在瓦砾之中，受了重伤。失去父母后，他的另一位叔父、著名自由派政治家西尔维奥·斯帕芬达成了克罗齐和其弟弟的保护人，克罗齐移居罗马叔父家中。到罗马的最初数月，是他一生中最痛苦、灰暗的时期。失去亲人，病痛折磨，前途未卜，郁郁寡欢，使他对生活失去信心，常常夜晚蒙头大睡，清晨不起，甚至萌生过自杀的念头。但他很快克服了精神危机，到罗马大学法律

---

① B. Croce, *Contributo alla critica di me stesso* (Milano：Adelph Edizioni, 1973), p. 16.
② 贝尔特兰多·斯帕芬达（Bertramdo Spaventa, 1817～1883），意大利哲学家，黑格尔主义者。
③ 德·桑克蒂斯（F. De Sanctis, 1817～1883），意大利著名文艺批评家。
④ 卡尔杜齐（G. Carducci, 1835～1907），意大利诗人，文学批评家。

系注册就读，却不专注听课，也不参加考试，而是经常去图书馆博览群书，研究自己喜欢的题目。

1884 年 1 月，他认识了罗马大学教授安东尼奥·拉布里奥拉。当时的拉布里奥拉还是个赫尔巴特主义者，克罗齐对他讲授的赫尔巴特①的伦理学颇感兴趣。对他来说，拉布里奥拉不仅是哲学启蒙的导师，还是真诚的朋友，与他交往生活既充实又富有意义。

1886 年，20 岁的克罗齐回到那不勒斯定居，开始转向对历史学的研究。次年，赴德、奥、法、荷、西、葡等国考察。至 1892 年，完成《1799 年的那不勒斯革命》《那不勒斯的历史与传说》《巴罗克时期的意大利》等历史学著作。但勇于探索的克罗齐对取得的成绩并不满足，他对当时在意大利盛行的斯宾塞实证主义哲学特别反感，决心粉碎"实证主义的坚冰"，同维拉里（P. Villari）等"历史是科学"论者展开论战。通过对维科的《新科学》的认真研读，使克罗齐眼界开阔、认识深化。1893 年，他在彭塔亚纳学院宣读了《艺术普遍概念下的历史》的论文，这标志着他哲学研究的开始。

（二）拉布里奥拉—马克思主义

克罗齐离开罗马后，与拉布里奥拉仍保持联系。在反对实证主义的斗争中，两人的关系更加密切。1890 年成为马克思主义者的拉布里奥拉在罗马大学讲授历史唯物主义，尽管克罗齐渴望听讲，但因他远离罗马，不能如愿。这样，当他收到拉布里奥拉的《纪念〈共产党宣言〉》手稿后，就一遍又一遍地如饥似渴地阅读，对他来说，一切都是那么新鲜，都是前所未闻的新概念与新观点。克罗齐立即给拉布里奥拉写信，建议由他负责此书的出版，并鼓励老师继续撰写这方面的文章。拉布里奥拉欣然同意，并致谢意。1895 年，由克罗齐出资印刷的《纪念〈共产党宣言〉》出版了。3 月，拉布里奥拉将马克思的《神圣家族》和其他在意大利很难买到的著作寄给他，并希望他认真研究恩格斯的《反杜林论》。这年夏天，拉布里奥拉

---

① 赫尔巴特（J. F. Hebart, 1776 ~ 1841），德国哲学家、心理学家和教育家。

来到那不勒斯，师生俩几乎天天见面，一起热烈讨论历史唯物主义问题。但克罗齐对马克思主义的热忱只持续了数月，很快就被他的"批判精神一扫而光"，恢复了昔日的"自由传统"。① 克罗齐在研究马克思的经济学说时，经常为法国《社会进步》杂志撰写文章，成为索列尔的挚友。5 年内他完成多篇文章，后以《历史唯物主义和马克思主义经济学》为题集册出版。在这本书中，克罗齐对马克思的剩余价值学说提出质疑，并污蔑马克思主义是新形而上学。在他看来，马克思用"经济"解释一切，解决一切，"经济"就成了"隐匿的上帝"。1898 年，当索列尔和伯恩施坦鼓吹所谓"马克思主义危机"时，拉布里奥拉旗帜鲜明地指出，"马克思主义是能够发展的，并不存在什么马克思主义的危机"，"我们应该简单明了地嘲笑那些使用这个字眼的人们"，并"祝他们一路顺风"。② 而克罗齐却与其老师截然相反，他积极配合机会主义头目，批判"马克思的历史概念与经济概念"。拉布里奥拉对此极为不满；但克罗齐却博得索列尔和伯恩施坦的喝彩，他们都承认受过克罗齐的有益启发与影响。这说明克罗齐主义是修正主义的思想渊源之一。

随着时间的推移，克罗齐对马克思主义和无产阶级革命的态度越来越反动。

在 1930 年的牛津哲学大会上，当卢那察尔斯基做报告批判资产阶级美学，赞扬马克思主义美学时，克罗齐马上起来反驳，说什么"马克思主义美学"语义矛盾，因为马克思主义只是经济学。

1950 年 9 月，即在他去世前两年，在《今日马克思主义》这篇奇文中，克罗齐活灵活现地勾画出自己反对马克思主义的面目："马克思是一位雄心勃勃的哲学家。我认为反驳并否定他不仅合法，而且义不容辞。因为，依我看，他是一位软弱无力的哲学家"，"对历史的唯物主义或经济学的解释……今天任何严肃的历史学家都不置一顾。"他庆幸自己生活在意大利，"跟另一些国家享用的马克思主义的完美生活相距遥远"。③

---

① B. Croce, *Terze pagine sparse*, I (Roma-Bari：Editori Laterza, 1955), p. 278.

② A. Labriola, *Scritti filosofici e politici* (Torino：Einaudi editore, 1976), p. 918.

③ B. Croce, *Terze pagine sparse*, I (Roma-Bari：Editori Laterza, 1955), pp. 278 - 281.

这里，需要指出的是：在分析克罗齐对待马克思主义的态度时，不应简单化。克罗齐有着他的特性，也有着一个逐渐演变的过程。

在 19 世纪末，克罗齐能较为客观地承认马克思"给工人和渴望工人运动成功的人们，提供了实现其目的的政治手段"，称马克思是"无产阶级的马基雅维利"①（葛兰西很欣赏这一说法）。早在十月革命前的二十年，他曾预言"共产主义作为波澜壮阔的社会运动，不可能无所作为就被吞没和消灭"。②

1944 年时他对共产主义的态度不似晚年那样偏激。尽管他反对无产阶级专政（在他看来，任何专政都会导致战争和革命），但又认为"共产主义作为新经济法则与新社会秩序，没有理由与人们那么珍重的自由为敌"；"至于共产党，也不能断言其本质上是不可宽恕得非自由和反自由的。"③

还应指出的是：对马克思主义采取批判态度的克罗齐，却同某些马克思主义者建立了友谊。

他始终崇敬和爱戴拉布里奥拉，就是在与他分道扬镳之后也是如此。1938 年，当巴里警察局禁止再版《纪念〈共产党宣言〉》时，克罗齐提出强烈抗议。他也曾是被其称为"严肃的老马克思主义者"的威廉·李卜克内西的朋友。1900 年 2~3 月，威廉·李卜克内西到意大利旅行。克罗齐热情接待了这位工人运动的老战士，带领他游览了那不勒斯及其附近的名胜，并邀他到家里做客。马克思的战友将自己的著作送给克罗齐留念，后者一直珍藏着。1928 年，当克罗齐去柏林时，老李卜克内西之子还特意前往探望，一起追忆 28 年前他父亲和克罗齐的这段趣事。

（三）精神哲学—《批判》—金蒂莱

20 世纪前 10 年是克罗齐主观唯心主义哲学体系形成时期。克罗齐把这一庞杂的哲学体系称作精神哲学，分为四个部分：美学、逻辑学、实践哲学（经济学和伦理学）、历史学。1902 年，《作为表现科学和普通语言学的

---

① B. Croce, *Terze pagine sparse*, I（Roma：Editori Laterza, 1955），p. 278.

② Ibid. .

③ B. Croce, *Scritti e discorsi politici*, I（Roma-Bari：Editori Laterza, 1973），pp. 91 - 93.

美学》出版，该书在欧洲文化界产生深远影响。两年后，法译本问世，接着德、英、西、葡、捷、匈、罗等外文译本相继出版。1908～1909年，《作为纯概念科学的逻辑学》和《实践哲学》先后完成。1915年，《历史学的理论和历史》以德文出版，两年后推出意大利文版。

精神哲学的出现不是偶然的，它是意大利这个落后的帝国主义国家的思想产物。

1870年意大利实现了民族统一，但统一后的意大利封建残余大量保存，资产阶级不想也无力清除它们。这样，广大劳动群众——农民、手工业者和工人身受资本主义和封建主义的双重压迫。压迫愈重，反抗愈烈。仅20世纪前两年就爆发了850余次农民起义、1000多次工人罢工。面对此起彼伏、蓬勃发展的工农革命运动，克罗齐的精神哲学（"一切实在皆精神，一切精神皆历史"）正好适应统治集团的需要，起着掩盖阶级矛盾与社会问题的反动作用。克罗齐早在焦利蒂①时代就成为南方知识界、农业集团的精神领袖，盛行一时的实证主义让位给唯心主义，则是北方资产阶级向南方大地主妥协并与之结盟的反映。1896年，在反对实证主义的斗争中，克罗齐结识了当时还是比萨师范学院学生的金蒂莱②。1902年，克罗齐创办了《批判》杂志，金蒂莱是积极的合作者。《批判》是哲学、历史和文学的综合月刊，它除在战时的1944年改为不定期的《批判手册》外，准时无误地发行了40年。它几乎每一期都刊登克罗齐的文章。"他通过一系列短小精粹的文章，毫无学究气地传播他的世界观，在这些文章中，哲学直接以良知和常识的面貌出现，被人接受。"③克罗齐主办的《批判》月刊，在使意大利文化摆脱狭隘的地方观念和闭塞状态，加强国际交流方面，做出了自己的贡献。他本人就有着广泛的国际联系，与托马斯·曼、浮士勒、爱因斯坦等建立了亲密的友谊。

克罗齐特别重视对欧洲哲学思潮的介绍和本国哲学遗产的发掘工作。在他的指导下，拉泰尔扎出版社编辑出版了"现代哲学经典"和"现代文

---

① 焦利蒂（G. Giolitti，1842～1928），自由党议员，1892～1913年任政府总理。
② 金蒂莱（G. Gentile，1875～1944），意大利新黑格尔主义者，法西斯主义者。
③ 葛兰西：《论文学》，吕同六译，人民文学出版社，1983，第136页。

化书库"两大丛书。前类主要是欧洲近代哲学，尤其是理性主义与唯心主义哲学名著。1907 年，这套丛书的前三卷出版了。第一卷是由克罗齐从原文翻译并作序的黑格尔的《哲学全书》，第二卷是康德的《判断力批判》，第三卷为金蒂莱整理的《布鲁诺意大利语对话集》。

（四） 墨索里尼—法西斯主义

克罗齐与金蒂莱的关系越来越紧张，这不仅由于哲学上的分歧：后者强调精神的统一，批评克罗齐的精神四种形式的差异是经验主义的，前者反对用精神的统一抹杀差异的区别，不赞成把全部精神活动都归结为哲学；更主要的是因为其后二人政治立场的不同：金蒂莱成了顽固的法西斯主义者，而克罗齐是个坚定的自由派。

1910 年，克罗齐当选为参议员，1920 ~ 1921 年，在焦利蒂内阁任教育大臣。焦利蒂内阁的倒台，使他未能实现教育改革方案。1922 年 10 月，墨索里尼上台，由金蒂莱出任教育大臣。直至 1924 年底，克罗齐并未识破法西斯的真面目，对其还抱有幻想："当时仿佛有一股新的年轻的力量投入意大利政治生活，给被长期战争搞得贫乏衰竭的政治阶级注入新的血液。当时鲜为人知的墨索里尼，被描绘成一位暴烈的平民，但又是大公无私的爱国志士。"[1] 这主要因为克罗齐被十月革命后意大利方兴未艾的革命运动吓昏，从维护资本主义秩序的需要出发，认为法西斯主义是使国家摆脱无政府状态的出路；另外，墨索里尼刚刚上台，还有所顾忌，第一届内阁由人民党、自由党、社会民主党、国家主义党和法西斯党联合执政，这使克罗齐大大低估了法西斯主义对民主政体的危险性。

1924 年 6 月 10 日，著名社会党众议员马泰奥蒂被暗杀，全国掀起愤怒的浪潮，反对党议员离开议会，组织阿文廷抵抗议会，抗议法西斯暴行。但克罗齐却多次向阿文廷运动领袖阿门多拉建议返回议会，他本人甚至在参议院对法西斯政府投了信任票。后来克罗齐承认自己误以为墨索里尼对暗杀马泰奥蒂不负有责任，并轻信了法西斯党魁要恢复宪法权威的谎言。

---

[1]　Paolo Bonetti, *Introduzione a Croce* (Roma-Bari：Editori Laterza, 1984), p. 150.

他怕分裂会激怒墨索里尼，造成对自由的危害。但即使在这一时期，也不能讲克罗齐与法西斯同流合污。当墨索里尼通过金蒂莱邀他入阁时，他断然拒绝，提出只有让焦利蒂出任总理才行，因为同法西斯党魁坐在同一张桌旁，使他感到奇耻大辱。在众议院投信任票之后，他向《意大利报》记者申明，这不是出于"赞同"，而是对个人意向的压抑，是强制履行痛苦的责任，并谴责法西斯以暴力维持政权。为此，法西斯报纸咒骂克罗齐是"行尸走肉"。

1925 年初，墨索里尼实行恐怖政策，大头棒与蓖麻油迫使反对派流亡国外，出版自由被破坏，特别法庭残酷镇压反法西斯主义者。金蒂莱也越来越反动，他公然为法西斯党代表大会撰写了《法西斯知识分子宣言》。阿门多拉闻讯立即写信给克罗齐，要他针锋相对地给予反击，克罗齐欣然同意。5 月 1 日，由克罗齐起草的《反法西斯知识分子宣言》，征集了数百名知识界著名人士的签名，在《世界报》上发表。这使墨索里尼大为恼火，为了报复，他在大庭广众之下，声言从没读过克罗齐的任何一行文字。之后，墨索里尼鉴于克罗齐的声望与影响，又想拉拢他，改口道："他是我伟大的精神导师之一，我从他的书中汲取营养。"克罗齐的朋友受墨索里尼之命进行游说，遭到他的拒绝，他揶揄道："墨索里尼说了一个真理，他没有读过我一行文字；这次他又急急忙忙地把它变为谎言。"①

1926 年 11 月 1 日晚，法西斯匪徒闯入克罗齐在那不勒斯的住所捣乱。当克罗齐就此罪行提出抗议时，墨索里尼狡辩说，这令人遗憾的事件是些不知名的家伙干的，警察难以追捕。克罗齐反唇相讥道："对，是一阵风吹裂了阳台，造成了破坏。墨索里尼对此一无所知，毫无过错。"②

在克罗齐拒绝向法西斯当局做出某种保证后，他就被排除在学术团体和公共活动之外。警察在克罗齐住宅周围和对面院子里设岗，监视每个来访者，并对他进行跟踪。有时，克罗齐外出认出秘密警察，就主动打招呼，开玩笑，问他们为什么不随他上公共汽车，甚至把目的地告诉他们，说这如果能给他们带来好处，大可通报上司。此后法西斯当局不时警告他，并

---

① B. Croce, *Nuove pagine sparse*, Ⅰ (Roma-Bari: Editori Laterza, 1956), pp. 90 - 91.

② Ibid. .

给他带来麻烦，但他自 1925 年起，始终未向墨索里尼低头，从而成为资产阶级自由派反法西斯的精神领袖。

（五）学者—政治家

克罗齐在法西斯黑暗统治时期，撰写了一系列历史学和历史理论著作。1928 年，《1871～1915 年意大利史》出版，获极大成功，当年就印行三版（墨索里尼统治时期共发行七版）。这不是偶然的，克罗齐从意大利民族统一写起，写至第一次大战前为止，对于显赫一时的法西斯运动不屑一顾，以示蔑视与抗议，自然会受到对法西斯暴政不满的广大读者欢迎。同时，也受到法西斯分子的仇视，他们极力主张查禁此书。墨索里尼鉴于克罗齐的国际声望，未敢查禁，只命令新闻界对此书不予评述，但法西斯报纸还是怒不可遏地发起了攻击——什么"没有历史的历史""不合时令的果实""一本糟透了的书"等毒焰向克罗齐袭来。

但这一切都是徒劳的。1931 年，克罗齐的《伦理与政治》出版。一年后，《十九世纪欧洲史》问世，这本书在法西斯时期印行达六版之多，同样取得不同凡响的成功。我们对克罗齐的历史学著作要作科学分析，不能离开它们的时代背景，孤立地看其唯心史观的内容，而应肯定它们反法西斯的一定社会作用。

1938 年，克罗齐又完成了《作为思想和行动的历史》一书。这部重要著作阐述了"自由的历史"，巴里警察局察觉到对当局不利的思想，决定禁止印刷。只是在克罗齐的强烈抗议下，墨索里尼才不得不同意放行该书。当克罗齐的朋友问他是否应感谢领袖时，他坚定地答道："我有直言不讳、书其所思的权利，谁要阻止我这样做，那就不能期待我感谢。"

1943 年 7 月 10 日，英美联军在西西里登陆，25 日墨索里尼下台并被捕，德寇迅速占领意中北部大城市，意大利新政府于 10 月 23 日对德宣战。在这风云突变的历史关头，克罗齐积极投身政治活动。那一年的 7 月 22 日，他向美军杜诺万将军建议组织意大利志愿军，协同联军与希特勒德国作战。10 月 14 日，他应杜诺万将军之邀，起草了征集志愿军宣言。8 月，克罗齐提议重建在 1925 年被取缔的意大利自由党。在次年 6 月召开的意大利自由党全国代表大会上当选为主席。克罗齐积极主张废黜国王，让王室成员流亡国外，他这种鲜明的共和主义立场遭到王室的反对。

1944年1月，克罗齐参加了在巴里召开的解放委员会第一次代表大会，并在会上做了题为《在世界自由中的意大利自由》的报告，宣传自由高于一切，号召发扬意大利民族复兴运动先驱马志尼、加富尔的自由主义传统，建立资产阶级共和国。在4月组成的第一届民主内阁中，克罗齐和陶里亚蒂等担任不管部长的职务。

1945年4月28日，墨索里尼被游击队处决，5月20日德国占领军投降。次年3月，意大利全国就国家政体举行公民投票，结果多数人赞成共和制，萨沃依王室流亡国外。在创建意大利共和国的历史转折时期，克罗齐更加频繁地从事政治活动。他积极参加制宪会议，在制定宪法时，反对天民党与共产党的妥协及三党（天民党、共产党、社会党）联合政府。在国际政治方面，他坚决反对战后"强加于"意大利的和约；他投票支持意大利加入北大西洋公约组织。

1947年后，克罗齐把主要精力投入学术活动中。他先是在那不勒斯创建意大利历史研究所，后辞去自由党主席职务。1948年，由埃诺迪总统授予他终身参议员称号。

克罗齐一向身体健康，精力充沛，每天仅睡六小时，整日勤奋工作。但从1948年起他的身体每况愈下，1950年2月，右半边身子麻痹。他预感到所剩时日不多，于是加紧整理自己未发表的文稿，并决定将他的私人图书馆（意大利藏书最丰富的私人图书馆）捐赠给意大利历史研究所。

克罗齐于1952年11月20日清晨逝世，享年86岁。

二　克罗齐的哲学体系、渊源与特征

从1902年克罗齐发表《作为表现科学和普通语言学的美学》起，到1908年和1909年又分别完成的《作为纯概念科学的逻辑学》和《实践哲学——经济学与伦理学》，可以说基本上建构起主观唯心主义的庞大而复杂的哲学体系。1915 年克罗齐用德文出版了《历史学的理论和历史》，加深并扩大了他在《逻辑学》中关于历史理论的研究。该著作是前三部哲学著作的总结。克罗齐把以上四部哲学著作合称为精神哲学。

"一切皆精神""一切皆历史"是克罗齐主义的两个根本原则。让我们看一下他本人的绝好说明吧！在精神哲学中，"真实界被确认为精神，这种精神不是高悬在世界之上的，也不是徘徊在世界之中的，而是与世界一体的；自然已被表明是这种精神本身的一个阶段和一件产物，因而二元论被它替换了，一切超验论，不论其起源是唯物主义的或是神学的，也已被它替换了。精神就是世界，它是一种发展着的精神，因为它既是单一的，又是分歧的，是一个永恒的解决，又是一个永恒的问题；精神的自我意识就是哲学，哲学是它的历史，或者说，历史就是它的哲学，二者在本质上是同一的"①。

我们都知道，思维与存在、精神与物质的关系问题是一切哲学的基本问题。每个哲学家都要对这一重大问题做出自己的回答。克罗齐坚决反对哲学基本问题的提法，认为它毫无意义，因为在他看来，这个提法本身就默认了他深恶痛绝的心物二元论。他站在唯心主义立场上，污蔑唯物主义是形而上学，拒不承认精神之外的物质世界的存在，说什么"我们从未于精神之外发现自然，那么，我们就不能把它思维成和精神相对立的一个自然"②。为此，他不仅反对唯物主义的物质范畴，也批判康德的物自体（自在之物）。他认为，康德的物自体处于任何范畴和判断之外，换言之，即外在于精神；范畴似乎不内在于实在，而是对它外在的附加，这样，康德实际上对唯物主义作了让步，仍未能跳出心物二元论的泥淖。③克罗齐也使用"物质"（rnateria）这一概念，但与通常的含义大相径庭。他在《作为纯概念科学的逻辑学》中写道："在纯直觉中有又没有物质：没有无理性的物质，而有有形式的物质；即作为形式的物质；于是有理由说艺术是纯形式，或物质与形式，内容与形式在艺术中熔为一炉（先验审美综合）。"这即是

① 克罗齐：《历史学的理论和实际》，傅任敢译，商务印书馆，1982，第 249 页。
② 克罗齐：《美学原理·美学纲要》，朱光潜等译，外国文学出版社，1983，第 346 页。
③ B. Croce, *Logica come scienza del concetto puro*（Roma-Bari：Editori Laterza，1981），p. 138.

说，物质不能脱离理性（精神）独立存在，它由精神在直觉中赋予形式，才成为艺术的内容，即材料，无形式的物质只是某种假定。这里，我们耳边似乎响起老贝克莱的"存在就是被感知"的声音，克罗齐只不过用"直觉"这个新词代替了"感知"。

克罗齐虽然不满意康德哲学的物自体，但对他的先天综合却大加赞赏。在他看来，谁不接受先天综合（la sintesi a priori），谁就脱离了现代哲学，甚至全部哲学的轨道。克罗齐抱怨"先天综合的发现者"（指康德）对其重要性低估了，而他的弟子就更糟糕。接着，克罗齐像自己伟大同胞哥伦布发现新大陆似的得意扬扬，夸耀自己认识了先天综合的伟大价值——"它有效地解除了对思维的客体性与实在的可认识性的疑虑。"① 这样一来，不可认识的"自在之物"、外在于思维的自然和先于精神的物质就都被推翻了；实在被当作内在物（即内在于精神），使精神从外部自然的噩梦中解放出来，实现主体的客体精神化、主体思维的实体化，从而排除了一切超验的东西，并显现了绝对的内在性，二元论被克服，一元论——"绝对唯心主义""主观主义"产生了。由此可见，康德哲学的先天综合是克罗齐主观唯心主义庞杂哲学体系的基础。

克罗齐并不是简单地套用康德的先天综合，而是作了改变，他放弃了"先验范畴"，而代之以"精神先天综合"——"先天综合是精神的一切形式的，因为精神一般仅被视为先天综合，它不仅包含在审美活动和实践中，也包含在逻辑活动中"②。因此，先天综合一般来说，等于精神活动。克罗齐进而把审美先天综合与逻辑先天综合作了区分，认为逻辑先天综合需要以审美先天综合作为前提；而后者在逻辑领域已不再视为综合，而是新的综合密不可分的要素，在逻辑领域之外它有自己的独立性。在逻辑行为中，没有概念，直觉是盲目的，如同没有直觉，概念是空泛的一样。但纯粹的直觉并不盲目，因为它有其直觉的眼光。

克罗齐主要考察逻辑先天综合——不是一般先天综合，而是一种由界说判断（纯概念）与个别判断的一致、同一所构成的特殊形式。从直觉到

---

① B. Croce, *Logica come scienza del concetto puro*（Roma-Bari：Editori Laterza, 1981），p. 138.
② Ibid..

概念，即到概念的表现或界说判断，从界说判断再到个别判断，即应用概念于其来源的直觉，其过程呈现了逻辑必然性。因此，两个相异的形式是统一整体。虽然界说判断不是个别判断，但个别判断包含以前的界说判断。他举例说，人们想到"人"这个概念，不意味着彼得这个人存在，而是为了肯定彼得这个人存在，因此，首先应肯定人存在，即首先想到那一概念。克罗齐在这里完全颠倒了个别与一般的关系：不是一般在个别中存在，先有个别，后有一般，而是个别由于一般才存在，如同说先有"水果"的概念，而后才有苹果、樱桃等具体的水果。

另外，在定义中也有着表象要素与个别判断，因为问题总是个别地确定的。解决这些问题的概念定义"同时阐明个别与历史的条件性及它得以显现的一系列事件"。

个别判断中的主词是表象，但已不是审美静观中的纯粹、简单的表象，而是作为判断主词、思维过的表象，即逻辑性。我们说彼得是人，即肯定个别（主词）是一般（谓词）。

克罗齐进一步指出：界说判断与个别判断的区别不仅理解为分析判断与综合判断的区别，而且更清晰地表现为理性真理与事实真理、必然真理与偶然真理、先验真理与后验真理之间的区别。但是，不能说个别判断比界说判断缺少逻辑性。"难道恺撒和拿破仑的存在比'质''生成'的存在缺少合理性吗？"[1] 总之，它们不是精神的形式间的区别，只是精神在逻辑形式中的次区别（sottodistinioni）的一种区别。

克罗齐以差异（区别）的先天综合构筑了自己的哲学体系。在他看来，精神是既相互区分又相互关联的四种形式（或四度、四阶段、四范畴）的统一体。尽管精神活动的内容千变万化，但这四种形式保持永恒不变。它们是：个别认识，普遍认识，个别意志，普遍意志。与它们相对应的四种基本价值是：美、真、益、善。

早在 20 世纪初，当时还是克罗齐的合作者与朋友的金蒂莱就指出，克罗齐哲学"是纯粹唯心主义的，因为它把作为科学对象的唯一实在置于精

---

[1] B. Croce, *Logica come scienza del concetto puro* (Roma-Bari: Editori Laterza, 1981), p. 138.

神之中……克罗齐把精神设想为四阶段或四度的体系，它们之中每一个都以前一个作为前提条件，并是前一个的完成。其中两个构成精神的理论活动，① 它们是最基本的——一个存在于直觉活动中，理解为个人的或个别的，另一个存在于理智活动中，理解为普遍的；一个叫直觉原则，另一个叫概念原则。另外两度由实践活动的形式赋予：经济——实现功利目的的活动，道德或伦理——实现理性目的的活动。这样，直觉可以没有概念，概念不可以没有直觉；可以有概念无意志，而不是相反；可以有意志无道德，而不能有道德无意志"②。

总之，精神活动分为理论活动与实践活动两阶段，且前阶段不依存于后阶段，后阶段依存于并包括前阶段；认识又分为直觉与概念两度，实践分为经济与道德两度，高度依存于并包括低度，低度不依存于高度，且是高度的前提条件。

克罗齐依据精神的四种形式设置了精神哲学的四个组成部分：美学，逻辑学，实践哲学（经济学与伦理学），历史学。

在第一种形式——个别认识（直觉、想象、艺术）中，精神产生特殊的、个别的意象，即没有逻辑分类与区别，没有任何道德考虑与功利动机的诗的想象；但艺术不是对美的意象的简单直觉，而是情感与意象的结合。

在第二种形式——普遍认识（或普遍化的个别认识和个别化的普遍认识）中，精神产生普遍而具体的概念（真概念、纯概念）。只有真概念具有表现性、普遍性、具体性。表现性是指概念靠直觉，它只存在于语言（不仅指文字，也包括其他符号）中，并在逻辑判断中得以表达。而伪概念虽然也具有表现性，但缺少普遍性或具体性。

克罗齐认为，一切哲学概念都是真概念。由于它们超越一切个别意象或表象，故具有普遍性；但它们又内在于每一个个别意象或表象，因此又是具体的。比如"美""质""目的性"就是这样的真概念。

与此相反，所有自然科学的概念都是伪概念。它们划分为两类：一类是经验的，如"玫瑰""房子"等，为了称谓大量的同类事物，具有限定表

---

① 原文为 attività teoretica。

② E. Garin, *Storia della filosofia italiana*, *3*（Torino：Einaudi editore, 1978），p. 1295.

象的内容，故有具体性而无普遍性；另一类是抽象的，如"三角形""正方形"等，是缺少表象的共相，所以有普遍性而无具体性。不难看出，克罗齐的概念论实际上还处在柏格森直觉观的水平上。

在第三种形式中，精神经济地活动，即是说为了满足个别的利益和需要而活动。经济活动可以是不道德的，但不失其经济价值——效用。"益"（"利""效用"）是克罗齐哲学中最独特也最混乱的范畴。他不仅把构成自然科学的"伪概念"视为有用的"虚构"、实践的"便利"，而且把政治、法权、国家也看作实现经济目的的行动或组织。当克罗齐把自然科学放逐到精神的实践领域，就使实践与认识，行动与思维的界限不清，也就根本没有解决经验与概念的关系问题，从而荒谬地否定自然科学的理论价值和数理科学的具体认识价值，把自己置于与科学为敌的可悲境地。

在第四种形式中，精神最终道德地活动。这一活动的正负价值是善恶。由于普遍利益依据，包括个别利益，道德活动服从普遍利益，所以它依据并包括经济活动。"道德活动虽然是谋普遍的利益，却仍必假手于个别的人，实现于个别的行动。个人在道德活动中采取的不是个人的立场而是人的立场……连道德行为也包含利益打算，所以克罗齐否认有所谓'无利益打算的行动'。"①

人们通常把克罗齐的精神哲学称作新黑格尔主义，却不止一次地遭到他本人的反对。实际上，他虽受过黑格尔的强烈影响，但与其说主要是对黑格尔的继承，毋宁说更多的是对黑格尔的"改造"。

克罗齐的精神哲学否定了精神现象学与逻辑学的区别，它不仅否定自然哲学与历史哲学的辩证法概念，而且否定了逻辑本身的辩证法概念。在黑格尔看来，自然是绝对观念的外化，即精神的产物，但他毕竟承认自然的存在（作为绝对观念辩证发展的一个阶段）。而克罗齐只承认精神是唯一的实在，他反对逻辑、自然和精神的三位一体，认为自然只是精神辩证法的一个方面，是"实践的虚构"。有人说，再没有比克罗齐清除自然主义的残余更用心良苦的了。克罗齐要纠正黑格尔的自然主义错误，并找到了其

① 《朱光潜美学文集》第3卷，上海文艺出版社，1983，第185页。

根源："经过长期的困惑不解，我觉得终于理出头绪，即把握住黑格尔逻辑学内部的错误——用对立关系扼杀差异关系。"① 在克罗齐看来，黑格尔的失误就在于这种"混淆"——"把对立关系不适当地扩大到差异概念，辩证统一代替了有效的差异统一"②。

通过对黑格尔"对立辩证法"的批判，克罗齐形成自己的哲学框架。

精神分为四个相异又互不混淆的形式活动着。直觉、概念、经济、道德不是对立，而是差异，因此，也就没有斗争、超越、扬弃。美、真、益、善也并不是对立的关系，而是差异的关系，此非彼，但此并不否定彼，它们之间的联系建立在这一事实上——前阶段为后阶段的前提，后阶段是前阶段的完成。这样，精神的一种形式和平地过渡到另一种形式。直觉生概念，概念生实践活动，实践活动又产生物质——直觉的"材料"或"内容"，又开始新的演变过程，于是，循环往复以至无穷。克罗齐所描绘的精神活动如同封闭的环，"自给自足，无须外援"。他抱怨黑格尔"把对立扩展到精神与实在的形式，就不会产生真正的无限性——循环，而产生假的、恶的无限性——progressus in infinitum（无限的发展）"。③

"对立辩证法"是黑格尔哲学的精华，尽管它是唯心的，但毕竟天才地猜测到事物发展的根据——事物的内在矛盾是发展的动力。克罗齐抛弃黑格尔哲学的合理内核，就是否定矛盾的普遍性——用"差异"代替"对立"；就是否定斗争和转化——用"差异统一"代替"辩证统一"；就是否定飞跃——用"循环"代替"发展"。正如葛兰西指出的那样，克罗齐是从黑格尔那里倒退。一句话：他用形而上学反对辩证法。

虽然克罗齐也承认在精神的四种形式内部，即在价值与非价值之间——美—丑、真—假、益—害、善—恶之间存在对立，但这只限于概念的分析，如纯美、纯丑合为具体的美，而没有发展，因为纯美、纯丑并不存在。④ 这一点点让步，不会给克罗齐增添半点辩证法的光彩。

---

① B. Croce, *Terze pagine sparse* (Roma-Bari: Editori Laterza, 1955), p. 81.
② B. Croce, *Logica come scienza del concetto puro* (Roma-Bari: Editori Laterza, 1981), p. 135.
③ Ibid., p. 66.
④ 《朱光潜美学文集》第 3 卷，上海文艺出版社，1983，第 193 页。

克罗齐本人不同意把自己的"新"哲学观称作新唯心主义、新康德主义、新费希特主义、新黑格尔主义；起初他曾把其哲学称作绝对唯心主义，后来又改称"历史学的方法论"和绝对历史主义。

那么，克罗齐哲学到底怎样界说？这的确是个复杂棘手的问题。在解决这一问题之前，首先应考察克罗齐哲学的思想渊源与主要特征。

1918 年，克罗齐在《自我评论》中承认："我的精神条件是美学上的德·桑克蒂斯唯心主义者，道德与一般价值观上的赫尔巴特主义者、历史理论与一般世界观上的反黑格尔主义者、反形而上学派，认识论上的自然主义者和理智主义者，这些因素并未协调一致，它们甚至还未混合，仿佛临时凑合地一一排列。这些因素在我 20 岁前的文章中，其后……在论及'历史概念'及'文学批评'的早期哲学论文中反映出来。"①

这里，暂且不提某些用语的不确切，判断的不完整，至少对我们有如下几点启示。

第一，出生在意大利南方的思想家必然受其过去与当时同胞的影响。

第二，克罗齐有着广泛的国际联系，对哲学史和欧洲近代哲学思潮有着深刻了解，不应忽视欧洲文化，尤其是德国古典及近代哲学对其的影响。

第三，众多思想因素的杂陈、拼凑不仅是 19 世纪 80~90 年代，② 也是 20 世纪前 10 年"精神哲学"形成时克罗齐思想的显著特征。

克罗齐对 19 世纪意大利著名的文艺批评家、文学史家德·桑克蒂斯怀着"一贯敬意"，这不仅因为他把德·桑克蒂斯看作"形式美学"（直觉的美学）的理论先驱，还由于后者的唯灵论成为他反对实证主义的思想武器之一。在与实证主义者的论战中，克罗齐的德·桑克蒂斯主义的立场表现得如此鲜明，以致他希望德·桑克蒂斯不是南方人，而是个威尼托、伦巴弟或托斯卡纳人，③ 这样，"捍卫其思想遗产而又避免了愚蠢的地方主义

---

① E. Garin, *Storia della filosofia italiana*, 3（Torino：Einaudi editore, 1978），p. 1290.

② 克罗齐生于 1866 年，20 岁时为 1886 年，早期哲学论文《艺术一般概念下的历史》《文学批评及其在意大利的条件》分别于 1893 年、1895 年发表。

③ 德·桑克蒂斯和克罗齐都是南方人；威尼托、伦巴弟为意大利北部大区，托斯卡纳为中部大区。

之嫌".①

另一个出生在南方的哲学家维科是克罗齐最崇拜的导师,在他的书房里悬挂着这位那不勒斯天才人物的肖像。克罗齐赞誉维科、康德、黑格尔是近代三位最伟大的思想家,称颂"维科复活了全部精神生活"。对维科著作的搜集、编辑、校订、出版与研究是他毕生从事的事业。

1901 年克罗齐发表了《维科——美学的第一个发现者》的论文,次年完成《作为表现科学和普通语言学的美学》一书。不难发现,克罗齐的《美学》受维科的影响很深;语言与艺术本质上同一(因为二者都是表现),艺术创造与审美欣赏的统一,直觉或想象是认识的起点等观点都源于维科。

克罗齐很欣赏维科的"历史是人创造的,故人能认识"的思想,盛赞"我们的维科的'严肃工作'之一就是要……把历史的粗糙真相恢复过来"②。他运用维科的历史主义批判维拉里等的实证主义。1930 年,正是通过对维科的研究,克罗齐才提出"绝对历史主义"的哲学主张,最终"完善"其哲学体系。这里,尤其要指出的是:他关于维科和黑格尔的两部名著——《维科的哲学》(1910 年完稿,1911 年出版,在此之前已发表大量关于维科的论文)和《黑格尔哲学中的活东西与死东西》(1906 年初完稿,1907 年出版),与精神哲学的形成同步进行绝非偶然,这说明维科和黑格尔是克罗齐的两大思想先驱。

克罗齐对黑格尔采取的是既批判又吸收的态度。他改造"对立辩证法"("死东西"),继承唯心主义思想体系("活东西")。朱光潜先生这样分析过:"黑格尔有一句名言总结了他的哲学要义:'理性的即真实的,真实的即理性的。'这就是说,在逻辑思想上合理的就是在客观世界真实的,因此思想进行的规律就是宇宙演变的规律,说明了思想发展的逻辑性或理性,同时也就说明了真实世界的逻辑或理性,……这就是黑格尔所说的'具体的共相'。事理的一致就是真实世界与哲学思想的一致,所以黑格尔把真实世界看成一部哲学。在这个基本论点上克罗齐与黑格尔是一致的。"③ 不仅

---

① E. Garin, *Storia della filosofia italiana*, 3 (Torino: Einaudi editore, 1978), p. 1292.
② 克罗齐:《历史性的理论和实际》,傅任敢译,商务印书馆,1982,第 151 页。
③ 《朱光潜美学文集》第 3 卷,上海文艺出版社,1983,第 189 页。

如此，当我们把克罗齐的《逻辑学》与黑格尔的《小逻辑》（克罗齐译的《哲学全书》比他本人的《逻辑学》早两年出版）对照一下，就可以发现他的确从黑格尔那里汲取了不少"营养"：对形式逻辑的鄙视，对概念三个特点的说明，对具体共相说的新解，都有着明显的黑格尔的印记。

尽管克罗齐本人从未明确说明他与康德哲学的关系，却多次表示过对康德的崇敬，我们也不难发现他的"改造"最少黑格尔色彩，而具有康德的味道。朱光潜先生甚至认为克罗齐"吸取康德比吸取黑格尔还要多"[①]。上文分析过康德的先天综合是精神哲学的基础，这里不再赘述。

我国文献很少谈及的赫尔巴特，实际上，在克罗齐对黑格尔辩证法的改造方面，同康德一样起着举足轻重的作用。克罗齐在晚年承认："从一开始赫尔巴特主义就给我上了庄严的一课，它成为我终生深刻理解差异所遵循的不可动摇的法则。"[②] 他说，一方面，赫尔巴特使他提高了对黑格尔"错误"的警惕性并避免重蹈覆辙；另一方面，又把他从实证论和进化论中拯救出来，免受自然主义、唯物主义的腐蚀。

近年来，不少意大利学者强调指出克罗齐与 19 世纪后半叶德国文化的联系。加林[③]教授认为："在赫尔巴特主义者以后，狄尔泰（Dilthey）、席默尔（Simmel）、李凯尔特（Rickert）；历史科学的方法论，历史认识与审美直觉、精神（Geist）与生活（Leben）、生活与形式、心理学及其方法……是克罗齐在 19 世纪 80～90 年代经常谈及的作者与论题。"[④] 彼得·罗西（Pietro Rossi）也指出：克罗齐与文德尔班、李凯尔特几乎同时论证了历史研究的个别性，它与科学的区别。总之，在考察克罗齐历史观的形成时，也应考虑德国"历史主义者"这一因素。

综上所述，实际上，克罗齐的精神哲学是维科、康德、黑格尔、赫尔巴特、德·桑克蒂斯及德国"历史主义者"哲学思想的拼凑，与新康德主义、柏格森主义、马赫主义有着相近之处，其主要特征表现为主观唯心主

① 《朱光潜美学文集》第 3 卷，上海文艺出版社，1983，第 182 页。
② B. Croce, *Terze pagine sparse*（Roma-Bari：Editori Laterza, 1955），p. 124.
③ 加林（E. Garin, 1909～2004），意大利国家文艺复兴研究所所长，比萨师范学院教授。
④ P. Bonetti, *Introduzione a Croce*（Roma-Bari：Editori Laterza, 1984），p. 4.

义和形而上学。鉴于克罗齐哲学思想的独特性，似以其名字命名，叫克罗齐主义（crocianesimo）较为准确；或者沿用其本人的绝对唯心主义——绝对历史主义的说法。

在探讨了克罗齐哲学的内在特征后，我们再简述一下其外在特点。

第一，克罗齐先从特定的研究出发，再对具体成果进行反思，做出哲学概括。他首先是文艺批评家和历史学家，其后才成为哲学家。反过来，又用哲学思想指导具体研究。了解这一点，有助于我们理解克罗齐对艺术和历史的重视，美学和史学在其哲学体系中的重要地位。不仅如此，克罗齐还通过具体研究，完善其哲学体系。例如，表述艺术特性时，从一般意义上理解的直觉过渡到纯粹的抒情的特殊直觉，并非一般直觉概念推理的结果，而是源于他对艺术作品的直接思考及文艺批评的经验概括。

第二，先破后立，通过对可能采取的一切"错误"立场的批判，得出"正确"的结论。例如，开始否定——某物不是艺术，然后肯定——艺术是认识，是关于个别的认识，是直觉。

第三，谨慎而缓慢地处理哲学体系的矛盾。克罗齐主张对自己的著作要持谦虚但又宽容的态度，让书"自然成长"，明显的错误与矛盾留待将来处理，而不是油墨未干就急匆匆地更正。他不赞成维科的"自我批判"精神——"知错就改"，重新撰写，以致其杰作《新科学》九易其稿。

第四，尽管克罗齐不断协调新、旧思想，但由于其思想渊源的庞杂及哲学体系的固有矛盾，常常顾此失彼，漏洞百出。比如克罗齐在《美学精要》（Estetica in nuce）中修正《美学》的观点，指出艺术要与其他精神活动相互依存。然而，却产生了悲剧性的后果——不仅是对其美学思想，而且是对其整个哲学体系的摧毁，因为"艺术自主说"乃至克罗齐主义赖以存在的根据——精神四种形式的区分失去意义。[①]

第五，用葛兰西的话说，"克罗齐的著作深受欢迎的原因之一，在于它们的文风"，"就文体而言，克罗齐的创新是在科学散文领域，在于他擅长极其精炼同时又极其深邃地表达某种事物的能力，而在许多作家笔下，描

---

① 《朱光潜美学文集》第3卷，上海文艺出版社，1983，第212页。

述这种事物常常不免流于混乱、隐晦、冗长和佶屈聱牙的形式"。①

三 克罗齐的美学思想

克罗齐对西方影响最大的并不是他精心构建的哲学体系，也不是他引以自豪的绝对历史主义，而是其独特的美学思想及文艺批评理论。克罗齐美学由于和自康德以来的古典主义美学鲜明的对立，被认为是 20 世纪以来现代美学的先声之一。事实上，克罗齐美学不仅在战前的意大利据统治地位，而且在英、美、德、西乃至拉丁美洲都有着广大的读者和信徒。

克罗齐的美学思想可划分为五个发展阶段：（一）论文《文学批评及其在意大利的条件》（1895）；（二）《作为表现科学和普通语言学的美学》（1902）；（三）《美学纲要》（1913）；（四）《美学精要》（1928）；（五）《诗歌》（1936）。

克罗齐的美学是他的"精神哲学"体系的一个部分，是这个体系的一个重要环节。克罗齐关于精神的主动性与感受的被动性的学说是其美学理论的哲学基础，直觉即艺术是其美学的出发点。克罗齐认为，艺术不是被动的感受，而是精神的"独立自主"的创造活动的产物。他把这看作是革命，"是向前迈出的一大步"——"在美学领域否认内容与形式之分，被表述物与表述物之分，以及直觉与表现之分"②。

我们知道，在克罗齐的哲学体系中，精神分为认识活动与实践活动，而认识活动又分直觉与概念高低两度。这样，直觉不仅是认识活动的起点，而且成了全部精神活动的起点。

直觉与概念不同，它不是抽象的，它只产生特殊的个别的具体事物的意象。比如直觉到森林，头脑中就有了森林的意象。这个"意象"并不是对象的"镜像"，不是被动的"反映"，而是能动的构造，于是，这个森林的意象就代替了森林，内在意象代替了客观存在，如克罗齐所说，"反映现象已

---

① 葛兰西：《论文学》，吕同六译，人民文学出版社，1983，第 136 页。
② B. Croce, *Storia dell'estetica per saggi*（Roma-Bari：Editori Laterza，1967），p. 134.

不复存在，因为被反映物已不复存在，精神之外的这个幽灵已经消遁了"。①

直觉也不是知觉。知觉是被动的，接受性的，知觉肯定对象的真实，而直觉却不辨意象是实在的还是可能的。

我们看到，这种既不同于抽象概念，又不同于被动感受的"直觉"，就成了克罗齐美学的核心的概念。

直觉品里混化的概念已不再是概念，而成为直觉品的单纯要素。他举例说："放在悲喜剧人物口中的哲学格言并不在那里显出概念的功用，而是在那里显出人物特性的功用。"② 无疑，在这里，克罗齐抓住艺术创作中的特殊的现象，对把艺术作品当作"理念"的"显现"的古典美学观念，是一种冲击，当然，对那些缺少艺术性的标语口号式的创作手法也是一种批判。

克罗齐认为，情感本无形式，要靠直觉赋予它以形式，才能成为意象而形象化。艺术是意象，是情感内容与直觉形式的综合（审美先验综合）。在这个意义上，艺术叫"抒情的直觉"。把直觉与情感结合起来，艺术已不再是一般的"认识"，克罗齐关于"抒情的直觉"的思想，对当代西方的艺术理论产生深远影响。

克罗齐还指出，直觉与表现密不可分，直觉是表现并仅是表现。成功的表现是美，甚至表现就是美，因为在克罗齐看来，不成功的表现就不是表现。"表现"的概念，是当代西方美学的核心概念。克罗齐从"表现"来理解、规定"直觉"，使他的"直觉论"不同于"内省式"的"私人式"的"感受"，而是一种"意象的显现"，是一种打破了"内在"与"外在"顽固对立的精神创造活动。

既然直觉本身就是表现（当然不仅用语言文字，而且用线条、色彩、旋律、舞姿舞步、蒙太奇等手段表现），那么，直觉即直觉品，艺术家的艺术构思就成了艺术作品。至于诗人写诗，音乐家谱曲，画家作画，舞蹈家跳舞……都超出了艺术活动的范围，而属于实践活动的范畴。克罗齐强调艺术构思的重要性无可非议（米开朗琪罗也说过画家是用脑作画），但他强

---

① B. Croce, *Storia dell'estetica per saggi*（Roma-Bari: Editori Laterza, 1967），p. 136.

② 克罗齐：《美学原理·美学纲要》，朱光潜等译，外国文学出版社，1983，第 8 页。

调到荒谬的程度，以致无视起码的事实——否定构思与完成的差距。构思只是潜在的表现，完成才是实在的表现。画家首先用脑然后用手作画。当然，克罗齐原意是强调在艺术创作中"构思"与"表现"不可分的这一特点，但他把各个艺术门类的特殊表现方式都贬低为"传达手段"，从而在理论上完全否认艺术分类的意义，当然是错误的。他的这种极端的思想，受到后来包括他的传人考林伍德在内的批评和纠正，是可以理解的。后人无从把握米开朗琪罗头脑中的意象，但能从他的《创世纪》《大卫》《摩西》等艺术珍品中理解这位非凡的天才。另外，克罗齐否定艺术技巧、手段在艺术创造中的作用也与艺术史的实际不符。例如，从凡·高开始纯色压过线条，接着马蒂斯和布拉克把色彩视为绘画语言的精华，更不用说毕加索的反透视法的线条了——这些绘画技巧的变化反映了现代西方绘画不同流派的演变。

在克罗齐的"艺术是抒情的表现"的公式中，肯定了艺术反映人的情感和艺术的特殊规律——意象表现情感；同时，否定了艺术取之不尽的源泉——社会生活，不承认艺术作品是对社会生活的提炼、概括。

从"直觉即表现"出发，克罗齐还强调艺术与语言的同一性——语言是艺术，语言学也就是美学。因为，语言与艺术都是精神活动的产物，它们的本质是表现。这就不难理解为什么克罗齐把美学叫作表现科学和普通语言学了。应该说，克罗齐的这一看法很发人深省：为什么文学（语言的艺术）可以转化为其他艺术形式？像柴可夫斯基的幻想序曲《罗密欧与朱丽叶》（根据莎士比亚的同名诗剧作曲），罗丹的雕刻名作《尤谷利诺》（取材于但丁的《神曲》）等等，这在艺术史上不乏其例。各种艺术语言——线条、色彩、音程、音符、舞步、蒙太奇等除了跟语言的明显区别外，也有着共性，即表现性。

克罗齐关于直觉—表现—语言的公式对现代西方美学产生重要影响。在这里，克罗齐还表现了对新的语言理论的吸收和借鉴。"语言"作为"表现"与"语言"作为"传达"工具的两种理论的对立，使克罗齐的美学与新的语言学派得到了呼应，而艺术与语言联系起来的思考，已成为现代西方美学的重要问题之一。

克罗齐进而强调艺术的整一性。他认为，各种艺术形式，不论是诗和音乐，还是绘画和雕刻，都具有成其为艺术的共性。无论是自然美，还是艺术美，它们都是美，具有美的普遍性。我们不能不承认莎士比亚的悲剧《罗密欧与朱丽叶》和柴可夫斯基的幻想序曲《罗密欧与朱丽叶》都是艺术瑰宝，汹涌澎湃的黄河和气吞山河的《黄河大合唱》都非常美。

克罗齐还把艺术活动看作尽人皆有的一种最基本、最普遍的活动。每个人总要认识，因此不能不直觉，也就不能不从事艺术活动。"人是天生的诗人"——一个人总要说话，这便是表现，所以他也就是诗人。大艺术家与常人只有量的区别——大家都会直觉。如果天才与我们截然不同，那天才就不会被我们理解和欣赏。在此基础上，克罗齐强调创造与欣赏，天才与鉴赏力的统一。"要判断但丁，我们就须把自己提升到但丁的水平"①，即是说把我们自己放到但丁所处的历史环境中，才能理解但丁。不仅如此，当时的历史环境还要结合现时的历史环境发生作用。为什么对同一艺术作品存在不同的判断？原因就在于人们不能总是处在艺术家创造作品的环境之中。在对艺术作品欣赏之前，需要有历史、文化批评的必要准备。

这样，克罗齐就在一个哲学的层次上，否定了艺术家与普通人、艺术家与欣赏者之间区别的意义，而这一问题，同样已成为当代西方美学的重要问题之一。

如果说在《美学》中克罗齐是从否定中肯定，那么，在《美学纲要》中他是先肯定——艺术是什么，再否定——艺术不是什么。

（一）艺术不是"物理事实"。既然克罗齐把艺术构思看作全部艺术活动，而艺术作品的完成只不过是实践活动，那么，这一否定判断就"顺理成章"了。

（二）艺术不是功利的或经济的活动，艺术不是快感。虽然艺术有经济价值，但那不是艺术家追求的目的。艺术产生愉悦，但不能把艺术说成愉悦，就像不能把供鱼游息的水说成鱼一样。

（三）艺术不是道德行为。艺术是"无关道德的"，既不是"道德的"，

---

① 克罗齐：《美学原理·美学纲要》，朱光潜等译，外国文学出版社，1983，第132页。

也不是"不道德的"。

（四）艺术既非科学，也非哲学。因为直觉先于概念，意象不是理性认识。

总之，从整体上看，克罗齐的文艺理论在诸如艺术的社会本质与作用等根本问题上与马克思主义格格不入，但就其个别美学观点看包含着真理的成分。

此外，克罗齐作为著名的文艺批评家，对意大利和西欧各国、古典与现代的文学也有精深独到的研究。他深入研究过但丁、莎士比亚、阿里奥斯托、高乃依、歌德，广泛探讨司各特、司汤达、巴尔扎克、福楼拜、莫泊桑……为后人留下了宝贵的精神财富。他对邓南遮①的唯美主义颓废文学以及马利奈蒂②未来主义的批判在当时也是难能可贵的。

四　克罗齐的历史观

历史观在克罗齐的哲学体系中占据重要地位——如果说美学是精神哲学的出发点，那么历史学就是其终点。半个多世纪里，历史成了克罗齐不断探讨的核心问题。他的历史学说的演变大致可分为三个阶段：（一）产生：以1893年发表的《艺术普遍概念下的历史》的论文为标志，主要观点——历史不是科学，而是艺术；（二）形成：1915年克罗齐完成了《历史学的理论和历史》，这里，他根据《作为纯概念科学的逻辑学》卷二第四章的界说判断与感觉判断同一论，形成"历史唯今论""历史—哲学同一论"；（三）完善：1938年克罗齐的《作为思想和行动的历史》出版，他深化了历史—哲学同一论，提出"绝对历史主义"的哲学主张。

从一开始，克罗齐就坚决反对把历史看作科学。他认为，科学的对象是普遍，它由概念构成，研究普遍规律；而历史与艺术一样，其对象是个别，历史是单一的、个别的、不重复的行动的领域，"既不探寻规律，也不

---

①　邓南遮（G. D'Annuzio，1863~1938），意大利诗人、戏剧家、小说家，法西斯主义者。
②　马利奈蒂（F. T. Marinetti，1876~l944），意大利诗人，未来主义创始人。

形成概念，既不归纳也不演绎"，只叙不证，只凭借直觉，不构成普遍与抽象。

基于这种认识，克罗齐必然与历史决定论，甚至从维科到黑格尔的"历史哲学"格格不入，更不用说马克思的唯物史观了。

克罗齐说："如果我们真是历史家，真是这样进行思考的，我们就不会觉得有求助于外在的因果联系即历史决定论，或求助于那同样外在的超验目的即历史哲学的必要。"① 他认为，历史须有具体性与个别性，而规律与概念则为抽象性与普遍性，因此不存在什么"历史规律"，历史哲学硬要在历史中抽绎出历史规律和历史概念，实际上是寻求超验的目的，而决定论的因果链条毫无思想。这样，克罗齐就把人类历史看作各种偶然事件的杂乱无章的堆积，而不是一种有规律的、必然的自然历史过程。

后来，克罗齐似乎也觉得把历史说成艺术的分支未免太荒谬，便不再重提，但对历史决定论和历史哲学的"憎恶"有增无减。克罗齐的唯心史观再清楚不过地表现在"历史总是'普遍'的历史"的公式中。

克罗齐写道："没有一个事件（不管它多么微小），不能作为普遍的事件被考察、表现和区分。历史在其最简单的形式中，即在其基本形式中，是用判断，通过个别与一般的不可分割的综合来表述的。"② 这样，作为历史判断特点的东西——用具有普遍性的概念给个别历史事件下定义，也就成了历史本身的特点，难怪克罗齐毫不含糊地断言"历史就是思想""历史就是历史判断"。总之，"在思想中，实在与性质、存在与本质，全是一回事"③。由此可见，当克罗齐把历史等同于历史学时，就剔除了社会历史的实际内容，就看不到历史发展的经济基础，全然无视生产关系，阶级与阶级斗争，人民群众在历史上的巨大作用。

克罗齐还特别强调历史的主词是普遍，而不是个别。他认为，诗的历史的主词既不是但丁，也不是莎士比亚，或人们熟悉的任何诗歌，而是一般的诗；社会政治史的主词不是古希腊，也不是古罗马，不是法国，也不

---

① 克罗齐：《历史学的理论和实际》，傅任敢译，商务印书馆，1982，第56页。
② B. Croce, *Teoria e storia della storiografia*（Bari：Editori Laterza，1917），p.49.
③ 克罗齐：《历史学的理论和实际》，傅任敢译，商务印书馆，1982，第57页。

是德国，而是文化、文明、进步、自由诸如此类带普遍性的概念。这是典型的唯心主义的颠倒！用抽象代替具体，用源于实际的概念代替了民族、阶级、生产关系、社会革命，即真正的历史实际。这里，克罗齐多像老柏拉图啊！理念、概念是真正的实在，相反，具体事物倒成了这一实体的表现与派生物了。正如葛兰西所指出的那样："在恩格斯看来，历史是实践，对克罗齐来说，历史还只是思辨的概念。"①

克罗齐极力反对"把历史看作僵死的和属于过去的历史，看作编年史"的历史观，主张一切真正的历史都是活生生的当代史。

他在历史与编年史之间作了区分：编年史依年代顺序，历史有逻辑顺序；编年史只限于事件的表面，历史深入事件的核心；编年史用抽象字句记录，是空洞的叙述，历史有活凭证和深刻的思想；编年史是过去的历史，历史是当前的历史。

克罗齐认为，不仅最近过去一段时间的历史叫当代史，就是几千年前的、通常被称为古代史的历史也是当代史，和当代史没有任何区别。"因为，显而易见，只有现在生活中的兴趣方能使人去研究过去的事实。因此，这种过去的事实只要和现在生活的一种兴趣打成一片，它就不是针对一种过去的兴趣而是针对一种现在的兴趣的。"② 这也就是说：真正的历史必与现代生活相联系，与历史学家的个人条件与社会环境相联系，在他们的分析、批判的精神活动中再现、产生。克罗齐以文艺复兴为例，说明那个时代欧洲人的精神成熟，才能使沉睡千年的希腊人和罗马人从穴墓中复活。"由于生活发展的需要，死的历史又活了，过去的又成为现在了。"③ 这样，历史就不是一般精神的产物，而成了历史学家现时思想的产物。用葛兰西的话说，这样的历史，最终说来，成了知识分子的历史，甚至就是克罗齐的思想发展史。

克罗齐告诫历史学家要肯定地估价事件，而不必辨别善恶，"历史从来

---

① A. Gramsci, *Il materialismo storico e la filosofia di Benedetto Croce* (Roma: Editori Riuniti, 1977), p. 287.
② 克罗齐：《历史学的理论和实际》，傅任敢译，商务印书馆，1982，第 2 页。
③ 杜任之主编《现代西方著名哲学家述评》，生活·读书·新知三联书店，1980，第 56 页。

不是执法者，而是辩护者"。因为，他认为历史进程不是从恶向善的转变，而是从善向更善的转变。表面上恶的事实、黑暗的时代只是个"非历史的"事实，没有经由历史精神的整理和思索。

批判了"历史是编年史"，肯定了"历史是当代史"，这就扫除了通向"哲学—历史同一论"道路上的最大障碍。克罗齐指出："无可否认的是，当人们把历史看成编年史时，历史和哲学的同一性就看不清楚，因为这种同一性并不存在。但当编年史被还原为其固有的实用的和帮助记忆的功用时，当历史被提升为关于永恒的现在的知识时，历史就表现为与哲学是一体的，哲学原不过是关于永恒的现在的思想而已。"① 这样，哲学与历史就不是两种形式，相反，只是一种形式，它们并不互为条件，而是合为一体。思想创造自身，也就创造历史。既不是历史在哲学之前，也不是哲学在历史之前，而是共生共存。显然，这是以否定心物二元论、否定理性真理与事实真理的对立作为前提。界说判断与个别判断的同一则成为历史——哲学同一论的逻辑根据，历史学应用概念于个别事件，于是，历史学将哲学吸纳于身，哲学作为历史学的方法论环节融合到历史中去。

20余年后，克罗齐索性把自己的哲学称作"绝对历史主义。"他断言"生活与实在是历史并仅是历史"，甚至把所有判断都说成历史判断，也都是历史；把历史认识看作真正认识的唯一形式（哲学是其方法论）。即是说：生活与实在是精神，精神又是历史。精神无限，历史永恒，历史像滚雪球，越滚越大，历史又像攀高峰——越来越善。尽管在各国政治生活中自由遭到践踏，克罗齐仍把历史描绘成不断上升到自由的历史。

总之，克罗齐的历史观是彻头彻尾的主观唯心主义的历史观。他用对于实在的历史的认识代替了历史本身，把认识历史运动的规律硬套在历史运动本身，从而使历史学失去客观对象，也失去了其客观的真理标准。所谓"绝对历史主义"是克罗齐主观唯心主义哲学的"完善化"与具体化。

然而，作为历史学家，克罗齐毕竟为后人留下了大量的社会史和文化史的著作。克罗齐以其渊博的历史知识、翔实可靠的史料及清新、自然的

---

① 克罗齐：《历史学的理论和实际》，傅任敢译，商务印书馆，1982，第44页。

文体，为西方历史学的发展做出了自己的贡献。作为史学理论家，克罗齐对传统史学缺陷的敏锐洞察，对历史研究中客观主义倾向的深刻批判，对历史编纂学自身规律及其历史的关注，在西方史学界也产生过深远的影响。

五 克罗齐的政治思想

克罗齐不是对政治漠不关心的书斋学者，而是个十分活跃的政治活动家，因此，对他来说其政治思想不仅具有理论价值，而且具有实践意义。

克罗齐的政治思想大致可分为两个主要发展阶段。从 19 世纪末至 1924 年为第一阶段，克罗齐主要研究政治现象的本质及独特性。1924 年以后，其虽然没有停止对上述问题的探索，但显然研究的重心转移到政府的理想形式这一经常讨论的典型问题上来，在与法西斯的激烈论战中，形成了其自由主义的政治思想。

在第一阶段，克罗齐殚精竭虑，为政治下定义。他认为，政治属于实践的范畴，更确切地说，属于实践的第一个环节——经济活动，其特征为纯粹涉及利益的行动，还没有道德上的顾虑。政治的最高表现就是创造新历史。为了实现这一目标，人类往往要付出昂贵代价。因为，其前提是残酷的你死我活的斗争。

克罗齐对"政治"尊崇备至，仿佛它不仅超越个人的直接利益，而且也超越个人的认识能力。他写道："个人被召唤参与神秘、痛苦的创造实在活动，因而，参加永不停歇的斗争——从日常的冲突发展到武装冲突或战争；但他不能奢望改变世界规律——神秘的规律；只应捍卫他是其中一员的人民的事业，并誓死维护由特殊环境加于他的地位。他坚信不疑：由他忠贞不渝地从事的事业中定会产生尽可能完美的善来。——但你们的观点是宗教的啊！（有人说）——假如您喜欢这么说的话；但这是另一种宗教，即哲学。"

在克罗齐看来，斗争和战争都是不可避免的，就像人们难以逃脱强加于他们的悲惨命运一样。这样的议论大有宿命论和神秘主义的气味。

克罗齐认为，国家是历史（连绵不断的斗争）的主角，它在实力战争中与其他国家相抗衡，因此，"强权国家"（Stato-potenza）说才是关于国家性质的正确学说。

显然，这种政治观与18世纪盛行的道德主义截然相反，后者把政治看作正义与平等理想的实现。克罗齐从两方面批判道德主义：首先，本质上缺乏历史性，非常抽象和数学化。例如，平等的概念就极为荒谬，因为它对人们天生的及历史形成的不平等视而不见。其次，当把某些国家和人民的简单利益作为人道主义与进步的普遍要求来加以介绍时，那就掩盖了政治。第一次世界大战时期克罗齐反对协约国的民主思想，再次反映了其强权国家论与实力政治观的立场。他写道："假若我们不利用这场严酷的战争使真正的国家学说摆脱那些抽象人道主义的成见，那我们何日才能成为智者呢？"①

上文谈到，在克罗齐的体系中，经济学（政治是其中一个方面）和伦理学合称实践哲学。克罗齐分析了政治、道德两种相关行为的差异：政治家的任务是取得政治上的成功，有道德的人则尊崇普遍目的。尽管他肯定政治家为了实现其目的而毫不迟疑地采取必要的行动，尽管他也十分欣赏政治家的伟力，但他从未把政治活动与道德活动等量齐观。政治活动远比道德活动范围狭窄，精神上更局限。克罗齐认为，为了政治的需要，有时不得不求助于欺诈与诡计，但这毕竟是一种严酷的需要。进而，他把理想政治（自由政治）与政治加以区分。

克罗齐以《政治精要》（Politica in nuce）② 为起点，开始了其政治思想的自由主义阶段。这本书除了通常对平等概念的批判外，对主权概念和划分政府的三种形式（君主的、贵族的、民主的）也提出异议。他认为，主权不属于国家的任何组成部分，因为它在国家的各个要素的运动中得以体现。至于说到政府划分的三种形式，应该说每个国家都是民主的、贵族的、君主的整体。因为，任何国家都是所有人合作、少数人建议、最后一人决断。这里，克罗齐反对人民主权的立场暴露无遗。他从历史唯心论出发，

---

① B. Croce, *L'Italia dal 1914 al 1918* (Bari: Editori Laterza, 1950), p. 105.
② 1924年在巴里出版。

否定国家的阶级属性，主张各派政治力量的和谐、平衡，但这实际上仍是资产阶级的"自由"国家。

上面谈到克罗齐肯定政治生活中必要手段——所谓"马基雅维利主义"的合法性，但他并未到此止步，而是继续探索最佳政治，即服务于道德的政治。他认为政治低于道德："国家是实践生活的初级与狭隘的形式，道德生活远离各个集团从实践生活中脱颖而出，流淌在丰饶的溪水中；它如此丰饶以至于政治生活及国家要不断解体或重新组合，或者迫使它们革新以适应道德生活的需要。"① 于是，道德国家、文化国家代替了强权国家。道德国家（伦理国家）从道德理想中取得灵感，促进有成效的道德进步。这就意味着克服阻碍人的发展与创造的种种障碍，即是对自由的促进。自由政治正是实现这一目标的最佳政治。因此，从这个意义上说，道德国家也就是自由国家。自由在自由主义中找到了理想的处所。

克罗齐还把自由主义作为评价历史事件的标准。他认为，历史上真正积极的东西源于自由的充分实现，而后者只有通过自由法规才能产生。譬如，罗马帝国、拿破仑帝国是自由贫乏的历史时期，它们的使命是结束以前徒有虚名的自由，并为新自由的扩张做了精神准备。19世纪前半期的欧洲、法西斯上台前的意大利，自由主义空前繁荣；盎格鲁－撒克逊现代国家是实现自由的良好范例。不难发现，就理论观点说，克罗齐与法国复辟时代的自由主义、贡斯当（Constant）及基佐的思想联系；不仅如此，克罗齐还为他们的理论提供了一个更为坚实的思想基础。

克罗齐还认为，在自由主义中，道德与政治"幸福地结合"，甚至可以说二者同一。他在论及坎宁（Canning）内阁的外交政策时说："英国扩大了洲际航行，把俄国从君士坦丁堡和地中海驱逐出去，在这些对外行动中捍卫并扩张了她的实力与经济。但决不似短视的唯物主义者或唯心主义者所解释的那样，证明这种政策的自私性，相反只证明道德观念不时地在事件的进程与利益的交错中找到可能性与便利……同理，当一个人干了其实际条件允许的好事，但并未受到损害，反而给他带来好处，我们就说利己

---

① B. Croce, *Etica e politica* (Bari: Editori Laterza, 1943), p. 233.

主义在他那儿扎下了根，这只能是诡辩。"①

克罗齐不同意如下看法——自由派的自由仅是纯粹形式的自由，应与事实上的自由相区别，因为后者与一定经济基础一致。他认为："人们通常所说的法律上的或形式上的自由——如果深入考察——就是纯粹、简单、真正的自由，就其道德准则的纯洁性来看，又是唯一的自由。另一种已不是自由，而是经济法规，更确切地说，是人们梦寐以求的共产主义平等的经济法规。"②

这样，克罗齐所说的自由主义本质上成了施政的方法，最能保障道德生活发展的手段。因此，从原则上讲，自由主义不偏爱任何经济制度。甚至共产主义，单纯作为经济改革的要求，也可被包含在自由法规之中。但作为伦理、政治法规的共产主义则从其内部不可能产生"代议制自由制度和思想、言论自由"。这里，克罗齐把经济与伦理、政治截然分开，并表现出对共产主义制度的否定态度。

克罗齐心目中的自由主义的"英雄"，不是任何经济意义上的阶级，而是伦理、文化意义上的"中产阶级"，即资产阶级知识阶层。他认为，这个阶级是自由普遍性的最佳解释者。在压迫时代，这个阶级的代表，至少在这个阶级的优秀代表的头脑中保存着自由观念，他们竭力用一切可能的方式和形式向他人传播这种观念；在自由时代，这个阶级的代表人物必然统治国家。当克罗齐说价值居留在优秀人物的头脑中的时候，他的贵族老爷的腔调十足。

克罗齐还认为，平民、群众绝对不能充当历史的主角，他们参与政治生活也不具有任何积极的意义。选举本身就近乎儿戏。从本质上看，选举只是领导阶级对公众舆论的试探，也是给全人类的某种馈赠。

总之，克罗齐主张资产阶级自由主义政治制度，既反对法西斯专制制度，也不赞成共产主义政治制度。他认为，自由主义政治制度优于任何其他政治制度，它能更好地保障思想与利益的竞争，因而也更能促进并度量道德与文明的进步。政府应由有教养的阶级，即像他那样的"精英人物"

---

① B. Croce, *Storia d'Europa nel secolo decimonono* (Bari: Editori Laterza, 1932), pp. 72 – 73.

② B. Croce, *Il carattere della filosofia moderna* (Bari: Editori Laterza, 1945), pp. 119 – 120.

组成，人民群众没有能力参政，只能做他们的工具和对象。因此，他坚决反对多数人积极有效地参与政治，说这无关紧要，甚至毫无必要。

参考书目

杜任之主编《现代西方著名哲学家述评》，生活·读书·新知三联书店，1980。

葛兰西：《论文学》，吕同六译，人民文学出版社，1983。

克罗齐：《历史学的理论和实际》，傅任敢译，商务印书馆，1982。

克罗齐：《美学理论·美学纲要》，朱光潜等译，外国文学出版社，1983。

《朱光潜美学文集》第 3 卷，上海文艺出版社，1983。

P. Bonetti, *Introduzione a Croce* (Roma-Bari：Editori Laterza，1984).

B. Croce, *Teoria e storia della storiografia* (Bari：Editori Laterza，1917).

B. Croce, *Storia d'Europa nel secolo decimonono* (Bari：Editori Laterza，1932).

B. Croce, *Etica e politica* (Bari：Editori Laterza，1943).

B. Croce, *Il carattere della filosofia moderna* (Bari：Editori Laterza，1945).

B. Croce, *L'Italia dal 1914 al 1918* (Bari：Editori Laterza，1950).

B. Croce, *Terze pagine sparse*，*I* (Roma-Bari：Editori Laterza，1955).

B. Croce, *Nuove pagine sparse*，*I* (Roma-Bari：Editori Laterza，1956).

B. Croce, *Storia dell'estetica per saggi* (Roma-Bari：Editori Laterza，1967).

B. Croce, *Contributo alla critica di me stesso* (Milano：Adelph Edizioni，1973).

B. Croce, *Scritti e discorsi politici* (Roma-Bari：Editori Laterza，1973).

B. Croce, *Logica come scienza del concetto puro* (Roma-Bari：Editori Laterza，1981).

E. Garin, *Storia della filosofia italiana*，*vol. 3* (Torino：Einaudi editore，1978).

A. Gramsci, *Il materialismo storico e la filosofia di Benedetto Croce* (Roma：Editori Riuniti，1977).

A. Labriola, *Scritti filosofici e politici* (Torino：Einaudi editore，1976).

（原载侯鸿勋、姚介厚编《西方著名哲学家评传》续编下卷，山东人民出版社，1987）

葛兰西

安东尼奥·葛兰西（Antonio Gramsci，1891～1937）是意大利共产党创始人和领袖，是国际工人运动的杰出活动家，英勇无畏的反法西斯战士，又是 20 世纪最富有独创性的马克思主义理论家之一。

一 伟大革命家葛兰西的一生

（一）艰难困苦的学生时代

1891 年 1 月 22 日，安东尼奥·葛兰西出生在意大利撒丁岛阿莱斯镇的一个小资产阶级家庭。

葛兰西的父亲弗朗西斯科在当地房产登记处当职员，其微薄工资勉强维持 9 口之家的生活。在葛兰西 6 岁时，他因卷入当地竞选的党派之争，遭到获胜的敌对派的报复。先是停职审查，次年被捕，1900 年 10 月，在侵吞公款的罪名下，被判处 5 年 8 个月监禁。这突如其来的打击使葛兰西一家陷入屈辱和贫困之中，葛兰西倔强的母亲马恰斯带着 7 个未成年的孩子搬到娘家吉拉扎村。她决心一人顶住这可怕的风暴。她宁愿自己受苦受累，替人缝纫、干零活，养活 7 个孩子，也不愿乞求施舍，遭人白眼。母亲不向命运低头、不屈不挠的精神给葛兰西以深刻影响。葛兰西后来赞誉自己的母亲，"她的一生是我们的榜样，她的一生向我们表明：用顽强的精神去克服那些看起来连意志坚强的男人都难以克服的困难，是多么重要"。

葛兰西自幼受着疾病的折磨，4岁时因摔落在地治疗不及时，逐渐长成驼背，并经常出血、抽风，多次死里逃生。他为此深感痛苦。为了克服生理缺陷，增强体质，他和哥哥一起动手凿磨石头，做成圆球，插上木棒，练习举重。

葛兰西从小勤奋好学并勇于实践。没钱买书，他就借书和抄书来读。哪怕是一张印有文字的纸片，一到手，也要如饥似渴地阅读。夜晚，他常常趴在大木箱上，在用残蜡制成的细蜡微弱的烛光下，为其姐妹朗诵《汤姆叔叔的小屋》《鲁滨孙漂流记》等名著的精彩片段。

葛兰西还自制玩具——小船、手推车。有一次，他用纸板制作的双层甲板船极为精致，以至于村里船工把它借去仿制铁皮真船。家里没有卫生设备，他就独立设计并制作了结构奇特的淋浴装置。

1903年，葛兰西以优异成绩获小学毕业证书，但家庭无力支持他继续上学。为了分担母亲的重负，他不得不辍学做工。他，11岁的小小年纪，畸形低矮的身躯，却要在地产登记处整天搬运超过自己体重的注册簿。他每天干10小时的重活，连星期天上午也不休息，常常累得周身疼痛，在夜深人静时偷偷哭泣。少年的葛兰西亲身体验到社会的不平等，他后来写道："我的造反本能从儿童时代就是针对富人的：因为，我在小学各门功课都优秀，却不能继续学习，而肉铺、药店和布店老板的孩子却可以上学。"

葛兰西在两年多繁重的体力劳动之余，坚持自学了拉丁文。

1905年底，在其父被释放后，15岁的葛兰西到离家18公里的圣·卢苏朱中学上学。学校设备十分简陋，师资少且水平低，这使他未能弥补辍学两年造成的损失。家里寄给他的少量零用钱不够花，他不得不卖掉奶酪、橄榄油和面食，再用所得的钱买书和报纸。每逢节假日，母亲看到矮小瘦弱的葛兰西，总责怪他不知爱惜身体。一回到家，葛兰西马上阅读哥哥杰纳罗从都灵寄来的红色报刊，为此常常受到父亲的申斥。

1908年底，初中毕业的葛兰西来到撒丁首府卡利亚里的德托利文科高中学习。一年级上学期他学习成绩一般，但他并不气馁，课堂上认真听讲，课下抓紧复习，并补习初中的课程。到下学期时他的各科成绩明显提高。

高二下学期，一位名叫加齐亚的年轻老师给葛兰西上意大利文学课。

由于葛兰西作文条理清楚，文笔流畅，常作为范文在班上朗读，很快他就成了加齐亚最为器重的学生。此时，读书成了葛兰西最大的乐趣，生活中最重要的内容。由于"知识分子的好奇心"，他开始学习马克思的著作。此外，还读了不少撒丁岛文学作品，如黛莱达①的小说，但他并不喜欢。他批评撒丁的作家有脱离社会现实的倾向，他指出撒丁岛不仅有森林、牧场、孤独的老母亲，还有为外国资本家干活的矿工，他们用奴隶般的劳动换来的不是学校和疗养院，而是棍棒和子弹。

这个时期葛兰西对克罗齐和萨韦米尼的文章很感兴趣。在他住址变更时，所订杂志改寄吉拉扎村，让其妹泰雷西娜务必将他们两人的文章剪下，放在纸夹里，留待回家时再读。

为了照顾远离家乡的葛兰西，其兄杰纳罗调到卡利亚里工作。葛兰西常随哥哥会见撒丁岛社会党领导人。1911 年 1 月，杰纳罗当选为劳动协会执委会委员和司库，警察为此到吉拉扎村进行调查，这使他们的父母惶恐不安。葛兰西知此情况后，立即给双亲写信："你们不要为警察调查一个人而担惊受怕……纳纳罗②担任了劳动协会的职务。警察注意到这个以前默默无闻的人的名字，想知道这个革命者，这个冒出来的警察的新对头究竟是谁，因此进行了调查……下次当你们再听到这类事时，请你们放心好了，还要当面嘲笑中尉和那些大胡子宪兵们。"

从这封信可以看出，葛兰西为自己有一个令反动当局不得安宁的哥哥感到自豪。如果说，童年时代的葛兰西因为身受的贫困与屈辱，产生朦胧的民主意识的话，那么，中学时代的葛兰西目睹撒丁悲惨的社会现实，开始思考撒丁民众贫困的社会根源，撒丁工农群众的革命壮举，对马克思著作和社会主义读物的学习，更使他坚定了民主主义的立场。

高中二年级时，葛兰西不满 20 岁，他在一篇题名为"被压迫者与压迫者"的作文中，满怀对中华民族的深切同情，有力地谴责了帝国主义侵华战争。他写道："有一天，传来种种说法：义和团屠杀了欧洲的传教士。于

---

① 黛莱达（G. Deledda, 1871~1936），意大利女作家，1926 年获诺贝尔文学奖，大部分作品以撒丁岛为背景。

② 杰纳罗的爱称。

是惊恐的古老欧洲诅咒野蛮人和欠文明人，并宣布对这些不幸的人民进行新的十字军远征……战争的目的不是为了文明，而是为扩大贸易。英国人由于中国人不愿接受他们的鸦片，炮轰了无数中国城市。这根本不是文明！俄国人和日本人为了争夺朝鲜和满洲的贸易权互相残杀。"①

葛兰西接着揭露帝国主义者宣扬的爱国主义的虚伪性与反动性。"欧洲人民也曾有过他们的压迫者并经过浴血奋战才获得自由。而现在为他们的解放者、英雄们竖起了雕像和纪念碑，把对为国捐躯的烈士的崇拜升华为民族宗教。"②

文章的结尾表达了葛兰西对社会革命的渴望："法国大革命推翻了许多特权，唤起了许多被压迫者，但它只是使一个统治阶级代替了另一个统治阶级。然而，它留下了伟大教益：特权与社会差别是社会的而不是自然的产物，因此是能够被消灭的。为了消灭这些形形色色的非正义，人类需要另一次血的洗礼。"③

1911 年 9 月，葛兰西高中毕业，同年 11 月又以优异成绩通过考试获都灵大学奖学金，在语言文学系注册，学习语言学、文学和哲学。在都灵，靠每月 70 里拉的奖学金根本不能生活，他不得不课余做工挣钱，但仍免不了挨饿。他因无钱买大衣，不得不穿着单薄的秋装度过严冬。葛兰西由于劳累过度和营养不良，时常病魔缠身，头疼欲裂，甚至几个月不能正常说话。但意志坚强的葛兰西在贫病交加之中，通过顽强刻苦的学习，成了教授器重的高才生。

语言学教授巴尔托利对这个不修边幅、衣服破旧的撒丁穷学生抱有厚望，学生也崇敬教授。葛兰西不仅佩服他在语言学方面的精深造诣，还欣赏他把语言学作为历史科学研究的独特方法。以后当葛兰西为了社会主义运动不得不放弃语言学研究时，对给老师带来的痛苦深感内疚。

在都灵大学的第四学年，葛兰西开始集中学习帕斯托雷教授的理论哲学课。帕斯托雷认为，马克思主义发现"在社会内部孕育着从正题到反题

---

① A. Gramsci, *2000 pagine di Gramsci*, 2 (Milano: il Saggiatore, 1971), p. 13.

② Ibid., p. 15.

③ Ibid..

这一进展阶段的物质条件"，从而超越了黑格尔的观念辩证法。尽管当时葛兰西主要还是一个克罗齐主义者，但上述解释对他产生了影响，开始摆脱克罗齐主义。

在都灵大学，葛兰西结识了同样来自撒丁的陶里亚蒂，两人经常在一起热烈讨论社会与哲学问题，成了亲密的朋友。

1913 年发生的两大政治事件，使葛兰西实现了从撒丁主义者向社会主义者的转化。

1913 年 3 月 19 日，都灵 6500 多名汽车工人抗议大资产阶级向劳动人民转嫁危机，举行了声势浩大的罢工。这场斗争坚持数月，取得最后胜利。葛兰西在和罢工工人的接触中，感到与工人阶级的距离缩小了，工人的理想、信心、激情和果敢精神感染了他，他看到了工人阶级的伟大力量。后来他在总结当时的思想收获时写道：只有了解工业城市的工人阶级之后，才能真正理解马克思著作的革命意义。

同年夏天撒丁举行普选形成了新的政治格局，使葛兰西认识到，撒丁的富人和穷人不是战友而是敌人，不仅北方的剥削阶级，而且南方，包括撒丁在内的反动集团应对撒丁的悲剧负责。

1913 年 11 月，葛兰西从撒丁回到都灵不久，就与社会主义运动进行了接触，并参加了社会党。之后负责组织工人互助会，并为社会党地方报纸撰稿。1914 年 6 月 9 日，都灵工人大示威，葛兰西坚决支持并积极参加。斗争浪潮迅速波及全国，史称"红色星期"。

1915 年 4 月 12 日，葛兰西通过了大学最后一门考试——意大利文学。在 1915 年底 1916 年初，葛兰西做出了决定性的选择——他放弃了自己喜爱的专业，离开了大学，走向社会，投入火热的斗争中，开始了职业革命家的战斗生涯。

（二）从新闻战士到社会党左派

从 1916 年起，葛兰西经常为《人民呼声报》和《前进报》都灵版撰写随笔、新闻和时事评论。由于他反对任何形式的个人崇拜，文章一般不署名，至多只署上他姓名的缩写"A. G"。1916～1918 年他为《前进报》都灵新闻专栏《防波堤下》撰写的 300 多篇短文，以敏锐的洞察力、生动辛辣的文笔，彻改过去该报枯燥说教的文风。

1916 年 2 月 5 日，他针对都灵公立小学三年级的讨论题——"罢工者应受到正直者的谴责和鄙视"，深刻揭露了资产阶级的险恶用心——"一切人都应安于现状"，"良民的责任就是像鹅一样任人宰割，但不要出声"。① 1916 年 2 月 17 日，葛兰西就都灵商业银行小职员西尔沃拉贪污 4 万里拉一案，撰写了《替小偷辩护》的讽刺短文，剖析造成这一"罪行"的社会根源："人的首要责任是正直，这很自然！但当两手空空，钱包罢工，饥肠辘辘，而大捆钞票在眼前经过时，只有英雄才能始终保证正直。"② 接着，他指出，一个银行小职员每月只有 90 里拉的薪水，要吃饭穿衣，付房租和准备结婚物品，而这少于 5 千里拉就办不成，那又上哪儿弄这么多钱呢？文章以"绝妙的资产阶级世界！"结尾，批判锋芒直指罪恶的资本主义制度。

在剑与火的年代，年轻的葛兰西成了社会党新闻战线的一名英勇善战的主将。他目标明确，独立思考，从不屈从于黑暗势力。他说："我是个非常自由的记者，观点鲜明彻底，从未为了讨好老板及其帮凶而掩饰自己根深蒂固的思想。"他经常深入工厂车间，倾听工人群众的意见和要求。他对工作有火一般的热情，但从不计较报酬，《前进报》每月只付给他 50 里拉工资，他从无怨言。

葛兰西从来就重视文化活动对革命运动的重要意义，1916 年 1 月 29 日《人民呼声》刊载了他的《社会主义与文化》，该文指出："文化……是自我内在的组织、教育，是自己个性的确立，是高度觉悟的形成，正是由于这种觉悟，人们才能认识自己的历史价值、自己在生活中的作用、自己的权利与义务。但所有这一切不是靠自发进化产生的，不是靠独立于自己意志的作用与反作用产生的……人首先是精神，即人是历史的而不是自然的产物。否则就无法解析，尽管一直存在着被剥削者和剥削者、创造财富者和自私的消费财富者，而社会主义为什么没能实现。人类只能逐级逐层地意识到自己的价值……这种意识不是在生理需要的野蛮鞭挞下形成的，而是

---

① A. Gramsci, *Sotto la mole* (Torino: Einaudi editore, 1975), p. 31.

② Ibid., p. 41.

由于起初是一些人，后来是整个阶级对某些事实的原因，对改变这些事实的最佳手段的智慧的反思才形成的。他们从中看到摆脱从属地位、奋起反抗和重建社会的信号。也就是说，任何革命都要以紧张的批判工作和渗透作为先导。"① 以后，葛兰西在《狱中札记》中深化了这一思想，形成了无产阶级领导权理论。

1917 年 8 月都灵工人起义失败后，葛兰西被选为社会党都灵支部书记，并兼任《人民呼声》周刊主编。11 月，俄国十月革命胜利的消息传来，葛兰西欢欣鼓舞，立即为《前进报》撰写题名为《反对〈资本论〉的革命》的社论，坚决拥护列宁的革命路线。他写道："布尔什维克的革命……是反对马克思《资本论》的革命。布尔什维克批驳了卡尔·马克思，他们用明确的行动和取得的成就证明了历史唯物主义法则并不像人们可能和已经想象的那样坚不可摧。"② 这里，不难发现字里行间的唯心主义影响的痕迹，但从本质上看，这是对第二国际改良主义者鼓吹的庸俗决定论的清算。

一周后，针对《社会批判》杂志污蔑葛兰西用唯意志论代替决定论，葛兰西写了一篇《批判的批判》。他指出，社会主义"新一代想要回复到马克思的纯正学说，根据这种学说，人与现实、生产工具与意志，不是彼此分离的，而是在历史活动中相互统一的……他们认为战争③并没有摧毁历史唯物主义，而只是改变了正常历史环境的条件。因此，人们的社会、集体意志具有通常所没有的重要性。这些新的条件本身也是经济事实，它们使生产体系具有前所未有的特点：对无产阶级的教育必然要适应这些经济事实，在俄国必然要导致专政"④。

如果将上述两篇文章联系起来考察，即可看出，葛兰西并不是脱离社会存在的最终决定作用来谈社会意识的重要性的，而是根据第一次世界大战后历史环境的巨大变化，强调发挥革命主体能动性比以往任何时代都重要。十月革命的胜利，使他确信庸俗决定论不是无产阶级获得解放的学说，

① A. Gramsci, *Scritti giovanili* (Torino：Einaudi editore, 1975), p. 24.

② Ibid., p. 150.

③ 指第一次世界大战。

④ A. Gramsci, *Scritti giovanili* (Torino：Einaudi editore, 1975), p. 155.

而是使无产阶级无所作为，"坐等良机"的"惰性学说"。葛兰西认为，历史唯物主义不是脱离现实存在的个体、人们的意志和社会活动的自然规律，它所揭示的社会发展规律并不会自发地起作用，只有当无产阶级获得阶级意识，并决心改变世界，在革命实践中应用并发展历史唯物论时，社会规律才起作用。以后，葛兰西在《狱中札记》中又深化了这一思想。

从 1918 年起，葛兰西随着对《帝国主义论》《国家与革命》等列宁著作的学习，随着对十月革命经验的深入研究，迫切感到需要创办一种摆脱社会党改良主义领导集团的影响，对社会主义革命等问题进行自由讨论的新期刊。

1919 年 5 月 1 日，《新秩序——无产阶级文化评论》创刊，葛兰西担任编辑部秘书。他认为，杂志应探讨对意大利工人阶级至关重要的理论问题，并提出革命的"具体纲领"。他结合意大利社会现实研究苏维埃经验，提出"厂内委员会是苏维埃政府的萌芽"的思想。

同年 6 月 21 日，《新秩序》周刊刊登了葛兰西与陶里亚蒂合写的社论《工人民主》。文章指出，"社会主义国家已经潜在地存在于被剥削的劳动者阶级典型的社会生活机构中"。因此，社会党人应在农民协会、厂内委员会内积极工作，使这些机构团结一致、协调统一。这意味着现在就着手创造一种真正的工人民主，为将来全面替代资产阶级国家管理与统治的功能做好准备。

正是从建设工人民主的战略目标出发，葛兰西主张对大战期间都灵各工厂成立的厂内委员会进行革命的改造。首先，他建议将选举工厂委员会的权利扩大到全体劳动者。工人、职员、技术人员，只要积极参与了生产过程，不管其政治立场和宗教信仰如何，也不看其是否为工会会员，都有权选举自己的民主机构。其次，工厂委员会必须突破资本家强加的种种限制，不应局限于签订劳资协议、捍卫工人在劳动场所的权利等经济斗争领域。作为工人民主的机构，工厂委员会当前要限制资本家在工厂的权利，行使仲裁和整肃的功能，它们将来必然得到充实和发展，成为无产阶级的政权机构。

这篇社论立即在都灵工人中引起强烈反响，成立工厂委员会的战斗号召深入人心。1919 年 9 月初，"菲亚特"工厂第一个工厂委员会选举产生了。这年秋天，工厂委员会运动迅速发展，参加的工人有 3 万多，工厂委员会纷纷成立。12 月 3 日，各工厂委员会统一行动，在短短一小时内，竟动员了 12 万产业大军，充分显示了这一运动的巨大威力。次年 4 月，都灵工人为争取工厂委员会对生产的监督权举行了罢工，9 月即占领各工厂。以葛兰西为首的新秩序派是整个工厂委员会运动的领导核心，葛兰西始终积极领导、坚决支持工人群众的斗争。

在那激烈斗争的年代里，对工厂委员会、对参加议会选举以及对共产国际从社会党内开除屠拉蒂的建议的态度上，新秩序派与社会党内的改良派（以屠拉蒂为首）、最高纲领派（以塞拉蒂为首）及弃权派（以波尔迪加为首）存有原则性分歧。在与"左倾"、右倾机会主义派别的斗争中，葛兰西制定了列宁主义纲领——《社会党都灵支部行动纲领》。葛兰西的革命立场，受到列宁的赞扬："至于说到意大利社会党，第三国际第二次代表大会认为该党都灵支部对该党提出的批评和实际建议，即载于 1920 年 5 月 8 日《新秩序》杂志上的向该党全国委员会提出的建议，基本上是正确的，是完全符合共产国际的一切基本原则的。"[①]

（三）从意共创始人到意共总书记

由于轰轰烈烈的工厂委员会运动被扑灭了，社会党机会主义首领封锁了葛兰西对社会党领导核心的上述批判，这样，从内部改造党已不可能，葛兰西认识到创建一个新型的列宁主义革命政党的紧迫性与必要性。

1921 年 1 月 21 日，葛兰西与陶里亚蒂、波尔迪加等人同社会党决裂，在里窝那创建意大利共产党。波尔迪加任总书记，葛兰西当选为中央委员，兼任党中央机关报《新秩序报》的社长。

在 1922 年 3 月召开的意共第二次代表大会上，葛兰西被派往莫斯科任意共驻共产国际代表。到苏俄不久，葛兰西健康状况极度恶化，当时的共产国际主席季诺维也夫要他疗养。夏初，他住进了莫斯科郊外的"银色森

[①] 《列宁选集》第 4 卷，人民出版社，1973，第 305 页。

林"疗养院治病。在这里葛兰西结识了病友艾乌杰尼娅的妹妹朱利娅。这位年轻秀美的女提琴手在 31 岁的意大利青年心中播下了爱情的种子。葛兰西的感情真挚而丰富,他也有着初恋的羞怯、热恋的激情和离别的痛苦。1923 年 11 月,葛兰西为执行共产国际的特别任务,告别妻子朱利娅去奥地利。他从维也纳给心爱的人写下了动人心弦的"诗篇":"亲爱的尤尔卡,①我紧紧地拥抱你,双手持头,望着你的眼睛,吻过它们,再吻双唇。我感到你是那么爱我,像我爱你一样。对你的爱使我幸福,给我生活、工作的力量。我想,我们在一起,将不可战胜,并会找到粉碎法西斯的手段。"②

葛兰西在国外期间,意大利政治形势突变——法西斯崛起,墨索里尼上台,意共力量削弱,革命转入低潮。在意共领导层中,葛兰西最早并最正确地认识到法西斯主义的反动性和危险性。鉴于此种形势,他建议党的新机关报叫《团结报》——"工人阶级、工人阶级政党,如果不能实现并维持作为最宝贵财富的团结——整个工人阶级在党周围的团结,工人和农民、南方和北方的团结,意大利全体人民在反法西斯斗争中的团结,就不能完成他们肩负的历史任务,就不能给法西斯以致命的打击。"③

在 1924 年的大选中,葛兰西当选为参议员,才得以返回祖国。葛兰西与党的总书记波尔迪加的分歧公开化。

波尔迪加这个原社会党弃权派(反对参加议会斗争)首领,在共产党内推行一条宗派主义路线,使党的事业受到严重损害。他对法西斯党与资产阶级民主政党的本质区别毫无认识,没有把握革命形势急转直下的新特征,坚决反对共产国际的统一战线路线——共产党与社会党合并。波尔迪加仍主张为建立无产阶级专政而斗争。

葛兰西则认为,在新的形势下,意共"不是为建立无产阶级专政而斗争,而是为争取民主而斗争"④。在决战前夕,首先应夺回失去的阵地。为此,必须同包括资产阶级在内的反法西斯力量结成广泛联盟。他拥护共产

---

① 朱利娅的爱称。
② A. Gramsci, *2000 pagine di Gramsci* (Milano: il Saggiatore, 1971), p. 41.
③ A. Gramsci, *Antologia popolare degli scritti e delle lettere* (Roma: Editori Riuniti, 1957), p. 27.
④ 费奥里:《葛兰西传》,吴高译,人民出版社,1983,第 215 页。

国际的新路线，但认为首先应同社会党"第三国际"派合并。

5月在科莫举行的党的秘密会议上，葛兰西领导了对波尔迪加宗派主义的批判，科学地分析了法西斯的阶级性质，并提出团结一切进步力量反对法西斯主义的政治路线。会后葛兰西进入中央执委会。

同年8月葛兰西当选为意共总书记。他积极参加"阿文廷"① 抵抗议会的活动，主张立即举行政治总罢工，抗议法西斯暴行。10月，为了利用合法讲坛面对面地揭露和反对法西斯，共产党议员脱离"阿文廷"，回到议会。

1925年1月3日，墨索里尼颁布了特别法令。葛兰西为使党过渡到地下状态，奔波于工厂和农村的党组织之间，夜以继日地工作。在法西斯势力猖獗的形势下，他特别注意加强党的组织发展工作。

1925年8~9月，葛兰西起草了意共第三次全国代表大会决议，并于次年1月在里昂召开的代表大会上通过，宣告了波尔迪加机会主义路线的彻底失败。

就在意大利白色恐怖愈演愈烈的时刻，苏共党内派别斗争也达到白热化的程度。葛兰西对这种形势表示担心——苏共领导层的分裂会影响国际共产主义运动的团结。他善于独立思考，心口如一，勇于直言。1926年10月14日，葛兰西以意共政治局名义，起草了一封致苏共中央的公开信，既表示同意斯大林多数派观点，又呼吁团结，避免对托洛茨基等反对派采取"过激措施"。

就在此月，葛兰西还撰写了《关于南方问题的提纲》这篇因被捕而未加工润色的著名论文。在这篇文章中，葛兰西应用马克思主义的调查研究方法，对意大利30年来的历史进行概括，对意大利现实进行政治和社会分析。葛兰西认为，无产阶级只有形成动员大多数劳动者反对资本主义的阶级联盟时，才能成为领导阶级和统治阶级。对意大利无产阶级来说，必须取得广大农民群众的认同。农民问题在意大利具有两种特殊形式——南方问题与梵蒂冈问题。因此，无产阶级只有解决这两个问题，才能实现工农

---

① 阿文廷，意文为 Aventino，罗马七座山丘之一，古代罗马平民反对贵族曾退守此地。1922年意共等反对党在此聚会，与墨索里尼法西斯议会分庭抗礼。

联盟。

在国内形势十分危急的时刻,同志们劝说葛兰西到瑞士组织意共的国外中心,遭到他的反对。他认为领导者应留在意大利,和工农群众一起同甘共苦。

1926 年 11 月 1～3 日,意共指导委员会在热那亚附近的瓦尔波切维拉召开秘密会议,由共产国际代表德罗兹通报布尔什维克党内多数派(斯大林、布哈林)和少数派(托洛茨基、季诺维也夫、加米涅夫)斗争的情况。当葛兰西前往会议地点时,被警察扣住并强令其返回罗马。11 月 8 日,正当他着手组织反法西斯全国总罢工时,在家中被法西斯警察逮捕。

(四) 囚徒—真正的人—理论家

1926 年 11 月 20 日,葛兰西从狱中给远在苏联的妻子写了第一封信。"我最亲爱的尤尔卡:你曾写信说,我们俩都还年轻,还能企望一起看到我们的孩子们长大成人。现在你要牢记这点,每当你想到我并把我和孩子们联系在一起时,你就要坚信这点。我相信你和往常一样勇敢坚强。为使他们健康成长,为使他们完全无愧于你,你应当比过去更勇敢更坚强。"①

5 天后,葛兰西与其他被捕的共产党议员离开罗马柯利监狱,先被流放到乌斯蒂卡岛,其后多次转狱,历经艰辛,备受折磨。

1928 年 5 月 10 日,当葛兰西知道即将开庭审判时,首先想到这会给母亲带来的痛苦:"最亲爱的妈妈,我是个政治犯,并将被判刑,但我永远不会为此感到羞愧。说到底,在某种程度上是我自己要求被关押和判刑的,因为我从来不想改变我的观点。我已准备为我的信念献出生命,而不仅仅是坐牢。因此我只能感到平静,并对自己感到满意。我多么想紧紧地拥抱你啊,亲爱的妈妈,使你感到我是多么爱你,并安慰你,是我给你带来痛苦,但我又不能不这样做。生活就是这样残酷,有时,子女为了保持荣誉和人的尊严,就不得不给他们的妈妈带来痛苦。"② 葛兰西一贯反对把革命者与苦行僧混为一谈,而是把对革命的忠诚、对人民的热爱与对自己亲人

---

① A. Gramsci, *Lettere dal carcere* (Torino: Einaudi editore, 1975), p. 5.

② Ibid., p. 211.

的挚爱联系起来。他认为，一个连自己亲人都不爱的人，不可能热爱集体、献身革命。

1928 年 5 月 28 日，法西斯特别法庭开始审判葛兰西等 22 名政治犯。在法庭上，葛兰西大义凛然，怒斥敌审判长："你们把意大利引向毁灭，应由我们共产党人去拯救它。"6 月 4 日，审判结束，法西斯当局以所谓"阴谋反对国家，煽动内战和阶级仇恨，进行颠覆性宣传"等"罪名"，判处葛兰西 20 年 4 个月 5 天的监禁。

7 月 19 日，葛兰西到意大利南部的杜里监狱服刑，敌人能剥夺他的自由，却不能摧毁他的钢铁意志。葛兰西把监狱当作特殊战场，继续战斗。

葛兰西身陷囹圄，却无时无刻不在关心着外面的斗争。1930 年，当他得知 3 名意共中央领导成员因对共产国际的新路线持有异议被开除出党时，明确表示不同意这种做法。他时常利用放风时间对难友们进行政治教育。为了让被托洛茨基迷惑的同志幡然悔悟，他提出了简明、深刻的口号："托洛茨基是法西斯的娼妓"。他反对大多数共产党难友的宗派主义立场，与狱中唯一的社会党人佩尔蒂尼①建立了亲密的友谊。葛兰西向佩尔蒂尼表示，不赞成把社会党人看作社会主义的叛徒。葛兰西在复活节请他一起品尝家乡寄来的烤小猪。当佩尔蒂尼离开杜里监狱时，葛兰西送他一本书留念，并写下了热情洋溢的题词。这一切引起共产党人的反感，他们没有理解葛兰西细腻的心灵和博大的胸怀，他们向党中央报告说葛兰西已经脱党，他为此感到非常痛苦。

除了受到战友们的中伤和诽谤外，葛兰西与妻子朱利娅的关系也越来越疏远了。罪恶的法西斯剥夺了他们共同生活的权利，从被捕起他们再没有见面，长期的分居，朱利娅的患病，加之政治因素的影响，使他们之间产生误解。但葛兰西对她的爱始终如一，他总是首先检查自己，谅解对方。为给妻子准备圣诞节礼物，他用了整整一个月的时间制成木质裁纸刀。

像野草一样朴实的葛兰西，"热衷于追求相互关系中的坦率和诚实"。他反对妻子将他被捕入狱的事实向孩子隐瞒，认为这有损于孩子对父母的

---

① 佩尔蒂尼（A. Pertini, 1896～1990），意大利社会党人，反法西斯战士，意大利共和国总统（1971～1985）。

信任，无益于他们的成长。

葛兰西的幼子远在异国苏联，他只能通过照片看着孩子们成长，通过书信与他们促膝谈心。他收到大儿子德里奥寄的小鹦鹉羽毛和小花，是那么欣喜欢乐！他又是那么兴致勃勃地向他们讲述自己艰辛而难忘的童年：撒丁岛奇异的蜥蜴，月夜偷苹果的刺猬，用带洞的砖在海里捉鱼的小伙子，他幼年亲密无间的伙伴——小狗……

葛兰西比自由人更热爱自然、热爱生活。他写信让亲人寄给他一些花卉种子，种在狱中一块 4 平方米的土地上，看它们生根、开花……

受伤的麻雀飞到他的窗前，他小心翼翼地替它包扎，精心护理，使其痊愈。康复的麻雀在他手上跳来跳去，啄食面包屑，和他开玩笑，成了他的狱中伙伴。

在狱中，葛兰西从未以领袖自居、高高在上。他积极参加难友们成立的公共食堂的帮厨工作，怀着愉快而"好奇"的心情切削土豆，择生菜，做兵豆汤，当跑堂，乐于干"大人物"不屑一顾的日常小事，表现出崇高的思想境界。

葛兰西还把监狱当作课堂。在乌斯蒂卡岛，他领导组织了政治犯文化补习学校，并亲自教授历史和地理，同时他自己参加德语班学习。他的德语水平提高很快，能将《格林童话》中的不少故事译成意大利文。为了阅读列宁的原著，早在莫斯科时就学会俄语的葛兰西，在狱中能用俄语流利地背诵普希金的《村姑小姐》。一向酷爱文学的葛兰西还阅读了大量的托尔斯泰、契诃夫、杰克·伦敦等作家的名著。

葛兰西没有忘记敌审判长气急败坏地狂吼："我们要使这个头脑 20 年不能工作！"1929 年 2 月，当条件刚刚允许他工作时，他立即拟定了理论研究计划，向亲友索要所需的书刊资料。他要总结十几年的斗争经验与教训，做些带有"永恒性"的工作，探寻马克思主义的革新之路，使敌人的妄想彻底破产。

敌人的残酷迫害，狱中阴暗潮湿的环境，发霉变质的食物，使得葛兰西本来就很虚弱的体质更加恶化：有时彻夜不眠，有时大口吐血，有时高烧不退。惨无人道的法西斯为了达到"慢性杀害"的目的，又不给他以应有的治疗。不仅如此，敌人还阴谋利用葛兰西的病痛诱他变节，说什么只要向墨索里尼递交请求宽恕的申请书，就可获释。葛兰西的回答是："这是建议我自杀，然而我没有任何自杀的念头。"但坚贞不屈的葛兰西从不作无谓的牺牲，无损于革命气节又有权要求的条件他从不放弃。他申请订书订报，拥有笔、纸、墨水和单人牢房，从而在物质上保证了理论研究工作的进行。

像刀剑一样坚韧的葛兰西战胜了难以想象的困难，从 1929 年至 1935 年写就了一部《狱中札记》。这部用鲜血和生命写成的《狱中札记》共计 33 本，长达 2848 页，内容十分丰富，涉及政治、历史、哲学、经济、文学、宗教等各个领域。这是他为自己建造的非人工所为的纪念碑。

1937 年 4 月 27 日，身受法西斯残酷迫害的葛兰西突发脑出血，在罗马奎济萨纳医院逝世，时年 46 岁。

葛兰西的一生是战斗的一生，光辉的一生。他不仅受到工人阶级和全体劳动者的爱戴，还受到知识分子和各阶层人士（甚至其论敌克罗齐）的赞扬。这不仅由于他英雄的业绩，还由于他伟大的人格与崇高的品德。

在葛兰西逝世后十年——1947 年，《狱中书简》出版，立即引起轰动。这部书包括葛兰西从狱中寄给家人（妻子、儿子、母亲、姐妹、哥哥、妻姐塔吉亚娜）和朋友的 218 封书信。[①] 此书以其朴实无华的文风、真挚热烈的感情、深邃的思想、高尚的情操，受到广大读者的热烈欢迎。著名文学批评家克罗齐赞誉它是意大利现代文学的杰作。《狱中书简》当年荣获"维阿雷焦"文学奖。

同年，他的主要理论著作《狱中札记》开始分 6 卷陆续出版——《历史唯物主义和克罗齐哲学》《知识分子和文化组织》《关于马基雅维利、政治与现代国家的笔记》《文学和民族生活》《民族复兴运动》《过去和现在》，立即在意大利引起强烈反响。

从 1954 年开始，葛兰西的早期著作——《青年时期著作集》（1914～1918）、《防波堤下》（1916～1920）、《新秩序》（1919～1920）、《社会主义

---

① 1965 年，埃诺迪出版社新版《狱中书简》，包括 428 封书信；1986 年，联合出版社出版《葛兰西新书简》，包括 6 封从未发表过的书信。

与法西斯主义》（1921～1922）和《共产党的建设》（1923～1926）也编辑
出版。

20 世纪 60 年代，随着葛兰西理论著作的广泛介绍，他作为思想家的形
象才得到公认。20 世纪 70 年代，在国际范围内掀起了研究葛兰西的热潮。
今天，葛兰西的思想遗产越来越受到具有不同政治色彩的人们的普遍关注
与重视。

二　葛兰西的哲学思想

葛兰西的哲学思想集中反映在《狱中札记》第 1 卷——《历史唯物主
义和克罗齐哲学》中。全书共分五个部分：（一）哲学和历史唯物主义的初
步研究；（二）关于实践哲学研究的若干问题；（三）对《社会学通俗教
材》① 尝试的评注；（四）贝内德托·克罗齐②的哲学；（五）经济学札记。
这里，尤以中间三部分最为重要，大体概括了葛兰西哲学思想的倾向与特
征，表明其哲学思想真正触摸到时代的脉搏，反映了时代的精神。

（一）《反克罗齐论》

19 世纪末，随着工人运动的发展和安东尼奥·拉布里奥拉③的努力，历
史唯物主义在意大利得到传播。俄国十月革命的胜利，扩大了马克思列宁
主义在意大利的影响。但是，贝内德托·克罗齐在 20 世纪前十年形成的
"精神哲学"仍然在意识形态领域居主导地位，克罗齐起着某种"精神教
皇"的作用。为了确立无产阶级在思想阵地上的领导权，葛兰西认识到彻
底清算唯心主义的现代形式——克罗齐主义的必要性。他决心效仿恩格斯

---

① 即布哈林 1921 年完成的《历史唯物主义理论：马克思主义社会学通俗教材》，葛兰西在狱
中读的是 1927 年的法译本。
② 贝内德托·克罗齐（Benedetto Croce，1866～1952），意大利哲学家、美学家、历史学家、
政治家和文学批评家。
③ 安东尼奥·拉布里奥拉（Antonio Labriola，1842～1904），意大利马克思主义哲学家，对发
展历史唯物主义理论做出过贡献。主要著作有《纪念〈共产党宣言〉》等。

写一部《反克罗齐论》。从某种意义上说，葛兰西完成了这一任务。他抓住克罗齐的历史唯心论这个要害进行分析批判，并对历史唯物论有新的阐发。

在克罗齐庞杂的主观唯心主义体系中，历史理论占有重要地位。他本人后来把"精神哲学"改称"绝对历史主义"或"历史学的方法论"。在他看来，一切实在皆历史，一切历史皆实在。但他所说的实在只是精神，即是说一切实在都是精神，历史是精神发展的过程。他认为历史总是"普遍的"，即概念的历史："没有一个事件，包括人们通常所说的小事件，不能作为普遍的事件来考察、实现和区分。在最简单的形式中……历史是通过判断，通过个别与一般的不可分割的联系来表现的。"[1] 这样作为历史判断特点的东西——用具有普遍性的概念给个别历史事件下定义，也就成了历史本身的特点，历史等同于历史判断。克罗齐还强调历史的主词不是古希腊、古罗马，也不是法国、德国，而是文化、自由、进步等抽象概念。这实际上等于用抽象的"水果"概念代替了苹果、梨、桃等具体的水果。

葛兰西指出，为了把握实际的历史进程，需要确定一定的概念，但历史运动与反映它的概念应历史地视为不可分割的统一体。葛兰西认为，克罗齐用从具体历史事件中抽象出来的概念代替了具体历史事件，就用观念否定了实际历史。"在恩格斯看来，历史是实践，对于克罗齐来说，历史还只是思辨的概念。"[2]

接着，葛兰西从经济基础和上层建筑的关系上揭露克罗齐"绝对历史主义"的思辨性。他指出，克罗齐把意识形态的历史机械地、随意地实体化，从而脱离了它的经济基础。克罗齐使上层建筑独立存在，用上层建筑的历史代替了实际的经济关系与阶级关系。这样，在这个思辨的历史观中，出现了形而上学和神学的观念，精神成了现代上帝的代称。他一针见血地说，"实践哲学是实在的历史观，没有任何超验和神学的残余……而克罗齐唯心主义的历史主义还停滞在神学—思辨的阶段"，"它不仅存有超验和神

① B. Croce, *Teoria e storia della storiografia* (Bari：Editori Laterza, 1917), p. 49.

② A. Gramsci, *Il materialismo storico e la filosofia di Benedetto Croce* (Roma：Editori Riuniti, 1977), p. 287.

学的残余,而且就是刚刚摆脱最粗陋外观的彻头彻尾的超验和神学"。[1] 最终说来,这样的历史,成了知识分子的历史,甚至就是克罗齐本人的思想发展史。葛兰西讽刺克罗齐就像拉·封丹笔下那个自命不凡的苍蝇,以为他的"绝对历史主义"的高论在推动历史车轮的前进。

葛兰西进而坚决抨击了克罗齐对历史唯物主义"经济"范畴的攻击。克罗齐污蔑马克思主义的"经济"范畴是"隐匿的上帝",是新的形而上学——用经济解释一切。葛兰西尖锐地指出,如果思辨地理解"经济"范畴,那克罗齐还有道理,事实恰恰相反,不能思辨地理解它,而应历史地考察它,"结构[2]作为现实的人在其中活动的社会关系的整体,作为客观条件的整体,可以并应该用语言学的而不是思辨的方法来研究"。[3] 葛兰西认为,经济结构本身就是历史过程,而不是置于历史之上的抽象的、僵死的东西。

克罗齐还污蔑马克思主义割裂了经济结构与上层建筑的关系,是神学二元论。对此,葛兰西指出,马克思主义并没有使经济结构脱离上层建筑,相反,是从它们内在的联系、必然的相互作用来考察它们的关系的。马克思主义强调经济结构在历史发展中的决定作用,但并不忽视和排斥上层建筑对经济基础的反作用——"实践哲学并不排除伦理—政治的历史,它批判只把历史归结为伦理—政治历史的做法,认为这是不合法和随意的。"[4]

从葛兰西对克罗齐的批判可以见出:有的西方学者说葛兰西强调上层建筑对经济基础的优先地位的看法是站不住脚的。早在 1918 年他就认识到,理想、精神的"本质在经济、实践活动中,在生产与交换的制度及关系中","理想得以实现,并不因为它逻辑地与纯粹真理、纯粹的人道相一致,而是由于它在经济现实中找到自己存在的根据及成功的工具"。[5] 实际上,葛兰西并没有否定经济基础的决定作用,但他反对对此作庸俗的、机械的、

---

① A. Gramsci, *Il materialismo storico e la filosofia di Benedetto Croce* (Roma: Editori Riuniti, 1977), p. 238.

② 指经济结构。

③ A. Gramsci, *Il materialismo storico e la filosofia di Benedetto Croce* (Roma: Editori Riuniti, 1977), p. 237.

④ Ibid., p. 235.

⑤ A. Gramsci, *Scritti giovanili* (Torino: Einaudi editore, 1975), p. 219.

形而上学的理解。他是在庸俗决定论泛滥的特殊历史条件下，强调上层建筑的反作用。

最后，葛兰西还把克罗齐与黑格尔作了比较，颇有见地地认为克罗齐是对黑格尔的反动。他指出：黑格尔那里是矛盾的辩证法——"矛盾是一切运动和生命力的根源"①，历史是正题、反题、合题的辩证运动，是绝对观念在其矛盾推动下的发展。而在克罗齐那里，矛盾的辩证法成了差异的辩证法，他抱怨黑格尔"把对立扩展到精神与实在的形式，就不会产生真正的无限性——循环，而产生假的、恶的无限性——无限的发展"②，从而把对立辩证法改造成差异辩证法。结果，精神按不同的环节——艺术、哲学、经济学、伦理学，即"美""真""益""善"四个范畴发展着；它们不能单独存在，只能在整体中得到活力，它们之间只有差异，没有对立；没有一种形式在另一种形式中的扬弃，只存在循环运动。这样，克罗齐就阉割了黑格尔哲学的精华部分——矛盾辩证法。社会矛盾得以表述的方式（虽然是在观念辩证法中曲折的不自觉的表述）也就不复存在了。葛兰西写道："克罗齐哲学得以成立的关键就是所谓差异辩证法。实际需要区分对立与差异……因为只有对立才有辩证法。还有待考察从黑格尔向克罗齐、金蒂莱的运动是不是后退，反动的'改革'。难道他们不是阉割了黑格尔哲学中最富实在论、历史主义的部分？"③

难能可贵的是，没有机会读到列宁《哲学笔记》④ 的葛兰西，在对黑格尔辩证法的评价上独立地得出与列宁相近的结论。正是由于辩证法构成《逻辑学》的最高成就和实质，列宁才赞誉"黑格尔这部最唯心的著作中，唯心主义最少，唯物主义最多。'矛盾'，然而是事实！"⑤

葛兰西还联系法国大革命做出具体分析。黑格尔用思辨的方式在其哲

---

① A. Gramsci, *Il materialismo storico e la filosofia di Benedetto Croce*（Roma：Editori Riuniti, 1977），p. 244.

② B. Croce, *Logica come scienza del concetto puro*（Roma-Bari：Editori Laterza, 1981），p. 66.

③ A. Gramsci, *Il materialismo storico e la filosofia di Benedetto Croce*（Roma：Editori Riuniti, 1977），p. 298.

④ 最早于 1929 年在苏联发行，当时葛兰西已经在狱中，且法西斯当局禁止他阅读列宁的著作。

⑤ 列宁：《哲学笔记》，人民出版社，1974，第 253 页。

学中反映了当时的历史——法国大革命、拿破仑和他所进行的战争。而克罗齐的《欧洲史》从 1815 年维也纳和会写起，对法国大革命只字不提，这样就肢解了历史，使历史失去实际内容。因此，主要的是应把克罗齐的历史主义再颠倒过来，使它站立起来，用脚而不是用头走路。

在批判克罗齐唯心史观的同时，葛兰西高度评价克罗齐哲学反对一切宿命论，重新估价人在历史发展中的积极作用，甚至认为"现在，必须像实践哲学的首批理论家①对黑格尔思想所进行的那种去伪存真的工作一样，对克罗齐的哲学思想也要进行同样的去伪存真。这是历史上唯一有效的方法，这种方法能使实践哲学得到应有的恢复，并能把它（由于'通俗化'和直接实际生活的需要而恢复生机）提高到应有的高度，从而解决当前斗争的发展所提出的最复杂的任务，即创造一种完整的新文化"。②

葛兰西这番话是针对把马克思主义庸俗化、教条化的错误倾向讲的。从伯恩施坦的经济唯物主义到布哈林的机械论，从屠拉蒂的庸俗决定论到波尔迪加的教条主义，使葛兰西清醒地认识到，国际共产主义运动中出现的这种错误的思想倾向阻碍了马克思主义的发展，并严重危害无产阶级革命事业。因此，葛兰西主张在两条战线上作战："不只是反对思辨哲学的论战，而且也要有反对实证论、机械论以及实践哲学的被歪曲了的形式的论战。"③ 可以这样说，他对机械论、形而上学、庸俗决定论的批判构成其哲学思想中最为光辉的部分。

（二）对布哈林《历史唯物主义理论》一书的异议

1933～1934 年，葛兰西认真研读了布哈林的《历史唯物主义理论：马克思主义社会学通俗教材》，撰写了批判性的笔记和评论。

布哈林的《历史唯物主义理论》于 1921 年在苏俄出版，第二年德译本问世，1925 年、1927 年法文版和英文版相继发行。这部书作为第一部通俗

---

① 指马克思和恩格斯。
② A. Gramsc, *Il materialismo storico e la filosofia di Benedetto Croce* (Roma: Editori Riuniti, 1977), p. 245.
③ Ibid., p. 53.

的马克思主义理论读物，拥有广泛读者。它在 20 世纪 20 年代曾被视为权威性的理论著作。无疑，它在当时对普及马克思主义起过一定作用，但它对马克思主义简单化、庸俗化的处理，它的机械论、平衡论的基本倾向，不仅影响了包括波尔迪加在内的犯有"左派幼稚病"的人们，也影响了批判其理论观点的人们。甚至可以说，斯大林的《论辩证唯物主义和历史唯物主义》的理论失误同这本书不无关系。因此，从某种意义上说，葛兰西对布哈林的批判，也就是对斯大林和苏联官方哲学教条主义痼疾的批判。

首先，葛兰西敏锐地看到布哈林的教科书的缺陷。他写道："当一种理论还处在讨论、论战和形成阶段，难道能够撰写关于它的入门书、手册和通俗教材吗？"① "如果某一确定理论还没有达到其发展的'经典'阶段，任何使它'教材化'的企图都注定要失败，它的逻辑体系只是表面的和虚假的，正像'通俗教材'那样，主要是完全不同的因素的机械排列，尽管它们为着成书的需要有个统一的框架，但它们之间没有内在联系。"② 应该说这不仅切中布哈林的教科书要害，也是对从 20 世纪 30 年代到 60 年代苏联哲学界某些马克思主义哲学教科书通病的准确诊断。

葛兰西不同意布哈林把马克思主义哲学分为辩证唯物主义和历史唯物主义两个独立的、相互封闭的概念体系加以叙述。他指出，"'在通俗教材'中缺乏对辩证法的论述可能有两个原因。首要的原因在于他认为实践哲学分为两部分，即政治历史理论——他认为这是社会学，即根据自然科学（实证论意义上的实验科学）方法构建的理论和本义上的哲学，即哲学唯物主义、形而上学唯物主义、机械（庸俗）唯物主义，在批判机械论的大讨论之后，'通俗手册'的作者似乎对哲学问题的提法没有多大改变。他在伦敦召开的科学史大会上所做的报告中，继续坚持说实践哲学一分为二。历史—政治理论和哲学，不过他不再用哲学唯物主义的老字眼而是用辩证唯物主义称呼它了。"③ "本书及其作者全部错误的根源正是在于企图把实践哲

---

① A. Gramsc, *Il materialismo storico e la filosofia di Benedetto Croce* (Roma: Editori Riuniti, 1977), pp. 164 – 165.

② Ibid. , p. 165.

③ Ibid. , pp. 165 – 166.

学分为两个部分：一是'社会学'，一是系统哲学。离开政治历史理论的哲学只能是形而上学①。"②

　　需要指出的是，就在布哈林被处决的同一年——1938 年，斯大林在《论辩证唯物主义和历史唯物主义》一书中却沿用了布哈林的体系安排。斯大林写道："辩证唯物主义是马克思列宁主义党的世界观。它所以叫作辩证唯物主义，是因为它对自然界现象的看法、它研究自然界的方法、它认识这些现象的方法是辩证的，而它对自然界现象的解释、它对自然界现象的了解、它的理论是唯物主义的。历史唯物主义就是把辩证唯物主义的原理推广去研究社会生活……"③ 这样，辩证唯物主义被提到首位，成了马克思主义的世界观，而历史唯物主义仅是它的派生物，是低一层次的理论。

　　同布哈林、斯大林的观点相反，葛兰西认为："以实践哲学为代表的现代思想史上的伟大成果恰恰是哲学的具体历史化及哲学与历史的同一。"④在他看来，只有在历史唯物主义"这一领域里，才能消除任何机械论和一切迷信'奇迹'的痕迹"。⑤ 由此可见，葛兰西着重强调唯物辩证法与历史唯物论的紧密结合，是把辩证的、历史的唯物主义，即实践唯物主义作为统一的马克思主义世界观来把握的。

　　同把辩证法仅看作方法论的肤浅看法（布哈林和斯大林）相反，葛兰西认为"辩证法是新的思维方式，一种新的哲学"。他尤其强调马克思主义完成了辩证法与哲学革命的联系，他写道："只有把实践哲学理解为一种完整的和独创的哲学——它开创了历史和世界思想发展史的新阶段，它超越（超越的同时汲取富有生命力的因素）唯物主义和唯心主义这些旧社会的传统表达方式——才能充分地、从根本上认识辩证法的作用与意义。"⑥，相反，布哈林把辩证法与政治历史理论分开，"这样提出问题，就再不会认识

① 指研究超越感觉的、经验以外对象的哲学。
② A. Gramsci, *Il materialismo storico e la filosofia di Benedetto Croce* (Roma: Editori Riuniti, 1977), p. 167.
③ 《斯大林文选 1934～1952》上卷，人民出版社，1977，第 177 页。
④ A. Gramsci, *Il materialismo storico e la filosofia di Benedetto Croce* (Roma: Editori Riuniti, 1977), p. 167.
⑤ Ibid., p. 163.
⑥ Ibid., p. 132.

辩证法的重要性与意义，就把认识论和历史学及政治学的精髓贬低为形式逻辑的一个分支和一种入门的经院哲学"。① 葛兰西认为，在辩证法即认识论中，"历史、政治和经济的一般概念融为有机整体"，② 因此，它不能作为方法论而同运用它对历史、经济及政治问题的解释分开。

葛兰西不能容忍把辩证法作为某种形式逻辑同马克思主义哲学体系截然分开。他指出朗格③的《唯物主义史》成为对马克思主义进行庸俗唯物主义解释的根源，正是这本书把辩证法"仅看作形式逻辑的一章，而不是将它本身看作一种逻辑学，一种认识论"。④ 葛兰西反复强调辩证法是逻辑学和认识论，这种看法与列宁的"辩证法、逻辑学和认识论三者同一"的观点完全一致。

布哈林同朗格、普列汉诺夫一样，没有把唯物辩证法看作马克思主义认识论，因此，他对反映论的理解还停留在费尔巴哈直觉唯物主义水平上。布哈林写道，"没有物质，精神就不可能存在，而没有精神，物质却可以满不在乎地存在着"，"精神，是具有特殊组织的物质的特性"，"假如人们有办法按照原样重新把那些物质的元件拼凑好、安装好，就好比像把一个拆散的钟表重新装配起来一样重新装配一个人，这时意识就可以马上恢复：就跟钟表修好了就马上嘀嗒地走起来一样，人的机体刚一复原就可以开始思想"。⑤ 这里，可以看出，布哈林完全脱离历史唯物主义来研究意识，看不到实践在认识世界和改造世界中的革命意义，不了解认识过程中主体能动性的作用。

葛兰西注意从历史唯物主义研究意识和认识过程，坚决反对离开人的实践活动和具体的社会历史条件，仅把意识看作是对物质的机械反映的形而上学观点。

首先，他反对把那种"开天辟地"时的原始自然界看作认识的对象。

---

① A. Gramsci, *Il materialismo storico e la filosofia di Benedetto Croce* (Roma：Editori Riuniti, 1977), p. 128.

② Ibid., p. 129.

③ 朗格 (F. A. Lange, 1828 ~ 1875)，德国哲学家，新康德主义者。

④ A. Gramsci, *Il materialismo storico e la filosofia di Benedetto Croce* (Roma：Editori Riuniti, 1977), p. 151.

⑤ 布哈林：《历史唯物主义理论》，人民出版社，1983，第53~54页。

他认为，实践不仅是人们认识的手段和检验认识的真理性标准，而且它为自己"创造"认识对象，并使自己成为现实的认识主体。从现实的认识主体和客体两方面看，都受着历史条件的制约，受着生产力水平的限制。

葛兰西写道："在科学中探索在人之外的实在性，从宗教或形而上学意义上理解，只能是某种悖论。如果没有人，宇宙的实在性意味着什么？一切科学都和人的需要、活动相联系。没有一切价值的创造者——人的活动，'客观性'，意味着什么？可以说是混沌，即虚无。因为，实际上，如果设想人不存在，也就不能设想语言和思想的存在。对实践哲学来说，存在不能脱离思维，人不能脱离自然，活动不能脱离物质，主观不能脱离客观。假如发生这种脱离，就会坠入形形色色的宗教形式之中或毫无意义的抽象"；① "只有当实在与人发生关系时，我们才能认识实在。由于人是历史过程，因此认识和实在也是过程，客观性也是过程"。②

接着，葛兰西以"东方""西方"这两个概念说明它们是对实际空间关系的反映，但又是历史范畴。他写道："为了确切理解外部世界的实在性问题可能具有的意义，有必要看一下'东方''西方'这两个概念的例子。它们从来就是'客观地存在的'，虽然分析时只呈现为约定俗成的，即历史—文化结构。"③ 他不同意罗素的如下说法："地球上没有人存在，不能想到伦敦和爱丁堡的存在，但可以想到空间里两点的存在——它们就是今天的伦敦和爱丁堡。"④ 葛兰西认为，没有人存在，就不能想到只是由于有人才存在的任何事物与关系，"如果没有人，北—南、东—西意味着什么？它们是实际的关系，但没有人和文明的发展，它们就不会存在。很明显，东和西是人为的、约定俗成的，即历史范畴，因为离开了实际的历史，地球上任何一点同时是东又是西"。⑤ 正是由于欧洲资产阶级已经在全球范围内确立

---

① A. Gramsci, *Il materialismo storico e la filosofia di Benedetto Croce* (Roma: Editori Riuniti, 1977), p. 66. 其中"存在不能脱离思维"一句原文如此。从上下文看，作者是从认识的主、客体的联系来讲的。

② Ibid., p. 177.

③ Ibid., p. 180.

④ Ibid..

⑤ Ibid., p. 181.

了领导权，才能使这些概念被普遍接受——"日本是远东国家，这不仅对欧洲人来说是如此，对加利福尼亚的美国人和日本人自己也是如此。日本人根据英国政治文化可以称埃及为近东。这样，通过不断注入地理名词的历史内容，'东方''西方'最终揭示不同文明整体间的确定关系。意大利人提及摩洛哥时，通常把它称作'东方'国家，正是归因于它的穆斯林和阿拉伯文化。但这些概念又是真实的，它们与真正的事实一致，它们使人们能够通过陆地和海洋旅行到达预定的目的地，使人们预见未来，使实在客体化，使人们理解外部世界的客观性。"①

其次，葛兰西强调主体在认识过程中的能动作用，将主体选择、需要、价值、实践结合起来考察，从而使马克思主义认识论更丰富更完整。

葛兰西指出，人们只是认识自己——人们的需要与利益，如果超越这些而去思考实在的东西，就是"物自体的""不可知的""形而上学"意义上的认识。他写道："什么是现象？是自在自为地存在着的客观的东西，还是人依靠实践和科学的利益而区分的质，即根据探索世界秩序及对事物分类的必要性而区分的质（这种必要性总与间接的和未来的实践利益相联系）。"②

就上述论断的实质来看，这是对20世纪20～30年代盛行的被动的、直观的、照镜子式的反映论的根本纠正。要知道自然现象并不是自动闯入人们的感官。人只是在变革自然时，才与其发生联系，而实践又与人的利益与需要密切相关。人们为了生存，满足衣、食、住、行的需要，为居安避险，就要首先区分出与实践有关的、对人有用的东西。人们以同动物完全不同的方式，仅仅把握周围世界的一部分。因此，在某种意义上也可以说，人们的认识是一种干预，一种选择，现象是根据实践目的由主体翻译的客观实在。这就是葛兰西上述论断的真正含义。诚然，他在表述时某些概念把握不准，给人以"矫枉过正"的印象。某些西方学者，譬如，科莱蒂③甚

---

① A. Gramsci, *Il materialismo storico e la filosofia di Benedetto Croce* (Roma: Editori Riuniti, 1977), p. 181.

② Ibid..

③ 科莱蒂 (L. Colletti, 1924～2001)，意大利现代哲学家，罗马大学理论哲学教授。

至认为葛兰西像卢卡奇一样反对列宁的反映论，但我们只要联系葛兰西对马赫主义的批判来考察，就会得出他是用选择论来丰富和完善反映论的结论。

意大利的卡米思教授，在 1931 年 11 月出版的《新文集》上，表示完全赞同"微观现象不能独立于观察它们的主体存在"的观点，说什么这再次提出了宇宙的主观存在的问题，很发人深省。

葛兰西对这种否定外部世界客观存在的马赫主义观点，给予了深刻批判。他反问道："难道显微镜下被观察的物质就不再是客观存在的物质，而成了人们精神的产物？"① 他进而剖析上述谬论的信仰主义本质：如果说"微观现象不能独立于观察它们的主体存在"的观点"很发人深省"的话，卡米思教授首先应思考这个问题："就像今天人们设想的那样，科学不再存在了，而是成了某种对他们个人判断的信仰活动"，"如果微观现象真的不能视为独立于观察它们的主体存在的话，那么，它们就不是'被观察'，而是'被创造'，而且坠入个人纯幻觉的王国之中。还应提出这样一个问题，同一人是否可以'两次'创造（观察）同一现象。这已不再是'唯我主义'，而纯粹是造物说和巫术。不是现象（它不存在），而是这些幻觉成了科学的对象"。②

实际上，葛兰西主张一种选择—反映论。毋庸讳言，列宁在 1907 年撰写的《唯物主义和经验批判主义》，主要针对 19 世纪末 20 世纪初第二国际新康德主义和布尔什维克党内的经验批判主义等唯心主义倾向，着重强调认识对象的客观性，坚持唯物主义反映论原理。还应注意，列宁将此书副题定为"对一种反动哲学的批判"，称自己是"哲学上的一个'探索者'"。这对我们理解这部杰作的某些局限性会有所帮助。但我们不能同意西方学者全盘否定此书的观点。正是在这本著作中，列宁明确提出"生活、实践的观点应该是认识论的首先的和基本的观点"，提出"借助历史唯物主义"科学地研究观念的思想，但他没有展开。然而，列宁在 1914 ~ 1916 年撰写

---

① A. Gramsci, *Il materialismo storico e la filosofia di Benedetto Croce* (Roma: Editori Riuniti, 1977), p. 60.

② Ibid., pp. 62 – 63.

的《黑格尔〈逻辑学〉一书摘要》和《谈谈辩证法问题》弥补了此书的某些不足。因此，说列宁的认识论思想是机械的、照镜子式的反映论是没有根据的。由于葛兰西所处时代不同——20世纪20～30年代国际共产主义运动中庸俗唯物论和机械论普遍泛滥，着重强调认识的主体性，主体在认识过程中的能动性，但这并不意味着他用选择论代替反映论。

葛兰西在分析批判了克罗齐的历史唯心论和布哈林的直观（庸俗）唯物主义、机械论之后，提出"实践一元论"的马克思主义哲学路线。在"关于实践哲学研究的若干问题"这组札记里，葛兰西对马克思主义的本质、使命、来源、体系及新的历史时期所面临的挑战，进行了大胆探索，发表了不少深刻、独特又有现实性的见解。

（三）实践哲学

在评价葛兰西哲学思想时，人们争论最多、分歧最大的要数"实践哲学"了。有的学者把"实践哲学"说成是区别于传统马克思主义哲学的标新立异的哲学路线，并据此把葛兰西与卢卡齐、柯尔施等相提并论，通称为"西方马克思主义者"。我认为这是严重的误解。因为葛兰西从未有过"修正"马克思主义的企图，更无独树一帜的"雄心"，他关于实践哲学的笔记是一位身陷囹圄的共产主义战士对马克思主义的深刻理解和独立思考。

为了避免引起法西斯当局监狱的注意，葛兰西在撰写《狱中札记》时，不得不使用隐晦曲折的语言和独特的概念。譬如，他称列宁为伊里奇，用"社会集团"代替"阶级"。当葛兰西提及罗莎·卢森堡的《马克思主义的停滞和进步》这一著作时，有意将书名改为《实践哲学发展中的停滞和进步》。更直接的证据是葛兰西不止一次地把马克思和恩格斯称作"实践哲学的两个创始人"。这就足以说明葛兰西只是把自己视为实践哲学的继承者而不是创始人，他把自己看作马克思主义者。

"实践哲学"，是葛兰西在法西斯监狱这一特殊环境里对马克思主义（马克思主义哲学、历史唯物主义）的称谓。

此外，葛兰西把马克思主义称作实践哲学，着意强调马克思主义是无产阶级改造世界、争取解放的强大的思想武器。葛兰西反对把马克思看作几位伟大学者的综合，认为马克思是新的世界观的创造者。这种新世界观独特而完整，它代表了一个历史时代的精神。只要这个时代没有完结，只要还没有在全世界彻底消灭资本主义和实现共产主义，马克思主义就不会过时。在他看来，这个时代要延续几个世纪。

葛兰西一贯反对对马克思主义持教条主义态度。他始终把握住马克思主义的革命的批判的精神。他明确指出，既然马克思主义对现存一切事物都采取革命的批判的立场，那么它对本身也不能例外。它是开放的、前进的，不是终极真理的绝对封闭体系。葛兰西精辟地提出马克思主义历史性命题，指出马克思主义要随着时代的发展而不断丰富、完善，否则就不能解决现实提出的问题，接受资产阶级现代思潮的挑战；但他同时注意坚持、宣传马克思主义对于无产阶级事业的重大意义。他写道，"实践哲学认为自己也是历史性的，也就是把自己看作哲学思想发展史上的一个暂时阶段"，[①]"如果实践哲学在理论上断言，任何认作永恒和绝对的真理都具有实践的来源，并代表着暂时的价值（任何世界观和人生观的历史性），那么，在实践上很难理解这种观点也适用于实践哲学本身，又不动摇为采取行动所必需的信念？"[②] 葛兰西以理论家和政治家的慧眼准确把握理论与实践、发展与坚持、理论研究与政治宣传的辩证关系，既坚持理论的彻底性，又注意实践的灵活性。

葛兰西还探讨了马克思主义来源的问题。他一反 20 世纪 20～30 年代将黑格尔哲学视为对法国资产阶级革命的"贵族式的反动"的"权威"观点，深刻指出德国哲学的语言与法国大革命的政治语言实质上具有同一性。他没有重复通常的说法，即大卫·李嘉图的政治经济学成为马克思主义政治经济学的来源，而是在更大的视野里，在唯物史观的形成上评价李嘉图的贡献。他说："据我看，正是实践哲学把李嘉图的学说变成了哲学的语言，因为实践哲学赋予了他的发现以一种通用的性质；并且适当地把这些发现推广到全部历史上面去，从而自己在创造新的世界观的时候，首先利用了

---

① A. Gramsci, *Il materialismo storico e la filosofia di Benedetto Croce* (Roma: Editori Riuniti, 1977), p. 115.

② Ibid. , pp. 116 - 117.

它们……从某种意义上说，实践哲学等于黑格尔＋大卫·李嘉图。"① 凡是读过《〈政治经济学批判〉序言》的人们都会记得马克思本人承认，正是通过在巴黎和布鲁塞尔对政治经济学的研究，才总结出唯物史观的基本法则。

总之，葛兰西不同意将马克思主义的三个来源和三个组成部分形而上学地一一对应地研究，而应考察它们之间的联系及对形成马克思主义的全面影响。葛兰西写道："有人断言，实践哲学是在 19 世纪前半叶文化的最大限度发展的基础上产生的，而这种文化是由德国古典哲学、英国古典经济学和法国政治著作及实践所代表的，断言这三种文化因素是实践哲学的来源。应该从怎样的意义上去理解这种论断呢？这些运动中的每一种对应地促进了哲学、经济学和实践哲学的政治学的形成？或者是实践哲学综合地改造了所有这三种运动，即是说改造了时代的全部文化，而且在这种新的综合中，我们考察实践哲学，就会发现其中任何一种因素——理论的、经济的、政治的，都以三种运动中的每一种运动作为准备'要素'。"②

不仅如此，葛兰西还认为，不应把马克思主义的三个来源绝对化，从历史的长河看，"实践哲学是以过去的一切文化为前提的：文艺复兴和宗教改革，德国哲学和法国大革命，加尔文教和英国古典经济学，世俗的自由主义和作为整个现代人生观基础的历史主义。实践哲学使大众文化与精英文化的对立辩证化，是这一切思想、道德改革运动的结果。实践哲学与下面这种结合相符：新教改革加法国大革命——这是哲学也是政治，这是政治也是哲学"③。在葛兰西看来，马克思主义在人类思想史上首次将解释世界与改造世界统一起来，将理论与实践，哲学与政治（历史），先进的思想与人民群众的利益、需要、愿望统一起来。

葛兰西还以马克思主义理论家的锐利目光察觉到马克思主义哲学在新的历史条件下受到歪曲和阉割的严重情况："实践哲学的确受到了双重的修正，也就成了双重哲学结合的成分。一方面，它的某些因素，明显地或隐

① A. Gramsci, *Il materialismo storico e la filosofia di Benedetto Croce* (Roma: Editori Riuniti, 1977), p. 112.
② Ibid., p. 111.
③ Ibid., pp. 104 – 105.

蔽地成了某些唯心主义思潮的组成部分（指出克罗齐、金蒂莱、索列尔、柏格森和实用主义就足够了）。另一方面，所谓正统派所关心的是要找到一种哲学，根据他们的极狭隘的观点，这种哲学要比历史的'简单'解释更复杂，当他们基本上把这种哲学等同于传统唯物主义时，还自认为正统。"①葛兰西联系哲学史，针对马克思主义哲学受到两方面修正的现状，提出马克思主义者在新形势下哲学领域的战斗任务，"黑格尔在法国大革命与复辟的交接时期把思想生活的两个环节，即唯物论与唯心论辩证化了，但综合的结果却是'用头走路的人'。黑格尔的后继者破坏了这种统一，一些人回到唯物论体系，另一些人回到唯灵论体系。实践哲学的创始人更新了黑格尔主义、费尔巴哈主义、法国唯物主义的这些全部经验，以便恢复辩证统一的综合：结果是'用脚走路的人'。现在实践哲学也受到了黑格尔主义所经受过的遭遇：人们把它扯碎，一部分东西脱离了辩证的统一又重新回到哲学唯物主义，同时高级唯心主义文化企图把实践哲学里创造某种长生不老药所必需的东西吸收过来"，②"在现实中依然重现关于费尔巴哈第一个提纲中受到批判的唯物主义和唯心主义彼此片面的立场，而且也和当时一样（虽然我们也达到更高的阶段），需要在实践哲学发展的更高的阶段上的综合"。③

无疑，这为我们准确判定葛兰西哲学思想的性质，正确把握"实践一元论"的真正含义指明了一个方向。

1845 年，马克思在《关于费尔巴哈的提纲》第一条中指出："从前的一切唯物主义——包括费尔巴哈的唯物主义——的主要缺点是：对事物、现实、感性，只是从客体的或者直观的形式去理解，而不是把它们当作人的感性活动，当作实践去理解。所以，结果竟是这样，和唯物主义相反，唯心主义却发展了能动的方面，但只是抽象地发展了，因为唯心主义当然是不知道真正现实的、感性的活动本身的。"④ 这里，马克思批判旧唯物主义

① A. Gramsci, *Il materialismo storico e la filosofia di Benedetto Croce*（Roma：Editori Riuniti, 1977），pp. 98 - 99.
② Ibid.，pp. 105 - 106.
③ Ibid.，p. 113.
④ 《马克思恩格斯选集》第 1 卷，人民出版社，1973，第 16 页。

仅从客体方面考察对象、感性，没有看到"周围的感性世界绝不是某种开天辟地以来就已存在的、始终如一的东西，而是工业和社会状况的产物，是历史的产物，是世世代代活动的结果，其中每一代都在前一代所达到的基础上继续发展前一代的工业和交往方式，并随着需要的改变而改变它的社会制度"①。

同马克思的看法相近，葛兰西指出直观的庸俗的唯物主义"确信有一个外部的绝对不能改变的世界'一般地'、客观地（这个词最庸俗意义上的）存在着"，②仅把意识看作是对外部世界的"感受"和"整理"，看不到人的主观能动性和人的实践活动的创造性。同时，他又指出，德国古典哲学首先使用了"创造性的"思想概念，即首次揭示主体的能动作用，但它却充满了唯心主义和思辨的内容。由于唯心主义的"创造性"（能动性）概念表明外部世界是由观念创造的，就必然陷入唯我论。为了一方面肯定主体能动性又避免唯我论，另一方面避免抹杀主体能动性的机械论、庸俗唯物论，就必须"历史地"考察问题，同时把实践作为哲学的基础。③

正是在这种意义上，葛兰西才说"'一元论'这一术语表达什么意义呢？当然不是唯物主义的，也不是唯心主义的，而是意味着在具体的历史行动中的对立面的同一性，即与某种组织起来的（历史化了的）'物质'，与人所改变了的自然不可分割地联系在一起的具体意义上的人的活动（历史—精神）。这是行动（实践、发展）的哲学，但不是'纯粹'行动的，而恰好相反是'不纯粹'的、最为世俗、最普通意义上的行动的哲学。"④

正是这段札记被人们做了各种各样的解释，引起激烈的争论，招来高度赞扬或严厉批评，从而关系到对葛兰西哲学思想的全面评价这个根本问题。

有人认为，葛兰西的"实践哲学"或"实践一元论"主张一般意义上的唯物主义与唯心主义的综合，因此是折中主义的。实际上，这种看法是

---

① 《马克思恩格斯选集》第 1 卷，人民出版社，1973，第 48～49 页。

② A. Gramsci, *Il materialismo storico e la filosofia di Benedetto Croce* (Roma: Editori Riuniti, 1977), p. 27.

③ Ibid., p. 27.

④ Ibid., pp. 53－54.

不准确的。只要我们联系他对马克思的《关于费尔巴哈的提纲》的赞誉，对黑格尔、克罗齐唯心主义的批判，对布哈林、波尔迪加的庸俗唯物论观点的批判，就会顺理成章地认为，葛兰西与马克思的思想一致，他是在新的历史条件下坚持马克思的实践的、历史的唯物主义，他正是从捍卫马克思主义哲学的完整性，反对任何一种片面倾向上谈唯心主义与唯物主义的结合的。要知道马克思本人在《1844 年经济学哲学手稿》中首次提出他的哲学"既不同于唯心主义，也不同于唯物主义，同时又是把这二者结合的真理"。①

有人说，应在辩证法意义上、认识论意义上，而不是在本体论意义上理解葛兰西的"实践一元论"。我认为这种看法不无道理。因为关于"实践一元论"的论述正是在题名为"认识的'客观性'"的札记里阐发的。葛兰西写道："在实践哲学中，关于认识的'客观性'问题，可以根据下面这句话（在《政治经济学》序言里）来分析：人们在意识形态领域——在法律的、政治的、宗教的、艺术的、哲学的形式中——认识物质生产力之间的冲突。但是这种认识是不是限于物质的生产力与生产关系之间的冲突——根据引述的原文——还是指任何有意识的认识而言？这点有待研究，而只有用所有关于上层建筑价值的哲学理论才能研究。"② 紧接着就是引起广泛争议的"实践一元论"的论述。由此可见，葛兰西绝不是在本体论意义上，即物质与意识谁为本原，谁为派生的问题上发表见解。在他看来，哲学基本问题属于传统唯心主义与传统（旧）唯物主义争论的问题，实际上早为旧唯物主义（法国唯物主义、费尔巴哈直觉唯物主义）所解决。马克思主义哲学的本质是最高形式的唯物主义——新唯物主义、实践唯物主义、历史唯物主义。它的主题、出发点、基础乃至命题、范畴都发生了根本的变化。诸如"社会存在""社会意识""上层建筑""经济基础"等是全新的范畴，是旧唯物主义和唯心主义从未使用过的。它所关注的问题，诸如社会存在与社会意识的关系、历史必然性与主体能动性的关系，也是传统唯

---

① 马克思：《1844 年经济学哲学手稿》，人民出版社，1985，第 124 页。
② A. Gramsci, *Il materialismo storico e la filosofia di Benedetto Croce* (Roma: Editori Riuniti, 1977), p. 54.

物主义解决不了的。从这个角度看，新唯物主义又是对旧唯物主义和唯心主义的超越。

在其他场合，葛兰西曾把实践哲学（实践唯物主义）称作"由于思辨哲学本身的工作而达到自己完成的并与人本主义相结合的'唯物主义'"，是"绝对历史主义或绝对人本主义"。① 由此可见，葛兰西认为，实践唯物主义就是历史唯物主义，是真正的历史主义和真正的人本主义。从本质上说，"实践一元论"是以实践为基础，以现实社会的人为出发点，自然和社会相统一的关于人和外部世界（自然界和人类社会）相互关系及其发展规律的理论。

正如马克思肯定人本身是自然界的存在物，葛兰西也承认人是自然界的一部分，但他们更强调人是自然界的对立物，人与自然的关系是能动的积极的关系。葛兰西指出："人们并不是由于自己也是自然而简单地与自然相联系，而是通过劳动与技术能动地与自然相联系。还有，这种关系不是机械的，而是积极的、自觉的，即这一关系是与每个人对这些关系的或高或低的认识程度相一致的。"② 由此可见，葛兰西所说的"具体的历史行动中的对立面的同一性"，就是指人与自然在具体的历史活动中既对立又统一的辩证关系。离开了具体的历史活动，即人们在不同历史时代的实践活动，人与自然的统一就成了纯粹思辨的东西了。而"组织起来的（历史化了的）'物质'"，就是指人所改变了的自然界，当然也包括生产资料（即前人实践的产物）。这样，"人的活动（历史—精神）"也就不难理解了。意思是说，人的实践活动创造了人类历史，而这种人类活动体现了人所特有的精神力量——人的主观能动性。最后，如何理解"这是行动（实践、发展）的哲学，但不是'纯粹'行动的……哲学"呢？我们知道，意大利新黑格尔主义者金蒂莱把自己的哲学称作"行动主义"，说什么"思想行动是纯粹行动"，这样，自然、历史、上帝都成了（共相的）"我"的行动的产物。实际上，葛兰西这个非常重要的补充着意划清"实践一元论"与金蒂莱"行

---

① A. Gramsci, *Il materialismo storico e la filosofia di Benedetto Croce* (Roma: Editori Riuniti, 1977), p. 129.

② Ibid., p. 34.

动主义"的界限，强调人的活动是感性活动、物质活动，并且这种实践活动是有着物质基础的。

我以为这才是"实践一元论"的准确含义，因此，不能从中得出"否定外部自然界的优先地位"的结论。和马克思一样，葛兰西明确写道："一定的人的社会以一定物的世界为前提，而人的社会只有存在着一定物的世界才是可能的。"① 另一段论述更清楚地说明他是把客观条件作为实践基础的："但仅是客观条件、可能性、自由的存在不够，需要'认识它们'并会利用它们，想要利用它们。"② 显然，葛兰西所说的"客观条件"是指人们所面对着的外部世界，即上代人的实践改造了的自然界和社会环境。由此可见，葛兰西既没有否认先于人类存在的那个自然界（但他认为对这代人来说没有意义），也没有否认上代人实践改变了的自然界是这代人实践的预先存在的客观基础。但是，在他看来，仅仅承认这点远远不够，这并不是马克思主义哲学的本质所在；具有决定性意义的是要认识并利用客观条件，通过实践促使它们改变。因此，说葛兰西把"自然界"或"人所改变了的自然界"视为实践的从属因素，偏离了唯物主义方向，是毫无根据的。

在特定的历史条件下，葛兰西强调历史唯物主义的重心在"历史"上而不是在"唯物"上。他对传统唯物主义的"物质"范畴很反感，认为它是形而上学的根源，因此尝试着改造它。他写道："显然，对于实践哲学来说，'物质'不应在自然科学（物理学、化学、力学等）的意义（这些意义有待在自然科学的历史发展中考察研究）上，也不应在种种唯物论形而上学的意义上理解。物质的物理的（化学的、力学的等）各种属性的总和构成了物质本身（只要不陷入康德的物自体观），但仅当它们成为生产的'经济因素'时才被考察。因此，物质不是作为其本身，而是作为生产社会地、历史地组织起来的物质来考察。这样，自然科学从本质上看好像历史范畴、人的关系。每种物质的全部属性总是一成不变的吗？科学技术史证明不是这样。很长时间人们对蒸汽的机械力毫无所闻，那么能说这种机械力在人

---

① A. Gramsci, *Il materialisom storico e la folosofia di Benedetto Croce* (Roma: Editori Riuniti, 1977), p. 35.

② Ibid., p. 43.

对机器利用之前就存在着吗?"① "实际上,实践哲学研究一部机器不是为了认识和确定这一物质的原子结构,它的自然成分的物理、化学、力学属性(那是自然科学和技术研究的对象),而是因为它是物质生产力的一个要素,是一定社会力量所有权的对象,因为它反映了一种社会关系,而且这种社会关系又与一定历史时期相一致。"②

尽管葛兰西不赞成传统唯物主义的"物质"范畴,但对"自然"从未提出疑义。他批判克罗齐的唯心主义自然观:"对于克罗齐来说,只有哲学才是真正的科学,而物理学或精密科学只是'经验的'和'抽象的',因为在唯心主义看来,自然是某种约定的抽象,某种'便当'等。"③

(四) 约·狄慈根式的失误

像历史上一切伟大的思想家一样,葛兰西也有着自己的局限性。他的局限性突出地表现在对唯物主义的误解上。

葛兰西认为,唯物主义与形而上学相连,"散发着决定论的、宿命论的、机械论的气味"。并且说马克思"从未把他的世界观称作'唯物主义的',当提及法国唯物主义时对它进行了批判,并主张这种批判还应更彻底。因此,他从未用过'唯物辩证法'这个公式,而是采用同'神秘的'辩证法相对立的'合理的'辩证法的公式,这就赋予'合理的'一词以确切的意义"。④

的确,马克思在《关于费尔巴哈的提纲》和《德意志意识形态》等著作中,对包括法国唯物主义在内的旧唯物主义进行过尖锐的批判。然而,说马克思"从未把他的世界观称作'唯物主义的'"则与事实不符。马克思不仅认为自己的世界观是唯物主义的,而且是"新唯物主义""实践活动的

---

① A. Gramsci, *Il materialisom storico e la folosofia di Benedetto Croce* (Roma: Editori Riuniti, 1977), pp. 192 – 200.

② Ibid. , p. 200.

③ A. Gramsci, *Passato e presente* (Roma: Editori Riuniti, 1977), p. 196.

④ A. Gramsci, *Il materialismo storico e la filosofia di Benedetto Croce* (Roma: Editori Riuniti, 1977), p. 190.

唯物主义"① 的。马克思还讲过，共产主义者就是实践的唯物主义者。

如果说马克思没有明确使用"唯物辩证法"这一概念的话，也绝不意味着他不同意这一概念。只要联系他的其他论述深入研究，就会看到马克思正是在"唯物""唯心"意义上来谈论"神秘"和"合理"的。

另外，葛兰西面对着庸俗唯物主义者，批判他们抛弃革命辩证法的错误时，有时在某些概念的把握和理解上有偏失，某些不确切的表述客观上起了混淆唯物主义与唯心主义根本界限的作用，从而与他的唯物主义路线相矛盾。

譬如，当葛兰西批判布哈林离开人的实践活动和社会历史，仅把意识看成对物质的反映的错误观点时，对"客观性"这一抽象概念含义把握不准，将"客观性"与"对客观性的证明"混用，表述欠妥，造成混乱。

葛兰西不同意"在人之外的客观性"，他是这样提问的："怎么能肯定一种在人之外的客观性呢？谁来判断这种客观性呢?"② 接着，他在恩格斯那里找到了"理论根据"。在引述了"世界的统一性是在于物质性，而这种物质性……是由哲学和自然科学的长期和持续的发展来证明"这段话之后，他写道："恩格斯的公式包含着正确思想的萌芽，因为要证明客观实在，需要求助于历史和人。客观的总是意味着'人类地客观的'，它能与'历史地主观的'完全一致，即是说客观的就是'普遍主观的'。"③

显然，葛兰西曲解了恩格斯的原意。恩格斯这段著名论述出自《反杜林论》。"江湖骗子"杜林借助"统一的思想"把存在的唯一性变为统一性，进而证明现实世界的统一性。恩格斯尖锐指出杜林的所谓"存在"是无差别、无运动、无变化的存在，等于虚无；并指出这一概念的实质是抹杀物质与意识的根本界限。最后，恩格斯得出了"世界真正的统一性是在于物质性"的著名结论。也就是说世界的本质是物质的，自然界是在多种形式中运动着的物质，世界统一于物质。

---

① 《马克思恩格斯选集》第 1 卷，人民出版社，1973，第 19 页。
② A. Gramsci, *Il materialismo storico e la filosofia di Benedetto Croce* (Roma: Editori Riuniti, 1977), p. 176.
③ Ibid., p. 177.

至于说物质性的证明需要求助于人和历史，葛兰西并没有错。但是，不应忘记物质性（客观性）与对物质性（客观性）的证明是不同的。科学史和哲学史证明世界的物质性与统一性，但不是科学和哲学构成世界的物质性。它们只有从外部世界中抽象出来，正确反映外界的物质性，才成为科学和"头脑清醒的哲学"；否则就成了巫师的咒语和神父的说教。

葛兰西的"客观的＝人类地客观的＝普遍主观的"公式，从客观效果来看，就抹杀了主观与客观的根本区别。

葛兰西还把忽视人和实践的直觉唯物主义物质观同宗教创世说相提并论。应该说，他的意图和出发点都是对的，但在批判时没有瞄准靶心。如果我们深入分析，就会发现葛兰西实际上所要表达的思想是：离开历史和实践活动而迷信客观必然性就类似宗教信仰。因为"可能性还不是现实性"，历史必然性只有通过人们的革命活动才能实现。而庸俗决定论扼杀斗争的主动性，宣扬"红旗必胜"，如同"橡子必然长成橡树"一样，从而使斗争失败。

历史有着惊人的相似之处。如果说直觉唯物主义者费尔巴哈因耻于与那些唯物主义次货的小贩们（毕希纳、福格特、摩莱肖特）为伍，而重复着对唯物主义的偏见，那么，实践的唯物主义者（共产主义者）葛兰西则对危害革命事业、抛弃革命辩证法的伯恩施坦、屠拉蒂、布哈林、波尔迪加等宣扬的"唯物主义"嗤之以鼻，从而不同意"唯物主义"这一名称。

我们还应注意这样一点：葛兰西只不同意"唯物主义"，但对历史唯物主义从未提出异议，反而高度赞扬。因此，与其说他对唯物主义抱有偏见，不如说对旧唯物主义和他那个时代的庸俗（机械）唯物主义十分反感。他的失误更像约·狄慈根。列宁指出，狄慈根的那些"显然不正确的词句"，"他的基本思想是要指出旧唯物主义不能科学地（借助历史唯物主义）研究观念"。①

恩格斯没有因为费尔巴哈对唯物主义的偏见而认为他是唯心主义者，列宁也没有由于狄慈根有时"称自己为唯心主义者"，而抹杀他捍卫唯物主

---

① 《列宁选集》第2卷，人民出版社，1973，第25页。

义认识论的功绩。马克思主义经典作家采取的是实事求是的科学的态度。

葛兰西启示我们，一个政治家的真正的哲学思想应到其政治著作中去寻找。的确，政治家的哲学立场决不取决于对"物质""意识"的简单表态，而要看他全部理论实践与政治活动以什么哲学思想指导，我以为这对于确定葛兰西哲学思想的性质是至关重要的。

三　葛兰西的政治思想

葛兰西的理论贡献是多方面的，而尤以他对马克思主义政治学说的创造性发展最为光辉。

俄国十月革命的胜利和列宁主义，对葛兰西政治思想的形成产生了决定性的影响。十月革命胜利后，他也曾憧憬在意大利迅速取得革命成功的美好前景，但意大利法西斯政权的建立，德、奥等国社会主义革命的失败，使葛兰西不得不思考这一问题：为什么西欧工业先进国家的革命没有继十月革命之后取得成功？

早在被捕前的 1926 年，葛兰西就开始初步分析西欧革命失败的社会根源："先进的资本主义国家的统治阶级具有像俄国那样的国家所不具备的政治上和组织上的后备力量。这意味着，即使最严重的经济危机也不会立即在政治领域中产生反响。"①

在狱中，他联系意大利和西欧的历史和现状，对这一问题作了进一步全面深刻的探索，形成了领导权理论。围绕这一理论，葛兰西提出新的革命战略——"阵地战"，强调知识分子的重要作用，探讨社会主义民主等问题，在新的历史条件下，丰富了马克思主义理论宝库。

（一）领导权理论

列宁说，"国家是阶级矛盾不可调和的产物和表现"，是"特殊的武装

---

① 葛兰西 1926 年 8 月 2 日致意大利共产党中央委员会的信。

队伍，监狱，等等"，是"剥削被剥削阶级的工具"。

葛兰西从阶级观点出发，也认为国家总是属于一定"社会集团"（即阶级）的，是一定社会集团的统治工具。① 但他并没有就此止步。他不满足于这种传统的马克思主义国家观。而是从更广阔的视野考察国家。他指出："我们往往把国家和政府等同起来，而这种等同恰好是经济—行会形式的新的表现，也就是混淆市民社会和政治社会的新的表现，因为应该指出的是国家的一般概念中有应该属于市民社会的某些成分（在此意义上可以说，国家＝政治社会＋市民社会，换句话说，国家是配备有强制装甲的领导权）。"②

显然，葛兰西扩大了国家概念，这是他对发展马克思主义国家学说做出的杰出贡献。在他看来，国家不仅仅是强制机关——政治社会，还是"教育"机关——市民社会。

和马克思不同，葛兰西没有把市民社会归于经济关系领域，而是放入上层建筑。葛兰西从西欧社会现实出发，注意到教会、工会、学校等"私人"机构在对民众的教育和精神统一方面发挥的巨大威力，把它们称为市民社会，并同政治社会一起置于上层建筑领域。但这并不意味着像某些西方学者所说，葛兰西忽视了经济基础，而是说葛兰西鉴于西方社会结构的独特性，善于从上层建筑分析把握经济基础。

葛兰西指出，统治阶级要维持对敌对阶级的统治，就不能仅依靠暴力和强制性的国家机器，而且还要行使对被统治阶级的文化和意识形态的领导权。换言之，统治阶级通过学校教育、宗教信仰、文学艺术、风俗习惯等社会化运作，将其世界观灌输给被压迫人民，并使它成为大家遵守的道德规范，从而获得后者对其"合法"统治的认同。而当"市民社会与政治社会脱离"时，就"提出了新的领导权问题，即国家的历史基础位移了"。③

葛兰西鉴于西方资产阶级在思想、文化领域的优势，特别强调领导权

---

① 葛兰西在狭义上理解的国家同列宁完全一致。
② A. Gramsci, *Note sul Machiavelli, sulla politica e sullo Stato modern* (Roma: Editori Riuniti, 1977), pp. 163—164.
③ Ibid., p. 201.

在无产阶级革命中的作用。他写道："一个社会集团在夺取政府权力之前，能够甚至应该成为领导者（这是夺取政权的主要条件之一）。"① 这里，葛兰西告诫工业先进国家的无产阶级，要比工业落后的东方无产阶级更加注意开展文化与意识形态的斗争，在成为统治者之前，首先做领导者——确立无产阶级领导权。否则，夺取政权只是一句空话。这是葛兰西从血的教训中总结出的经验。

值得注意的是：有些西方学者竭力强调葛兰西与列宁的矛盾分歧，似乎葛兰西主张西方革命的主攻阵地是市民社会，这样，无产阶级领导权就取代了无产阶级专政。显然，这是对其真实思想的严重歪曲。

早在 1926 年，葛兰西就写道："都灵的共产党人具体地提出了无产阶级领导权问题，亦即无产阶级专政和工人国家的社会基础问题。"② 这就是说，无产阶级专政是无产阶级领导权具有的国家形式，而无产阶级领导权则为无产阶级专政提供社会基础，二者的紧密联系是显而易见的。

葛兰西还认为："只有当无产阶级成功地创立了动员多数劳动群众反对资本主义和资产阶级国家的阶级联盟体制时，才能使自己成为领导阶级和统治阶级。"③ 这里，他强调了工农联盟对领导权与专政的意义，同时也说明他是从无产阶级革命总任务的高度来区分"统治"与"领导"，"无产阶级专政"与"无产阶级领导权"的。

实际上，领导权与专政并不矛盾。葛兰西指出，当无产阶级"行使权力甚至把政权牢牢地掌握在手里，成了统治者时，它还应当继续充当领导者"。④

总之，葛兰西鉴于西方资本主义国家的特性，懂得西方无产阶级要获得解放，仅靠暴力不行，他反对"没有领导权"的专政，但绝不是主张"没有专政"的领导权。在他看来，代议制民主国家也是要被打碎的资产阶级国家，也要由无产阶级专政所代替。

---

① A. Gramsci, *Il Risorgimento* (Roma: Editori Riuniti, 1977), p. 170.
② A. Gramsci, *La questione meriodionale* (Roma: Editori Riuniti, 1966), p. 13.
③ Ibid., p. 13.
④ A. Gramsci, *Il Risorgimento* (Roma: Editori Riuniti, 1977), p. 170.

还需注意的是：葛兰西在不同场合应用"无产阶级领导权"这一概念时，含义是变动的。大多数情况是指无产阶级对文化与意识形态的领导权，但有时又扩展到无产阶级在经济、政治、文化各个领域的领导权，而当他联系列宁使用这一概念时，就是指无产阶级专政。尽管如此，也绝得不出他的无产阶级领导权思想是与无产阶级专政学说相抵触的结论。相反，表明葛兰西的这一光辉思想是对列宁无产阶级专政学说的继承和补充。

葛兰西进一步具体考察了东、西方社会结构的差别。"在东方，国家就是一切，而市民社会是原始和胶状的。在西方，国家与市民社会之间有一种正确的关系，在国家动摇时，立即出现一个强大的市民社会结构。国家仅是前沿战壕，在它后面有一系列坚固的堡垒和工事。"① 接着，他用形象生动的语言描述了这种特殊结构的作用："至于最先进国家，这里的市民社会呈现非常复杂的结构，这种结构抵抗得住直接经济因素灾难性的'侵入'：危机、萧条等，即存在对经济周期干预的手段，这里市民社会的上层建筑就如同现代战争的战壕体系。就像在战壕体系中发生的一样：疯狂的炮击仿佛摧毁了敌军的整个防御体系，但仅仅是破坏了外层，在冲锋时就会发现还面临着非常有效的防线。在大的经济危机时期，政治上也有类似情况。进攻部队不会由于危机而在空中闪电般地组织起来，更不会具有进攻精神。同时，守卫部队并没有士气低落或丢弃防线，即使在瓦砾之中，对自己的力量与前途也没有失去信心。"②

在葛兰西看来，俄国的市民社会是流动的、少层次的，工人阶级集中于少数大城市，大量的小农群众分散在农村，而沙皇国家就是一切，统治阶级与国家官吏融为一体，权力集中，官僚机构庞杂。一旦反动政权被砸烂，资产阶级政权土崩瓦解，无产阶级就可以立即成为领导和统治阶级。与俄国相比，西方资产阶级强大得多，他们不仅拥有"前沿阵地"——反动政权，而且拥有众多的、坚固的"堡垒和战壕"——思想、文化的优势，以及学校、教会、道德观念、习惯势力等。因此，"进攻"与"防御"的关

---

① A. Gramsci, *Note sul Machiavelli, sulla politica e sullo Stato modern* (Roma: Editori Riuniti, 1977), p. 163.

② Ibid., p. 66.

系十分复杂。所以，西方无产阶级仅仅夺取政权是不够的，而且还需要攻占市民社会的一切阵地。西方社会主义革命更艰巨，所需时间也更长。其结论是：在西方只能打"稳扎稳打"的"阵地战"，而不能打"速战速决"的"运动战"。

葛兰西在阐述自己的阵地战思想时，还将托洛茨基与列宁作了对比。他写道："有待考察托洛茨基的不断革命论是否为运动战理论的政治反映，最终说来，只是一个民族生活只具雏形、松散，还未能成为战壕和堡垒的国家的一般经济、文化、社会条件的反映。在这种情况下，可以说托洛茨基仿佛是个西方主义者，而实际上是位世界公民（无国籍者），即表面上的民族的和欧洲的——西方主义者。伊里奇则是深刻地民族的和欧洲的。"① 葛兰西认为，托洛茨基标榜具有国际意义的"不断革命论"，实际上只是典型的俄国社会状况的反映，由于市民社会的解体，强大的正面冲击，决定性的阶级交锋才有可能。与托洛茨基相反，列宁"懂得需要将 1917 年在东方胜利运用的运动战变为阵地战——这是在西方唯一可行的"，"只是他未来得及深化这一思想，虽然他懂得只能在理论上深化和充实，但基本的任务是民族的，即要求洞察环境并确定市民社会的哪些因素类似战壕和堡垒"。②

综上所述，葛兰西借用"运动战"与"阵地战"这些军事术语，形象生动地说明了两种不同的社会状况决定两种不同的革命战略。如果运动战是通过正面进攻、你死我活的阶级冲突而较迅速夺取政权的话，那么，阵地战则是着重从侧翼进攻，摧毁敌人的纵深阵地，为正面进攻，为占领前沿阵地做好必要的、充分的准备。运动战是速决战，阵地战是持久战，手段不同，但目的是共同的：消灭资本主义制度，建立没有人剥削人、人压迫人的社会。可见，把阵地战与运动战的区别绝对化是不正确的。脱离葛兰西的全部政治思想，拘泥于对字眼的抽象分析，将运动战说成暴力革命，阵地战理解为和平过渡，是毫无根据的。

阵地战思想是无产阶级领导权思想的深化与发展，它们有着紧密的内

---

① A. Gramsci, *Note sul Machiavelli, sulla politica e sullo Stato modern* (Roma: Editori Riuniti, 1977), pp. 82 – 83.

② Ibid. , p. 82.

在联系。从上文引证的"在夺取政府权力之前，能够甚至应当成为领导者（这是夺取政权的主要条件之一）"的论述中，可以看出：阵地战就是首先粉碎资产阶级领导权，确立无产阶级领导权，然后，才有条件夺取国家政权。

还应注意的是，葛兰西在批判克罗齐的《十九世纪欧洲史》时，在另一种意义上使用过运动战与阵地战。他写道："欧洲从 1789 年至 1793 年，在法国大革命中有过政治运动战；从 1815 年至 1870 年是长期的阵地战。在当代，从 1917 年 3 月至 1921 年 3 月（俄国内战结束）是政治上的运动战，随后就是阵地战，对欧洲来说，其思想标志是法西斯主义，在意大利，它还是实践的标志。"[①] 这里，运动战与阵地战是指历史进程中的两个不同阶段——急剧变革时期和相对稳定时期；革命阶级进攻阶段和防御阶段；革命高潮与低潮。

当我们考察葛兰西的政治思想时，应在前一种含义上把握"运动战"与"阵地战"，这是由于：从使用的时间顺序看，前一种含义在后；从使用的次数来看，前一种居多；前一种思想更深刻，内容更丰富，更能体现葛兰西政治思想的独特性与创造性。

（二）论知识分子

葛兰西从领导权理论出发，对知识分子问题比以往的马克思主义理论家更为关注，从一个全新的角度探讨知识分子及其社会职能问题，被英国当代社会学家艾伦·斯温哥伍德赞誉为"对现代社会的社会学做出了一个最有意义的贡献"。

葛兰西没有拘泥于传统的知识分子概念，而是根据他们特殊的社会职能来探讨的。为此，他对划分知识分子与非知识分子的通常标准提出异议。他指出："'知识分子'概念容纳的最大限度是什么？可不可以找到一个统一的标准来毫无差别地描述各种不同的智力活动，同时用以决定此种活动和其他社会集团活动之间的本质差别呢？在我看来，最通行的方法论错误，

---

① A. Gramsci, *Il materialismo storico e la filosofia di Benedetto Croce* (Roma: Editori Riuniti, 1977), p. 194。

在于试图在智力活动内部，而不是相反，在各种关系体系的总和中寻找区分的标准。因为这些活动（以及它们所代表的集团）处于各种社会关系的一般的总体之中。譬如，工人，无产阶级的显著特点，并不在于他从事手工劳动，而在于他是在一定的条件下，一定的社会关系中从事这种活动。"①同样，企业家的社会面貌主要由一般社会关系所决定，尽管他们也具有一定的专业知识。最后，他得出结论。"可以说，一切人都是知识分子，但并不是一切人都在社会中执行知识分子的职能。"②

在葛兰西看来，体力劳动与脑力劳动的分离不是绝对的。除了分工的界限外，实际上每个人都在发展某种智力活动，都具有一定的世界观和艺术鉴赏力。任何人类劳动都不可能排除"智力干预"。正是在此种意义上，葛兰西才说"一切人都是知识分子"。应该说这一思想相当深刻，它一反"高贵者"与"卑贱者"，"智者"与"愚氓"永恒对立的阶级偏见，在一定历史条件下，为实现工农知识化，消灭体力劳动与脑力劳动的差别提供了理论根据。

葛兰西似乎感觉到"一切人都是知识分子"的表述不够准确，他举例加以补充说明："同样，每个人随时可能煎两个鸡蛋，或缝补一件上衣，但不能说大家都是厨师或裁缝。"③ 因此，真正的知识分子是那些其"特殊职业活动重心方向"为"智力劳作"而不是"肌肉—神经力量"，并在上层建筑中执行"领导权"的人。这样，葛兰西把知识分子概念扩大到社会的一切领域，指在生产、政治和文化领域中发挥组织者职能的所有的人。在他看来，知识分子不仅包括哲学家、艺术家、作家和新闻记者，还包括政府官员、政治领袖；在现代社会中，科学家、工程师和管理人员在知识界占有重要地位。

葛兰西接着考察了知识分子的形成过程。他用阶级分析方法，指出知识分子并不构成独立自主的阶级，而是分别隶属于不同的阶级——每一阶

---

① A. Gramsci, *Gli intellettuali e l'organizzazione della cultura*（Roma：Editori Riuniti, 1977），p. 6.

② Ibid.；p. 7.

③ Ibid.，p. 7.

级都有着自己的知识分子阶层，并竭力造就这一阶层。"每一社会集团，在经济生产领域发生基本作用的原初基地上产生，同时也就有机地创造了一个或几个知识分子阶层。"① 葛兰西举例说，企业主必然具有一定的知识水平（技术知识、管理知识等）。随着资本主义的发展，这些智力活动专门化了，并交给各类知识分子、技术人员、经济学家。初级的专门化仅限于经济方面，但任何基本阶级决不会就此止步，它渴望领导整个社会，由代表其根本利益的知识分子行使领导权。葛兰西指出："每个新阶级随自身创造并在自己逐步发展中形成的'有机'知识分子，通常是新阶级使之出现的新社会型基本活动各个方面的'专门化'。"②

这里，葛兰西肯定知识分子阶层的形成和占统治地位的社会集团有关，但它一经形成，又具有相对独立性，并担负着特殊的社会职能。

葛兰西认为，知识分子使整个阶级不仅在经济领域，而且在社会与政治领域"具有同质性并意识到自己的作用"。③ 知识分子是市民社会与政治社会的活细胞，他们构建本阶级的意识形态，并使本阶级认识自己的使命，进而使这种意识形态成为渗透到整个社会的世界观。在意识形态的传播方面，知识分子不仅掌握宣传工具，而且肩负着在市民社会内部组织、建立"意识形态结构"的重任（如教会、教育体系、工会、政党等）。同样，在政治社会中，知识分子负责管理国家机器与军队（政治家、官员、军官等），知识分子是上层建筑的"官员"。葛兰西把"领导"阶级与"从属"阶级对照比较时指出，某个阶级只有当形成了善于行使领导权和"强制"职能的知识分子阶层后，才能有效地具有同质性。

葛兰西在"有机"知识分子与传统知识分子之间作了区分。所谓"有机"知识分子，就是新生阶级的知识分子，而传统知识分子是与旧的经济基础相联系的知识分子。"而向建立自己的统治而发展着的每一集团的最显著特征之一，就是它为同化和在'意识形态'上战胜传统知识分子而斗争——

① A. Gramsci, *Gli intellettuali e l'organizzazione della cultura* (Roma: Editori Riuniti, 1977), p. 3.
② Ibid., p. 4.
③ Ibid., p. 3.

这个集团形成自己的有机知识分子越及时，则同化与战胜也就越迅速有效。"① 这里，葛兰西是从先进阶级实现自己的战略总目标的高度，看待对传统知识分子的同化与教育的。另外，他还论及了建设新知识分子队伍与争取旧知识分子的辩证关系。

更具体地说，传统知识分子又分两类：一是在旧政治社会中充当官吏，行使"强制"职能的少数人；二是在旧的市民社会中活动的广大知识分子。对于前者，我们施之以暴力或合法地"消除"；对于后者，只能在思想上征服，组织上同化，尤其对那些无组织的知识分子的同化更为容易。因为新的领导阶级的"精英"对于其他的知识分子群众有着巨大吸引力。应该说，葛兰西的这一思想在社会主义革命实践中仍有着现实指导意义。无产阶级对于传统知识分子只能采取团结、教育的方针，任何粗暴的、简单的、过激的做法都会有损于革命事业。至于自己培养造就的知识分子，不仅应视为本阶级的力量，而且是最积极、最先进的力量。

葛兰西还从一个独特的角度看待政党。他认为，"政党仅是建立自己的有机知识分子的方式"，"政党恰是在市民社会中执行国家在政治社会中，即更综合更广泛的范围内执行的功能——促成统治的社会集团的有机知识分子与传统知识分子的融合"，政党"使其作为经济因素产生、发展的成员，直至成为合格的政治知识分子、组织者，各种活动及整个市民、政治社会有机发展固有功能的组织者"。②

正是基于上述认识，葛兰西提出"政党的全体党员应当看作知识分子"。政党的成员或多或少，素质或高或低，要加以区分；但重要的是政党应当实行领导和组织的作用，也就是教育与智力的作用。他举例说，农民不是为了掌握先进的耕作土地的方法入党的。这不尽完善却相当深刻的提法，应该视为意共创始人及领袖葛兰西的经验总结，他是针对无产阶级政党讲的。的确，离开了先进思想的指导，强有力的政治工作，精神上的巨大吸引力，党就不可能发挥领导作用；如果党员的文化水准很低，也很难发挥骨干带头作用。因此，一方面，要注意提高工农出身的党员的文化素

① A. Gramsci, *Gli intellettuali e l'organizzazione della cultura* (Roma: Editori Riuniti, 1977), p. 7.
② Ibid., p. 13.

养与政治觉悟，"成为合格的政治知识分子"，另一方面，要放手发展先进知识分子入党，扩大其在党组织内所占比重，从而从整体上提高全党的知识水准。当然，他们也有一个做合格的政治知识分子的问题——要与工农群众紧密结合（"与集团紧密结合"），树立为共产主义奋斗终生的理想。

在这里，不难看出葛兰西与列宁的一致性。列宁认为，无产阶级只有用人类全部精神财富武装头脑，才能实现共产主义；葛兰西则把文化、知识分子与共产党的建设联系起来。如果说，不断提高全党的文化水准，是争取社会主义前途的无产阶级政党的历史任务，那么，同样也是领导建设社会主义物质文明与精神文明的共产党的战略任务。从某种意义上讲，社会主义民主与社会主义法制的建设，离开了广大党员，尤其是担任领导职务的党员的一定的文化素养是办不到的。

葛兰西最后提出新型的无产阶级知识分子的标准。他认为，新知识分子，不是善于辞令的夸夸其谈者，而是"建设者""组织者""坚持不懈的劝说者"（"不是纯粹的演说家"），"积极投身到实践生活中去"——生产劳动、科学技术活动，并树立共产主义世界观（历史的人道主义世界观）。对于共产主义世界观，葛兰西特别加以强调。他认为，如果不确立这种世界观，就仅仅是个"专家"，还不是"领导者"，而我们的新型知识分子是"专家＋政治家"。① 这就是说，既不是空头政治家，也不是没有共产主义觉悟的专家。

综上所述，葛兰西的知识分子理论有以下几点独特性。首先，它摈弃了依据所谓"知识分子活动本质"界定知识分子的方法，而从"社会关系的总和"即知识分子活动的社会功能来考察知识分子的地位。其次，它既肯定知识分子的阶级性，又强调知识分子的独立性与中介性。最后，它强调知识分子不仅是具有专业知识和专业技能的人，而且是富有文化教养、崇高理想和深刻思想的人。

---

① A. Gramsci, *Gli intellettuali e l'organizzazione della cultura* （Roma：Editori Riuniti，1977），p. 22.

（三）论社会主义民主

葛兰西的领导权理论是对马克思主义国家学说的发展。他认为，国家具有历史性，自然有形成、发展和消亡的过程。如果说国家创建初期主要作为"政治社会"存在的话，那么随其自身的发展，"市民社会"会越来越强大。由此看来，在社会主义制度下，国家的暴力和强制的因素呈逐渐减弱的趋势，而领导权和积极认同的因素必将逐步增强。也就是说，随着时代的前进，社会主义民主问题变得日益重要。

葛兰西并不反对无产阶级国家对少数人的专政，也不反对在无产阶级创始初期实行"中央集权制"，但他不赞成将专政绝对化、扩大化，忽视领导权和积极认同这一重要环节，从而没有真正实行民主集中制，没有抓紧社会主义民主建设。

葛兰西写道："对一些社会团体来说，它们在掌管国家生活的权力之前，并没有一个发展自己独立的文化和道德的时期……'中央集权'的时期是必要的，甚至是适宜的。这种'中央集权'只不过是'国家生活'的一般形式罢了，至少是通向自主的国家生活和创立'市民社会'的开始，这种社会从历史上讲是不可能在掌管独立的国家生活之前就创建成。然而，那种'中央集权'……不应该变成理论上的狂热，不应该被理解为'永久性'的，而应该是可以批评的，这样做的目的正是为了使它获得发展，并产生国家生活的新形式，使个人和团体的积极性变为'国家'的活力，即使这种积极性不是由于'官员政府'才出现的（使国家生活成为自发的）。"①

显然，葛兰西的这则札记是针对斯大林在列宁逝世后建立的中央集权制国家写的。在葛兰西看来，这种中央集权制不是目的，而是产生国家生活新形式的手段、工具；它并不是社会主义政治制度的理想模式和唯一模式，而是像俄国那样"市民社会"不发达的国家在一定历史阶段的特殊模式。中央集权制对于"市民社会"发达的西方国家的社会主义制度来说就不适合。正是由于葛兰西洞察了苏联中央集权制有压制民主、扼杀人民群

---

① A. Gramsci, *Passato e presente* (Roma: Editori Riuniti, 1977), pp. 165 - 166.

众的积极性与创造性的严重弊病，才强调它的暂时性和可批判性。葛兰西认为，社会主义政治生活应建立在民主集中制原则之上。"个人和集团的积极性"同社会主义制度协调一致，但这是"发自内心"的积极认同，而不是靠"官员政府"强制和行政命令形成的表面的一致。

葛兰西特别强调积极的直接的认同，肯定个人政治参与的必要性，即使这种参与有时要付出一定的代价，但对民主集中制来说是不可或缺的。他写道："至关重要的问题不是被动和间接的认同，而是积极、直接的认同，即个人的参与，尽管这种参与会引起表面上的分裂和混乱。如果多数人不通过个人的交锋①而统一起来的话，就无法形成一种集体的意识，即一种生机勃勃的组织机构。一个乐队在排练的时候，每件乐器都是各自为政，给人以演奏极不和谐的印象；然而，这些排练却是使乐队如同一件乐器那样存在的条件。"②

与此同时，葛兰西并不否定法律、纪律的重要作用，但他反对用纪律取消个性、扼杀自由，他一针见血地指出："个性和自由问题的提出并不是由于纪律的事实（否则，将会陷入无政府主义或独裁主义的泥坑中），而是由于支配纪律的权力的存在。如果这种存在是'民主的'，就是说，如果权威是一种专业技术职能而不是'意志'或外来的表面的强制性命令的话，那么纪律就是民主秩序和自由的必要因素了。"③

应该说葛兰西的这一思想相当深刻，并为社会主义国家的实践所证实。这里触及社会主义权力性质有可能改变的问题。如果执行纪律的权威代表人民的利益，那么纪律就是对公民自由与民主权利的保障。相反，当权威只代表少数人利益，其"意志"背离民心，法律和纪律就会破坏民主秩序和公民自由。

葛兰西告诫在无产阶级成为统治阶级的国家里的共产党千万不要压制历史上的新生力量。他说："如果一个政党努力使被剥夺权利的反动势力受

---

① 原文为 L'attrito dei singoli，指人们中各种不同政见与认识的争论，有时甚至是较为尖锐的思想交锋。

② A. Gramsci, *Note sul Machiavelli, sulla politica e sullo Stato moderno* (Roma: Editori Riuniti, 1977), p. 158.

③ A. Gramsci, *Passato e presente* (Roma: Editori Riuniti, 1977), p. 165.

到法制的约束，并把落后的群众提高到新法制的水平，那么这个党的作用就是进步的。相反，如果它企图压制历史上的有生力量，它的作用就是退步的……当党是进步的政党时，它的行动是'民主'的（民主集中制意义上的民主）；当党是退步的政党时，它的行动是'官僚式'的（官僚主义集中制意义上的官僚）。在第二种情况下，党实际上是警察机关。"①

综上所述，可以说葛兰西在其理论建设中是沿着列宁指引的道路前进的，但他的思想又是创造性的。根据列宁的启示，他善于研究在他之前马克思主义理论家刚接触的问题和刚出现的新问题。葛兰西的理论贡献之所以伟大，正因为他为如下思想提供了理论基础——领导权既是夺取政权的阶级的政治战略的基本因素，又是维护既夺政权的一个最重要的支柱。这是葛兰西，生活在 20 世纪 20～30 年代资本主义制度相对强化历史条件下的共产党人的理论探索。

总之，列宁主义有力地推动了葛兰西的思想发展，在葛兰西理论活动的各个主要方面到处可见这种影响产生的长期效果。贝林格具体指出葛兰西从列宁那里吸收了三个基本主张：第一，给予主观因素，自觉行动和政治主动性以决定性的重视，从而为工人运动指出了从思想上和政治上摆脱对资本主义屈从的道路。第二，赞扬党作为整个无产阶级先锋队组织和有觉悟的部分的作用，以及党作为以民族利益为宗旨开展集体行动的倡导者和鼓动者的作用。第三，指出联盟问题的首要意义，指出工人阶级必须建立一个它同一些社会政治力量结成联盟的体系，借以表明自己是有赢得赞成的最大能力，是有希望避免或清除会导致孤立的各种宗派主义和自欺欺人的"纯洁性"的具体愿望。②

四　结束语

葛兰西是列宁逝世后思想最深湛和最多产的马克思主义思想家之一，

---

① 费奥里：《葛兰西传》，吴高译，人民出版社，1983，第 4 页。
② 参阅意共《团结报》1983 年 2 月 27 日。

《狱中札记》成为 20 世纪最富独创性的马克思主义理论著作之一，因其内容丰富、思想深邃、概念新颖、语言晦涩及笔记性质，又是马克思主义理论著作中颇为费解的作品。这在客观上为具有不同政治色彩的人们对它的不同解释及评价提供了条件，乃至有人说"只要有多少不同的社会主义流派，差不多就有多少打出葛兰西旗号的办法"。这也从一个侧面反映出葛兰西思想影响的巨大与深远。还应指出的是，尽管他们从不同的立场和角度理解"实践一元论""领导权""阵地战"及知识分子等理论，但都一致公认葛兰西对丰富马克思主义理论宝库所做出的杰出贡献。

意大利共产党人把葛兰西思想作为党的指导思想。他们称誉葛兰西是"走向社会主义的意大利道路"路线的创始人，在"领导权"与"阵地战"思想中找到"第三条道路"（既不是十月革命道路，也不是社会民主主义道路）的理论渊源。在 20 世纪 80 年代，意共拥有 170 多万党员，是西方最大的共产党，在国际和国内政治生活中起着举足轻重的作用，这不能不归功于葛兰西倡导的独立自主的路线及理论教诲。

南斯拉夫共产党人高度评价葛兰西反对教条主义和庸俗唯物论。实践派称葛兰西是自己"实践哲学"和"自治理论"的理论来源之一。弗兰尼茨基说，葛兰西最大的理论贡献在于天才地提出"人的问题是哲学的基本问题"，"人是实践的本质"。[①]

苏联学术界则强调葛兰西的理论是"把列宁主义、'苏维埃'经验与意大利革命实践结合的产物"，[②] 称誉"葛兰西的著作对马克思主义宝库来说是一项巨大的科学理论贡献"，[③]"葛兰西伟大的创造性思想至今鼓舞着共产党人为争取无产阶级和全体劳动人民的社会解放而从事伟大的斗争"。[④]

欧洲共产主义尊葛兰西为理论先驱。

"新左派"学者（如佩里·安德森）称葛兰西是"西方马克思主义"的创始人和杰出代表，《狱中札记》是"西方马克思主义"经典中最伟大的

---

① 参阅《哲学动态》1987 年第 7 期，第 32～33 页。
② 参阅苏联《共产党人》1981 年第 2 期。
③ 葛兰西：《狱中札记》，葆煦译，人民出版社，1983，第 3 页。
④ 参阅苏联《共产党人》1981 年第 2 期。

著作。

总之，葛兰西以其英雄的业绩、崇高的人格，光辉的思想永远为全世界无产者和进步人类所怀念。

他的英名不死！

他的事业长存！

参考书目

布哈林：《历史唯物主义理论》，人民出版社，1983。

费奥里：《葛兰西传》，吴高译，人民出版社，1983。

葛兰西：《狱中札记》，葆煦译，人民出版社，1983。

《列宁选集》第 1 卷、第 4 卷，人民出版社，1973。

列宁：《哲学笔记》，人民出版社，1974。

《马克思恩格斯选集》第 1 卷，人民出版社，1973。

马克思：《1844 年经济学哲学手稿》，人民出版社，1985。

《斯大林文选 1934~1952》上卷，人民出版社，1977。

B. Croce, *Logica come scienza del concetto puro* (Roma-Bari：Editori Laterza, 1981)。

A. Gramsci, *Antologia popolare degli scritti e delle lettere* (Roma：Editori Riuniti, 1957)。

A. Gramsci, *La questione meriodionale* (Roma：Editori Riuniti, 1966)。

A. Gramsci, 2000 *pagine di Gramsci* (Milano：il Saggiatore, 1971)。

A. Gramsci, *Sotto la mole* (Torino：Einaudi editore, 1975)。

A. Gramsci, *Lettere dal carcere* (Torino：Einaudi editore, 1975)。

A. Gramsci, *Scritti giovanili* (Torino：Einaudi editore, 1975)。

A. Gramsci, *Il materialismo storico e la filosofia di Benedetto Croce* (Roma：Editori Riuniti, 1977)。

A. Gramsci, *Gli intellettuali e l'organizzazione della cultura* (Roma：Editori Riuniti, 1977)。

A. Gramsci, *Passato e presente* (Roma：Editori Riuniti, 1977)。

A. Gramsci, *Note sul Machiavelli, sulla politica e sullo Stato moderno* (Roma：Editori Riuniti, 1977)。

（原载燕宏远编《著名马克思主义哲学家评传》第 4 卷，山东人民出版社，1991）

贝林格

恩里科·贝林格（Enrico Berlinguer, 1922～1984）是国际共产主义运动著名活动家，曾任意大利共产党总书记。

贝林格把毕生精力献给了意大利人民争取民主、自由和社会主义的光荣事业。他努力把马克思列宁主义的普遍真理同意大利的具体实际相结合，继承和发展了葛兰西和陶里亚蒂的思想，为探索意大利走向社会主义的道路进行了不懈的努力，为意大利共产党（资本主义世界最大的共产党）的建设和发展做出了重要贡献。[①]

贝林格坚持国际主义相互声援必须同尊重各国共产党主权相统一的原则，坚持党与党关系中独立自主、平等、不干涉内部事务的准则，为建立党与党之间的正确关系和促进共产主义运动的健康发展做出了杰出贡献。[②]

作为欧洲议会议员和左派政治活动家，他为欧洲左派的团结，为世界和平事业也做出了不可磨灭的功绩。

贝林格的正直、热忱和献身精神，受到人们的普遍赞扬。

一 贝林格战斗的一生

（一）富有造反精神的"贵族"青年

1922 年 5 月 25 日，恩里科·贝林格出生在意大利撒丁岛萨萨里市一个

---

① 参见《中共中央致意共中央唁电》，刊于 1984 年 6 月 12 日《人民日报》。
② 同上。

律师家庭。贝林格家族是当地屈指可数的名门望族。他的祖父恩里科早在都灵大学法律系学习时就成为忠诚的马志尼主义者，毕业后回撒丁创办具有反教权主义倾向的《新撒丁报》。其父马里奥是当地著名律师，继承父业，接办《新撒丁报》。在法西斯统治时期，他成为自由民主联盟的议员，后又参加了阿文廷①抵抗议会。在一次反法西斯集会上，曾被法西斯匪徒用刺刀扎伤。外祖父是安东尼奥·拉布里奥拉的忠实信徒，贝林格从小就受到他的强烈影响。总之，贝林格出生于一个属于资产阶级的却又富于革命精神的家庭。

少年的贝林格就喜欢玩"法国大革命"式的游戏。他常扮演罗伯斯比尔，和孩子们互称"公民"。一次，他成功地组织了当地少年反对在街道上乱倒垃圾的游行。

母亲的病重和早逝，法西斯势力对其家庭的敌视，使贝林格从小就具有反抗精神。十几岁时，他就已经把一切东西都置于"无畏的客观的批判"之下。但家庭遭到的不幸也影响了贝林格内向的性格和在中学的学习，其中学学习成绩一般，只是历史和哲学成绩优异。多年后，当法拉奇②问他，如果不投身政治的话，你乐于从事什么事业时，他毫不迟疑地回答做个哲学家。

1940 年 11 月 5 日，贝林格到撒丁的萨萨里大学法律系注册。但他仍然喜欢阅读哲学书籍。他最欣赏黑格尔的《精神现象学》，其次是康德和黑格尔左派的著作。夏季避暑时他常将柏拉图和克罗齐的著作带到船上阅读。随后，他对《共产党宣言》等马克思主义著作产生兴趣。

在通过各科考试后，他为毕业论文《从黑格尔到克罗齐、金蒂莱的法哲学》搜集资料，此时开始与反法西斯青年进行接触。

（二）加入意共，领导面包运动

1943 年 11 月，21 岁的贝林格秘密加入了意大利共产党，并很快成为意

① 阿文廷为罗马七座山丘之一，古罗马的平民反抗贵族曾退守此地。1922 年意共等反对党在此聚会，与墨索里尼法西斯议会分庭抗礼。

② 法拉奇为意大利著名女记者。

共萨萨里青年委员会委员，之后又升任书记。

贝林格负责青年集会和讨论会的组织工作。此外，他还为青年们主讲马克思主义理论课和道德课。最后一节课的结束语是这样的："马克思主义关于通过所有生产资料的社会化彻底解放劳工的理论正在迅速地和胜利地传播。所有这一切在战后不久就导致了体现整个劳动阶级的愿望和要求的无产阶级运动的加强。但是，资本主义和资产阶级已经预感到全体劳动者的愿望和团结将给他们的利益带来的危险，他们把国家政权毫不犹豫地交给了资产者和剥削者的政党，也就是说交给了法西斯党。这个党反对劳工权利，维护压迫阶级的特权。但是，由于全世界道德和物质力量的觉醒，法西斯主义已是日薄西山。今天，我们应当感到有权利和义务团结起来，防止在战后出现任何形式的新的政治和社会压迫，也就是说防止意大利再次落入一小撮企图阻止无产阶级前进步伐的大资本家和暴君之手。打倒法西斯主义！打倒任何形式的剥削和压迫！"[①] 从中可以看出：此时，贝林格已接受马克思主义世界观，并具有坚定的反法西斯主义的政治立场。

1943 年 7 月 25 日，法西斯政权垮台。贝林格认识到党扎根于群众的重要性。很快，他组织起萨萨里第一个党支部。晚上他和同志们开完会从党部出来，沿街高唱国际歌、红旗歌和反法西斯歌曲。

1944 年冬，萨萨里形势十分严峻：面包、煤、食用油、糖等严重短缺，人民处于饥寒交迫之中。1 月 21 日晚，贝林格召集革命青年开会决定第二天游行。前一天贝林格和他的战友带领妇女和少年到市政府示威。翌日，男人们在党旗的指引下，将面包店洗劫一空，把成口袋的面包发给饥饿的群众。警察和宪兵前来镇压，贝林格率领青年用石子还击。在军队和坦克介入后，警察在党部逮捕了 30 多人。三天后，贝林格在家中被捕。当天夜里贝林格被提审，他的回答是"我声明信仰共产主义理论"。警察局指控他是"骚乱的领导者和组织者"，审查报告中称他为"坚定的共产主义者、列宁主义理论学者、共产党在萨萨里的创始人和领导人"。

要求释放年轻共产党人的呼声响彻全国，贝林格的名字首次出现在意

---

① 吉利奥：《贝林格》，王彦林等译，新华出版社，1987，第 13 页。

共机关报《团结报》上。1944 年 4 月 25 日，意大利全国解放日那天，贝林格在经过 100 天的监禁后，和战友们一起被释放。

在狱中，贝林格通读了马克思的《资本论》、大量的列宁著作和葛兰西论南方问题的文章。他非常崇敬葛兰西这个撒丁出生的英雄。在狱中他每天坚持做祖父传授的德国体操。面包运动使贝林格受到了锻炼和考验，多年后他谈道"牢房教育人、锻炼人"。正是在狱中他做出抉择：离开大学，做个职业革命家。

（三）从青年运动领袖到中央党校校长

1944 年 6 月底，贝林格到萨莱诺看望在民族团结政府任职的父亲。应他的要求，其父把他介绍给回国才 3 个月的陶里亚蒂，陶里亚蒂是其父中学时代的同学。第一次会见时间很短，几天后，贝林格同陶里亚蒂进行一次长时间会见。

盟军进入罗马后，贝林格的父亲随政府迁移来到罗马。1944 年秋，贝林格被陶里亚蒂召到罗马，做共产主义青年运动全国书记处成员。1945 年贝林格被调到米兰，担任意共中央青年委员会负责人。当时办公条件十分艰苦，晚上室内寒气逼人，贝林格常常冻得发抖。

1946 年贝林格又被调回罗马，先做全国青委会负责人，后担任全国青年联盟书记。

在 1948 年 1 月召开的意共"六大"上，26 岁的贝林格当选为中央委员会委员和领导机构候补委员。

1950 年 3 月 29 日 ~ 4 月 2 日，意大利共产主义青年联盟在里窝那召开全国代表大会，贝林格当选为总书记。在大会主席台上，陶里亚蒂将共产主义青年联盟旗帜交给贝林格，对他说："贝林格同志，请从意大利共产党手中接过这面旗帜，你们青年人要学会永远忠于它。"

贝林格把陶里亚蒂看作自己的良师，他对陶里亚蒂的敏锐洞察力、崇高威望和丰富政治经验十分尊崇。他忠实地执行陶里亚蒂的团结大多数青年的政策，使"共青盟"很快成为拥有 50 万成员的先进青年群众组织。贝林格担任"共青盟"总书记长达 7 年之久。他是"共青盟"和意大利共产党的官方联系人，有机会参加意共领导机构的重大讨论，这使他能直接了解意共的重大决策过程和党内的斗争情况。

作为"共青盟"总书记，贝林格废寝忘食夜以继日地工作，但每月只领取 5000 里拉的工资，生活很清苦。贝林格一贯反对奢华铺张的作风。一次，他率意大利"共青盟"代表团参加法国"共青盟"代表大会，晚上不住旅馆而睡在帐篷里。他因只有一件外衣，有时为了洗熨，不得不在帐篷里待上半天。还有一次，他来到恩波利市视察工作，听完汇报后，当地"共青盟"干部在饭店为他预定了丰盛晚餐，他见后生气地说："我只要一碗汤和一小块奶酪就足够了。"以后，贝林格作为党的总书记参加欧洲议会竞选时，曾用上整天时间计算由助手预定的私人飞机的费用是否超过乘火车和汽车所需的费用。

在冷战年代，贝林格领导的"共青盟"成为和平运动的先锋。他组织募集到 450 万人反对核战争签名。"共青盟"中央还发动缝制和平旗帜运动。女盟员将五颜六色的布条缝制成旗帜，作为拥护和平反对战争的象征。短短几个月，就制成了八千多面和平旗帜。登山运动员贝吉奥利甚至把它插到欧洲第一峰——勃朗峰上，当美国总统杜鲁门扬言往朝鲜扔原子弹时，书记处决定把和平旗帜插到意大利总理府——基吉宫的屋顶。

贝林格在青年工作中，注意将共产主义理想和爱国主义精神结合起来。他牢记着陶里亚蒂的教诲："不能让天民党和右派垄断爱国的情感。"为此，贝林格组织了保卫的里雅斯特大游行。

贝林格还注意对青年进行共产主义性道德教育。他认为，资产阶级性自由不能同无产阶级妇女解放同日而语。针对天民党的反动宣传，贝林格指出，两性关系是严肃的社会关系，应建立在男女平等、互敬互爱的基础之上。夫妻既是志同道合的战友，又是忠贞不渝的终身伴侣。贝林格在这方面以身作则。一次，他来到利古里亚区女盟员夏令营做报告，爱上一位16 岁的理发员，但他没有表露真情。回到罗马后他派一名女干部将爱慕之情转告那位姑娘。姑娘的回答是："我对他的建议不胜荣幸，我十分敬重和欣赏他。但我爱我的未婚夫——我们的支部书记。"当贝林格得悉这一回音时，表现出惯常的平静，但有一段时间变得更加内向。

从 1950 年至 1952 年，贝林格还担任过世界民主青年联盟主席。这是一个包括 74 个国家和 7200 万会员的大组织。这期间他同社会主义国家共青团领导人建立了友谊。各代表团之间无休止的会谈和文件的起草，使贝林格增强了对国际问题的认识。

当苏联人坚持将南斯拉夫从世界民主青年联盟中清除出去时，贝林格同苏联人发生了最初的冲突。尽管他同意批判南斯拉夫人，但他主张青年组织应有相对独立性，不赞成开除南斯拉夫人。

1951 年，贝林格在柏林成功地组织了世界青年与学生和平友谊联欢节，共有 70 多万各国进步青年参加了这次盛会。贝林格到处讲演谴责帝国主义的侵略政策和战争政策，主张和平中立的路线。意大利总理德·加斯贝利听说是个意大利青年在领导反对大西洋联盟的联欢节非常恼火。柏林胜利之后，贝林格的护照被吊销，有 3 年未能出席国际会议。

贝林格在意大利"共青盟"工作最后几年困难重重。为了加强同天主教青年组织的竞争，"共青盟"降低了入盟年龄（13 岁）。基层组织出现非政治化倾向，很多支部成了俱乐部，严重丧失了独特性和战斗力。苏共"二十大"后，形势更加严峻，盟员人数大大下降。贝林格不断受到各方面的批评。陶里亚蒂认识到问题的严重性，任命特利韦里为意大利共产主义青年联盟新总书记。1956 年，贝林格挥泪离开了战斗多年的"共青盟"总部。

1956 年 4 月，在罗马召开意共"八大"，这是意共历史上非常重要的一次会议。大会制定了"走向社会主义的意大利道路"的总路线。陶里亚蒂总结了苏联社会主义建设的经验，提出执政的共产党应防止"官僚主义蜕化"和"窒息民主生活"等危险。贝林格在会上既肯定了对修正主义危险的谴责，又批判了宗派主义倾向。但贝林格为"共青盟"工作失误付出了代价：他未能进入中央领导机构，而是被任命为中央党校校长。

在党校的 10 个月里，贝林格根据意共"八大"精神对教学进行改革。首先，他取消了学员到苏联马列学院受训的规定。接着，他删去了教材内大量关于苏联和斯大林的内容，增加有关中国革命和殖民地人民解放斗争的内容，重点学习马克思、列宁和葛兰西的著作。贝林格待人诚恳、平易近人，教员和学员都乐于同他谈心。他亲自给学员们讲授有关国际政策的课程。

在党校期间，贝林格对"共青盟"后期工作失误进行了深刻反思。他感到有必要重新学习，开始从事真正的理论研究，并同教条主义决裂。他同时认识到自己"平步青云"，缺乏基层工作经验，决定到地方工作一个时期。

1957 年 9 月 26 日，贝林格个人生活发生了重大转折：他同表妹的同学莱蒂齐娅结婚。莱蒂齐娅是个漂亮的金发女郎，一个不很虔诚的天主教徒，活泼、外向、爱动感情。信仰上的差异，性格、气质的不同并未影响他们相爱。

几天后，应贝林格本人的要求，党中央派他到家乡撒丁担任大区副书记。

（四）从中央书记到副总书记

1958 年 7 月的大选中，意共在撒丁大区的选票上升了几个百分点。由于贝林格工作出色，很快被召回罗马，选为中央书记处书记。1960 年的意共"九大"上，贝林格当选为意共领导机构成员，并接替阿门多拉兼任中央组织部长。

实际上，贝林格是在党内矛盾和争论日益激烈的时刻返回中央领导机构的。当时意大利政局正在向右转，警察枪杀罢工工农，新法西斯分子袭击游行群众。另外，意大利正在迅速实现工业化，社会结构发生巨大变化：工人人数减少，中间阶层人数增加。为了适应这种变化，贝林格在组织部工作的 3 年中，广泛吸收中间阶层的先进分子入党。

1961 年苏共派波罗马廖夫来意大利，他看到艾米利亚大区只有 40% 的工人党员，就指责意共的队伍不纯，敌人渗透进来了。贝林格回答说这是意共的独特性。波罗马廖夫反驳说："今天你们已经不再是一个工人阶级政党了。"贝林格点燃一支香烟，平静地说："亲爱的波罗马廖夫同志，在你周围的这些在组织部工作的同志，差不多都是中央委员，只有一个不是工人出身，那就是我。"[1]

---

① C. Valentini, *Il compagno Berlinguer* (Milano: Mondadori Editore, 1985), pp. 137 – 138.

由于适应了变化的形势，党变得更开放，更富有群众性，使得意共在1961 年的大选中选票上升了三个百分点，达到 25%，这是苏共"二十大"后首次回升。

1961 年 10 月召开的苏共"二十二大"，再一次引起意共内部的争论与斗争。在阿门多拉右派和英格拉奥新左派的冲击下，陶里亚蒂的权威首次开始动摇。贝林格采取了比较谨慎的态度。

这时，陶里亚蒂决定由贝林格和布法利尼起草一个文件，以统一全党认识。任务是星期五下达的，星期一必须完成。他俩整整干了一天两夜，星期一上午交稿。陶里亚蒂阅后表示满意，并做了一些修改。这个文件对意共在斯大林时代的政策作了大胆的自我批评，阐明西欧国家走向社会主义所应遵循的民主原则，批评苏联如不改变现有模式就不会实现共产主义。这个文件在意共总部举行的有 200 多名各国记者参加的记者招待会上发布，对外界的影响远超意共"八大"。

与此同时，党内又一次掀起关于苏联、民主和社会主义讨论的新浪潮。资产阶级政客范范尼①利用这种形势污蔑出现了"共产主义的危机"。在阿莱佐举行的讨论会上，贝林格痛斥这种论调，他说："由于我们成功地进行了史无前例的坦率而大胆的自我批评，显示了共产主义的伟大力量。教会当局何时有此种勇气谴责对异教徒的迫害、火刑、严刑拷打和审讯呢？"②

由于贝林格有丰富的外事活动经验和善于使对手屈服的谈判能力，他经常作为意共出席国际会议的首席代表和国际问题发言人出访。

1964 年 5 月，陶里亚蒂派贝林格率意共代表团访苏，劝说赫鲁晓夫不要召开谴责中国的共产党工人党国际会议。从此，每当对苏联人说"不"字时，意共就派贝林格前往莫斯科。

1964 年 8 月，相当长时间受到赫鲁晓夫冷遇的陶里亚蒂，突然收到苏斯洛夫通过秘密渠道发出的邀请——要他尽快去苏联"度假"。陶里亚蒂到雅尔塔一周后，突发脑溢血猝然逝世。陶里亚蒂逝世后，原游击队总司令隆哥接任意共总书记。贝林格坚决支持隆哥公开发表陶里亚蒂的《雅尔塔

---

① 范范尼（A. Fanfani, 1908～1999），意大利天主教民主党人，当时任意大利政府总理。
② C. Valentini, *Il compagno Berlinguer* (Milano: Mondadori Editore, 1985), pp. 141 – 142.

备忘录》。

同年 10 月，贝林格率意共代表团到莫斯科，要求苏共解释赫鲁晓夫下台的真正原因。贝林格、布法利尼和塞列尼会见了苏斯洛夫、波罗马廖夫和波德戈尔内。会谈时贝林格首先发言："你们难道不懂得这样会损害你们的威信。"苏联人解释说赫鲁晓夫是个随心所欲者，他的一系列政策引起了混乱。他们指责意共公开发表陶里亚蒂的备忘录破坏了团结。

代表团回到罗马后不久，发表了意共领导机构的文件，指出意共与苏共在赫鲁晓夫问题上存在观点上的分歧。此时，贝林格已认识到应首先思考的是西方的共产主义，而不是苏联的共产主义。

1966 年 1 月在罗马召开意共"十一大"，贝林格退出书记处，当选为政治局委员，2 月被任命为拉齐奥大区书记。对这次降职有种种解释：其一是说他在意共"十一大"上没有坚决批判英格拉奥新左派；其二是说隆哥已选定他当接班人，有意让他避开斗争激烈的书记处，取得在地方抓全面工作的经验。

在任拉齐奥大区书记期间，贝林格仍要负责一些重要的外事工作。1966 年 11 月，他率意共代表团访问越南。1968 年 3 月，率意共代表团去布达佩斯参加共产党工人党国际会议，坚决反对召开旨在谴责中国、恢复苏共权威的国际会议。贝林格坚持隆哥的"多样化中求团结"的原则，主张意共应利用出席国际会议的机会扩大影响，在国际共运中组织耐心认真的讨论，弄清是非，求同存异。

在 1968 年 3 月的大选中，贝林格当选为参议员，并成为众议院外交委员会成员。

1968 年 8 月"华约"[①] 军队入侵捷克斯洛伐克，意共谴责苏联等国对捷内政的干涉。隆哥又派贝林格率代表团与苏联人会谈。在会谈中，基里连柯和波罗马廖夫不断地说："如果你们希望杜布切克前进的话，应该对捷共的成就发布一个一般性祝贺的文件。"贝林格坚决反对："不。这不可能，那将是对干涉的辩解词。"[②] 由于贝林格的坚定态度，苏联人不得不让步。

---

① 指华沙条约。

② C. Valentini, *Il compagno Berlinguer* (Milano: Mondadori Editori, 1985), p. 200.

在告别晚宴上，基里连柯说他因缺少对杜布切克的祝贺已有两夜未眠，贝林格听后没有开口，只是脸上露出一丝微笑。

就在意共谴责"华约"军队侵捷两个月后，隆哥患了脑出血症，此时他意识到选定接班人的紧迫性。在意共"十二大"召开之前，隆哥建议由贝林格担任副总书记，但他拒绝接受。贝林格认为自己缺乏经验，不能胜任这一重要职务，提议由其他贡献更大的同志担任。隆哥一再劝说，他仍不同意；只是在意共领导机构做出决定以后，他才表示同意。

1969年2月8～15日在博洛尼亚召开意共"十二大"，贝林格当选为意共副总书记。这次党代表大会是在党内意见严重分歧的时刻召开的。纳波利塔诺主张议会斗争，阿门多拉对学生运动持否定态度，罗桑达与平托尔赞扬中国的"文化大革命"，提出"资本主义西方革命"的问题，此外还有不少亲苏派。在代表大会的总结报告中，贝林格努力消除党内分歧，统一认识，加强团结。

关于苏联问题，贝林格指出苏联东欧的可怕的官僚主义，窒息了来自下层的言论自由，还不是"真正的社会主义"。

关于学生运动，他既反对阿门多拉派断然拒绝的态度，也不赞成英格拉奥派的放弃领导、让其独立发展的主张。他认为意共应加强对学生运动的正确指导。

贝林格指出，意共向往的社会主义实行多党制，保证宗教信仰、文化和新闻自由。而且，意共的多元化社会主义可以使大部分由社会民主党执政的西欧国家同实行苏维埃制度的东欧国家找到汇合点。

关于国际主义，他主张应具有同社会民主党和第三世界国家合作这种新形式。为此，意共对北约解体不感兴趣，也不要求意大利退出该组织。

贝林格的总结报告赢得全体代表长达数分钟的雷鸣般的掌声，主席团成员离开座位站在他的周围，意共新的领导核心形成了。

1969年6月7日，贝林格首次以意共副总书记的身份出席在莫斯科召开的75国共产党国际会议。贝林格向苏联在意识形态领域的垄断地位提出有力挑战，他说："我们拒绝接受这样一种观念，即似乎存在着一种适用于所有情况的唯一的社会主义社会模式。实际上，社会发展的一般规律从来没有以纯粹状态存在着，而总是并仅仅是在历史地和不可重复的个别事件中存在着。把这两方面对立起来就是公式化和学究气，就意味着否定马克思主义的实质。"①

贝林格结合侵捷事件深刻地批判勃列日涅夫的有限主权论。他说："那些事件的某些方面具有普遍意义，所以不能把华沙条约组织国家的行动仅仅看作是一个错误，而应看成是在诸如国家主权、民族独立、社会主义民主和文化自由这些至关重要的问题上具有不同观点的结果。"②

贝林格重申"对持不同观点的人乱扣意识形态帽子的倾向应当结束了"。因为，"在真理究竟掌握在谁的手中还不清楚的情况下，就力图以离经叛道来解释所有分歧，实际上这不仅会使分歧更趋尖锐，而且还封锁了理解产生这些分歧的客观原因和现实利益的途径"。③

当大会即将结束时，苏联人将包括四个部分的最后文件送交贝林格。他拒绝签字，声明"意大利代表团只同意第三章"。

贝林格回国后不久，意共的宣言派事件就在党内引起轩然大波。

支持中国"文化大革命"的罗桑达和平托尔创办了《宣言》杂志，每期印行 5 万份。他们要求意共实现同苏联的真正彻底的决裂，反对意共与天民党接触。鉴于事态的严重性，中央委员会不得不召开会议审理这一事件。贝林格提请大家从积极方面看待宣言派的近期立场，应当考虑他们的良好愿望，不要给予纪律处分，至少应让基层讨论。基层讨论的结果加剧了分歧：党内元老派、阿门多拉右派、英格拉奥左派，甚至中间派都主张对宣言派采取组织措施。1969 年 10 月 17 日，中央全会做出决定清除宣言派。

一段时间内，宣言派严厉批评贝林格；但多年后，该派首领也不得不承认贝林格处理"离经叛道者"的方式与众不同：他把全部争论都公布于众，继续保持同他们的私人关系，没使他们心灰意冷。这标志着贝林格成为意共的一位新式领袖。

---

① C. Valentini, *Il compagno Berlinguer* (Milano: Mondadori Editori, 1985), pp. 203 – 204.
② 吉利奥：《贝林格》，王彦林译，新华出版社，1987，第 92 ~ 93 页。
③ 同上书，第 92 页。

（五） 意共总书记

贝林格担任了 3 年的副总书记，于 1972 年 3 月在米兰召开的意共"十三大"上当选为意共总书记。作为党的领袖，贝林格继承和发展了葛兰西、陶里亚蒂的思想，努力探索意大利社会主义的特点和道路。

1973 年 9 月，贝林格就智利人民阵线政府被右派军人政变推翻事件撰写了长文——《智利事件后对意大利问题的思考》，首次提出了"历史性妥协"的战略思想。

贝林格的文章在党内引起广泛争论，历史性妥协思想没有得到基层的理解和支持。就连退居二线的意共主席隆哥也认为尽管政策本身正确，但历史性妥协的提法欠妥。

贝林格指出，"妥协"这个概念不一定是贬义的。列宁也说过，在某些历史关键时刻，实行妥协还可能带来革命的结果。

1975 年是贝林格的内外政策取得进展和成功的一年。

在 3 月召开的意共"十四大"上，贝林格更为系统地阐述了历史性妥协路线及其世界意义。正是由于贝林格的调解，两个德国才接近起来，也正是意共建议勃兰特实行和东欧国家寻求谅解的政策，才改变了欧洲的政治气候。

贝林格还说，历史性妥协实质上是反法西斯民主革命的一个阶段，只有共产党人进政府才能改变意大利的社会环境。

在 6 月 15 日的地方选举中，意共取得了辉煌的胜利，获得 33.5% 的选票。意共在许多城市获得相对多数，开始了左派在大区和市执政的历史。

7 月 12 日，贝林格同西班牙共产党总书记卡里略在里窝那会晤，并诞生了欧洲共产主义第一个正式文件——会谈公报。意大利和西班牙共产党人赞成通向社会主义的民主道路，主张西欧社会主义力量、社会民主党力量和天主教力量达成谅解。

这一年最引人注目的成就莫过于法共转变到意共立场上来了。11 月，贝林格到巴黎会晤了法共总书记罗歇，从而结束了两党之间长期存在的严重对立。在贝林格的劝说下，法共同意解除同苏共的特殊关系，两位领导人承认西方有它们自己的问题，西欧必须走民主自由的社会主义的道路。此时，意共、法共和西共三个西欧最强大的共产党协调了政治路线，欧洲共产主义作为理论思潮和政治力量已经形成。

贝林格奉行独立于苏联的路线，但他注意避免使两党关系破裂。1976年2月末，苏共召开第二十五次全国代表大会。马歇和卡里略拒绝参加，而贝林格前往莫斯科。他在苏共"二十五大"的讲坛上强调意共的自主性——实行独立的、多元的和民主的社会主义。

这年6月3日，贝林格前往巴黎对马歇进行了回访。在群众大会上，贝林格首次正式使用"欧洲共产主义"这一概念。6月30日在欧洲共产党工人党柏林会议上，他再次提到"欧洲共产主义"，并指出它的广泛传播恰恰反映出西欧共产党探索社会主义新道路的强烈要求。

由于意共实行独立自主路线，对马克思主义采取非教条主义的态度，得到知识界和中间阶层的同情和支持，在6月的大选中意共获得空前胜利，取得34.4%的选票，议员席位增至227席，还获得众议院议长、7个有立法权的委员会主席的重要职位。一个月后，贝林格为组织政府同天民党领导人频繁接触。从此，意共开始以弃权方式支持政府，实行民族团结政策。

在1978年1月26日召开的中央全会上，贝林格转而提出意共应直接参加政府的要求。接着，在就组成政府的一系列会晤中再次强调这一立场。

3月16日天民党总书记莫罗被红色旅绑架，5月被杀害。贝林格多次声明意共一贯坚决反对恐怖主义，指出"恐怖主义是民主的敌人"。

8月1日，针对社会党对意共的攻击，贝林格在回答《共和国报》社长提问时，高度评价列宁的理论贡献。

1979年3月30日~4月3日，意共"十五大"在罗马召开，贝林格再次当选为总书记。他在大会报告中首次提出"第三条道路"的路线和国际共产主义运动三阶段论。在总结报告中他重申了意共的"新国际主义"原则。

在两个月后的大选中，意共的选票下降了，只达30%，几天后的欧洲议会选举也只得到29%的选票。这反映了历史性妥协政策因国内外形势变化及意共工作中的失误而受挫。

在这一年召开的中央全会上，贝林格已认识到"同今天这种状况的天民党是不可能达成政治协议的，近三年来尝试的道路也是行不通的"①。

1980 年 11 月，南方的伊比尼亚发生地震，贝林格赶到萨莱诺论述民主代替政策。

11 月 27 日下午，意共领导机构举行会议，建议成立一个没有天民党参加的政府，意大利共产党实行"民主代替"的新政治路线。这一决定受到广大党员欢迎。

1980 年，贝林格的外事活动十分频繁。

3 月，贝林格会见勃兰特和密特朗。

4 月 6 日，他率领意共代表团访问南斯拉夫，会见铁托。

4 月 13 日，贝林格率领意共中央代表团对中国进行友好访问，使中意两党的合作关系进入了一个新阶段。两党领导人遵循相互尊重和增进相互了解的原则，还无拘束地公开地讨论了有争议的观点，在国际共产主义运动中产生了积极的影响。

1981 年 12 月，贝林格表示了对波兰事件的关注。第二年 1 月他在中央全会上做报告，进一步阐明了意共的立场。在报告中贝林格指出"以十月革命为开端的社会主义发展阶段已经失去推动力"。② 他重申意共走第三条道路——既不是苏联模式的社会主义，也不是社会民主主义的社会主义。

在意共中央全会上，科苏塔反对上述观点，他指责贝林格已堕入社会民主党立场。

苏共《真理报》和《共产党人》杂志同意共《团结报》和《再生》周刊就贝林格的报告展开激烈论战。

1983 年 3 月 2~6 日，在米兰召开意共"十六大"。贝林格再次当选为总书记，他代表中央委员会作关于"民主代替"的政治报告，号召全党团结一切民主力量，为代替天民党政权体系而奋斗。

1984 年 6 月 7 日晚，贝林格在帕多瓦的群众大会上为欧洲议会选举代表发表竞选演说，即将结束时突发脑溢血。6 月 11 日，他不幸逝世。贝林格的逝世在国内外引起了巨大震动。

---

① 吉利奥：《贝林格》，新华出版社，王彦林译，1987，第 185 页。
② AA. VV. , *Socialismo reale e terza via*（Roma：Editori Riuniti, 1982），p. 17.

6 月 13 日下午 4 时举行葬礼，上百万群众从意大利各地汇集到罗马圣乔万尼广场，沉痛悼念人民的儿子，向敬爱的领袖告别。

二　历史性妥协

早在 1973 年 3 月召开的意共"十三大"上，意共宣布现在到了"民主的转折点"，提出共产党人、社会党人和天主教徒合作的新的政治路线。

1973 年 9 月，智利发生推翻以阿连德为首的"人民团结阵线"政府的反动政变。在 9 月 28 日、10 月 5 日和 9 日的《再生》周刊上连载的《智利事件后对意大利问题的思考》的长文中，贝林格首次明确提出"历史性妥协"思想。

在 1975 年 3 月召开的意共"十四大"上，"历史性妥协"作为党的长期战略被正式确定下来。

这一战略的实施经历了准备阶段（1975 年 3 月至 1976 年 6 月）、实施阶段（1976 年 6 月至 1978 年 3 月）和受挫阶段（1978 年 3 月至 1979 年 11 月）。[1] 1980 年 11 月，贝林格和意共领导机构决定实行"民主代替"的新的政治路线。

应该说，"历史性妥协"战略从一开始就在意共党内引起激烈争论；直至今日，对这一战略思想的讨论仍未停止，对其评价褒贬不一，众说纷纭。

实际上，"历史性妥协"战略的思想渊源可以上溯到葛兰西。早在 20 世纪 20～30 年代，葛兰西就深入探讨过法西斯成功的深刻原因，指出意大利无产阶级必须解决好同天主教运动的关系问题，否则革命就不会成功。后来这一思想又为陶里亚蒂所继承。1944 年 3 月，陶里亚蒂返回意大利。他注意到国内基本力量不仅有工人运动——共产党人和社会党人，还有天主教运动。他将天主教运动放到革命整体观中考察，对左派传统战略作了修改，即"萨莱诺转折"——同天主教民主党搞统一战线。结果促成了共

---

[1]　参阅苏瑞林《意共的"历史性妥协"战略》，刊于 1988 年第 3 期《国际共运史参考资料》。

和国的建立和民主宪法的制定。1947 年冷战爆发，意共采取了只同左翼政党结盟的"左翼选择"新路线。但到 20 世纪 60 年代，随着中左政府成立、左翼队伍分化而难以执行。这之后，意共一直就战略思想展开广泛讨论，直到贝林格提出"历史性妥协"思想才告一段落。

什么是"历史性妥协"？贝林格在《智利事件后对意大利问题的思考》一文的结尾写道："由于我国的问题严重，由于反动派的冒险迫在眉睫，由于需要最终为国家经济发展、社会革新和民主进步打开一条可靠的出路，实现妥协——可以称之为团结和代表意大利人民大多数的各种力量之间新的伟大的'历史性妥协'，就变得越来越紧迫，越来越成熟了。"①1978 年 8月 1 日，他在答《共和国报》社长斯卡尔法里时进一步阐明："我们确信，意大利是一个需要巨大的社会、经济和政治变革的国家，这就是说，对结构、公共道德和社会组织来一次深刻革新。而没有各种大的社会力量（工人、从事生产的资产阶级、农民、青年群众、妇女群众）和大的政治力量（共产党人、社会党人、天主教徒、世俗力量）协同一致，就不可能开始和推进这些变革。共同肩负这一历史性责任并不是必然地要约束所有力量都得参加议会多数和政府。不同的政治协议形式、政府联盟和议会多数可以轮番地形成，只要始终共同负起责任，只要始终保持全国团结，始终为互相谅解而努力，特别是共同致力于变革国家。这就是历史性妥协。"②

那么，为什么在意大利不能实行左翼代替，而应搞历史性妥协呢？

贝林格指出以下原因。

1. "在意大利，存在着具有完全特殊性质的天主教问题，同时存在着具有同样特殊性质的共产党问题"。③我们知道，在意大利有着世界天主教中心和人数众多的天主教徒。这就要求意大利无产阶级必须解决好天主教同国家、同世俗社会的关系问题。要解决的另一问题是同那些人数越来越多地投入劳工运动，并且具有明确的反资本主义和反帝国主义意向的天主教运动和派别寻求一种更加广泛的相互了解和真正的一致。贝林格正是从

---

① 《贝林格言论选集》，人民出版社，1984，第 35～36 页。
② 同上书，第 73 页。
③ 同上书，第 73 页。

天主教问题及其在意大利的特殊意义出发，来处理同天主教民主党的关系问题。

天主教民主党是一个与教会的各种各样非政治性天主教组织保持联系的群众性政党，又是一种与国家机构紧密地结合在一起的力量。贝林格认为，天民党是个社会成分复杂的群众性政党。它既有和资产阶级统治集团联系并受其影响的一面，又有接受工农群众和广大中间阶层影响并反映他们的利益和要求的一面。[①] 因为，其党员成分，工农群众（包括手工业者、农业短工）占到40%，真正的资产阶级不足10%，其他为广大中间阶层。其次，除了天民党的各种不同的相互矛盾的社会成分以外，天民党内派别林立，既存在反动的、保守和温和的派别，也存在民主和进步的派别。贝林格告诫全党，在处理天民党问题时，所有这些派别都应加以考虑。最后，通过对天民党曲折历史的考察，贝林格指出，该党的政治路线"往往表现出相互敌对的态度"。天民党是作为人民的、民主的和世俗的政党而建立的，最初反对法西斯运动，后来转而支持并参加了第一届墨索里尼政府，接着又退出了政府，投入地下抵抗运动。全国解放后，同共产党、社会党合作，建立了共和国，制定了宪法。但1947年以后，天民党追随美帝国主义的冷战政策，推行同社会主义运动对立和正面冲突的路线。现在，尽管天民党仍保持其路线的反动、保守性质，但由于意共的顽强斗争，它已无法再使国家处于从上到下的分裂和正面冲突的局面，并在该党内造成了一种新形势。天民党内的有识之士，如政治书记莫罗认识到没有意共的合作，就不能解决国家的危机，从而赞成同意共对话。总之，"这个党不仅是一个多样化的实体，而且是一个变化多端的实体，这种变化不仅由它内部的辩证情况所决定，而且更多的是由国际和国内事态发展的方式所决定，由各阶级之间和各政党之间的斗争和力量对比所决定，由工人运动和意大利共产党对形势的影响所决定，由它们的力量、政治路线和活动所决定"[②]。

意大利共产党是资本主义世界最强大的共产党，又是意大利第二大党，

---

① 《贝林格言论选集》，人民出版社，1984，第31页。

② 同上书，第35页。

拥有 170 多万党员。有着优良的革命传统和广泛的群众基础，大选中能获得全部选票的三分之一。意共和其他左翼力量一起，在全国近三分之一的大区、几十个省份和各主要大城市执政。这就为实现历史性妥协创造了条件。

2. "在意大利，存在着同德国或英国或美国的资产阶级和工人阶级不一样的资产阶级和工人阶级。"① 意大利工人运动和民主运动在战后风起云涌，其规模之大，在发达资本主义国家居首位。在意大利，资产阶级不能靠自己的思想体系，必须借助"别人的"思想去掌握意识形态领域的领导权，这有利于社会主义思想的传播。

3. "意大利宪法是各种力量团结一致地制定出来的，这些力量使这一宪法过去和现在同资本主义现行宪法相比，都有不同，都比它们先进。"②

4. "在意大利，拥有群众基础的温和派、保守派和反动右翼相互勾结的危险，始终是迫在眉睫的。"③

贝林格从智利事件中得到的主要教训是：只有劳动者和左翼政党的团结还不足以保证民主和改革的进程，他写道："如果认为左翼政党和左翼力量只要能获得 51% 的选票和议席，就能够保证代表这个 51% 的政府的生存和活动，那完全是幻想。"④ 他担心"在人民中有基础的那些政党之间的对立和对抗，都会导致分裂，并且使国家真正地分裂为二，这对民主是极为有害的，而且会毁掉民主国家继续生存的基础"⑤。这样，"在意大利，中心的政治问题过去是、现在更是这样的问题，即避免中间派和右派在组织上牢固地勾结到一起，避免形成一个广泛的教权法西斯式阵线；相反要能够使那些处在中间状态的社会政治力量转到始终如一的民主立场上来"⑥。"因此，我们不说，'左翼代替'，而说，'民主代替'，这也就是具有共产主义和社会主义信念的人民力量同信仰天主教的人民力量以及具有其他民主倾

---

① 《贝林格言论选集》，人民出版社，1984，第 73 页。
② 同上。
③ 同上。
④ 同上书，第 30 ~ 31 页。
⑤ 同上书，第 30 ~ 31 页。
⑥ 同上书，第 30 ~ 31 页。

向的力量合作和一致的政治前景。"①

历史性妥协战略由于意共 1976～1979 年民族团结政府政策的失败而受到非议，不少人还将历史性妥协歪曲成民族团结政府政策，甚至说成是意共与天民党联盟。意共学者、葛兰西研究所所长瓦卡教授指出，1976～1979年意共参加民族团结政府的经验是失败的，意共在成为议会多数派后，就放弃了对天民党的批评。但当时的政府并不是历史性妥协的政府。他认为，民族团结政府政策失败的重要原因之一就是将作为历史性妥协战略核心的代替因素中立化，使这一战略的对立和替代因素消失，从而使意共严重地丧失自主性。② 正如毛泽东同志所指出的那样："以斗争求团结则团结存，以退让求团结则团结亡。"

贝林格本人坚决反对将历史性妥协说成是民族团结政府政策，或是意共与天民党的和解。正是贝林格本人首先分析了 1976～1979 年意共失利的原因，并及时调整了路线。1980 年以后，意共不再提历史性妥协，而改提民主代替，但这不是对历史性妥协战略的放弃，而是在特定历史条件下对战略的调整和修正，强调对立与替代的因素，主张建立一个新的、以共产党为核心的民主政府，代替以天民党为核心的政府。

但我们不能不指出，1976～1979 年民族团结政府政策是对历史性妥协战略实施的一次尝试，它的受挫不能说和战略本身没有丝毫关系。从某种意义上讲，这反映了历史性妥协战略的某些局限性。苏联学者认为，这一战略实施"最困难的任务是从内部改造天民党——意大利垄断资本主义的骨干政党"。③ 此外，这一战略没有将争取中间势力、反对顽固势力同发展进步势力统一起来。

在具体实施这一战略时，贝林格和意共领导层只注重同天民党上层谈判，忽视了领导工人阶级和其他劳动群众开展经济和政治斗争。为支持政府克服经济危机的紧缩政策，贝林格还号召劳动群众做出"牺牲"，这不能不影响广大劳动群众对历史性妥协战略的态度。

---

① 《贝林格言论选集》，人民出版社，1984，第 30～31 页。
② AA. VV. , *Berlinguer oggi*（Roma：Editrice *L'Unità* S. p. A, 1987），pp. 141－142.
③ 瓦西利科夫等主编《意大利》，中国社会科学出版社，1989，第 294 页。

意共领导没有及时、正确地把握莫罗被害后政治局势的急剧变化。因为莫罗是天民党内坚决主张同意共进行合作的代表人物，它的去世使天民党内右翼势力抬头。另外，右翼反动势力利用莫罗事件污蔑意共是恐怖主义后台，破坏意共的声誉，削弱了意共的影响。

历史性妥协战略实施受挫，除了战略本身局限性和意共工作失误外，还有着国内、国际的原因。从国内看，作为左翼力量重要成员的社会党政治上左右摇摆，尤其在克拉克西任总书记后，同意共的关系紧张，并加紧同天民党右派勾结，企图重建把意共排斥在外的中左政府。从国际环境来看，美国坚决反对意共参政，支持天民党同社会党组成中左政府。这些因素不能不影响历史性妥协战略的实施。

人们对历史性妥协战略的评价存有分歧。意大利学者乔治·博斗认为，"历史性妥协绝非是为建设一个新意大利而搞的长期联盟，而是尽量维持政体的一种法律形式的联盟，可以认为只是一个小插曲，最后决战前修筑阵地的一次间歇"。[①] 美国学者戈德森、哈斯勒则说，"历史性妥协作为意共的中期战略的中心目标是不会轻易放弃的。它是西方共产党最有雄心、实际上是最大胆的夺权战略"。[②] 意共前总书记纳塔在 1986 年强调指出："历史性妥协的思想暗示着某些更深刻的东西。那就是，它概括了我们仍旧面临的现实：如何实现不产生最极端反动派（智利教训是鲜明的）的政策、经济和社会秩序方面的重大改变；在发达社会中，如何在社会斗争加剧时避免反动的转折，而实现真正的进步。"[③]

综上所述，可以见出：贝林格的历史性妥协战略思想，是对意大利社会现实的反映，是意共长期斗争实践经验的总结，是对葛兰西和陶里亚蒂思想的继承和发展，是欧洲共产主义理论的具体内容之一。尽管其在 1976～1979 年具体实施时遭受挫折，也暴露了理论上的某些不完备之处，但这一"战略就其实质性的基本内容来说，仍是有效的"[④]，并将对西方共产党产生影响。

---

① 乔治·博卡：《意大利共和国史话》，李文田译，东方出版社，1987，第 323 页。
② 哈斯勒：《"欧洲共产主义"对东西方的影响》，星灿译，新华出版社，1980，第 103 页。
③ 《意大利共产党人》（意共周刊）1986 年第 2 期，第 12～13 页。
④ 《贝林格言论选集》，人民出版社，1984，第 138 页。

三　欧洲共产主义

1976 年 6 月，贝林格在巴黎群众大会上首次正式使用"欧洲共产主义"这一概念。但由于这一概念并不准确，[①] 到 1979 年改称通向社会主义的"第三条道路"，提出国际工人运动三阶段论。

贝林格指出：对西欧资本主义发达国家的无产阶级来说，应探索一条与其他国家走过的不同的社会主义新道路，这条道路既完全符合各民族的特点和传统，又完全符合欧洲大陆这个地区所表现出来的共同特点。"这就是欧洲共产主义的选择"，即"通过民主道路对欧洲发达工业国家实行以社会主义为方向的变革目的的战略"。[②]

贝林格后将欧洲共产主义改称通向社会主义的"第三条道路"——既不是苏联模式的共产主义，也不是社会民主主义的社会主义。为了说明第三条道路的历史必然性，贝林格提出国际工人运动三阶段论。

贝林格指出，"最初，我们有过第二国际的经验：工人运动为摆脱资本主义而进行斗争的第一个阶段。这是社会党、社会民主党的阶段。社会党和社会民主党是在 19 世纪末产生的，它们曾是唤醒千百万被剥削者的阶级觉悟、使他们自觉地组织起来、争取解放的主角。但这一经验陷于可悲的危机，最后向第一次世界大战和民族主义作了让步"。[③] 今天，社会民主党的试验"没有一个战胜了资本主义，也没有一个真正克服了当代资本主义的决定性问题，即大经济和金融垄断集团的统治……这就是说，这些试验没有超出资本主义制度的界限，仍停留在资本主义制度以内"。[④] 因此，不能再走社会民主党的老路。

---

①　因为，并非所有西欧共产党都赞成这一理论。另外，赞成这一理论的又不局限于西欧共产党，如日本共产党、澳大利亚共产党和一些拉美国家共产党都拥护这一理论。

②　《贝林格言论选集》，人民出版社，1984，第 83 ~ 84 页。

③　《意大利共产党第十五次全国代表大会文件集》，中共中央对外联络部七局，1979，第 21 页。

④　《贝林格言论选集》，人民出版社，1984，第 48 页。

"第二阶段是由于俄国十月革命开始的。十月革命、列宁的思想和活动标志着当代历史和人类发展的一个分水岭"①。"正是苏维埃俄国通过十月革命第一次在全世界打碎了资本主义和帝国主义统治的锁链",我们不会忘记,苏联在反法西斯战争中的巨大贡献,"苏联和其他社会主义国家在十分困难的时期和条件下,在社会、文化和科学等许多方面取得的伟大成就。此外,也不能否认苏联和所有社会主义国家在欧洲和世界舞台上执行彻底而坚定的和平政策。"②

"然而,我们知道在这些经验中也有缺点和可批评的消极面,特别是在有关这些国家的政治制度问题上,因为这种政治制度限制一系列的自由。我们认为,这是同我们把社会主义看成充分实现一切自由的观点相矛盾的。无论如何,我们认为,在资本主义西方各国,亦即在经济和工业发达,又有根深蒂固的民主传统的国家,在工人阶级成为民主、捍卫和发展民主、扩大一切自由和民主权利的支持者和宣传者的国家(意大利就是这方面的明显例子),这种经验是不适用的,不可行的。"③

贝林格进一步指出,现实社会主义是"从特别落后的经济和社会条件出发的,是从以稀少的自由和民主传统为特点的政治和文明条件出发的"④。因此,"至今已经实现的社会主义社会的模式是不能沿用的"⑤。

总之,第三条道路"是从历史上和文化上批判并发展以前那些道路的一条道路。因此,这条道路有别于以前的道路,并且要超越以前的道路"⑥。今天,"西欧工人运动所担负的任务恰恰具有决定性的重要意义"⑦,这关系到纠正过去和现在严重影响社会主义在世界发展的错误倾向,这也就是国际工人运动的第三阶段。

---

① 《意大利共产党第十五次全国代表大会文件集》,中共中央对外联络部七局,1979,第21页。
② 《贝林格言论选集》,人民出版社,1984,第49页。
③ 同上书,第49~50页。
④ 同上书,第49页。
⑤ 同上书,第117页。
⑥ 同上书,第117页。
⑦ 《意大利共产党第十五次全国代表大会文件集》,中共中央对外联络部七局,1979,第22页。

贝林格主张，意共为争取建立在民主、多元化基础上的社会主义社会而努力奋斗。这一社会，"肯定个人和集体自由的价值并予以保障；肯定国家的世俗化和非意识形态形式以及国家的民主结构等原则，肯定多党制和执政多数轮换的可能性；肯定工会自主，宗教自由，言论自由，文化、艺术、科学自由"。① "经常鼓励公民及其团体和组织以民主方式日益广泛地参加那些涉及自己生活条件以及集体和人民生活的重大决定的制定和执行"。②

"从经济制度上看，主张经济民主规划，也就是说这一规划除规定公营企业的存在和承认其作用外，也规定私营企业活动中心的存在并承认其作用，但这一规划也应当指出，据以活动的新的明确的范围，也就是说，应当保证不再依照资本主义逻辑（为积累而积累，为生产而生产的逻辑）来经营和生产，而是为了满足人们的巨大需要，满足全国集体的巨大需要而经营和生产。"③

贝林格指出，"走向社会主义的民主道路，当然不是放弃革命任务的机会主义道路"，④ 也不能把"民主道路简单地说成议会道路"，⑤ "这是一条斗争的道路，是需要顽强的战斗和持续的革命紧张的道路"，⑥ "并不意味着幻想社会平稳地、毫无动荡地从资本主义进化到社会主义"。⑦

贝林格还指出，"为了能够走通这条道路，就需要有这样一种谅解：这种谅解使所有真正代表西欧工人阶级和人民群众的力量，不管信仰如何，都能在新的基础上重新团结起来"。⑧ 这一思想同上文探讨的历史性妥协战略是一致的，并在其中得以充分体现，这里不再赘述。

在关于各国共产党之间关系的问题上，贝林格重申陶里亚蒂的"多中

---

① 《贝林格言论选集》，人民出版社，1984，第60页。
② 同上书，第51页。
③ 同上书，第50页。
④ 《意大利共产党第十五次全国代表大会文件集》，中共中央对外联络部七局，1979，第23页。
⑤ 《贝林格言论选集》，人民出版社，1984，第22页。
⑥ 《意大利共产党第十五次全国代表大会文件集》，中共中央对外联络部七局，1979，第23页。
⑦ 《贝林格言论选集》，人民出版社，1984，第22页。
⑧ 同上书，第117页。

心论"，指出国际共产主义运动"不再存在，而且也不再可能存在领导党和领导国"。① "我们各党之间的团结是建立在承认每一个党都自主地制定和充分独立地决定自己的国内国际政治路线这个基础之上，建立在严格尊重权利平等、不干涉内部事务、尊重在变革社会和建立社会主义的斗争中有选择不同道路的自由这个基础之上"；② 这并不排除"对别国党的理论观点或政治立场也有判断的自由"，各党可就工人运动当中的重大问题展开讨论，但"讨论要本着友好和理解的精神"，"也要采取最自由最坦率的方式"；③ 坚决反对"给任何与自己不同的立场武断地扣上这种意义或那种意义的修正主义的帽子"。④

综上所述，贝林格的"第三条道路"源于陶里亚蒂在 20 世纪 50 年代提出的"通向社会主义的意大利道路"。但二者有着明显的区别：前者只限于意大利，后者扩展到西欧范围内了。"这是考虑到包括意大利在内的经济最发达的欧洲各国之间存在着共同的特点，也是考虑到在目前这一历史时期有必要把西欧工人运动各种政治组织所创造出的经验统一起来"。⑤ 总之，欧洲共产主义理论放弃暴力革命，主张通过议会道路和平和民主地实现社会主义，不提无产阶级专政，提出不打碎旧国家机器情况下进行结构改革，建立"民主的、多元化的社会主义"，宣称自己掌权后即实行宪法保证的多党制。主张无产阶级必须建立广泛的联盟，注意团结中间阶层，争取同社会民主党结盟，以取得大多数人民的支持，孤立垄断资产阶级。在处理各国共产党的关系上，强调各党一律平等、独立自主和互不干涉内政，认为在国际共产主义运动中不存在"领导中心"。

由于欧洲共产主义理论同传统马克思主义理论不同，产生的影响也很大，引起东西方的广泛讨论，但对其评价却大相径庭。

西方资产阶级右派称欧洲共产主义是一种骗局。美国前总统福特说它

---

① 《意大利共产党第十五次全国代表大会文件集》，中共中央对外联络部七局，1979，第 122 页。
② 《贝林格言论选集》，人民出版社，1984，第 61 页。
③ 同上书，第 62 页。
④ 同上书，第 61 页。
⑤ 同上书，第 149 页。

是"戴上假面具的斯大林主义和伪装的暴政";① 基辛格也强调欧洲共产主义理论对西欧联盟的危险性;西德总理科尔说,它是"世界共产主义的一个部分,只有等它上台以后,看它采取什么态度,才能对它做出判断"。②

但也有一批西方政治家和学者反对将欧洲共产主义当作"为夺权而使用的策略"的观点。他们认为,应对欧洲共产主义作现实的估计,并准备同它继续对话。

贝林格的欧洲共产主义理论从一开始就受到苏共领导和学者的批判。他们批评意共领导往往过高地估计了意大利在民主方面所取得的成绩,这实质上是对民主采取超阶级的观点。他们批评意共领导过分强调意大利和西欧资本主义国家革命的特殊性,从而使自己的战略同世界革命的经验相脱离。他们批评意共把争取民主的斗争同实现社会主义的根本任务等量齐观。当把一般民主措施说成是"社会主义的"时,就会认为在资本主义制度下可能引进社会主义性质的因素,就会使劳动人民难以理解革命进程的发展实行质的飞跃的必要性。③

我们认为,贝林格在新的历史条件下,从意大利和西欧国家的社会现实出发,努力探索通向社会主义的新的道路,是无可指摘的。但第三条道路的内涵还不够丰富、清晰;欧洲共产主义理论充其量还是一种假说或设想,其正确与否还有待实践的检验。正如邓小平同志所说,"欧洲共产主义是对还是错,也不应该由别人来判断,不应该由别人写文章来肯定或者否定,而只能由他们的实践做出回答。人家根据自己的情况去进行探索,这不能指责。即使错了,也要由他们自己总结经验,重新探索嘛!"④

四 马克思主义观及其他

葛兰西说过,一个政治家的真正的哲学思想应到其政治思想中去探寻。

---

① 莱昂哈德:《欧洲共产主义对东西方的挑战》,张连根等译,人民出版社,1980,第 21~22 页。
② 同上书,第 21~22 页。
③ 瓦西利科夫等主编《意大利》,中国社会科学出版社,1989,第 287~288 页。
④ 《邓小平文选》,人民出版社,1983,第 279 页。

贝林格作为无产阶级政党领袖，其哲学倾向集中反映在其政治思想中；其特征为一切从实际出发，坚持实事求是的思想路线，强调矛盾的特殊性，坚决反对各种形式的教条主义。他写道："我们的努力不是从先验的意识形态出发，而是从社会和人们的实际问题出发。"① "我们主要以我国的独特条件为依据，不仅拒绝其他的模式，而且也拒绝那种认为可以有一个放之四海而皆准的向社会主义过渡的模式的观点。"② 他认为，"社会主义和共产主义现在和将来都是到处一样的，这是不真实的，连资产阶级革命以及由此产生的社会也不是这样。今天，在世界上已经有了建设不再是资本主义的新社会的各式各样的经验。合乎逻辑的是：能够有，也应当有其他各式各样的经验，其中包括一些非常新的经验"。③

贝林格正是在新的历史条件下，总结正反两方面的经验，勇于探索、独立思考，在马克思主义观、民主观、伦理观与时代观上提出独特见解，引起人们的普遍关注和激烈争论。

贝林格首先肯定马克思主义和列宁主义的历史地位和历史作用。他写道："马克思的功绩是上一世纪任何一个理论家和政治活动家在他之前都没有做出过的。确实，革命的前景今天仍然主要是同马克思的立场密切相连的。马克思是唯一能真正'奠定'革命前景的人，是至今唯一能无论从定义上（即哲学上）还是从实践和行动上（即社会力量、经济政治目标）对革命概念本身做出特定而不是空泛的论述的人"；④ "马克思思想今天仍然以不同的方式，在不同的程度上，在世界各地引起、推动和指导摆脱剥削、争取正义和社会主义的斗争以及摆脱殖民主义、争取独立和解放的革命运动，这一点是难以否认的。同样难以否认的是，一百年来，全世界的文化（不仅是进步文化）都曾受到并且仍在受到马克思思想的影响，留下它的痕迹，或是受到它的触动，它就像一把犁头，耕耘整个文化，以致即使在当代，人们也不得不重视它"；⑤ "马克思的观点通过伟大的解放运动和20世纪

---

① 1982 年 2 月 21 日意共《团结报》。
② 《贝林格言论选集》，人民出版社，1984，第 103 页。
③ 同上书，第 59 页。
④ 1982 年 2 月 27 日意共《团结报》。
⑤ 同上。

的革命发展而得到了证实，证明自己基本上是有效的"。①

贝林格同样高度评价列宁的杰出贡献。他写道："列宁给我们留下的教训是完全有生命力的，是完全有效的，他建树了真正的革命理论。就是说，超越了改良主义进化论的'正统学说'，提倡党采取自主行动的主观因素，反对实证论、'庸俗唯物论'和等待救世主降临的做法（这些都是社会民主主义固有的弊端），相反却为俄国和全世界进行斗争的无产阶级力量开辟了革新和解放的道路。列宁粉碎了资本主义、帝国主义和殖民主义制度在世界上的统治和联合；列宁在欧洲每一个角落都为争取和平与反对战争而进行斗争；列宁揭示了工业无产阶级同贫苦农民结盟的决定性意义，而且他早在1917年10月（革命）前几个月就曾指出'在那战火纷飞的形势下，并不排除社会主义革命和平发展的可能性和多党制的长期存在'（陶里亚蒂在1956年的讲话）；列宁认为，社会主义应该是实现完全而充分的民主的社会。列宁在所有这方面的教导都是有效的。"②

针对资产阶级对列宁倡导的"民主集中制"的攻击，贝林格一针见血地指出："至于民主集中制，我们还是不要使用廉价的歪曲说法吧。无论如何，不要把它同它后来发生的那种'组织集中制'和'官僚集中制'的蜕化现象等同起来。这些蜕化现象同列宁所制定和实行的民主集中制毫无共同之处：列宁的民主集中制不是什么预先形成的一致性，而是一种能保证在党的方针和具体工作中最后形成必不可少的团结一致的方法。也就是说，要在可能存在的不同立场自由地、民主地得以表达之后，占多数的立场才正确地成为全党的立场。因此，民中集中制不是也不应该被理解为压制党内自由发表意见的准则，而是应该被理解为这样的准则：它保证在内部民主讨论结束后能具备起码条件，使党能够有效地进行工作，也就是说，使党能够团结一致地、有纪律地进行工作。"③

其次，贝林格强调马克思主义的批判精神，并用批判的目光审视马克

---

① 《意大利共产党第十五次全国代表大会文件集》，中共中央对外联络部七局，1979，第3页。
② 《贝林格言论选集》，人民出版社，1984，第67~68页。
③ 同上书，第68页。

思主义理论自身，认为它是"可以批判、发展和革新的遗产"。① 他说，"马克思主义不是教条，也不是经院式的学说，而是应当发展的、生气勃勃的理论，是行动的指南，而不是在任何时间、任何地点都应当运用的一套公式"。② 他认为，"对马克思主义做出公式化和机械化的解释"，"把马克思的思想变成故步自封、静止不动的哲学体系，变为意识形态的禁区"，就是违反马克思的一贯教诲，因为他彻底批判和破除那种把意识形态看成一种脱离实际历史过程，脱离了科学文化具体多样发展的体系的观点。③ 同样，把列宁主义"理解为被一成不变规定下来的理论条文的某种教科书，理解为被固定成经院式定理的一大堆论点"，似乎这些条文和定理在任何时间和地点都适用，就会是对列宁本身的最大损害。④

贝林格认为，"马克思理论的发展，赶不上当代世界现实的重大变化、社会主义斗争和社会主义建设的不同经验以及政治实践"。⑤ 他在充分肯定列宁主义的历史作用和有效性后，指出由于斗争和共产主义在理论上和历史上的发展，其中有些因素已经过时。这主要表现在以下三点：第一，列宁在一定的时刻（不是在理论上）把党和国家融为一体了。我们完全反对这种党政合一的做法。第二，列宁始终坚持认为，无产阶级专政是革命转折中的必要手段，我们也反对这种观点。第三，列宁始终坚持认为，革命转折必须经过两个不同的阶段：一个是资产阶级民主阶段，接着是社会主义阶段。与此相反，在我们看来，民主也是无产阶级斗争的产物。

在民主问题上，贝林格既坚持了列宁主义，又超越了列宁主义。

像列宁一样，贝林格清楚地了解资产阶级民主的局限性。"在资本主义制度下，民主自由过去和现在都始终是有阶级局限性的，也就是说，这种局限性在于存在着人剥削人的制度"；⑥"居于统治地位的资产阶级以及代表

---

① 1983 年 2 月 27 日意共《团结报》。
② 《贝林格言论选集》，人民出版社，1984，第 50 页。
③ 《意大利共产党第十五次全国代表大会文件集》，中共中央对外联络部七局，1979，第 3～4 页。
④ 《贝林格言论选集》，人民出版社，1984，第 66 页。
⑤ 同上书，第 61 页。
⑥ 同上书，第 50 页。

他们的或为他们效劳的各政党，一旦其特权和权力遭到打击或威胁，就随时都会破坏一切自由，践踏一切公民权利和人道原则"。① 他深刻揭露以"最自由民主"自居的美国本身也存在严重损害和侮辱基本人权的情况；人权问题是美国政府片面地、别有用心地煽动起来，专门针对苏联等社会主义国家的，它既同缓和与和平政策相抵触，又无助于社会主义各国发展民主。②

贝林格还论述了民主与消灭资本主义的关系。他写道："正是因为要拯救民主，使民主变得尽可能更为广泛、更为强大、更有秩序，才必须超脱资本主义。历史经验——至少是从 20 世纪 20 年代以来的历史经验——表明，重新获得民主、保卫民主和发展民主，过去和现在都是以工人阶级、劳动者和他们的阶级政党，首先是共产党为主人翁的斗争成果……彻底的反资本主义的人，就是彻底的民主主义者。"③

贝林格在关于民主与社会主义关系的探索中超越了列宁主义。他认为，民主首先是工人阶级和劳动群众运动斗争的结果，因此，应把这些民主成果看成是开展争取实行以社会主义为方向的变革斗争的一个条件。他举例说，把议会仅仅看作一个揭露资本主义和资产阶级政府弊端和宣传社会主义的讲坛是不够的。因为议会制度的产生和革新在意大利是工人阶级和劳动群众斗争的胜利成果；因此，不仅今天，而且在向社会主义过渡阶段和建设社会主义过程中，议会制度也是意大利政治生活的主要制度。

不仅如此，"民主（包括起初作为资产阶级取得成果的所谓'形式上'的种种自由）是一种具有普遍意义和永久性的价值，所以，工人阶级和共产党把这种价值也当作自己的东西，并且在建设社会主义社会时也应该加以肯定"。④ 他认为，在社会主义社会中，公民自由和民主权利（如选举权、结社权、言论权）不应当受到限制。⑤ 总之，民主和社会主义的关系在各个国家可以根据不同条件加以发展，但是，"这种关系的发展总是应该保障个

---

① 《贝林格言论选集》，人民出版社，1984，第 10 页。
② 《意大利共产党第十五次全国代表大会文件集》，中共中央对外联络部七局，1979，第 15 页。
③ 《贝林格言论选集》，人民出版社，1984，第 76 页。
④ 同上书，第 77 页。
⑤ 同上书，第 50 页。

人和集体的基本自由权利"。①

道德问题是贝林格最为关注的另一问题,他总是把伦理学与政治学联系起来考察。从这个角度来看,他未受马基雅维利的影响,却更倾向于亚里士多德。贝林格认为,政治就是在现实历史性中的伦理学;也就是说,伦理学是政治伦理学,关系到整个社会的伦理学。他写道:"道德问题早就存在了。但是,这个问题现在已成为首要的和基本的政治问题,因为恢复对制度的信任、国家的有效治理以及民主制度的继续存在,都有赖于这个问题的解决。"②

不仅如此,贝林格的伦理学还是解放的伦理学,他不仅关注无产者和劳苦大众挣脱资本主义奴役的枷锁,而且关注争取全社会和全人类更加美好的前途。

贝林格把阶级意识同人类意识紧密结合起来,考察时代的特征。他首先指出,"我们的时代确实是一个逐步实现向社会主义过渡的时代",③ 是劳动阶级继续并越来越广泛上升的时代。接着又指出,"今天,世界由于所有国家和全人类所共同的一些生死攸关的根本点而比过去更加统一了。此外,今天的世界由于相互依存和相互影响的新的联系而变得更加统一了;在经济领域,在能源和空间的科学研究和成果方面以及在医学方面;在具有新的决定性重要意义的通讯方面;在习惯方面,都是如此。"④ "世界之所以比过去更加统一,是因为今天,各种思想——哲学和政治流派、宗教信仰、兴趣和感觉方式、思想表达和艺术的倾向——拥有新的工具来跨过障碍,在最广泛的地区迅速传播。"⑤ "我们认为,其所以是一个统一的世界,也是由于大部分人类都感到不安:……人类在制度的危机和新式摧毁性武器的前所未闻的威力面前,还不能掌握自己的未来。"⑥ 因此,"凌驾和压倒一切

---

① 《贝林格言论选集》,人民出版社,1984,第112页。
② 同上书,第142页。
③ 同上书,第58页。
④ 《意大利共产党第十五次全国代表大会文件集》,中共中央对外联络部七局,1979,第9~10页。
⑤ 同上书,第9~10页。
⑥ 同上书,第10页。

的问题是维护和平和拯救人类的问题"。①

贝林格认为，随着核时代的到来，战争问题的性质改变了，变得绝对化了。战争的对象彻底改变了，不再是通过军事暴力来击败敌对的力量，而是消灭地球上的生命。因此，核冲突带来了新的、前提性的问题。各国、各阶级和一切社会制度都面临着这一问题。② 他还认为，阶级斗争虽然仍然在国内和国际范围内存在，但在原子时代阶级斗争的性质部分地改变了，阶级斗争应扩大理解为摆脱不发达、饥饿和各种形式的民族压迫等要求，而不能归结为两大军事集团之间的冲突。因此，今天争取和平同阶级斗争的关系就与核时代之前不同，核时代也是世界北部和南部发展极端不平衡的时代。③

综上所述，贝林格主张，各国共产党要从当代现实和解放全人类的观点出发，要根据各国的实际国情，坚持、运用和发展马克思主义。只有这样，才能使马克思主义永远立于不败之地，成为世世代代的常青树。

参考书目

《贝林格言论选集》，人民出版社，1984。

《邓小平文选》，人民出版社，1983。

哈斯勒：《"欧洲共产主义"对东西方的影响》，星灿译，新华出版社，1980。

吉利奥：《贝林格》，王彦林等译，新华出版社，1987。

莱昂哈德：《欧洲共产主义对东西方的挑战》，张连根等译，人民出版社，1980。

《意大利共产党第十五次全国代表大会文件集》，中共中央对外联络部七局，1979。

AA. VV. , *Berlinguer oggi* (Roma：Editrice *l'Unità* S. p. A)，1987.

AA. VV. , *Socialismo reale e la terza via* (Roma：Editori Riuniti)，1982.

C. Valentino, *Il compagno Berlinguer* (Milano：Mondadori Editore)，1985.

（原载燕宏远编《著名马克思主义哲学家评传》第 4 卷，山东人民出版社，1991）

---

① 《意大利共产党第十五次全国代表大会文件集》，中共中央对外联络部七局，1979，第 10 页。

② 1982 年 2 月 21 日意共《团结报》。

③ 同上。

帕累托

维尔弗雷多·帕累托（Vilfredo Pareto，1848～1923）是 20 世纪意大利著名经济学家和社会学家。任何一部严肃的有关西方经济学、社会学和政治思想史的著作都不会遗漏他的名字。因为理论成果是思想家人生经历的体验和感悟，是对时代的反思。因此，很有必要了解帕累托所处时代的特征，认识他在时代大潮中的活动、文化背景和思想发展的轨迹，考察他对自由主义、社会主义、马克思主义和法西斯主义的态度。

一　生平、活动及思想

（一）剧变与动荡的时代

帕累托生活在意大利和西欧社会发生巨大变革和动荡不定的时代。在 1815 年维也纳会议之后，封建势力在意大利复辟，只有威尼斯和热那亚两个共和国幸存，但自由与独立的精神已深入人心。马志尼领导的青年意大利党从事秘密革命活动，其纲领是建立统一的资产阶级民主共和国。而居多数的温和民族主义者（以撒丁王国首相加富尔为代表）主张以撒丁王国为基础建立君主立宪政体。帕累托的父亲拉斐莱·帕累托（Raffaele Pareto，1812～1882）出身于热那亚的名门望族，因积极参与政治活动，被萨沃亚统治家族视为危险激进分子，被迫流亡法国。拉斐莱·帕累托同法国平民姑娘玛丽·麦泰涅（Marie Metenier，1816～1896）结婚。1848 年 7 月 15

日，帕累托在巴黎出生。当时的意大利被西欧强国瓜分，北部的伦巴第和威尼托大区由奥地利统治，南部是西班牙统治下的两西西里王国，中部是教皇国，其余是数个大小不等的王国和大公国。就在帕累托出生的前 4 个月，在威尼斯和米兰爆发了反抗奥地利统治的武装起义。虽然起义被残酷镇压，但从此点燃了意大利民族复兴运动的烈火。在经历两次独立战争，无数次大小战役和武装起义后，民族英雄加里波第率领"红衫军"，从西西里北伐势如破竹，又利用法军因普法战争失利被迫从罗马撤军的历史机遇，于 1870 年 9 月 20 日攻占罗马，建立了以罗马为首都的意大利王国，意大利最终完成了民族统一大业。

新生的意大利王国百业待兴，问题与困难重重：各地区间政治与经济差异甚大，尤其是经济较发达的北部、中部同经济相当落后的南方的差异，此时出现贫苦农民向美洲大规模移民的现象，南方问题日益严重。与此同时，意大利为了同其他欧洲强国竞争，在非洲推行殖民扩张政策，用武力侵占厄立特里亚（1885～1896）、索马里（1889～1905）、利比亚和爱琴群岛（1911～1912），并在 1902 年在中国获得以天津为中心的租界（面积3384.9 平方千米）。

意大利从收复罗马到参加第一次世界大战的期间（1870～1915），全国经济和社会领域得到全面发展。此时平静的国际政治形势有利于意大利调整经济结构和进行行政机构改革。铁路网和基础工业往往利用外资得以发展。同时，意大利竭力加强其国际政治关系（同德、奥组成三国联盟）和贸易联系，即使最终不得不采用贸易保护政策保护仍然脆弱的国民经济。农业由于农产品国内市场价格下跌、大部分农村条件落后以及疟疾流行而遇到重重困难，但工业却取得全面增长。纺织、冶金和机械工业，因得到充足水电供应而欣欣向荣。

在此期间，南方频频发生农民反抗沉重捐税负担（如臭名昭著的磨坊税）的抗议活动。无产阶级纷纷组成工会和政党：1891 年在米兰成立劳动联盟，1892 年在热那亚成立意大利劳动者党，第二年改称意大利社会党。1897～1901 年，爆发"世纪末危机"。1898 年 5 月，米兰人民为反抗物价飞涨举行抗议示威活动，遭到军队的炮轰和血腥镇压。政府通过战时法，解散了各种政治组织，逮捕了其主要领导者。1900 年大选左派获胜，1904 年意大利社会党组织第一次全国总罢工。在 1912 年召开的意大利社会党代表大会上，党的路线实现革命转折，右翼改良派被清除出党。

1913 年意大利实行普选制，但妇女仍被排除在外。在第一次世界大战前夕，意大利和统一初期相比，经济政治实力同欧洲强国的差距缩小。在第一次世界大战中（1915～1918），意大利先是保持中立，在领土要求遭奥地利拒绝而得到英、法支持后，才公开退出三国联盟，加入协约国。意大利虽然在大战中获胜，但实力消耗殆尽，经济千疮百孔，物价飞涨，民不聊生，政治危机接连发生，社会动荡不定，罢工斗争此起彼伏。当时软弱的政府无力控制局势。战后相继成立斯图尔佐的人民党（1919），葛兰西领导的共产党（1921）和墨索里尼领导的"战斗的法西斯"（1919）。与此同时，社会党力量壮大，在 1919 年大选中同人民党一起获胜；社会党获 156 个议席，成为议会第一大党。到 1920 年社会矛盾日益尖锐：产业工人举行总罢工，并占领工厂；社会党人在米兰和博洛尼亚掌权。

1919 年 3 月，被社会党清除的墨索里尼成立"战斗的法西斯"时，力量并不大。但由于当时的焦利蒂政府妄图利用法西斯扼制社会党；资产阶级对俄国"十月革命"胜利感到恐惧，希望强有力政府克服无政府状态；民族沙文主义者对战后安排不满，要求领土扩张；而墨索里尼恰恰适应这些需要，因此发展很快。1919 年法西斯战斗运动只获得 4000 张选票，1921 年大选中所获选票翻了两番，获得 35 个议席，并改组成国家法西斯党。法西斯党徒加剧反对社会党人和工会的暴力行径愈演愈烈。由于这些暴力行为未受惩罚，墨索里尼更加肆无忌惮，在 1922 年 10 月 28 日组织武装游行——"向罗马进军"。29 日晚，国王拒绝签署实行紧急状态，反而任命墨索里尼组织内阁。墨索里尼上台初期，尚保留议会民主制的形式。在帕累托逝世的 1923 年，随着多数选举法的通过（获得 25% 选票的政党，可以获得三分之二的议席），墨索里尼就为实行独裁统治扫除了障碍。1924 年 6 月 10 日在暗杀反对派领袖马泰奥蒂后，墨索里尼取缔所有反法西斯政党。从此，墨索里尼在对内实行独裁统治、对外侵略扩张的罪恶道路上越走越远。

（二）都灵岁月

1854 年，6 岁的帕累托跟随父母第一次踏上祖国的土地。他的父亲在热那亚皇家海军学校教授法语。帕累托 11 岁时全家迁往卡萨莱蒙菲拉托（Casale Monferrato），其父在当地著名的技术学校农艺系任会计学和农学教师。年轻的帕累托在该校学习物理和数学，同时跟家庭教师学习古希腊文和拉丁文（为大学入学考试科目）。在父亲的指导下，帕累托饶有兴趣、刻苦地学习算术、几何和物理，并取得优异成绩——年级第一，还跳一级直升三年级。

1862 年，帕累托全家迁往北方工业重镇都灵。帕累托在都灵皇家技术学校学习三年，1864 年 7 月以各科满分的优异成绩通过中学毕业考试。校长在全体教师面前表扬帕累托：学校为能把这样优秀的学生送往大学感到骄傲，而且他是班级年龄最小的毕业生，才刚刚 16 岁。随后他又参加都灵大学入学考试，以总分 27 分（满分为 30 分）的好成绩被该校数学系录取。

刚刚踏入大学校门，勤奋好学的帕累托偶然读到波舒哀和巴师夏（F. Bastiat）的著作。他并不喜欢波舒哀，而巴师夏的《和谐经济》对社会主义和保护主义的尖锐批判，使帕累托印象深刻并深受启发：确信自然规律的力量，人们竞相朝着永远达不到的伟大最终结果前进，但越来越接近这个结果，它是所有阶级向越来越高水平的无限接近；换言之，是个人在普遍改善中的平等。这种信念巩固了帕累托的知识形态，并且影响其未来看法。20 岁时他阅读了巴克尔（H. T. Buckle）的著作，立即被其吸引，他发现巴克尔应用了物理学方法；他还感到很惊奇：竟有人那么无知和迷信，以致不能理解那些学说。从另一观点看，巴克尔使他确信：即使历史事实，即社会现象的集合系列，受一致性的并在统计学上可证实的规律的制约。帕累托追随巴克尔，他认为，同智力与经济原因相比，人们道德水准在决定社会进步上所起作用不大。他赞成巴克尔的看法：人们的智力，其整体认识及其智慧的发展，是决定进步的主导因素。

与此同时，帕累托满怀激情地关注当时关于科学的激烈论战：关于欧几里得的第五公设的讨论，关于逻辑上完美的几何学能否以非欧平行性概念为基础的争论，关于有限量值代数学能否被集合论代替的辩论。

帕累托在都灵饶有兴趣地关注法国数学家柯西（Cauchy）的大胆尝试：通过严格界定函数积分概念和确定条件，以使无限算法能产生一个数值作为其有限价值。在都灵大学的师生中，挪威数学家阿贝尔（Niels Henrik Abel）有着广泛影响，帕累托深刻认识到阿贝尔对椭圆函数和交换群的研究具有重大意义。

恰恰在那几年力学逐渐成为无穷小分析的分支学科，帕累托喜欢听力学课。他总把原籍法国的意大利数学家拉格朗日（J‒L. Lagrange）的《分析力学》放在自己的书桌上，反复阅读并激动不已，拉格朗日的理论成为有待模仿和追随的模式。当德国数学家及物理学家克劳修斯（R. Clausius）最终证明一个物体在经过一系列变化后，又回复到初始条件时，帕累托终于确信，若把现象纳入力学基本规律，就可获得合理解释。

因此，那些勇敢捍卫力学的都灵大学教授深受帕累托爱戴和崇敬就绝非偶然：安杰罗·杰诺吉（Angelo Genocchi）教授是分析和微分学专家；罗塞利尼（F. Rosellini）教授是杰出的代数学家；库里奥尼（G. Curioni）教授对平衡理论造诣颇深，这种理论把平衡理解为对立又并存的力量间的平衡，这里潜在的转换代数值是无，潜在的不转换代数值是负数。

1869 年，帕累托恰恰在库里奥尼教授指导下，准备工程系毕业论文。这篇论文涉及应用力学和应用水力学、市政水利建设、蒸汽机和铁路（借助克劳修斯的平衡论，证明热力学第二定律）、实用几何学、建筑学和经济学等问题。论文长达 40 页，题目是《论固体弹性论基本原理和关于决定固体平衡微分不等式的研究》。

这篇论文明显反映出帕累托的思想倾向和基本看法。他在论文的开头写道，"我以为精心研究分子力学永远是理性地解决问题的最佳方法"，"每当尝试将数学应用于物理学，就需要从它意味着的原则和公理出发"。这样的公理是类似于纯数学的，即抽象的公理，还是从经验中发掘的呢？他的答案十分清楚："我相信我们同胞学者莫莱肖特（Moleschot）教授的看法，数学同其他所有科学一样，是以经验为基础的，不存在真正的公理，它们是长期经验使我们认识的真理。"譬如，"长期经验""引导我们相信"物质是

"由极微小部分或原子构成，而各个部分相结合则是因分子引力的原因"。从这种"真理"出发，他构建了自己的固体弹性论；该理论认为"分子引力不仅在原子间起作用，而且在我们称作分子的原子组合中也起作用"。

在他尝试解决微分不等式的积分法问题（在函数和变量中确定变差）后，最终给平衡下了定义。

该平衡论同经济平衡论及社会系统平衡论的相似给人留下深刻印象，多年后正是在此基础上形成其经济平衡论和社会系统平衡论。将一个领域的理论类似地应用于另一领域，是物理学家的典型方法，这是读过孔德的《实证哲学教程》和穆勒（Stuart Mill）的《政治经济学原理》的物理学家的典型方法。其后，帕累托阅读穆勒的《逻辑体系》后，穆勒的归纳方法，和谐、差异、剩余及并存变化的法则使他倍感亲切，并引起他对斯宾塞和贝恩（Alexander Bain）著作的兴趣。他一再阅读贝恩的《兴奋与意志》和《感觉与智力》，尤其是《精神与道德哲学》更令他爱不释手。从这些著作中，他发掘出对行为的区分：理性行为和本能行为（或剩余行为）；本能行为恰恰是人类生活的一组持续、普遍兴奋的表现。

至于斯宾塞，帕累托熟悉其全部著作并特别推崇其方法，通过这种方法可以确定系统的实证基础并得出进化的定义——由运动耗散伴随的物质的补充。

在都灵，帕累托对达尔文主义十分熟悉；尤其在那些年，都灵成为意大利传播达尔文理论的中心。因为达尔文的理论对物种变化成功提供"科学"解释，并从对物种变化的经验认识上溯到探究其原因，在年轻的理工科大学生帕累托眼里，远比孔德的哲学更具吸引力。这些大学生和青年学者确信力学和勇敢走上工业化道路的世界。生存斗争的概念或更显著的自然选择的概念，由于它使适者生存不适者灭亡，展现出伦理学前景，不能不令青年资产阶级学者欣喜若狂并满怀希望。数年后，帕累托写道："正像对动物来说，生存斗争是促进从低级形态向高级形态进步的主要因素之一，由于它进化规律才起作用，我觉得它对人类社会也不可或缺，这一普遍规律延展到人类社会。若我们对冠以生存斗争之名的现象进行考察并深思熟虑后，准备好的结论既不少也不轻松，这些结论因其新奇可能被多数人拒绝，而科学家认为那些都是正确推理得出的结论。当然，某些结论似乎不太可笑，但真理自身具有的价值，不是由于我们认为在其中发现对我们的自爱心、激情或情感所说的恭维话。地球靠人的自夸，一度被视为宇宙的中心，现在科学证明它不过是最卑微星球的卑微卫星。"（请读者注意，后来帕累托在形成自己的社会学体系时，继续坚持这种实验—经验的认识论路线，但批判了自己曾信仰的社会达尔文主义）。

总之，青年时代的帕累托，其文化构成的主要部分是理论力学和达尔文主义。

1870 年，不满 22 岁的帕累托在毕业论文顺利通过后，又以各科满分的成绩获得都灵大学工程系毕业证书。随后，他赴佛罗伦萨，在意大利铁路公司动力材料服务部任见习工程师，月薪 150 里拉。

（三）托斯卡纳年代

以佛罗伦萨为首府的托斯卡纳地区是风光秀丽、人才辈出的地方；这里涌现出但丁、马基雅维利、列奥纳多·达·芬奇、米开朗琪罗、伽利略等文化巨人。帕累托在地灵人杰的佛罗伦萨从事技术和管理工作同时，积极参与文化与政治活动，他的文化结构主要是文学、哲学、政治学和政治经济学。他出入当地著名文化沙龙，结识文化界和学术界名人，参加学术讨论并做报告。

1874 年帕累托升任国家铁路公司工程师，1880 年，年仅 32 岁的帕累托被任命为公司总经理，他在这个位置上一直干到 1890 年。然而，日益尖锐的劳资矛盾、管理体制的弊端、官僚制度的腐败，使帕累托深感工作的艰难和困惑，一再要求辞职。

1874 年 7 月连续发生的两件事使他对社会主义运动产生恶感。一次，公司派他到炼铁厂宣布辞退一个工人，结果被那名工人用铁钳击伤右臂。另一次，他夜里两点下班回家，被埋伏好的五个人挡住去路，他迅速从口袋中掏出左轮手枪，走到他们之中，对方才没有动手。帕累托认为这都是第二国际在工厂煽风点火造成的。进而他对左派抱有偏见：左派"不知自己想要什么，不知如何达到预期目的，沦为小的、令人讨厌、痛苦和难以忍受的反对派"。

帕累托虽说是公司总经理,但"影子内阁"凌驾于他和董事会之上,只有两个头儿说了算,责任却要大家承担。帕累托在致友人的信中写道:"我很遗憾,因为我准备做好工作,但是每走一步都会遇到障碍,从而导致我的工作能够达到的水平不高。然而,若由于工作本身既美好又迷人,我们就不应抱怨由无知、无信、恶意设置的障碍(它们使工作部分无效),那么我确实不具有这样的美德。我是个凡人,不是圣徒。谁要想退隐沙漠只靠野草和树根生活并宣扬基督教屈从,那就决意做好了。我想生活在社会中,具有人的激情和人的意愿。"帕累托认为人应当具有责任感和道德力量:"我要感谢上帝,总让我找到足够力量以履行自己的职责。诚然,我可能犯错;但拒绝自己良心判断,接受他人判断,就能保证少犯错误吗?我相信人生真正唯一幸福在于,确定无疑地认识我们的责任。"在人与人的关系中,帕累托崇尚理性,主张充分尊重他人的意见和信仰,为此也要求他人对他的意见和信仰也有点宽容:"我说的是宽容而不是冷漠,因为宽容丝毫未损害友谊之情,相反没有宽容就不会有真诚的友谊,而冷漠扼杀友谊之情。"

在托斯卡纳期间,帕累托从未放弃政治。1880 年 5 月,他在蒙泰瓦尔(Mentevarchi)选区首次尝试竞选参议员,他声明持温和派立场——"我既不赞同右派观点,也不赞同投机商人,我赞同一种使命,它至少保持温和路线";结果没有当选。1882 年 8 月 31 日,他再次决定作为中派(温和派)候选人参加皮斯托亚—普拉托—圣马尔切罗选区立法选举。帕累托认为皮斯托亚山区所有选民和普拉托企业家都会支持他;然而他只获得 1957 张选票,再次落选。似乎是对两次落选的补偿,1883 年 8 月 12 日,由工农商大臣提名,王国政府授予他意大利王冠骑士勋章。

19 世纪 80 年代,意大利政府开始实行殖民扩张政策,发动侵略厄立特里亚和索马里战争。帕累托对这种政策持否定和悲观态度。他指出政府在推行修筑铁路等工业化措施后,需要为那些种田人和使国家致富的人们找到另外的活动。但民众所受教育水平不足以理解政府行为的后果;政府要用征伐非洲激起民众的自尊心,而民众欢呼雀跃,并未想到冒险行动将付出沉重代价。他痛斥当时的德皮雷蒂斯（Depretis）政府是意大利和其他代议制国家中最腐败的政府，揭露那些投机取巧的政客"都是些菜汤和软面包，是耗尽国家财富的蠹虫，一些人为了政治野心，另一些人为了捞钱，他们既无信仰也无原则……" 1889 年 10 月 10 日，帕累托在杰欧戈菲利（Geogorfili）学院做报告，严厉谴责意大利政府的非洲政策。他认为意大利人民本质上热爱和平、反对殖民战争。多年后，他还一针见血地指出"欧洲国家在中国的强盗行径绝不比阿提拉在罗马帝国的暴行逊色"。这表明帕累托一贯反对帝国主义侵略与殖民政策。帕累托还旗帜鲜明地反对君主制和教权主义，他说"那些在白天不厌其烦地宣扬世界上最好的政府是君主制、王朝的政府""教皇代表国际利益"的人，"肯定不是好人"。

1886 年 9 月 22 日，帕累托遭到卡尔洛·阿莱桑德利（Carlo Alessandri）伯爵的恶毒攻击，后者在佛罗伦萨到处散布帕累托不属于热那亚的帕累托侯爵家族。为此，帕累托提出同伯爵决斗。后来他承认一位民主主义者为贵族头衔决斗实在可笑，实际上那头衔"不值一个无花果干"。当然，这件事也反映了帕累托坚毅果敢的性格："我爱见到朋友，但我不怕身处敌人之中，甚至饶有兴趣地身处其中。假若我惧怕某个人，我认为自己太渺小、太卑劣。我走我的路，若有人找我的麻烦，他定会付出代价。语言、铁和铅总能给予像我这样的不幸者正义。" 24 日，伯爵承认错误，并向帕累托道歉，取消决斗。

1889 年 12 月 23 日，41 岁的帕累托在佛罗伦萨同 29 岁的俄国姑娘阿莱桑德拉·巴枯宁（Alessandra Bakunin）结婚，新娘是著名无政府主义者巴枯宁之女。

1890 年 1 月，帕累托结识意大利著名经济学家潘塔莱奥尼（M. Pantaleoni），这对他致力于经济学研究产生深远影响。两人兄弟般的真挚友谊保持终生。7 月，意大利铁路公司总部迁往罗马，由于帕累托不能前往，便离开总经理职位，改任技术顾问。帕累托感到如释重负："我真太高兴了，多年来压得我喘不过气来。我进入公司那天就该诅咒！"不久，他迁往菲索莱（Fiesole），距佛罗伦萨 8 公里幽静的山区小镇，把大部分时间用于学习。

帕累托在菲索莱居住期间反复阅读穆勒、贝恩、斯宾塞和白哲特（Bagehot）的著作。他在阅读卢伯克（Lubbok）的《史前时期和文明化的起源》、巴克尔 5 卷本《英格兰文明史》法译本后，认真思考并记下笔记。通过对这些著作的学习，帕累托坚信：只有科学、对自然规律的科学认识，才给予人们行动的手段。尤其是巴克尔，他使日趋完美的理性进步到对自然的精确研究，而斯宾塞则克服了自然科学和人文科学的差异，这些都对帕累托的思想产生深远影响。

帕累托在佛罗伦萨时还开始撰写关于比例代表制和普选制的文章。这些文章明显受到穆勒影响，尤其是《论自由》和《论代议制政府》的影响处处可见。

对帕累托来说，正像对穆勒来说一样，自由总要施以恩惠，自由促使个人人格的向善，并因此促使文明的提高。

选举制改革和普选权扩大（显然要依靠一定程度的教育），变为扩大个人自由的手段，而不是使社会民主化的手段。在这一点上，帕累托仿佛比他的导师更暧昧不清："我觉得应到保障人类社会及其发展的必要性中探寻政府权力的确定起源；代议制的目的应该是研究能更好引导实现预想目标的途径。"然而，由于多数的权威和社会影响导致司法和非司法强制形态产生并日趋扩大，这就赋予政府重要的调节权力，需要尝试限制这些危险，承认富有教养和进步的少数代表的权力。帕累托进而写道："在这方面人们更多地表明，必须由深刻的思想家和形形色色意见的最好代表构成立法议会，以便从激烈辩论中产生照亮错综复杂问题的光芒，这样的光芒往往由社会科学代表。"

那种自由主义，在民主中只看到数量的力量，而在数量中只看到最落后并带统治倾向的意志表现，因此本质上是对"实际自由"的否定。它迫使帕累托大声疾呼："不，你们的正义不是我的，不应由力量来支撑社会，使意见获胜的不应是监狱与断头台。这不是我要的那种正义，它让一切各得其所。而你们的正义成为滥用权力的帮凶，只要打着合法性幌子去干。"

无疑，帕累托把自由主义作为一个社会阶级的学说和政治实践来介绍：该阶级认为，为了社会利益，它已超越利益、社会地位、阶级处境的差异性；它以公共利益和普遍福利的名义，凭借"天生"旗手素质，可以调解冲突。换言之，帕累托的学说完全无视意大利社会、经济制度的历史进程；完全无视社会划分为阶级，一个阶级对其他阶级实行统治和剥削，各个社会阶级和政党制定和捍卫不同目标。它相信人类利益的自然和谐，确信多数人的利益自然地源于个人利益的实现，假设以人类行为抽象合理为基础的团结和一致性。在这样的背景下，政府行为应该是"纯粹被动的"，应局限于"直接地阻止恶的有限界限"。为了控制这种行为，需要"产生一个议会，由全民族最有教养、最聪明的人士组成"，目的在于"既避免芸芸众生的平庸才智，又避免他们携带的偏见和错误，若缺乏对他们的教育，就不能解放大多数"。仿佛智慧和文化源于"人性"赋予的才能，并借助这种才能获得，而不是由社会出身和所属集团背景决定的社会建构。

显然，政府行为和作用不能不是对事物自然秩序的扰乱。政府对事物自然秩序的干预是恶劣的：扰乱平衡，败坏市场完美，破坏为实现个人利益和达到集体最佳状态的条件，总之，致使个人不可能同社会相适应和相一致。有限的政府调控，契约可能的无限扩展，对私人积极性的保护与加强，这些是社会生活良性运行的可靠保障。这是因为，正如斯宾塞在《社会学原理》中所说，"社会组织形态由人类本性决定，并且只有随着人类本性的完善，社会组织形态才能变得更好"。

帕累托确信："为了获得国家利益，除有此愿望外，还应认识这种利益并知道实现目的的方法。我们还承认（有些适当保留），第一个条件在现代政府中已完成，而第二个条件在现在和过去的政府中都未实现，而且在多数情况下，人们不知道在人类社会中运用哪些手段能获得确定效果。"

帕累托以法国政府采取的工业措施为例加以说明："当蒸汽锅炉在法国开始广泛使用时，法国政府不失时机地制定出新规则，它甚至想要规定锅炉壁的厚度。目的极好：保护公民的生命。手段也值得称赞：权威的数学家致力于研究蒸汽压力，政府为锅炉壁的厚度确定了公式，自然这是在当时所能获得的最好公式。然而此公式有一个缺陷，这也是一般立法规定的共同缺陷：它静止、僵化、不动，而世界在前进。许多事物的进步是缓慢的，有时刚刚能感觉到，但冶金学在最近几年取得惊人进步，锅炉制造技术迅速改善。法国锅炉制造者无任何理由研究用于该国锅炉的高质量钢板，因为无论钢板质量好坏，法律强加同一厚度，自然钢板好的锅炉价格高于坏的。然而对于出口国外的锅炉，却选择质量好、厚度薄的钢板。现在事实是这样：钢板越厚质量越差，就越易出问题、损害其耐久力。由此可见，法国制定的法规获得一个同其目的截然相反的结果：并未增加使用锅炉时的安全度，反而降低了安全度。"

因此，当国家干预关注于确定经济行为的规则和范围时，其干预是有害的。当国家奢望代替私人积极性时，其干预变得十分危险："被私人饲养者改良或创造的动物良种并不少见，尤其在英国。然而由意大利政府改良的良种马从未听说。"帕累托对意大利政府对铁路干预政策的严重后果有切身体验：领导层缺乏创见，层出不穷的内耗，管理混乱，效率低下。他怀着激愤的心情写道：为什么意大利人，尤其领导阶级不向明显的良知让步？

良知和历史，都向我们证明这点。帕累托写道："国家机关和私人公司的性质和生命截然不同，正如历史所证明的，当私人公司手握司法和维护公共秩序大权时，更关注自身而不是国民的利益，这就做了糟糕的试验；同样，经验让我们看到，当国家超越自己的范围，想要侵占工业领域，不会取得比私人公司更好的结果，相反几乎总是更糟。这些可被我们引证的军火制造商和其他类似企业家的证据证实。"①

在那些年代，意大利社会结构发生翻天覆地的变化：连绵不断的社会动荡，文化与思潮的更新，民众或多或少的觉醒。帕累托的信念是："若每个政党都想利用国家政权为自己目的服务，很可能任何政党都达不到目的，只能严重地扰乱国家。在这个国家内，将会看到人们轮流执政，今天是被压迫者，明天就成了压迫者，在连续的行动和反行动中消耗其祖国的有生力量。若把国家视为中立区域，而公共权力的活动只用于维护社会的共同利益，那么在斗争之中总保留某些稳定和肯定的东西。在这样的条件下，当人们未超越合法性界限，当人们只期待着胜利从推理和说服中获得，最终当对手的权力不断地被尊重，那么斗争就不是无益的，而是丰饶和有益的。由于胜利不是属于最强者，不管他们是谁，而是属于最称职者。"②

---

① V. Pareto, *Scritti politici*, *1* (Torino: UTET, 1974), p. 86.
② V. Pareto, *Scritti politici*, *1* (Torino: UTET, 1974), pp. 132 – 134.

（四）自由贸易主义者的批判

从 1878～1890 年代初，帕累托从自由贸易主义者立场出发，对当时意大利政府的经济政策进行猛烈抨击。他首先把矛头指向保护劳动和企业主要对劳动者工伤负民事责任的法律。帕累托认为这类法律和制定时的初衷相左，忽视经济学规律，类似于乌托邦；人们需要牢记："自然规律是命定的，无法逃避的，不会像人类规律那样遭受算计和欺骗；谁要违犯自然规律，肯定会给自己带来应得的灾难，他就会愚蠢地控告政治经济学残酷，仿佛科学不是对事物之间必然联系的认识，而是别的什么，仿佛科学有时可能有害，而不是总有益。因此，我们充分相信科学，对未来充满信心，因为我们知道真理是永恒的，真理必然胜利。"

其后，帕累托从满怀激情、充满希望逐渐变得忧郁、怀疑、悲观甚至有点犬儒学派色彩。总之，帕累托曾说过的那个时代一去不复返了："在意大利，成就我们父辈伟业的自由精神萌芽尚未被破坏；即使大家开始对集体女神顶礼膜拜，但我要指出还活着另一种宗教、另一种信仰。"

帕累托越来越坚信国家没有能力管理经济事务，对此他深感痛苦和难以忍受。1887 年意大利政府决定征收海关税，促使帕累托发生上述转变，以前他怀着对牛弹琴的情感，现在他具有凝视蠢人世界的印象。他认为征收海关税的目的只有一个：为政府获取新财富，用以实施旨在益于少数人而损害劳动群众的政策。"露骨的利己主义，中产阶级的近似盲目，让我们隐约看到未来阴暗的前景"。

帕累托认为，自由贸易以任何产品都在使用最少劳动的地方生产的方式自然促使再生产，另外通过交换，每人都能以最低价格获得自己所需要的东西，"在保护主义的名义下，一切扰乱导致一种平衡，它们直接结果就是在总体上，人们不得不增加劳动以获取等量的产品或享受"。

1888 年，因意大利政府决定提高粮食税率，从而使局势更加恶化。帕累托尖锐地指出，提高粮食税率"以补偿农场主十分之一的收益……只吃面包的穷人能为大臣投票以换取大臣的恩惠吗？为此，他们付的税每时每刻都在增长。农场主拥有选票可做交易，因此得到减税并让其同胞为购买小麦付更多的钱"。

帕累托认为，不仅扩充军备、征伐非洲，而且修筑铁路、盲目扩大公共服务设施建设都消耗大量财富。而议会中那些不懂经济规律、缺乏良知的人，主要是商人和机会主义者要对这种经济形势负责。

不应说帕累托对经济与贸易危机的社会后果不够关注。为解决经济危机，他只想到古典方法：重建贵金属储备，削减政府开支，实行财政紧缩政策。换言之，"一种贸易危机是滥用信贷的后果，其偿付可通过反向的反作用得以实现"。

帕累托预见，社会主义浪潮将席卷欧洲大陆，社会主义进步到处直接导致领导阶级对经济自由和正义的限制。对经济自由的冒犯，或迟或早将结出苦涩的果子。不幸预见不可抗拒，灰心丧气可以预见：国家由于腐败，逐渐解体，一切败坏，一切卑劣；"在意大利，没有一个企业家，没有一个银行家不想谋取政府的恩惠，为达到这一目的，不惜使用最不道德的手段"。正是由于使用不道德手段成为司空见惯的事情，现在人们似乎感觉它们很自然。

银行丑闻，战事失利，滥用权力，贪污和牟取非法利润，议会中的政治交易，社会非正义，都受到帕累托的强烈谴责。但这种批判从未超越道德层面，根本不是对资本主义生产方式，即大厦基础的自觉批判，从未表现为实际、具体的代替，总之没有作为国家的，即要实现现代化并让公民满怀希望的国家的政治纲领。帕累托确信，损害国家的一切灾难都源于"减少意大利出口的海关保护政策，相当可观的国家资本投入无用的建筑和铁路中去"。他从各个方面考察问题，结论总是一个："贸易保护破坏的财富总额超过付给受保护企业工人的工资总额。于是，当有人对我们说他们想保护国民劳动，我们可以回答说这是一种幻想。"帕累托认为，国家干预的本质不是刺激经济并给劳苦大众一点希望，"一种不可抗拒的力量驱使国家每天都扩大其职能，但这种力量通常是腐败和欺软怕硬。它对社会产生致命的后果"。

从上述批判可见，帕累托对走上现代化之路的国家种种社会问题考察过于简单化。他把经济自由主义看作一个僵化、麻木国度里人与人关系的基础与实体，这种对经济自由主义类似宗教的崇拜，有时具有某种经济浪漫主义色彩。但这是自由贸易主义者的推理：受保护的工业企业获取可供支配的少数资本，这些工业企业靠消费者和未受惠（可能大胆创新）的经济部门而繁荣，农产品价格下降和出口减少加重南方的悲剧，劳动群众的生活条件日益贫困。

毋庸置疑，意大利在统一后确实出现了种种弊病，但同样不能否认当时的意大利是个经济欠发达的国家：进口的少数工业设备尚未还本，缺乏本土技术人员和技工（并非偶然，当时企业的技术人员几乎都是外国人），既无可观的国内市场，也无可靠的国外销售市场，还未建立有效的商业网。总之，意大利不具备条件生产参与国际竞争的商品。假如意大利自由进口所有日用必需品和基础商品，对于处于萌芽状态的民族工业和正在形成中的国内市场将会产生什么后果？不少经济学家指出，意大利保护主义政策对意大利工业发展未产生重要影响，但正是凭借它意大利工业化才得以实现。一个本质上的农业国，没有资本，缺乏技术、基础设施，没有企业家阶级，当它不得不对抗外国强大企业和受强大海关壁垒保护国家生产的商品的竞争时，又能怎样努力呢？当然，国家干预不仅对建立民族工业，而且对巩固基础设施都具有决定性意义。然而，杂乱无章地进行干预会付出沉重代价也是不可否认的事实。但是，帕累托所建议的、基于经济自由和国际分工的经济发展模式，能使意大利摆脱经济落后状况吗？显然，这似乎是乌托邦的看法。

（五）社会主义和马克思主义

帕累托 32 岁时曾受到社会主义的强烈吸引。在他看来，社会主义者都是有理想、道德高尚的人，他们是社会非正义、残酷剥削、政治腐败的死敌。他们为理想英勇斗争的精神使他深受感动。他们的理想虽然在统一后的意大利似乎行不通，但他们执着地争取更加和谐、更少剥夺及不公正的社会发展，这种发展最终对广泛阶层有益，并益于自由的扩展与实施。

帕累托曾受社会主义吸引，就完全赞同社会主义者对社会形势所做的分析吗？社会主义者认为，一切弊病和罪恶都是由资本主义生产方式造成的，而资产阶级是罪魁祸首。为此，社会主义者主张根本改变生产和财富分配制度，"剥夺剥夺者"，把生产资料交由全体劳动者所有。帕累托的回答明确无误：对自由确定市场的任何干预，都不可避免地造成不平衡和失调，因此扰乱事物的自然秩序，损害财富的生产，不可补救地破坏资本，最终社会的弱者和穷人的条件更悲惨。显然，此时他对社会主义的看法有所改变。

换言之，社会主义以其理想的不妥协精神，对迫害和压迫的英勇反抗，对现存制度的彻底批判，强烈吸引了帕累托；但作为社会主义学说基础的经济学说，帕累托却认为是错误的。他不赞同社会主义者对社会弊病原因的分析，也不接受他们开出的治疗药方。因为这些都同帕累托根深蒂固的思想和信念相抵触。那么，怎么办呢？帕累托认为，需要摒弃马克思主义学说，即社会主义理想的精髓，然后把社会主义变为纯粹理想，即四分五裂、分崩离析的现代社会所需的强大理想。

显然，帕累托的方案既非新颖也非独创。社会学的创始者早已形成其雏形；这也是当时欧洲文化界的时髦话题，从柏姆－巴维克（Bohm-Bawerk）、涂尔干到韦伯，从克罗齐到唯心主义和实证主义哲学家，他们都不约而同地希望促进社会与科学进步，与此同时要求驱逐魔鬼。最典型的例子莫过于艾乌杰尼奥·利尼亚诺（Eugenio Rignano）和西奥多·赫尔兹卡（Theodor Hertzka），前者痴迷于对社会主义同经济自由主义相结合的研究，后者颇为浪漫地想象一个理想社会：该社会既是建立在尊重个人自由创造性和自由竞争的基础上的，其社会关系又是社会主义的。

帕累托或许比许多"改良主义者和革新家"在实现方案时更少幻想。实际上，意大利社会主义逐渐地形成自己强大的政治运动，在统一的组织内包容各个派别的政治战略和策略，从革命到改良，从议会斗争到总罢工，应有尽有。为此，帕累托也根据实际情况修改自己的方案。

在1891年初，帕累托对自己和他人提出这样一个严酷的问题：社会主义是否永远作为自由的象征和工具？他犹豫不决地回答：一切社会主义倾向都致力于实现唯一目的：改变即革新社会结构，与此同时改变所有制和家庭的基础，旨在改善穷人的生活条件。为了完成这些任务，需要颇为可观地扩大国家的权力，相应减少个人自由。国家权力的扩大，个人自由的减少，个人创造性的减少，都是由于中央集权越来越危险的干预造成的，不可避免的后果不是罪恶的自由竞争和私有制所致。因此，帕累托称"公民政府的制度可以说是一种资产阶级社会主义，这种社会主义不同于所谓真正社会主义，因为它只帮助卑鄙者，而不是倾向于改善穷人的命运"。

在这种资产阶级社会主义之旁，还存在其他形态的社会主义，那些社会主义或多或少同马克思、恩格斯的历史唯物主义相联系。带马克思主义色彩的社会主义，因其典型的理想目的，不同于资产阶级社会主义。资产阶级社会主义几乎总是道德、政治和实践上的机会主义，而马克思主义的社会主义，虽然其众多流派各具特色，但都为争取实现平等和人类博爱的理想而斗争，总之它忠实于学说的革命原则。

但是，当社会主义者开出医治当时社会弊病的药方时，至少其大多数，仅限于模仿，其后甚至接受资产阶级社会主义体制，认为这种体制也可以为穷人服务。

这样一种事实，在帕累托看来，使社会主义实际应具有的独创性和革新性大打折扣。经济与社会条件的改善，不是通过剥夺富人、掠夺现存财富，而是通过其他途径获得。那么，通过哪些途径呢？帕累托首次提出一种思想，数年后它以"帕累托法则"闻名于世。

这种思想可如此陈述：为了改善穷人的生活条件，或扩大国民财富的生产，但不能让人口按相同比例增长，或改变财富分配方式，将富人消费超过穷人平均消费的部分或全部收益交给穷人。

然而，国民财富的增长就可视为一般生产率的提高吗？或相反视为现有财富更平等的再分配吗？对帕累托来说，这是毫无疑义的：只有生产增长才能解决社会贫困。但为什么社会主义者却关注财富的再分配，把它视为医治社会弊病的唯一灵丹妙药呢？为了回答这个问题，帕累托对社会主义者为组织人类社会生活提出的建议进行了研究。其研究成果以书名为《社会主义与自由》的专著发表，按制度或社会结构类型学形式介绍。这种研究的结论是独特的。他把社会制度分为两大类型：在第一类型中包括合法使用强制权力以改变财富自由分配的所有社会政治制度和体制；在第二类型中包括公开摒弃强制的那些制度。归于第一类型的制度被界定为"社会主义－保护主义"制度；相反，归于第二类型的被称作"自由的"制度。其后，帕累托又把社会主义制度划分为形而上学的、宗教－形而上学的、历史－实验的三种；把自由制度区分为实验的、保守的和进步的三种。社会主义制度以更高理想秩序的名义旨在改变现存秩序、改变功利主义原则、改变自然平衡。帕累托认为，这些都是极其危险的。自然秩序和明智利己主义比利他主义更有益，利他主义毁坏和浪费社会财富，长期下去会造成贫困和灾难。"斯宾塞说得有理，工商业不仅不发展，反而反对利他主义情感。我们历经一生同竞争者斗争：他们的不幸是我们的幸福，我们竭尽一切手段去除他们的工作，并且显然这种行为具有的精神越来越远离利他主义"。

由于议会表现出对社会主义思潮的压力特别敏感，帕累托认为，为了防止平等思想的传播，需要限制议会的权力。因此，保障自由的唯一方法在于防止民主。

帕累托的反议会制度立场在对代议制的不信任中找到了根源，因为代议制不能有效阻止国家干预经济事务。由此可见，他不是纯粹反对议会的低效、低能和改良主义。最终，帕累托把民主进程简化为对正确行动的偏离、对自由秩序的扭曲。他没有发现：国家发生的巨大变化（尤其在1882年以后），要求制定背离自由功利主义原则的政策，结果另一种秩序逐渐代替现存秩序。这种新秩序很难界定，并且让在动荡、社会变革时期所能观察到的腐败、投机、掠夺、丑闻和一切恐怖现象空前泛滥，然而又具有不可替代的价值。

在私人投资和工人失业增长时期，帕累托才开始理解解决经济危机的干预政策的作用。但帕累托却不理解：个人主义和自由主义不能变为纯粹理性，社会主义不能变为激情。设想为对立物的社会主义和自由，实际上最终不可调和吗？

帕累托在离开祖国前往瑞士前撰写的一篇重要论文，再次探讨社会主义和自由的关系问题。他为拉法格编辑的《资本论》摘要所写的序言（恩格斯对这篇序言大加嘲讽）中一再重申：社会主义只是永不满足的贪婪的国家主义。完成这样的进步，就连资产阶级本身也不能幸免："侵占我们社会的资产阶级社会主义，源于想要取代它的人民社会主义的相同原则。前者滥用权力，将预见甚至指出那也将是后者的滥用权力。"总之，在1893年他不再抱太大幻想："反对社会主义者时……我一点也不想承担保护政客—经济学家的职责，因为从逻辑上同社会主义者斗气是站不住脚的，因为他们想要人为改变财富的分配，其后接受某些冒牌经济学家按他们意愿所作有益于他们的人为变化。"

他在给挚友潘塔莱奥尼教授的信中补充说："亲爱的朋友，我们温和派的卑劣贪婪没有止境！你知道我反对社会主义，你还知道我从未写过一行支持国家干预的文字，但我要对你说，我一千倍地情愿在一场革命中同社会主义者一起被杀死，也不愿同那帮恶棍相处一小时；他们一言不发，除非是赚钱的露骨意图，而钱财是国家剥夺纳税人后赠与他们的。"

总之，在他看来，社会主义者都是好人，他们为自己的事业英勇斗争，然而是个错误的事业，并且对社会发展是危险的事业。他使得其理论前后一致，同时又保持同社会主义者的联系。1886年，他积极支持工人有罢工自由的权利。1892年，他积极参加创建佛罗伦萨劳动联盟的游行示威。1893年，在米兰主持和平大会时结识意大利社会党总书记屠拉蒂，后一直保持通信联系。

1893年4月，帕累托因潘塔莱奥尼教授向瓦尔拉（Warlas）教授推荐，被聘为洛桑大学政治经济学见习教授，离开祖国前往瑞士。第二年，他被沃州议会任命为洛桑大学政治经济学教授。直至逝世，除不多几次回国外，一直在瑞士从事教学和研究工作，长达30年之久。

然而，到瑞士后，帕累托的理论体系出现某些矛盾。即使瑞士这个管理井井有条、经济充分自由的国家，社会主义也在缓慢发展。社会主义不再明显地反对滥用权力和社会不公正，而是转而反对军国主义和保护主义，在理想纲领中还有什么呢？什么也没有，只有可怕的混乱和可怕的暧昧。因此，他对于瑞士社会主义者没有丝毫崇敬之情，甚至没有给予对意大利社会主义者那样的认可。观察到瑞士工人温和、微弱的运动，也就是说观察到在一个社会、经济上比意大利先进得多的国家的社会主义运动，使帕累托确信，社会主义理想的实现是不可避免的，尽管它的实现注定导致财富的巨大破坏甚至普遍的贫困。为什么社会主义者敢于冒险，为什么他们想要根除建立在私有制基础上的经济制度？要知道这样的制度也产生过文明并能实现人类伟大、美好事业。他们简直疯了！帕累托认为，需要证明社会主义的空洞和无用。可能社会主义的经验已经证明，"因为恰恰从证据可见，人民从社会主义中获取的好处不多"。

这样确证的理由似乎未涉及学说的基础，也不可能具有范例的价值。它们本质上只限于意大利的政治实际："意大利政府是个资产阶级社会主义政府，它剥夺纳税者并使他们贫困，以利于统治国家的小集团。对我来说，我一千倍地更喜欢人民社会主义，而不是这种狼狈为奸，因为至少人民社会主义的目的是好的，而人们不知道是资产阶级社会主义的意图还是行为更坏。"

以后，帕累托盛赞"历史唯物主义标志着巨大的科学进步，因为它正确地揭示某些现象——如道德和宗教的暂时性"；他还肯定历史唯物主义指出经济现象和其他社会现象相互依存也是真理。然而，帕累托对马克思的经济学说持批判态度是错误的。

（六）帕累托法则

帕累托被任命为洛桑大学政治经济学教授，对他的学术生涯具有决定性意义。在洛桑，远离那个令他激动或激愤的喧嚣世界，使他能够开始在一部纪念碑式的著作中将思想结构化，以形成作为系统的社会理论。什么是系统？"考察用弹性钢丝相连为一体的众多小铅片，这些铅片可以交织成一千种形态……你不可能移动一个小铅片而不改变整个系统的形态……需要表达使系统处于平衡的条件"。

譬如，社会主义者说凭借更合理的收益分配可以纠正社会不公平。然而他们不知道，科学证明财富的分配变化极小，不言而喻，仅限于我们所熟悉的时代和国度。财富分配取决于人的本性，而人的本性何时何地都是如此。帕累托一再重复，自由的人总能以或多或少和谐的方式找到构成自己或他人利益的方法，否则将引起混乱、造成不可克服的困难。

帕累托根据西欧主要国家较为完备的统计资料，得出结论总相同："扣除部分民众的一定数额财富，以便将它分配给享受保护恩惠的好同伙，或在无用的开支中摧毁它。另外，社会主义者想要减少富人的财富，其数额大致同前，以便将它分配给穷人。前一件事等同于后一件事。主要是一种人的问题，而同原则毫无关系。"

在 1896 年，帕累托的研究进一步深化。他发现在任何国家任何时代，财富的分配都具有螺旋曲线的形式。帕累托认为，螺旋曲线应是独立基本力量的产物，而那些力量受普遍规律制约。穷人构成围绕垂直轴沿螺旋线延展的下部；而富人居上部。他发现，最低收入的增加和收入不公平的缩小，不可能创造财富总额增长超过人口增长的条件。富人人数增长并不必然意味着社会总财富的增长；同样穷人人数的增长也不意味着国家一般贫困的加剧。换言之，财富分配不公和减少贫困是截然不同的两码事，它们之间没有联系。显然，财富分配的差距可以缩小——"削峰填谷"。帕累托的看法是，山峰削去的土方总超过填充山谷的土方，富人的财富损失明显超过穷人增加的财富。结论很简单：穷人生活改善的问题，即社会公平问题，首先是个生产问题。对帕累托来说，古典政治经济学不关注财富分配问题很有道理，相反社会主义者错误地忘记，改善穷人命运的唯一办法主要不是由财富分配决定，而是取决于超过人口增长的生产增长。

综上所述，帕累托根据对某些国家历史统计资料的考察，提出一个以经验材料为基础的关于资本主义国家国民收入分配的"法则"，即无论从不同国家或同一国家的不同时期来看，如果按收入水平分组，国民收入在各组之间的分配情况，显现出一种极为稳定的关系，由此得出的结论是：除非能使收入平均水平提高，即国民收入增长超过人口增长，否则要缩小收入分配不均的程度是不可能的。这就是著名的"帕累托法则"。显然，帕累托法则及其解释，把完全由资本主义生产方式造成的收入分配不公现象，归结为自然的和不可改变的现象，是完全错误的。另外，帕累托法则也受到一些学者的质疑。譬如，帕累托收集的资料是性质不同的所得税数据，从而不能把它们放在一起比较；同时，他对资料的处理也有错误。一些统计学家也指出，由于收入曲线本身在变动，无法得出一条稳定的分配曲线。①

帕累托自己很清楚他的法则和收入分配曲线只适用于资本主义国家。尽管有这种保留，帕累托的问题还是未能解决：根据这种曲线决定分配的原因是什么？为什么这种曲线在国家与时代之间差异不大？他从未提供令人满意的回答。在不同场合，唯一的一次回答建立在令人怀疑的假设之上："收入分配的不公平似乎……主要由人的本性而不是社会组织决定。"然而，为什么只有少数人受益？什么在驱使人行动？

于是，产生对社会行为的最初疑问，此时的回答是对话式的："人因其本性，热爱常规，若不被强迫，则不改变习惯。竞争必然使人艰难地改变习惯或者毁灭。你们让人逃避这种强制和类似其他责任，你们将看到人一点不改变其心爱的习惯。"

（七）《政治经济学教程》

确切地说，帕累托 1896～1897 年完成的《政治经济学教程》（*Cours d'Economie politique*）是研究社会行为或社会行为经济部分的成果。恰恰在此书的两章中，作者开始重视那些超越经济活动的东西。如果科学能为人们照亮前进的道路，为什么有人偏走黑暗的崎岖小路，而不走宽敞、安全的阳关大道呢？什么驱使他们这样做呢？帕累托独创的"满足欲望能力"（ofemilita）概念，成为《政治经济学教程》的起点。"满足欲望能力"是一种主体性质，此性质"表示一种利益关系，由于这种关系，某个事物满足某种需要或某个愿望，包括合法和不合法的需要和愿望"。他认为，满足欲望能力恰恰是经济学研究的对象。只有循序渐进、连续不断地接近，才能在总体上描述经济实在。

帕累托假设存在一种经济人（homo oeconomicus），他们把商品变为其他商品，或生产或交换，他们被一个商品同另一个商品相比的满足欲望能

---

① 参阅 1988 年版《中国大百科全书·经济学》"帕累托"条目。

力的标准引导。在研究满足欲望能力个人最大值的推动下，确立一般平衡，它可在一个共时方程系统中表示。正如瓦尔拉所为，帕累托把平衡称作一种有利形势，在这种形势下，各种力量不足或相互补偿，以致要改变形势本身。换言之，帕累托在均等的含义上，但也在积极与消极要素相互适应和不同要素构成比例的含义上理解平衡。然而，由于在平衡中活动力量的总和，在相互对抗中补偿或积极地中立化，从而不可避免地自动恢复稳定。

在《政治经济学教程》中，稳定平衡和非稳定平衡的区分已呈雏形。但这两类平衡假设的作用中的不同力量中立化的原则未变。因此，一个社会存在和运转的条件变化缓慢。对倾向改变社会的内外力量的反抗如此，最终，运动弱化，以致社会永远处于平衡状态："所有已知事实益于强调社会的物理、经济、智力、道德的条件相互依存。在大多数情况下，不可能确定这种依存取决于什么。"

尽管社会由异质的阶级和个体组成，但构成一个同质的整体。"无疑同定性分析结合"的定量分析，"创造研究事物间必然关系的必要前提，或代替对实在的抽象"。这里，他再次显露出其通常的无条件的自然主义："自然规律在人们的偏见和情欲之上飞翔。它们是永恒不变的，是创造力的表现，代表存在的、应在的、不能不如此的东西。人们最终认识自然规律，但不能改变自然规律。"实际上，他觉得人类的行为如同构成真正自然规律的"一致性"。这些行为可以分为三种：（一）给人带来某种愉快感觉的行为（满足欲望能力）；（二）给人带来某种健康、身体和智力发展条件的行为（个人效用）；（三）为整个集合体获得这些条件并帮助保障不断产生的行为。这三种人类行为的研究构成社会科学的对象。在《政治经济学教程》中，平衡观念是基本观念，这种平衡观成为帕累托在未来数年不断反思的焦点。

在世纪之交的数年里，帕累托个人生活并不"平衡"，而是发生了巨大变化。1898 年 3 月，在邻近"知天命之年"，帕累托前往热那亚接受巨额遗产，这是他叔父多米尼克（Domenico）临终时留给他的。1899 年 6 月，他向洛桑大学提出放弃教学工作的申请，以便全力以赴地投入社会学研究。他的申请未获批准，但所任课时减少。1900 年 11 月，沃州议会批准他每周只上一节课（一小时）。12 月，他在日内瓦湖边的切里尼镇（Celigny）购置一处别墅，并在此定居。迁居主要因为沃州的税收管理严格，而日内瓦州的税收政策较为宽松。另外，还出于安全考虑："我的未来一切未卜，我不知道将做什么，也不知道死于何处。我只想要世界一隅，在那儿使我免除社会主义者的暴力，正如免除反对派的暴力一样；然而我怕这恰恰是个乌托邦。"1901 年 11 月，帕累托接受索列尔邀请前往巴黎，主讲数理经济学。他早在五年前就结识索列尔，并一直保持通信联系。趁着帕累托在巴黎讲学之机，其妻阿莱桑德拉·巴枯宁和管家一起逃往俄罗斯。1902 年 2 月，帕累托邂逅 23 岁巴黎姑娘雅娜·瑞丽（Jeanne Regis），4 月起诉同妻子离婚。1903 年 12 月，佛罗伦萨法庭判处帕累托同其妻离婚。1904 年 7 月，在完成《政治经济学手册》撰稿工作后，同雅娜·瑞丽一同度假。但直到 1906 年 12 月，帕累托才决定同雅娜·瑞丽在切里尼镇共同生活；半年后他因心脏病发作申请辞去教职（但未获批准）。

（八）社会学问题

如果经济学考察意志产生的行为（意志是驱使完成这一或那一行为的力量），相反心理学应研究完成那一行为的不同力量，应确定这些力量如何决定意志，其后再确定意志如何决定行为。为了这样做，需要选择不同力量，并大规模地在纯粹经济学中考察，不因它们的起源而带有偏见，"不管它们起源哪里，它们存在着，让我们研究它们同社会组织的关系"。帕累托准备考察情感，即和行为一致并产生行为的力量，情感作为异质的量，相互之间不能转化。帕累托摒弃行为是需要的产物的看法，他也拒绝行为是愿望的结果的观点；他主张行为是众多原因的总和：需要、愿望、道德、正义等。

在同一时期，帕累托在内在现象与外在现象之间作了区分。当内在现象同外在现象一致时，我们就说现象是真的，否则就是假的。他还提出探寻清晰区分假设东西与证实东西的方法论的要求，主张使用含义严格确定的术语。只有这样，才能描述人的社会活动，并在普遍心理上指出哪些变差符合人的不同的道德、宗教状况。帕累托说，每门特殊科学研究一种变差，但所有研究社会现象不同范畴的特殊科学，可以说都被另一种科学所统一，它在总体上考察社会现象，这种综合科学就是社会学。社会学主要研究在时空中施加影响的因素间的相互依存。社会行为概念成为众多相互依存和相互联系的统一模式。

1898 年帕累托在洛桑大学主持讲座《如何提出政治经济学问题》，在系列讲座中他竭力严格界定这种分析模式。帕累托坚决否定在逻辑概念与经验实在之间存在同一性。他甚至补充说，需要习惯于两种明显矛盾的术语。帕累托把社会行为划分为四种基本类型：（一）经验的和逻辑的行为；（二）经验的和非逻辑的行为；（三）非经验的和逻辑的行为；（四）非经验的和非逻辑的行为。

1899 年 4 月，帕累托在洛桑大学主讲社会学时，主张必须研究社会体制的起源和进化，但主要构建社会事实静态或动态的有效理论；没有这样的理论，就不能发现这些事实间的关系和它们显现出的一致性。譬如，如果我们想要评估实际政府同给予集合体最大繁荣政府之间可能存在的关系，就必须运用一系列理论，去除某些决定现象的条件，保留其他条件，我们才能回答这个问题。

因此，社会学同时是假设和描述的科学：正如理论力学研究实在运动（实际发生的运动）和潜在运动（在确定的假设下可能发生的运动）。对实在运动的研究导致对社会起源和进化的研究，本质上是描述性的；对潜在运动的研究考察可能性。前者是综合性的，后者是分析性的。社会学应当在更高的综合研究中将二者结合。

在 1900 年 7 月，帕累托发表重要论文《社会学理论的应用》。此时他不再关注认识论和方法论的范畴，不再关注经济与理论、历史性与共时性的关系，只关注社会行为的性质。

"人的大部分行为不是起源于逻辑推理，而是起源于情感；这千真万确，主要由于行为具有非经济目的。经济行为，尤其是大商业和大生产的行为不是这样。虽然人被非逻辑动因驱使行动，却乐于把其行为同某些原则联系起来，因此他从果溯因地想象原则为其行为辩护……用自己断言如此欺骗他人的人也开始欺骗自己，他坚信自己断言的东西。由此可见，任何社会学现象都有两种截然不同的形式，即一种客观形式（它确定实际对象之间的关系）和主观形式（它确定心理状态间的关系）……因此，假如我们想认识客观现象，就需要不满足于主观现象，而应从主观现象及时地推断出客观现象。在深入研究两种现象和它们的一致性后，社会学的任务是确定客观现象如何作用以改变主观现象，主观现象如何作用以改变客观现象。"①

因此，社会学现象显现出客观面貌，当它研究实在对象关系时；而当它研究心理状态关系时，则显现出主观面貌。要让事情这样发展，需要从人实施社会行为的观念出发；但为抵达实际关系，还需继续前进。譬如，人们说到民主、团结和博爱，并根据接近还是背离那些理想来判断各个政府。现在分析清晰地表明，"除短暂时间间隔外，各个民族并不总受贵族统治……由于终极时刻生理学规律，贵族不会长命百岁，以致人类历史是那些贵族轮换的历史；当一人崛起时，另一人倒台。这是实际现象，虽然它往往以另一种形式向我们显现。新贵族想要驱逐旧贵族，或只想参与旧贵族的统治和分享荣誉，但没有清晰表达这样的愿望，而是率领所有被压迫者，宣扬不是为着自己的利益，而是为着大多数人的利益：不再以人数有限的阶级权利名义，而是以几乎所有公民权利名义发起进攻。显而易见，当新贵族获胜之后，就给同盟者戴上桎梏或至多给后者做点形式上的让步"②。

因此，需要从观念上溯到事实，在心理现象与实在现象之间确立一致性，随后确证实在现象如何有效地作用以改变主观现象，或相互作用以改变对方。关于这方面，帕累托断言："人们说，以'团结'名义，A 应把钱给 B，因为 A 应把自己的快乐建立在 B 的幸福之上；但由于相同动因，仍然以'团结'名义，B 应当拒绝剥夺 A，给 A 带来巨大损害和不快。人们观察到，人类社会是有机整体，社会整体部分 B 的不幸会对部分 A 产生影响，从而推断出 A 应当帮助 B 并以某种方式帮助。结论不是逻辑的：（一）A 可消灭 B，正如有人切除开始坏疽的下肢；（二）假若帮助 B 的那种方式促使不适应环境的退化个体大量繁殖，那么 B 提供的帮助不仅对部分 A，而且对整个社会造成灾难。空洞无物的著作是对这些虚假推理的证明，由于求助

① V. Pareto, *Scritti sociologici* (Torino: UTET, 1966), pp. 233–235.
② Ibid., p. 240.

于这类推理的人们不是被它们所折服，而是绞尽脑汁构想它们，以便从果溯因地辩护早已确信的东西……除少数例外，无论如何，那些人的信仰不会改变，那种信仰有截然不同的起源。"① 换言之，需要避免幻想的迷惑，由主观现象与客观现象之间持续存在的分歧造成的幻觉的迷惑。

（九）《社会主义体系》

1902 年帕累托发表用法文撰写的专著《社会主义体系》（*Les sistemes socialistes*）。他试图回答：人们为什么信仰和向往社会主义？怎样建设社会主义？什么是社会主义？

在两卷本《社会主义体系》中，帕累托仿佛很欣赏自己关于社会主义的定义：社会主义是消灭私有制，扩大国家权力以损害个人自由。他认为，社会主义成功的原因是，由发展和在国民上层人道主义情感传播所引起的心理变化，在国民下层日益扩大和巩固的尊严和本质平等的情感。社会主义清晰地表达了这样的情感，或帮助确立这样的意识，它将这样的意识转换为政治公式，即将个人行为结构化为旨在实现确定目的的运动。利益、情感、变换的多重参与理性化和系统化为一种学说，其后该学说显现为一种世界观。

帕累托认为，实际社会主义体系可以划分为三种类型。第一种旨在实现生产资料和生产财富的社会化，这是共产主义；在政治层面上，同这种经济组织相一致的是专制主义。共产主义促使一个精英阶级的诞生，它将保障对经济、政治和社会的统一和绝对领导。第二种只是旨在实现生产工具的集体化，这是社会主义；这种经济组织形式转化为不断扩大的国家垄断、日益僵化的集权和官僚化，因此导致国家行为同其能力不成比例的膨胀。这种经济组织形式促使产生一个精英阶级，它将政治活动、经济活动和文化活动混为一谈。第三种想把生产的财富集体化，人为分配生产财富；这是资产阶级社会主义。这种社会主义促使寡头集团的形成，这个集团毫无原则并肆无忌惮，总是蛊惑人心和搞机会主义，它总把权力铭记在心，从而产生政治改良主义。

---

① V. Pareto, *Scritti sociologici* (Torino: UTET, 1966), pp. 253 – 254.

应当说，帕累托对社会主义体系的分类很粗略，他未能确切认识经济制度与政治制度，而不分青红皂白地把任何形式的国家干预都说成是社会主义的。但帕累托试图用其分析证明，所有实际制度都同其起源或理想纲领不同，同后者相比表现为某种偏离或退化。

帕累托将理论社会主义体系区分为形而上学共产主义体系、形而上学伦理体系、混合体系和科学体系。

他认为，形而上学共产主义体系缺乏科学基础。实际上，是建立在诡辩、含义模糊空洞的概念、从伦理领域收集并错误地移至经济领域的命题之上的。形而上学共产主义从社会工程学的想象形式受到启示，提出建设理想国家、乌托邦和自然国家。它们从人类社会可以如同机械制造或建筑工程那样建构的原则出发。它们假设根据纲领就能建成理性占优势、人类幸福盛行、腐败和暴力消逝的理想社会。

形而上学伦理体系同样建立在含义模糊的概念之上，但它们缺乏社会工程学的建构。戒律、判断、普遍而抽象的规则，既不符合实际事物，又未被理性地思考过。它们像诗歌一样被感知和表现。

混合体系奢望科学，但在现实中只关注创造一种宗教，对科学进步未做一丝贡献。它们想要解决社会组织问题，旨在创建人道天国或伟大存在王国，从而把性质截然不同的事物混杂起来。

科学体系是从对现存条件或多或少完整的批判出发，指出其弊病和缺陷，以便随后通过对立或取代加以解决。所有科学的社会主义体系都把我们社会生活的弊病归于市民社会经济组织类型。因此，一切罪恶和弊病都是资本主义制度的必然产物。帕累托认为，把一切都归于一个原因——生产方式，意味着把部分错当成整体，也就是说疾病诊断错误、处置错误，从而导致资本的破坏、能量的浪费、墨守成规和官僚化。

帕累托指出，在所有科学体系中，最理想的靶子莫过于马克思主义了。他严厉批判这一学说的"逻辑和语言错误"，甚至想证明历史唯物主义方法论的错误、经济解释的脆弱性。然而，帕累托的批判根本站不住脚。譬如，帕累托为廓清价值概念，将价值混同于价格，从而很容易证明马克思学说前后矛盾。众所周知，价值不能混同于价格，由于价格增长或降低而价值却保持不变；投资资本可直接影响商品价格，但从不影响其价值，因为价值是劳动创造的。然而，帕累托承认"在马克思那里有一部分社会学，它超过其他社会学，往往同现实相符合……阶级斗争现实；这种观念启示其实际行动，其全部理论研究都服从阶级斗争观念"。此外，在帕累托看来，这种观念非常接近社会达尔文主义，因此"它深刻真实，应当欣赏马克思解释的独特魅力"。

帕累托说，统治阶级竭力否认阶级斗争，他们掩盖阶级斗争真相，妄图分散被统治阶级的注意力并消耗其力量。但是，阶级斗争构成社会生活的动力，由于阶级斗争社会不会静止不动，最富朝气的阶级终将表现出自己的价值。阶级冲突的起源并不总是经济的，还源于人的不同个性，因此重新组织经济不足以消除冲突。帕累托在《社会主义体系》的结尾写道："许多人认为，只要找到一个药方，就可使劳动和资本之间的冲突消除，随之阶级斗争也将消逝。这是一种幻想，属于把形式同实体相混的那种常见幻想。阶级斗争只是为了生存的一种斗争形式，称作'劳资冲突'的斗争只是阶级斗争的一种形式。在中世纪人们可能会相信，若宗教冲突消除，社会将会变得太平。那些宗教冲突只是阶级斗争的一种形式；它们消除，至少部分地被其他社会冲突所代替。你们设想，集体主义已经确立，资本不再存在，显然那个时代不再有劳资冲突；但消逝的只是阶级斗争的一种形式，其他形式的阶级斗争将取而代之。在社会主义国家中，不同类型劳动者之间、知识分子和非知识分子之间、不同类型的政治家之间、政治家与行政人员之间、改革派与保守派之间，也会发生冲突。真正有人严肃地确信：社会主义事业完全穷尽社会革新之泉了吗？人的想象力不再产生规划，利益不再驱使人们实现规划，人们不再希望在社会中获取一个优越位置？为生存和幸福的斗争是生物的一种普遍现象，我们所知的一切，使我们认识到它是物种保存和改良的最强大要素之一。因此，可能性极小：人们可以避免阶级斗争，尤其当这种阶级斗争对他们有利时。我们对现象的实体毫无作为，我们的一切努力只能略微改变其某些形式。"①

---

① Pareto, *I sistemi socialisti* (Torino：UTET, 1954), pp. 787 – 788.

帕累托认为，社会秩序是稳定并很少变化的。不变的事实是个人价值体系的异质性，从而使社会划分为阶级，从占少数的统治阶级到占大多数的被统治阶级。帕累托对社会主义革命的前景表示怀疑："很不幸，这种真正的革命，应当带给人们真正幸福，只是诱人的幻想，它不会成为现实；它类似于千年的黄金时代：它永远被期待着，又总在未来的迷雾中消逝，就在其信徒确信将要看到的时刻又消逝了。"

因此，对社会科学来说，真正的问题是研究少数派形成的过程、其循环或交替。其余都是意识形态公式和幻想。

《社会主义体系》提出许多问题，实际上不可能解决。譬如，没有告诉我们需要如何理解主观真理同客观真理的关系或逻辑行为同非逻辑行为的关系。为使客观真理能促使并推动行动，这种真理需要作为主体接受的主观确定性吗？相应地，为能促使行动，客观真理必然要变成主观真理吗？

（十）统计与数学研究

1898 年 9 月 26 日，帕累托在致屠拉蒂的信中说："譬如，你设想在一张图表中标出某国每年人口出生数；并设想你已得到曲线 AB。譬如，从 1800 年至 1820 年人口出生数上升；从 1820 年至 1840 年人口出生数下降等。结论是上升还是下降？并且是如何得出结论的呢？通过比较数年平均值以解决这个问题；但这样可能陷入严重错误。于是，一位作者用临近 1820 年的平均值同临近 1840 年的平均值进行比较，将会说人口出生数下降。相反，另一位作者用临近 1840 年的平均值同临近 1880 年的平均值进行比较，将会说人口出生数增长。这不是假设的情况……人们早就知道，要解决这个问题，需要找到表示现象一般进程的曲线。但确定此曲线是个相当艰难的问题，只有数学造诣精深的人才能解决。现在我已对许多表格进行了计算，即使缺乏数学实践的人也能用它们发现曲线；我希望这样会对致力于统计学研究的人们有益。说真的，我更喜欢这类研究，胜过那些直接研究的人们。"

从最后一句话可以感到帕累托的失望：人们的研究很糟糕，以致很难效法；同时表达了这一思想——为建构科学语言，需要具有数学那样的唯一语言结构。从这一观点出发，帕累托一系列旨在量化社会现象的论文，在社会学史上具有重要地位。

帕累托提出的问题是这样的：怎样把经验提供的数据形式化，为什么要把它们形式化？形式化能促使清晰地提出问题，能清楚准确地记住符号和数据，能使相距遥远的要素相联系。所有这一切又促使人们发现一致性，接着从这些一致性中推断出可能的结论。其后，推断出的种种结论同已认识的所有经验数据进行比较，这样循环往复以致无穷。然而，如何把经验提供的数据形式化呢？即如何从映像、概念、印象过渡到现象的标志，再从标志过渡到指数？

帕累托认为，正确的量化还可建立在质的关系上。譬如，类型学是这样一种手段：根据事物形态特征，分成类型，再研究其发展序列，确定相互关系。说到底，对帕累托来说，不是把数学方法简单应用到社会科学中，而是旨在构建能够清晰准确表达、正确观察，甚至正确预见的严密语言的逻辑方法。为使这种语言适应挑选的标准，需要不断地验证、批判和改变此种语言。显而易见，帕累托强调的是智力活动——选择、决定、比较、分类、转化，而不是那些数字、计算的死气沉沉的概念。

帕累托方法论著作的另一重要性，是不仅把数学视为逻辑方法，而且看作独特的逻辑方法。为了给形式系统补充一个对象，那个对象的特性不必是系统的逻辑结论，只要对象的特性不同系统的逻辑结论相矛盾即可。这就使得数学在社会科学中大有用武之地。帕累托认为，我们还要应用数学另一独特方法，即广泛应用类比，正是凭借类比，人们才能脱离符号、映像、模式进行思维，根据历史材料做社会学实验。

（十一）《政治经济学手册》

帕累托经济学和社会学著作的哲学基础是：存在缓慢改变的人性；永恒轮回的历史，因此循环不可避免。那么，原子论和社会静态结构就不必然包含个体——自由学说中的经济人的对立面？

1905年在米兰出版的《政治经济学手册》恰恰为解决困扰他的这一问题。在这部新作中，他尝试重新解决方法论问题，譬如关于指数功能的精辟论述就提出人的行为实际条件的新问题。

革命、平等、正义、社会主义、自由、自由主义是什么？它们是为动员和主宰认同的语言和公式，是为夺取政权的武器。政权是什么？政权是人们行动、战斗并为之牺牲的唯一目标。在此种含义上，夺权的斗争显现出价值连续性，虽然通过残酷性（理想伴随这种残酷性才得以拓展）。

然而，自由原则和自由主义也是意识形态、政治公式吗？帕累托的回答并不明晰准确，但可以推断出。他认为自由主义是同社会主义相似的一种意识形态（由于其出身、所受教育和政治倾向，他自然偏爱自由主义），但因为它基于理性而不是情感，其说服力远不及社会主义。社会主义、集体主义和保护主义不再抽象地受到批判：它们是精英阶级循环得到保障的手段。

帕累托写道："可以科学地证明，保护政策造成财产的破坏。通过对过去、现在事实的研究，证明保护政策通过人的活动可获得占有他人财富的好处。但这样就足以具体地批判保护政策吗？绝对不能；还需要注意这种政策产生的其他社会结果，只有在研究之后才能决定……我们到处可见，作者们认为和平、经济自由和政治自由是为人民争取幸福的最佳手段……那种超验信仰，至少现在，其大部分起源于情感。"

帕累托认为，社会主义要求社会平等，但任何社会都由少数人统治，面对这种现实此种要求破灭；但社会主义可以成为构建、发展和维护精英阶级的政治公式。

这里，不宜讨论《政治经济学手册》在经济思想史上的地位。仅从社会学角度分析来看，该书的前两章"一般原则"和"社会科学导论"最为重要。

这两章的核心是把人的行为理解为个人利己主义的产物。人的行为通过心理学可分解为基本要素。其后，帕累托尝试确定主观关系的特性，人们凭借对事物的描述，对某些抽象进行思维。研究这些情感的性质及其客观存在，探究它们是否取决于人的智慧差异或是否服从这样的差异，弄清它们如何产生，如何维持主观关系，有时如何变为客观关系和实际社会效果，这就是《政治经济学手册》前两章探讨的论题。

相反，帕累托对社会的考察不多。这里值得一提的是："显然，每个个体都憎恨同类的社会不能存在并将解体。因此，对自己同类应有最低程度的仁爱之情，因为这是维持社会所必需。还存在另一最低情感，它高于前者，即社会成员表现出互助，以便他们能够抵抗其他社会的撞击。在最低程度情感之上，仁爱之情可多少变化。"还有"在决定一般道德格言的事实中，社会性本能最重要……因此我们现在作为初始事实接受它，超越它我们再不能追溯。"

这样的解释，在精确地深化并展开后，构成帕累托对社会行为分析的模式。

（十二） 第一次世界大战与战后

第一次世界大战及战后的形势令帕累托忧心忡忡，但也为他提供深入观察、验证其社会学理论的极好机会。他发现交战各国政府都用派生物为社会行为，尤其为"增税、增加贷款和扩大纸币发行量"的经济政策辩护。实际上，这种政策一方面刺激消费，但另一方面又阻碍生产，因为会减少投资。

帕累托在 1915 年 3 月提出："至于如何结束战争有两种可能：（一）交战各方力量均衡或近乎均衡，以和平结束，显然在此种情况下只能是停战。（二）以交战一方完全、彻底、绝对胜利而结束。如果是协约三国获胜，将看不到如何削弱德国的力量……如果同盟帝国获胜，也看不到它们如何摧毁庞大的大英帝国，阻止它将肢解的肢体重新组合以渴望雪耻和复仇……财阀的、民主的或蛊惑人心的统治演化可能在所有文明国家发生。这种统治将结束，它将损害自身，因为它将同源于自身演化的障碍相冲突。"[1]

新闻出版审查，社会动荡，战争结果引起的财富重新分配，被所谓新时代激起的幻想，使得帕累托撰写了十分精彩的战争日志，这些日志显露出悲伤但有点幽默的笔调。一个幽灵困扰他："无论哪方获得绝对胜利，都可能造成一个民族奴役多个民族的后果；不彻底的胜利可能引起各民族的独立。"

---

[1]　V. Pareto, *Scritti sociologici* (Torino：UTET, 1966), pp. 704 – 705.

战争结束和和平前景，未能使帕累托高枕无忧，战后无法摆脱的困难和巨大变革，启示他暴风雨越来越猛烈，"正如所有衰落的精英阶级，我们的资产阶级丝毫未想抵抗令它解体的运动……一个新的精英阶级，将可能从人民阶级中诞生，并将拯救我们的文明"。然而，现在一切含糊不清，一切混乱不定。人们只听到社会解体的破碎声，预感到严重的社会动荡和剧变将来临，看不到近期或不太遥远的将来出现和平繁荣的希望。在俄罗斯布尔什维克的新经验，令他感兴趣，但他对其发展及后果感到恐惧。

在世界舞台上发生的事情：外交手腕、战争赔款、战胜国的狂妄、战败国的怨恨，使帕累托痛苦地感到其社会学理论得以证实，他为此撰写大量论文，结论总是一个："在 19 世纪鼎盛的蛊惑人心的财阀统治，可能濒临没落；我们的资产阶级也将自掘坟墓，就像西塞罗时代的罗马资产阶级、大革命时期的法国贵族所发生那样；谁要认为社会在新秩序中停滞不前，将大错特错。对于社会，可以如莱奥帕尔迪对自然所说的那样，'要走漫长的路'。面前的动荡之后，还有其他动荡，而且动荡会无限期地出现，未来梦想总被驱逐到遥远将来。"①

所有这些观察引导帕累托概括出社会现象波动说，随后他又对这一学说深入说明，譬如波动的发展：小、中、大、极大。在帕累托看来，社会现象要经过两个时期：繁荣时期和衰落时期。但繁荣和衰落的原因相互依存和相互干预，以致很难明晰地加以区分。尽管如此，对它们相互依存和相互干预的整体性研究，对复杂波动周期的研究，使得我们接近现象，从而使我们能够做出并非不重要的预见。

（十三）《民主的改变》

从 1920 年起，帕累托特别关注民主政体性质及运行机制的改变，1921年他将系列论文集册在米兰出版，书名为《民主的改变》。帕累托发现代议制国家权力的平衡因统治阶级国家意识的削弱而遭到破坏，统治阶级制定政策只考虑同这一或那一集合体的情感一致。促使中央权力集中的向心力

---

① V. Pareto, *Scritti sociologici*（Torino：UTET, 1966），p. 851.

被强大离心力逐渐抵消。中央权力，无论是君主制还是寡头统治或是民主制，因受离心倾向影响，正在崩溃之中；正在丧失其最重要属性——实效性。自然，政权害怕真空；因此个人和集合体只要处于从属地位，就试图占据空缺的位置。在多数情况下，他们能够实现自己的目的，从而在实践中行使实际、有效权力，虽然在法律上这种权力并不存在。

国际冲突是破坏国家权力的又一因素。众所周知，国际冲突可以一次次地破坏或加强中央政权。有时，一次国际冲突的失败会导致政权的倒台；相反，一次国际冲突的胜利会有益于政权的巩固。然而，当胜利付出代价太大时，中央政权会受到猛烈冲击。千真万确，至少战胜国政府可以承受多年冲突的严峻考验，虽然公民已筋疲力尽、心神不定、犹豫徘徊。

帕累托认为，工会是另一具有离心功能的力量。工会利用劳动群众提高工资减少劳动时间的意愿，从不考虑社会经济后果，对政府不断施压；而政府没有其他选择，只能步步退让。未入工会的劳动者最终也要反抗，从而使冲突更加激烈、残酷。结果，统治阶级再不能维持自己特权和特惠。被剥削阶级奋起造反，资产阶级越表现出软弱、顺从和妥协，造反行动就越剧烈。从社会动荡、社会经济制度剧变中，将涌现出新精英阶级，它将毫不留情地驱逐旧精英阶级，一往无前地抓住权杖。

帕累托还发现议会不再实际代表国家，也不再行使国家统治权受托者的职能。议会制定并投票通过各种法律，但不具有让它们实行的手段，说到底也并不希望它们被实际实行。工人们公然违犯现行法律，以尚未制定和成文的权利的名义占领工厂。政府不是去捍卫秩序并迫使人们遵守法律，反而同违犯者进行谈判。这样，工人阶级力量日益壮大，有时使用暴力，有时利用对手的软弱或怠惰，逐渐地夺取政权。

由此可见，财富分配不平等，富有的投机家和工人阶级力量的壮大，非投机家的统治阶层不可遏止的衰落，下层阶级为争取自己利益使用暴力，成为社会经济动荡的重要特征。另外，从情感和信仰的角度看，下层阶级显现出强大力量和大无畏的精神，而那些蛊惑人心的财阀集团成员则完全缺乏力量和勇气。

说实话，面对纷纭复杂社会现象，帕累托犹豫不决：或许政权解体注定加剧直至接受命运考验，或许政权解体将放慢速度。但无论是哪种情况，形势都很严峻，都不可避免地造成生产下降、消费增长。于是，无论流血与否，都不可避免地引起新周期的开始。或许可将潜在危机从国内移至殖民地；意大利实际存在这种可能性吗？其后，即使存在这种可能性，在压迫民族和被压迫民族之间的平衡能维持多久？最终说来，决定命运的冲突可能延迟，但不会消除：在动荡即将终结时，大灾难就要爆发。

帕累托是一位具有坚定自由主义立场的资产阶级教授，他对危机和灾难感到恐惧。他常常问自己："我们向何处去？""我们将迎接新中世纪，还是工商业繁荣的新时代？"他冷静地回答道："缺少任何规则，希腊人的准则，拉丁人的法律。古代法律不再存在，新的法律尚未诞生。无论什么法律，不仅对文明民众而且对半文明民众，都不可或缺。不仅为了繁荣，而且仅为消除极端贫困，都不可缺少法律。因此，法律一定会出现。只是有待知道，法律最终是由卡蒂利纳①口授，还是由奥古斯都·屋大维口述，是从广场骚乱中，还是从罗马军团力量中产生。"

帕累托最后断言："历史教导我们，没有认同和暴力，任何政府都不能维持。我们多届政府正是缺乏认同和暴力。不仅在国际关系中，而且在国内关系中，统治者都应该善于并能够保护臣民、制伏高傲者。然而有的政权不保护臣民、让他们遭受暴力和私人抢掠的折磨，反而征收苛捐杂税成为抢劫者同谋。这样的政权也没有战胜高傲者，反而让他们合法地建立国中之国。他们合法地控制铁路、邮政、电报、电话。合法拥有自己的对外政策。不受惩罚地侵占土地、房屋、船舶、工厂。合法地占有商品，合法地强加价格。合法地招募自己的军队……合法地设立法庭，对犯错自耕农施以罚款，后者的过错只是种植自己的土地，收割小麦并打场，挤自家牛奶……所有这一切都因执政者的缺陷造成。在这种情况下，最容易的补救办法就是替换他们。造成上述局面的原因既深刻又严酷，其中主要原因是腐化的资产阶级的情感，他们胆小如鼠，惧怕为捍卫法律和国家而流血。他们甚至不能鄙视违犯法律者，反而用奴颜婢膝的屈从等待厄运的来临。

---

① 卡蒂利纳（Catilina，公元前108～前62），罗马贵族，阴谋篡夺政权；阴谋被西塞罗挫败后逃离罗马。

因此，局势会急转直下，未来危机日益临近。"①

（十四）法西斯主义

1921 年当焦利蒂内阁想利用法西斯势力对付社会主义运动以加强国家权力时，帕累托对法西斯的力量还持怀疑态度，"今天还不能说法西斯主义将产生什么。今天它还缺少确定并强大的理想、神话和社会政治体制积极纲领。当它变成一个重要政党时，将可能获取一切；或许未能成为重要政党，那就会沦为压制极端社会主义权势的否定力量"；"只要法西斯主义不具有一种理想、一种神话、一个纲领，就不能变为一个政党。可以相信法西斯主义者已经并仍将是手段，而不是目的"。1922 年 8 月，帕累托被任命为罗马林琴学院通讯院士；但他谢绝了这一任命。此时他对法西斯态度略有改变，"我觉得墨索里尼很清楚，问题在于法西斯主义是否成为有机政党，要有自己的神话，自己的目标，自己统治、战胜和大获全胜的意志……谁要想打乱秩序，在取得胜利后若半途停下，就会丧失成果并开始走向失败。共产党人占领农庄和工厂后就是这样做的。现在对法西斯主义也可能这样发生，但也可能不发生"。

在 1922 年 10 月 28 日墨索里尼组织"向罗马进军"的军事政变后，11 月 19 日，帕累托写道："我们希望墨索里尼革新意大利。他是杰出的国务活动家，但他有待战胜艰难无比的重重困难。"如果我们知道坚定的反法西斯主义者克罗齐直至 1924 年也对墨索里尼抱有幻想，就不会对帕累托的立场感到意外。克罗齐写道："当时仿佛有一股新的年轻力量投入意大利政治生活，给被长期战争搞得贫乏衰竭的政治阶级注入新血液。当时鲜为人知的墨索里尼，被描绘成一位暴烈的平民，但又是一位大公无私的爱国志士。"显然，他们都是从维护资本主义秩序需要出发，认为法西斯主义是使国家摆脱无政府状态的唯一出路。1922 年 12 月 22 日，墨索里尼提议帕累托出任意大利驻国联裁军委员会代表（后因健康原因，他未能赴任）。帕累托在 12 月 27 日称"墨索里尼日益显现是位杰出的国务活动家。我们希望他

---

① V. Pareto, *Scritti sociologici* (Torino：UTET, 1966), pp. 1059 – 1060.

福星高照。否则我们将陷入无政府状态：这是意大利最后一张牌"。另外，墨索里尼初登政治舞台，还有所顾及，首届内阁由法西斯党同人民党、自由党、社会民主党、国家主义党联合执政，使帕累托（甚至克罗齐）对法西斯主义的反动性和欺骗性低估。

1923 年 3 月 1 日，国王任命帕累托为意大利王国参议员。因帕累托拒绝向参议院呈交所需文件，资格审查委员会未能批准任命。帕累托本人把此事看得很淡——"只是到了 75 岁高龄才获得意大利政府的好感；我这种情况，正如常言所说：'当有牙时缺面包，当有面包时缺牙。'尽管我向政府一再表示不要为我做任何事，它仍想任命我为参议员。这只是个形式上的荣誉，由于高龄和健康状况，我不可能去罗马。"

在生命的最后一年，帕累托对法西斯主义滥用暴力有所觉察——"在意大利出现征兆，比人们希望要差的未来征兆。陷入滥用暴力的危险……滥用是指超过限度。特别当它企图破坏表达思想的能力，将是严重的灾难，即使是煽动性思想！拿破仑三世政府及无数事实告诫过人们"。帕累托建议法西斯当局"果断地使用权力，但要有节制；避免任何软弱，但也要防止任何过激"。他确信法西斯政权迟早进行宪法改革，他希望改革时应借鉴英国经验："仅靠多数人，即使大多数人的认同，也不能执政，因为需警惕持不同政见者。仅靠暴力也不能长期执政。因而，需要了解是否有认同，至少内含多数人的认同。因此，一个议会非常有用（还有公民投票也非常有用），广泛新闻自由也不可或缺。"

至于帕累托对墨索里尼的影响是不言而喻的，但绝不是决定性和唯一的。1902 年墨索里尼在洛桑流亡，曾听过帕累托的一些课，但帕累托不认识他。墨索里尼是否读过帕累托的著作不得而知。显然，当时流亡并自学的社会主义者不可能只读帕累托的书。墨索里尼广泛阅读马克思、达尔文、马基雅维利、索列尔、莫斯卡、尼采、克罗齐、金蒂莱等人著作。对法西斯主义意识形态的形成，尼采、马基雅维利、索列尔、莫斯卡、克罗齐、金蒂莱的影响不会小于帕累托。法国社会学家雷蒙·阿隆（Raymond Aron）认为，只有在考察法西斯主义中马基雅维利主义要素时，帕累托的影响才是重要的。

1923 年 6 月 19 日，帕累托同同居多年的雅娜·瑞丽结婚。两个月后，8 月 19 日 13 时因病逝世。21 日，没有举行葬礼，帕累托遗体在切里尼小公墓下葬。墓碑上刻着："维尔弗雷多·帕累托 1848 ~ 1923。"

二　普通社会学纲要

帕累托的国际声誉主要同一部社会学巨著《普通社会学总论》(*Trattato di sociologia generale*，以下简称《总论》) 相连。1916 年，佛罗伦萨巴尔贝拉出版社出版《总论》，立即引起轰动。其后，1917 年和 1919 年在瑞士洛桑连出两个法文译本。但因《总论》篇幅过长 (上下两卷，每卷 800 余页，共 13 章，2612 节，数千个注释)，极不利于普及；为此，帕累托的追随者和朋友建议他搞个节选本。尽管帕累托赞成这个建议，但感到由自己删节非常困难。正巧，1919 年《总论》告罄，巴尔贝拉出版社决定为大学生出个普及本。佛罗伦萨考古博物馆馆员、30 岁的古埃及学学者朱里奥·法利纳 (Giulio Farina) 毛遂自荐任编者。法利纳用几个月编完书稿，于 11 月送交帕累托审阅；从 12 月到第二年 3 月，帕累托认真审稿，只做几处次要修改，做点小补充。从总体上看，帕累托对法利纳的选本很满意。应该说法利纳的工作卓有成效，他严肃认真、一丝不苟。1920 年 6 月书稿送交出版社，9 月上旬《普通社会学纲要》(*Compendio di sociologia generale*，以下简称《纲要》) 面世，很快销售一空，获得极大成功。

同《纲要》在读者中受到热烈欢迎的情况形成鲜明对照的是，学术界反映平平，《总论》的拥护者认为《纲要》编辑缺乏科学性，帕累托的反对者更是抓住《纲要》给予恶评。正是由于诺贝托·博比奥[①]的研究工作，使《纲要》受到公正评价，战后一再重印，特别适应没有充裕时间阅读鸿篇巨制《总论》的读者需要，因为毕竟《纲要》保留《总论》的核心内容，便于他们清晰把握和理解帕累托的社会学理论。

[①] 诺贝托·博比奥 (Norberto Bobbio, 1909 ~ 2004)，都灵大学法哲学教授，意大利共和国终身参议员。

《普通社会学纲要》共分十章，分别是：导论，非逻辑行为，学说史中的非逻辑行为，超验的理论，伪科学理论，剩余物，派生物，剩余物与派生物的特性，社会的一般形式，历史上的社会平衡。我们着眼于原著的精要义理，剖析内在逻辑联系，着重论述帕累托社会学思想的三大理论：（一）行为理论，主要涉及人的非逻辑行为；（二）精英理论，主要探讨社会分层和统治阶级循环问题；（三）社会系统理论，主要研究社会动态平衡问题。

（一） 非逻辑行为

逻辑行为

要理解帕累托的社会学理论，必须严格区分和说明逻辑行为和非逻辑行为这两个概念。帕累托认为，就其形式说，任何人类知识都是主观的。但就其内容来说，可划分为两种："客观的"知识，即同事实相符并在事实中证实的知识；"主观的"知识，即同事实不符、仅同某些人的认识一致的知识。同样，人们的行为也可划分为两种：逻辑行为和非逻辑行为。我们把手段同目的逻辑地联结起来的行为称为"逻辑行为"，这不仅对行为主体而言，而且对既主观又客观地考察的他人而言。帕累托举例说，希腊海员笃信祭祀海神波塞冬会一帆风顺，对希腊海员来说，祭祀波塞冬和划桨动作一样，都是航海的手段，都是"逻辑地"联结在一起。然而，对客观地考察的他人来说，祭祀波塞冬仅是主观上的航海手段，而客观上并不是航海的"逻辑"手段，因此，希腊海员祭祀波塞冬不属于逻辑行为。真正的逻辑行为是指客观目的与主观目的同一的行为，或指客观上和主观上都有逻辑目的的行为。

帕累托认为，在文明民族那里存在着不可胜数的逻辑行为。艺术和科学技术活动，至少对认识它们的人们来说，属于逻辑行为。被政治经济学研究的行为大部分也属于逻辑行为。此外也包括某些军事、政治、司法等活动。

我们知道，在成为社会学家之前，帕累托有过工程师和经济学家的经历。因此，要领会什么是逻辑行为，最简单的办法莫过于观察工程师和企业家的行为了。譬如，建筑工程师对自己要达到的目的十分清楚——建一座国家大剧院。那么，一位合格的建筑师的行为必然是逻辑的。他要牢记维特鲁威的建筑三原则——实用、坚固和美。他对建筑类型（文娱建筑）、建筑设计、建筑技术（石料、钢铁、混凝土等建筑材料和墙、梁柱、拱顶等建筑方法）和建筑表现（即建筑美学、建筑风格）均有深刻认识。总之，他能够预先考虑到手段与目的的关系。在他所想象的手段和目的的关系同客观上的手段和目的关系之间有种一致性。从认识论的角度看，这位建筑师所掌握的建筑学知识属于客观性知识，即同客观实际相符并能在客观实际中证实的知识。由此可见，行为主体的主观认识符合客观实际并能在客观实际中证实，成为逻辑行为的认识论基础。

企业家们的行为是经济主体的典型行为，具有同样的性质。企业家们有一个显而易见的目的——赚取利润。在自由竞争的情况下，各个企业家结成垄断集团，则他们的行为就变为逻辑行为。他们会在集团内部运用改进技术、降低成本、科学管理、提高效率等手段，从而达到提高利润的目的。在经济全球化的今天，大跨国公司往往把劳动密集型产业转移到原料和劳动力价格低廉的不发达国家。这样，手段与目的之间的逻辑关联存在于行为主体的意识中和客观实在中。

非逻辑行为

帕累托指出，客观目的同主观目的相异的行为属于非逻辑行为。但这并不意味着所有非逻辑行为都不合逻辑。此种行为可具体划分为四类。

第一类，在客观上和主观上，行为都没有逻辑目的。此类行为是不合乎逻辑的，也就是说手段在实际上和意识中都未与目的联系起来。这种手段不会导致能够堪称与手段有逻辑联系的任何结果。另外，行为主体甚至没有想过手段与目的之间的关系。帕累托举例说，赫西俄德的"请勿往江河入海口撒尿"的箴言属于此类。因为人们看不到避免这种恶习的行为的任何客观目的和主观目的。出于礼貌或习俗要求的大量行为也可归于此类。应该说，此类行为在人类中极为罕见。因为不管行为多么荒谬，人们总能进行理性思考，总要竭力赋予它某种目的；于是，它就变成第二类。赫西俄德主张，未做祈祷和未在河中洗手不能过河，属于第一类；但他接着补充说，诸神将惩罚未洗手过河者，此行为就变成了第二类。

第二类，客观上行为无逻辑目的，但主观上行为有逻辑目的。此类行为范围广泛，数不胜数。行为和行为将产生的结果无逻辑联系，但行为主体却误认为其手段能够导致所期望目的的实现。譬如，希腊海员祭祀波塞冬企望一帆风顺，仅是主观是有逻辑目的的行为。又如罗马农民撕裂半只白公鸡放在田头，期望暴风雨不要降临毁坏庄稼；中国农民祭祀龙王祈求下雨，也都属于此类行为。出于礼貌和习俗的行为，在提出任何动机为其辩护时，就变成了此类。所有巫术活动（当不附加其他活动时），希腊人和罗马人的祭祀（当无助于对他们神祇实在性的信仰时），赫西俄德的每月13日适宜栽种不宜播种等清规戒律，也都属于第二类。在此种情况下，手段和目的在主观上存在某种联系，尽管在客观上并不存在。

第三类，客观上行为有逻辑目的，但主观上行为无逻辑目的。帕累托举例说，赫西俄德"请勿弄脏喷泉"的教诲属于此类：存在一种赫西俄德当时不能认识，而现代人认识了的客观目的，即避免某些疾病的传染。帕累托认为，第三类是非逻辑行为的典型类型。在原始人和野蛮人那里存在许多第三类和第一类行为。现代人的此类行为也很多。比如生理反应就归于此类，它类似于动物的本能。此类行为产生和所用手段有逻辑联系的结果，但行为主体在主观上并未想象过手段与目的的关系。

第四类，客观上和主观上行为都有逻辑目的。此类行为会产生与运用的手段有逻辑联系的结果，行为主体主观上也设想过手段与目的之间的某种关系，不过客观的结果并不符合主观的目的。

帕累托进而指出，在第三类、第四类非逻辑行为还应划分为两型：α型，如果行为主体认识客观目的，就接受此目的；β型，如果行为主体未认识客观目的，就不接受此目的。这里所指客观目的是直接目的，而不是间接目的。客观目的是一种实在目的，处于观察与经验的领域，而不是在此领域之外的想象目的。想象目的仅是一种主观目的。

帕累托举例说，在罗马占卜官观察星象后，能把公民大会召开日期推迟，当人们仍确信星象学的真实性时，就属于4类α型行为——祈愿诸神帮助阻止他们认为危害全体或部分罗马人民的决定的实施（在罗马共和国末期，当人们不再迷信星象学时，这种行为就成为逻辑行为，成为达到预想目的的一种手段）。一般来说，上述行为（尽管以极不完善的方式）同当代为阻止实施上议院或下议院未经认真讨论就颁布的决议而采取的措施完全一致：上下两院的协议作为二三个连续的决议实施。这样，人们就会发现祈愿行为往往属于 4 类 α 型。大部分按传统进行的政治活动，以人民或某个人的使命自诩而从事的政治活动，都属于第四类行为。普鲁士国王威廉一世和法国皇帝拿破仑三世都自认为是"按天意行事"的人。但是，前者确信其使命给自己的国家带来幸福和荣誉，而后者认为命运注定他为人类谋取福利。前者完成了 4 类 α 型行为，后者进行了 4 类 β 型行为。帕累托还举了经济现象的实例，在自由竞争的状况下，企业家的部分行为属 4 类 β 型行为，即行为的客观结果同主观目的并不相同。譬如，企业家竭力降低成本，客观上造成也降低商品价格的结果，因为自由竞争总要平衡这两种价格。

众所周知，帕累托是从经济学转向社会学研究的，其社会学理论是参照经济学确定的。帕累托认为，经济学本质上研究逻辑行为，而社会学主要研究非逻辑行为。因此，我们在全面理解、准确把握帕累托的社会学思想时，必须阅读并研究其经济学著作，尤其要阅读《政治经济学教程》和《政治经济学手册》。

帕累托认为，在上述四类非逻辑行为中，对于社会学家来说，第二类和第四类非逻辑行为最为重要；而第一类和第三类行为缺少主观目的，对人类毫不重要。由于人类特别喜欢给自己的行为涂上一层逻辑油彩，于是几乎所有非逻辑行为都成了第二类和第四类。第二类和第四类非逻辑行为之所以重要，有两个层面的原因：第一，从量上看，第二类和第四类占到所有非逻辑行为的绝大部分；第二，从对社会平衡和精英循环起的作用看，第二类和第四类非逻辑行为最重要。因此，帕累托在《普通社会学纲要》一书中，细致入微地分析第二类和第四类非逻辑行为，而对第一类和第三类非逻辑行为则一笔带过。

用逻辑手段研究非逻辑行为

"用逻辑手段研究非逻辑行为"这句话出自帕累托本人之口，因为他意识到用非逻辑手段研究非逻辑行为的危险：他似乎认为以往社会学著作大都对非逻辑行为进行非逻辑分析，甚至企图让非逻辑行为带上逻辑色彩。与上述态度相反，帕累托尝试科学地研究非逻辑行为，即研究本来面目的非逻辑行为，而不让非逻辑行为披上逻辑的外衣。要了解帕累托如何科学地研究非逻辑行为，首先要理解他提出的逻辑－实验科学的概念。

帕累托认为：逻辑－实验科学就是观察的科学，它同客观实际一致，其规律仅是观察的一致性并受观察的时空的限制；逻辑－实验科学摒弃任何超验和形而上学的教条、基于情感的推理。因此，逻辑－实验科学追求的是真理，而不是效用。

罗马的将军在出征前到冈比多里奥山丘祭祀战神，用祭品——动物内脏占卜。这是一种非逻辑行为，至少当将军们确信占卜结果预示战争胜负时如此。如果占卜结果预示胜利时，这一预示又告知广大士兵，就会使士兵士气大振。与古代情况不同，今天人们不再关注占卜的结果，但却热衷预见未来。政治家向战士宣布："历史潮流，不可阻挡；敌人必败，我们必胜。"同样会激发战士们的斗志。

逻辑－实验科学对预知未来持怀疑主义态度。因此，用逻辑手段对非逻辑行为进行研究可能背离某个特定集团的利益，甚至背离整个社会的效用。帕累托指出，《普通社会纲要》揭示事实本来面貌，背离社会平衡。因为社会平衡要求一种整体性情感，而帕累托则认为这种情感不是反逻辑的就是非逻辑的。帕累托断然拒绝把一种理论的社会效用同其实验真理结合起来的倾向。至于实验真理同社会效用是否统一，只能通过对事实的观察才能确定。无数证据表明，实验真理同社会效用毫无关系。他进而强调说，实验真理和社会效用是完全不同的两个范畴，当断言一种理论荒谬时，并不意味着它对社会无益。同样，当断言一种理论的社会效用时，也不意味着它拥有实验真理。由此可见，帕累托认为，同一种社会理论，从经验角度可能被摒弃，但从社会效用角度可能被接受。帕累托的这种观点同涂尔干大相径庭：涂尔干称不能改善社会的社会学毫无价值；帕累托称涂尔干的命题将科学目标和社会行为目的混为一谈，前者探索真理，后者追求效用，二者并非必然统一。

逻辑－实验科学摒弃一切超验的和形而上学的概念。逻辑－实验科学使用的所有概念都应符合观察到或可观察到的事实，一切概念都可被事实直接证实或可由基于实验的事实确证。因此，宗教、神学、形而上学、哲学的诸种概念，不属于事实范畴的概念，它们都处在逻辑－实验科学领域之外。一般来说，形而上学家把对事物本质、原则（诸如进步、平等、人道等）的认识称之为"科学"。帕累托强调，《普通社会学纲要》不仅避免指出本质和原则，甚至不知道这些概念的含义是什么。因此，把逻辑行为称作理性行为、非逻辑行为称作非理性行为毫无意义。为了简便，我们不妨把逻辑行为称作 X，非逻辑行为称作 Y。

任何超验的东西都不属于逻辑－实验科学，所有超验的（宗教的、神学的、形而上学的、哲学的）概念都不能作为科学研究的对象，而应以客观实在（事实）作为科学研究对象。然而，这并不意味着科学只是对客观实在的摹写和重复。相反，科学是一种创造性的思维活动。其本质特征是简化。大自然现象丰富多彩、人类社会现象错综复杂，科学不可能一劳永逸地把握它们，而是循序渐进地、越来越接近地认识它们，这就需要从简化开始。人们通过观察以把握现象的各个侧面，再严格界定它们的概念，从而建立这些概念蕴含的现象之间的关系；进而将这些关系组合，以重构纷繁复杂的现象。帕累托运用这一科学方法论，通过观察，先对非逻辑行为进行简化，再严格界定非逻辑行为概念，从而进行分类、陈述现象、说明原因。同错综复杂的社会现象相比，这样的分类只是大致和简单的。由此可见，科学总是不够完美的，不可能穷尽全部现象。科学的社会学也不可能像涂尔干设想的那样，提出道德基础以取代宗教信条。应该说，涂尔干的思维方式是非逻辑的。帕累托说，科学无法满足人们感受到的伪逻辑推演的无穷需要。科学只能使一个事实同另一个事实发生关系，因此它总停留在某个事实上。

总而言之，逻辑－实验科学旨在揭示客观现象（事实）之间的一致性，即现象间具有规律的关系。但他认为这种一致性并不包含哲学家所热衷的因果必然性，只涉及观察到的现象之间规律性的可靠程度。

帕累托把用于研究非逻辑行为的逻辑手段概括为几个命题，这也是逻辑－实验科学的方法论：（一）不关注任何宗教、神学、形而上学的信仰或道德、哲学真理；（二）研究范围仅限于经验和观察的范围；（三）从事实出发提出理论；（四）一切研究提供的可能性或大或小，至多是非常可能的结果；（五）只思考事物，而不关注其名称激起的情感；（六）只在经验和观察中探寻命题的证据，摒弃同情感、良心发现一致的证据；（七）只使用符合事实的词语，严格界定其尽可能准确的含义；（八）先在整体上研究，再考虑细节。

帕累托首先肯定逻辑行为，至少就其主要部分来说，均为逻辑推理的结果；而非逻辑行为源于确定的心理状态：情感、潜意识等。帕累托强调科学地研究非逻辑行为应先从研究心理状态开始，但又要把握分寸，避免"侵犯"心理学领域。

非逻辑的核与逻辑的解释

上文提及罗马人为引起或避免暴风雨、破坏或保护收获的非逻辑行为。在多数情况下，罗马人相信通过某种仪式能呼风唤雨或驱风逐雨。有时人们不知道为什么会产生这种效果，就说成是观察的结果；有时又声明这是信仰的缘故，是对某些力量活动进行理论解释的结果。一般说来，气象现象被罗马人认为从属于最高权力（神、上帝）的某些实践。

帕累托指出，从上述研究中可推演出如下结论：（一）存在一个非逻辑的核，某些具有确定功效（诸如引起或避免风暴、破坏或保护收获）的行为和语言简单地结合在这种核内。（二）众多逻辑解释的分支从这些核出发。而且不能不承认，一般说来，解释只是为了了解呼风唤雨或驱风逐雨、破坏收获或保护收获这些事实而想象出来的。人们例外地观察到相反的现象，根据此种现象，逻辑理论将导致对事实的信仰。这样的解释往往交织在一起，听信这些解释的人们通常并不确切了解对应的部分。（三）逻辑解释具有它们得以产生的时代最为流行的形式，它们就仿佛是那个时代时兴的服饰。（四）纯粹非逻辑行为并未直接变为具有逻辑形式的行为，而是同从它派生出的其他行为共存。我们不可能确定用何种方式产生从非逻辑行为到具有逻辑形式行为的变化。譬如，不能确定如何从行为及事实（拜物教）的简单组合过渡到神学解释、形而上学解释和实证主义解释。这种序列在时间上并不存在。能被称作拜物教的、巫术的、神学的、形而上学的、实验的解释往往混合在一起，甚至相信这些解释的人们也未能加以区分。他们只知道一定行为必然具有一定事实，但对这一情况如何发生则不感兴趣。

一般说来，随着时间的流逝，人们的受教育程度和知识水平的提高，对现象的认识和非逻辑行为都会产生影响；但二者之间没有持续不变的联系。毫无疑问，17 世纪的意大利人、西班牙人、法国人和德国人的科学文化水平远高于罗马人，但前者屠杀了大量的巫师和女巫，后者却没有用火刑处死他们。同样，在 12 世纪末和 13 世纪初那些倒霉蛋并未受到迫害，但显然那个时代的科学文化发展水平大大低于 17 世纪。

帕累托认为，首先，并不是通过教会、政府或其他组织的逻辑技巧将信仰注入非逻辑行为中，而是非逻辑行为需要逻辑技巧用以解释这些行为。其次，这些逻辑技巧反过来能强化对非逻辑行为的迷信，并在它们尚未存在的地方产生。这最后的归纳引导人们理解类似现象如何发生，告诉人们只用非逻辑行为的逻辑层面认识它们就会犯错，实际上将逻辑层面并不具有的重要性赋予它们。

帕累托进而分析说，在业已考察的涉及暴风雨的大量事实中，存在一些共同、不变的东西，即情感，它通过一定手段能作用于暴风雨；其次，存在变化不定的部分，即手段及存在的理由。无疑，第一部分最重要，当它存在时，人们不难或毫不费力就能找到另一部分。

帕累托通过考察非逻辑行为的不变部分和可变部分，概括出"剩余物"和"派生物"这两个概念。

剩余物，意大利文为"residui"，其含义之一是"经化学或物理处理后剩余的物质"；但帕累托特指非逻辑行为或伪科学理论在去掉逻辑"油彩"后所剩余的东西，即那种不变的非逻辑的核，是本能、情感或潜意识的表现（中介物）。派生物，意大利文为"derivate"，其含义之一为"经化学变化由一种物质衍生出的另一种物质"；但帕累托特指对非逻辑行为的逻辑解释，它们是由非逻辑的核派生出来的，包括通常称作意识形态或辩护性理论的东西。

帕累托写道：现在我们专门研究因素（a）——由某些情感表现构成，

因素（b）——由逻辑推理、诡辩及为从（a）进行推演采用的其他情感的表现构成。"因素（a）或许同人们的某些本能相符，因为它没有客观实在性，因人而异，可能正因为它符合这些本能，在现象中它几乎保持不变。因素（b）符合于头脑为使（a）合乎理性而进行的工作，因为它反映想象力的工作，因此多变不定……但是，如果（a）部分符合某些本能，也远没有包括一切本能，这从人们发现它的方法可以见出。我们分析了推理，并探寻了不变部分，因此，我们就只能找到产生推理的本能。于是，一切简单的欲望、趣味、倾向，在社会事实中人们称之为'利益'的这个非常主要的类别均置于其外"①。

简而言之，（一）因素（a），即剩余物，不是情感或心理状态，而是我们没有直接认识，或许甚至不能间接认识的情感与行为（现象）之间的中介物。（二）剩余物（a）与人的本能有关，但不包括所有本能，因为采用的方法只能发现导致推理的本能。

不难看出：一方面，剩余物（a）比情感或心理状态更接近行为，因为人们可通过对行为的分析发现剩余物（a）；另一方面，剩余物（a）不是自在本体，不能像暴风雨那样体验到。此外，剩余物（a）是情感和符合它的本能的表现，不能将二者混为一谈。就像温度计的读数（剩余物）是温度（情感或某些本能）的表现，二者不是一回事一样。

为什么帕累托把欲望、趣味、倾向和利益从剩余物排除呢？雷蒙·阿隆认为，欲望、趣味、倾向可与动物的本能相比，无须推理和逻辑解释。而利益驱使人们进行逻辑行为——经济活动和政治活动等，这些行为不同于由剩余物驱使的非逻辑行为。当然，在进行社会学综合研究时，我们不仅要考察由剩余物驱使的非逻辑行为，也要考察由欲望、趣味、倾向和利益驱使的行为。

帕累托把剩余物分成六种：（一）组合的本能；（二）集合体的持久性；（三）用外在行为表现情感的需要；（四）同社会性有关的剩余物；（五）个人及其附属物的完整性；（六）性剩余物。在每一种剩余物中，他又划分为

① 帕累托：《普通社会学纲要》，田时纲译，生活·读书·新知三联书店，2001年，第125～126页。

许多类和型。在这六种剩余物中，帕累托认为，第一种——组合本能和第二种——集合体的持久性最为重要。如果说因组合本能促使社会打破平衡，不断革新和发展的话，那么集合体的持久性则促使社会保持稳定、平衡、停滞。

索罗金（Pitirim Sorokin）指出：初看，帕累托对剩余物的分类显得不够精确；然而，当研究它们的起源时，它们的欠精确性将大大减弱。在每个社会都能发现这样的剩余物，它们似乎成为任何社会系统的不变要素。

帕累托把派生物分成四种：（一）断言；（二）权威；（三）情感和原则的一致；（四）口头证据。在每种派生物中，又划分为许多类型。

应该说，帕累托主要是从逻辑解释可能具有的说服力的主观方面来概括并研究派生物的。在对派生物的研究中，他提出不少十分深刻的思想。譬如，早在纳粹德国出现之前，他就说过"不厌其烦地重复一种不具丝毫逻辑－实验价值的派生物，往往比严密的逻辑－实验证明更有价值"[1]。因为，基于理性的活动，至多能改变对情感效果微小的派生物，而基于情感的活动能改变剩余物。因此，政客们对自己的宣传是否合乎理性并不感兴趣，重要的是给人以合乎理性的印象，这方面最无耻最露骨的当属纳粹宣传部长戈培尔，他声称"谎言重复多遍，就变成真理"。帕累托派生物理论是对政治领域内人际关系与组织关系心理学的一大贡献，以后受其影响的心理学家更加深入地剖析政客们强奸民意的卑鄙手段。

帕累托对传统权威派生物的分析发人深省。他指出："传统权威派生物数不胜数。没有一个国家、民族、特殊社会不拥有传统，因此，传统对任何社会生活都至关重要。用传统解释事实轻而易举，因为在现有的或需要时可创造的众多传说中，由于或多或少的近似，由于同情感或明或暗的一致，可以毫不费力地找到适合'解释'事实的传说。"[2] 但有时人们将风俗习惯同传统混为一谈，在许多情况下，某人追随一种习俗，又找不出其他理由，就说"发扬传统"或"大家都这样做"。帕累托认为，传统可以构成

---

① 帕累托：《普通社会学纲要》，田时纲译，生活·读书·新知三联书店，2001年，第192～193页。

② 同上书，第239页。

独立的剩余物，如果这些剩余物足够强大，就会使社会僵化，以致使它几乎拒斥任何新生事物。但往往传统是派生物，在此种情况下，社会可或多或少地革新，即使同传统的主旨对立，也能维持形式上的一致。譬如，许多基督教教派常常发生此类现象。另外，传统派生物是灵活多变的。譬如，从一部讲述传统的著作中，人们可以随心所欲地发掘一切。希腊人在荷马那里，罗马人在维吉尔那里，意大利人在但丁那里，都能发现各种事物。从《圣经》和《福音书》中可以产生形形色色互相矛盾的理论。然而，每个教派都确信把握"真实"的解释，并义愤填膺地摒弃其他解释。但此种"真理"同实验真理毫无共同之处。要判断谁是谁非，缺乏精确标准，这是一场充斥律师，却没有法官的诉讼。两千多年来，历代文人墨客对儒家经典《论语》的解释也是仁者见仁、智者见智。

不难看出，帕累托对派生物的分类，表明让人们接受派生物的理由同派生物本身证明毫无关系。接受派生物的人们并非被推理所折服。另外，帕累托对剩余物与派生物的区分不够清晰。某些派生物似乎可以归入剩余物的类型。因此，考察剩余物和派生物的作用，一定要同社会效用联系起来，这是至关重要的。在帕累托看来，在历史进程中剩余物的变化很小，就像人类语言一样。无论如何，必须密切关注逻辑－实验思想的缓慢进步，在剩余物中表现的情感的波动，正是这些波动引起并决定剩余物的变化。这意味着剩余物——情感的表现，受内在因素的影响，受社会心理的影响。

将非逻辑行为逻辑化——超验理论

帕累托指出：理论家们惯于用逻辑行为代替非逻辑行为。因为，如果设想某些行为是逻辑的，再将这类行为变为理论绝非难事，要知道每人头脑中都有用以进行逻辑推理的手段。然而，对于非逻辑行为来说，则需要求助于对大量事实的观察，在时间和空间上扩展研究，并且要时刻警惕由于材料的残缺而导致错误。总之，这是一种长期而艰难的工作。

此外，大多数理论家认为逻辑至高无上，即使刚刚承认非逻辑行为，也会立即忽视、忘却它们而转向逻辑行为。他们往往把非逻辑行为视为应该用理性彻底消除的迷信。为了消灭非逻辑行为，人们使用普通语言（普通语言不具有科学的精确性）对非逻辑行为进行逻辑解释，从而将非逻辑行为逻辑化。与此同时，他们形成了种种伪科学理论（超验理论）。

帕累托写道："迄今对各种理论所做的长时间的研究，使我们认识到具体理论至少可分为两个部分，其中一部分比另一部分稳定得多……我们用（c）指示具体理论，在这些理论中，除事实资料外，还有两个因素或主要部分：本质因素或部分，我们称之为（a）；偶然因素或部分，我们用（b）表示。（a）部分符合非逻辑行为，是某些情感的表现。（b）部分是人们感到需要逻辑的表现，它是某种程度符合情感的非逻辑行为，却给它们披上逻辑推理或伪逻辑推理的外衣。（a）部分是人们头脑中存在的原则，（b）部分是对这一原则的解释和推演。"[①]

譬如，有一种心理状态或情感，可以说由于它某些数字（三、六、七、八、九、十）受到崇拜，它就是现象的主要部分（a）。但人们并不满足于仅把崇拜的情感同数字概念相连，还试图"解释"这一切如何发生，想"证明"这是逻辑力量所致；为此，（b）部分进行干预，为什么某些数字是神圣的，从而形形色色的"解释"与"证明"应运而生。

帕累托指出：在社会科学各学科中，说服力量主要源于情感，通常由于逻辑推演同情感相符才被接受。相反在逻辑 - 实验科学中，情感部分趋于零，随着科学的逐渐完善，其说服力量全部源于逻辑部分与事实。尽管逻辑 - 实验科学与情感无关，但情感还是多少渗透到此领域。而社会科学中的大部分理论都接近包含非实验实体部分的类型，但它们却盗用实验理论的形式和外观；实际上，它们大都属于超验理论或伪实验理论（c）。

在超验理论或伪实验理论（c）中，理论家们很少严格、清晰地区分（a）部分和（b）部分，通常将它们混为一谈。

帕累托进一步分析：从实践的角度看，同时思考（a）和（b）可能有用。如果原则（a）都是确定的，接受这些原则的人们也就接受它们的逻辑结果（b）；但由于它们缺少确定性，人们只能从中提取所期待的东西；因此，只有当同情感一致时，推演（b）才可以被接受，于是推演（b）受到情感的制约。

---

① 帕累托：《普通社会学纲要》，田时纲译，生活·读书·新知三联书店，2001 年，第 118 ~ 119 页。

从科学角度看，理论的每一次完善都同（a）、（b）两部分尽可能清晰的区分相联系。由此可见，坚持这种区分从未过分。艺术由于要综合研究具体现象（c），所以一般不能将（a）、（b）两部分分开；此外，这也是说服人的强有力手段，几乎所有人都习惯于综合，很少或根本不进行科学分析；但谁要想构建科学理论，就必须进行科学分析。

因此，当人们阅读一位理论家的著作时，并想从科学角度对其理论做出判断，就需要首先将（a）、（b）两部分区分开，但理论家自己很少这样做。在任何理论中，一般都需要把前提——原则、公设、情感和根据前提进行的推演严格区分开。

帕累托提醒人们注意：通常给经验补充某些东西的理论，其前提至少部分不言明，即理论的（a）部分没有表现出来，或没有完全表现出来。为了认识此部分，需要对它进行探究。

从逻辑－实验角度看，前提不言明，即使仅部分如此，也会成为荒谬绝伦的源泉。表现这些前提的一个事实，就足以促使人们探究，是否欢迎和如何欢迎这些前提。同时，如果前提不言明，人们就浑浑噩噩地接受它们，认为它们很严密，而它们远非如此，很难发现它们的确切含义。理论家通常对经验之外的前提保持沉默；当他们公开承认这些前提时，往往企图在它们和经验的结果之间制造混乱。

帕累托认为，社会达尔文主义就是伪经验理论的典型。社会达尔文主义主张：某个社会制度同社会环境完全相符（暂时动荡除外）；如果该社会制度不具有这一性质，它最终将灭亡。人们发现社会达尔文主义往往对事实做出空洞无物的解释。社会制度和生物的任何形式都不得不用它产生的效用来解释，为达此目的，人们又把随意的、想象的效用这些陈年旧货拾起。然后不知不觉地倒退到终极原因的古老理论。社会达尔文主义同真正的科学理论相距甚远，为了同事实一致，就不得不削足适履。社会达尔文主义并未确定制度的形式，只是指出这些制度不能逾越的限度。

帕累托还对斯宾塞学派社会学理论进行了剖析：它有一个原则（a），即所有社会都趋向于一个极限，近似于渐近线的曲线；一旦认识社会制度的历史沿革，就可确定其极限。而原则（a）易接受科学推演（b）的影响，因此使学说的主体扩展。并且最终说来，结论是从事实中得出；但事实是经理论家的情感筛选的，因此由事实确定的极限同理论家靠自己情感期待的极限完全吻合。如果理论家是像斯宾塞一样的和平主义者，令人满意的事实向他证明：人类社会接近世界和平的极限。如果他是民主主义者，人类社会就接近民主的绝对胜利的极限。如果他是集体主义者，人类社会就接近教条主义的极限。依此类推，不一而足。于是，人们疑惑不解，且疑云难消：事实仅是用来掩饰说服的强大动因。正因为实证主义者这样使用的动因同实在不符，就把他们根据这些动因进行的全部推演败坏了。

同样，把经验请进神学和形而上学大厦，这一建筑会慢慢解体；在自然科学中神学和形而上学大厦就是这样崩溃（至少大部分崩溃）的，但在社会科学中它却屹立不动并在社会实践中继续坚守阵地。帕累托认为，这是由于社会效用的介入，使社会科学的神学－形而上学大厦未受经验的冲击。人们感到太需要这类大厦，一旦崩溃，立即用相同材料重建一幢。"于是，经年累世，通过世人、政府、生活方式与规范，新神学、新形而上学总是代替旧神学、旧形而上学；每种新的都被认为比旧的更'真'更'好'。如果理解为更符合社会效用，可能在某些情况下实际'更好'；如果意味着同实验实在一致，则绝不更'真'。没有任何信仰比另一信仰更科学；多神教超越实验实在，如同基督教，包括天主教、新教、'自由派'和现代派及其他教派；如同无数形而上学派别，包括康德派、黑格尔派、柏格森派以及孔德、斯宾塞和其他精英的实证主义派，不排除社会连带主义者①、人道主义者、反教权主义者、进步崇拜者的信仰，也不排除过去、现在、将来存在的无数其他信仰。完美无缺、强大无比的朱比特②相当超验，就像《圣经》中的雅赫维③、基督教的上帝、伊斯兰教徒的真主；就像新基督教的抽象，绝对命令，真理、正义、人道、多数四女神，人民之神，进步之神以及神学家、形而上学家、实证主义者、人道主义者的那些数不胜

---

① 社会连带主义，资产阶级社会学理论，20 世纪初开始流行于法国。认为利害相关的社会组织是以社会成员的相互依存为基础。

② 朱比特，罗马神话中的大神。

③ 雅赫维，犹太教所崇奉之神的名字。

数的云集奥林匹斯山①的众神。"②

（二）精英循环论

何谓精英

帕累托的"精英"范畴含义独特，特指形形色色的人类活动中的佼佼者。他认为，在每一项人类活动中，都可以给每人打一个类似于考试时得的分数。譬如，给最优秀的专业人员打10分；给门可罗雀者打1分；给笨蛋打0分。给不论如何挣得巨款成百万富翁者打10分；给生活优裕的中产阶级打6分；给数米而炊、一贫如洗者打1分；给病魔缠身、负债累累者打0分。根据鉴赏力，给大诗人，如但丁或歌德打9分或10分；给刚开口朗诵自己的大作听众便纷纷离场的蹩脚诗人打0分。给颇有政治才干的女人，诸如路易十四的曼特农夫人、路易十五的蓬巴杜夫人，由于她们善于赢得持掌大权的男人的宠爱，可打8分或9分；而给以色事人、只满足统治者肉欲而对政权未施加任何影响的婊子，打0分。根据棋手在哪些比赛获胜及获胜次数、名次，也可给他们打精确分数。

这里，需要指出的是。

第一，帕累托的"精英"不看其从事活动的善恶，只看其活动"技能"的高超。譬如，根据上当受骗者和诈骗钱财的多少，可给大诈骗犯分别打8、9、10分；给只骗得餐馆老板一副餐具就被宪兵抓住的可怜小骗子打1分。帕累托写道："有人崇拜拿破仑一世，把他视为上帝，也有人对他深恶痛绝，视同恶贯满盈的坏蛋。谁有理呢？我们不想解决这个内容完全不同的问题。不管善恶与否，拿破仑一世肯定不是蠢材，也不是微不足道的常人，这样的常人有数百万之众；他具有超凡的品质，这足以让我们将他列入精英之列，但决不想妨害关于这些品质的伦理学问题以及社会效用问题的解决。"③

---

① 奥林匹斯山，希腊神话中的圣山，是众神居住的地方。
② 帕累托：《普通社会学纲要》，田时纲译，生活·读书·新知三联书店，2001年，第99~100页。
③ 帕累托：《普通社会学纲要》，田时纲译，生活·读书·新知三联书店，2001年，第297~298页。

第二，帕累托的"精英"只看其从事活动的实际状态，不看其从事活动的潜在状态。

正如考官面对考生，不因考生说"我英语可以学得很好，但我不想学，所以没学好"，就给他一个高分，考官会回答："你不会，我就给你0分，你不会的原因我不感兴趣。"

正如在考试中要区分开及格者和不及格者；在年龄上分为童年、青年、老年。人们从事活动的高下也需要用级差大的间断变化代替不易觉察的微小变化。显然，由在自己活动领域拥有高分者（事业成功者）构成的"精英阶级"，同其他民众分开的界限并不精确，也不可能精确；它不像将青年同老年区分的界限那样分明、精确。

为了益于社会平衡理论的分析，帕累托将人群划分为两个阶层：下层阶层，即占多数的非精英阶级；上层阶层，即占少数的精英阶级。而精英阶级又可一分为二：执政的精英阶级和不执政的精英阶级，即统治（政治）精英阶级和一般精英阶级。譬如，一位著名棋手肯定属于精英阶级，但他作为棋手的功绩并未为其开拓通向政坛之路，因此，如果他未因其他品质从政，他就不属于统治精英阶级。同理，至高无上统治者的情妇或因其天生丽质或因其聪明才智，通常属于精英阶级，但只有某些极富政治才干的情妇才属于执政的精英阶级。

帕累托接着分析名分对精英阶级的作用：名分可勉强给每人在精英阶级中定位。譬如，律师的名分指示他应通晓法律，将军的名分指示他应擅长军事，但有时也不尽然。与此类似，在执政的精英阶级中，拥有很高公务名分者，诸如部长、议员、局长、法院院长、将军、上校等，均有一定比例的名不副实的人。而且，这些政界名不副实者所占比例远比靠自己智慧成功的专业人员（律师、医生、工程师、艺术家等）和企业家、商人所占比例要高得多。此外，对精英阶级来说，部分名分是世袭的，譬如像富有的名分。"在以往时代，执政精英阶级中也有世袭职衔，今天只保留君主的名衔；但世袭若直接地消逝，那间接地它仍很强大。一笔巨额遗产的继承者，在某些国家极易被任命为参议员，或被选为众议员，只要他贿赂选民，还标榜自己是彻底的民主主义者、社会主义者、无政府主义者，以取悦于选民。在其他许多情况下，财富、亲缘、关系都会使人受益，使不称职者获取一般精英阶级的名分，或特殊执政的精英阶级的名分。"① 应该说，帕累托的分析真是入木三分：在资本主义制度下，即便最民主的国家，财富也是步入政坛的通行证，从而使不少庸才窃取高位。历届当选美国总统从未忘记用驻外大使等类似官位来酬谢缺乏政治才干，但为总统竞选慷慨解囊的富翁。多位美国总统先后任命长大的童星秀兰·邓波儿为美国驻加纳大使、国务院礼宾司司长、美国驻捷克斯洛伐克大使。

帕累托进而写道："凡社会单位是家庭的地方，家长名分对家庭成员有用。在罗马，成为皇帝者一般会把其被释奴提升到上层阶级，甚至往往把他们升至执政的精英阶级……在我们的时代，单位是个人；但个人在社会中的地位同样使妻子、儿女、亲朋好友受益。"② 正如常言所说"一人得道，鸡犬升天""一人做官，福及三代"。请看典型实例：在社会主义国家苏联，一个不学无术的家伙，仅靠着亲缘——总书记勃列日涅夫的乘龙快婿，就一路顺风，年纪轻轻当上将军和内务部副部长。一个东欧国家总统、执政党总书记，让其妻当党的监察委员会书记，其子当共青团书记，搞起了"家天下"，最终导致执政党和自己家族的灭亡。

精英循环

帕累托认为，在考察精英阶级循环时，一般不需要指明民众的不同集团是如何混合的，只需考察两个集团：精英阶级和非精英阶级。首先要注意：第一，在同一集团中名不副实者占整个集团的比例；第二，在不同集团之间，从这一集团向那一集团过渡的方式和运动的强度或循环的速度。

帕累托认为，对这种循环的速度，不仅需绝对地考察，还要同某些因素的要求与供给联系起来考察。譬如，一个长期处于和平状态的国家，在统治阶级中需有少数武士，并可能供大于求。当该国处于长期战争状态时，需要大量武士，尽管他们的数量保持不变，但可能供不应求。这正是许多贵族瓦解的原因之一。

---

① 帕累托：《普通社会学纲要》，田时纲译，生活·读书·新知三联书店，2001年，第299页。

② 同上书，第299页。

　　帕累托指出，不能把权利状态同事实状态相混：在法律上封闭的种姓中，事实上往往发生大量的渗透。相反，如果缺乏获准进入的条件，一个法律上开放的种姓实际上会是封闭的。如果任何人只要发财致富，就能进入统治阶级行列，但社会环境致使无人发财致富，那么这个统治阶级就似乎是封闭的；如果只有少数人发财致富，那么法律似乎为进入统治阶级设置了重重障碍。譬如，在罗马帝国的末期，法律规定发财致富者可进入元老院，但是只有极少数人能发财。这表明罗马帝国末期的统治精英阶级是封闭的，精英循环的速度是缓慢的。

　　在社会阶层中，第一种、第二种剩余物发生的变化，对精英循环起到重要促进作用。在临近罗马共和国末期，上层阶级的宗教情感十分微弱。下层阶级人士、外国人、被释奴以及罗马帝国曾经引进的其他人，为上升到上层阶级，宗教情感明显增强。在罗马帝国末期，当政权掌握在出身下层阶级的官僚和平民武士手中时，宗教情感重新增强。这是第二种剩余物——集合体持久性剩余物占优势的时代，表现为文学、艺术和科学的衰落及东方宗教，尤其是基督教的入侵。

　　16 世纪的新教改革，克伦威尔时代的英国资产阶级革命，1789 年法国大革命，都是产生于下层阶级吞没上层阶级的怀疑论的宗教狂潮。在 20 世纪的美国，使下层阶级升迁的运动迅猛异常，向世人展示了第二种剩余物威力无穷的民族。在这个民族中产生了大量邪教，还制定了许多虚假法律以约束道德，它们类似欧洲中世纪那些法律。

　　帕累托指出，历史是埋葬贵族的坟墓。贵族并非永为贵族。无论何种原因，一定时期之后贵族销声匿迹是不可避免的。雅典人对奴隶和外国移民来说是贵族，他们没有留下后代就消逝得无影无踪。形形色色的罗马贵族消逝了；蛮族的贵族也消逝了；在法国，法兰克征服者的后裔不见踪影；在英国，只有极少数贵族家族可上溯到征服者威廉；在德国，现在大部分贵族出身于古代绅士的陪臣。从几百年来的历史长河看，欧洲各国人口增长迅猛，但贵族却未按相同比例增长。

　　什么是贵族？帕累托认为，在统治精英阶级中的某些集合体叫贵族，有时这样的集合体并未完全确定。在某些情况下，大部分贵族成员具有留驻其中的素质。相反，在另一些情况下，数目可观的成员丧失或根本不具有这样的素质。通常，他们在统治精英阶级中居主导地位，但有时也被排除在统治精英阶级之外。譬如，起初，武士、教士、商人、富豪，肯定属于精英阶级，有时构成整个精英阶级。百战百胜的武士、事业发达的商人、财源茂盛的富豪，恰恰在各自领域胜过常人。应当说，他们是名副其实的精英。但随着时间的推移，出现名实分离的现象，一般很明显，有时更严重。与此同时，某些起初在统治精英阶级中居主导地位的贵族，最终沦为该阶级中无足轻重的因素。譬如，像主要发生在武士阶级中的那样。第一，武士贵族成员必须在战场上拼杀，不少成员牺牲，造成数量上的锐减。第二，掌权的武士贵族安于现状、贪图享乐，其素质迅速衰退。所有贵族都享受社会特权和优越的生活条件，他们易接受第一种剩余物——组合本能，投身于智力组合活动，有时甚至沉湎于物质或精神的享受，从而丧失统治和管理国家的能力。帕累托认为，18 世纪末的法国贵族就陷于山穷水尽的境地，而路易十六成为法国贵族衰败的典型。法王路易十六意志薄弱、优柔寡断，既不能预先防止大革命爆发，也未能在大革命爆发后抓住时机巩固王权。他未能同中产阶级改革派结成联盟，建立君主立宪政体，但在1789 年后却竭力维护教士和贵族的特权。他盲目认为大革命会自生自灭。在历史的关键时刻，充分暴露出自己的怠惰、昏庸、愚昧，沉湎于狩猎、制锁和做泥瓦匠以自娱的弱点。"法王路易十六在不到一季的时间内就将祖传的对君主政体的挚爱、崇敬和近乎宗教般的崇拜耗竭，他一再退让，简直可称作革命的国王"。[①] 第三，贵族的后代丧失或不具有统治精英素质。他们窃据高位源于父辈赋予的社会特权，而不是像其父辈靠自己坚毅果敢成为统治精英。满族贵族八旗子弟的衰败堕落的历史事实就说明这一点。"如果人类的贵族像经过精选的动物良种，能长时间繁殖具有近乎相同品质的后代，人类的历史就会截然不同"。[②]

正是由于旧贵族不仅在数量上锐减，而且更重要的是在素质上的衰退；

---

① 帕累托：《普通社会学纲要》，田时纲译，生活·读书·新知三联书店，2001 年，第304页。

② 同上书，第303 页。

统治阶级不仅在数量上，而且更为重要的是在素质上由下等阶级的优秀分子重新构建，他们给统治阶级带来活力与朝气，以及为维护政权所需的相应的剩余物。统治阶级只有淘汰其最衰败的成员，才能恢复元气。

如果上述两个方向的运动中的一个停止，甚至更为糟糕，两种运动都停止，统治阶级就开始走向毁灭，往往还会引起整个民族的崩溃。在下层阶级中优秀分子的聚集，或相反在上层阶级中低劣分子的聚集，是破坏社会平衡的重大动因。

帕累托指出，统治阶级总要通过种种手段以消灭从下层阶级中涌现出的威胁政权的新精英。最常见的手段有：（一）处死。这是最保险的手段，也是最不人道的手段，然而在历史上统治阶级通常采用。18 世纪俄国女皇叶卡捷琳娜二世残酷镇压普加乔夫农民起义军，被俘农民领袖绑在马尾上在地上拖拉、再被肢解。20 世纪 60 年代，印度尼西亚苏哈托将军为维护统治，屠杀几十万共产党人和革命志士。这种手段对精英阶级危害最大，任何人类种族都不能长期经受这种选择并消灭其优秀分子。（二）未达死刑的迫害：监禁、破产、撤职。因为这样会不断涌现烈士，而变为烈士往往比他们活着更为危险。所以对统治阶级益处不大或毫无益处；但对考察的精英阶级整体（统治阶级和被统治阶级）损害不大，有时甚至能有益；因为迫害往往激发下层阶层的精神力量和坚强性格，而衰老的精英阶级恰恰缺乏这样的品质，于是被迫害阶层最终推翻统治阶级的统治并取而代之。（三）流放、放逐。此类手段相当有效。在现代流放几乎成为对政治犯的唯一刑罚，对于维护统治的统治阶级来说，利远大于害；譬如，雅典的贝壳放逐法既未带来巨大效用，也未造成巨大损害。19 世纪和 20 世纪初叶沙皇俄国通常采用此种手段对付革命者；但造就了列宁、斯大林、托洛茨基等十月革命领袖人物。应当说，这类手段对精英阶级素质的提高很少损害或毫无损害。这也是最为人道的手段。（四）吸纳为统治阶级服务的新精英。对统治阶级构成威胁的新精英分子，只要答应为统治阶级服务，就要把他们吸纳到统治阶级队伍中。对于统治阶级来说，这种手段非常有效。许多民族在各个时代都采用这种手段。英国统治阶级最善于吸纳心怀不满、潜在的革命者，几个世纪以来，向出身下层阶层的新精英敞开大门，保障了政权稳定（冲突减少）。在现代几乎成为富豪统治集团采用的唯一手段。当工人运动高涨时，西方富豪统治集团就会变本加厉地收买工会上层、革命意志不坚定的工人运动领袖，以达到其不可告人的目的。帕累托强调，当新精英改变自己的本质所在，由敌人变为盟友和奴才，精英循环的要素就被消灭——这正是腐朽统治阶级收买新精英的险恶用心。因为，精英阶级循环之所以发生，恰恰是当精英阶级外的优秀分子成为此阶级成员，并把他们的意见、性格、美德和倾向带到精英阶级中。因此，这种手段对精英阶级有害，因为它使此阶级中偏执性格更为突出，另外，这种手段导致腐败，使精英阶级意志极度消沉，从而为善于及企图使用暴力者开辟道路，以摆脱统治阶级的桎梏。

譬如，统治阶级拥有丰富的第二种剩余物（集合体持久性），并且感到缺乏第一种剩余物（组合本能）的痛苦，就将需要具有相反比例剩余物的新精英。这些新精英可由自由循环提供。但相反统治阶级若只向类似自己的行动者开放，或者后者满怀新教徒的热忱，走过了头，此阶级拥有的剩余物的有害比例会更加严重，并从此走向毁灭。相反，正如现代的富豪统治集团严重缺乏第二种剩余物，但拥有丰富的第一种剩余物，将需要吸收拥有少量第一种剩余物和大量第二种剩余物的新精英。当富豪统治集团只向为私利而背叛信仰和良心的新人开放，并向效劳者广施恩惠时，所吸收的新人无助于振兴它最需要的东西。虽然，除掉敌手的某些领袖人物，使统治集团受益匪浅；但它未吸收新鲜血液以使自己朝气蓬勃。当它能运用权术谋略和贿赂时，很可能所向披靡；但它若用武力和暴力干预，极易败北。在罗马帝国的衰落时代就发生过类似情况。

当因某种原因长期分离的国家各个阶级突然融合，或者一般说来，当停滞的精英阶级循环突然变得惊人的频繁，几乎总能发现这个国家文化、经济、政治获得令人瞩目的繁荣，于是从寡头政体向民主政体的过渡期往往就是繁荣期。如果这种现象因国家政体变更产生，只要新政体存在，此种现象就应该延续。但人们往往没有发现此种情况：它只持续一段时间，随后就改变。在伯里克利时代，雅典政体是共和制，但雅典却从繁荣迅速走向衰落。西庇阿时代罗马的繁荣持续很长，但在共和国末期衰落已初见端倪，伴随帝制出现短暂繁荣，接着立即开始衰落。为了具体描述此种现象，可以设想存在两个分离的实体，合二而一则生机勃勃，分离刚止即面貌一新，但此状态不能永久持续。在一段时期内，因为统治阶级衰败，精英阶级循环减弱，繁荣指数降低；在短暂的时间段内，发生革命或任何使精英阶级循环增强的事件，繁荣指数即突然上升；但随后精英阶级重新衰败，繁荣指数再次降低。

帕累托认为，精英阶级循环的减弱或增强既可定性也可定量。譬如，在雅典两种事实此起彼落，因为雅典公民构成一个封闭或几乎封闭的种姓，他们不容许长期定居的外国人进入此种姓，外国人即使战功赫赫也不能成为统治阶级成员。在罗马，经过数代之后，被释奴使天生自由民阶级恢复生机；但在共和国末期，阴谋和贿赂成为进入统治阶级的主要手段。伴随罗马帝国的建立，为进入统治阶级，优秀素质重新发挥作用，但此时显露出更为严重的衰落。现代富豪统治集团并未对精英阶级循环设置障碍（比如在其数量上），因此由循环造成的繁荣会持续很长时间。但当它不把精神力量和坚毅性格视为统治阶级不可缺少的品质时，繁荣指数就可能下降。

帕累托指出，正是由于精英阶级循环，统治精英阶级就像一条流淌的河流，处于一种连续和缓慢的变动状态，今天执政的精英阶级已不是昨天的那个。有时人们发现这种变动就像洪水泛滥、迅猛异常；其后新生统治精英阶级又持续开始缓慢地变化：河水已归入河道，重新开始正常流淌。

如果精英阶级循环缓慢或停止，就会爆发革命。此时上层阶级中低劣分子聚集，他们不再拥有用以维护政权的剩余物，并且放弃使用暴力；相反在下层阶级中优秀分子增加，他们拥有用以执政的剩余物，并且准备使用暴力。人们还发现，在历史上的历次革命，往往由上层阶级某些人士指挥下层阶级，因为前者具有运筹帷幄的聪明才智，但缺少由下层阶级提供的剩余物。帕累托认为，理想的社会能保障精英阶级循环持续不断、井然有序地进行。

不仅如此，帕累托还把精英循环论提升到历史观的高度。他认为，如果只对某个短暂历史时期进行观察，只能发现诸如起义、政治、社会要求及压迫等偶然现象，而普遍的现象是，执政精英阶级竭力维护自己的统治，与此同时，新生精英阶级则试图领导大多数民众推翻前者统治以取而代之。当反对派精英阶级掌权后，又会形成一个新精英阶级反对新执政的精英阶级。帕累托认为，历史学家总把种种冲突解释为"贵族"同"平民"的斗争；但从本质上看，是"新贵族"同"旧贵族"的斗争。执政精英阶级走向衰败，朝气蓬勃的新精英阶级取而代之。在政权更迭后的一段时期，通常会出现经济、文化和政治的繁荣；但这不像历史学家所说的归功于人民，而是执政的新精英阶级出于维护政权的需要，施行开放政策，促使精英阶级循环的结果。① 这里不难发现，帕累托把政治斗争解释为精英阶级之间的斗争，就抹杀了政治斗争即阶级斗争的本质，因为任何精英集团都是代表本阶级利益、情感和倾向的。此外，帕累托只用精英阶级心理学而不用经济和社会结构确定社会制度的特性，就贬低了历史差异性的价值，几乎剥夺了历史发展的任何意义。在此种意义上，帕累托的精英循环历史观同历史唯物论格格不入。

（三）社会系统论

社会要素及相互依存

在《普通社会学纲要》最后两章"社会的一般形式"和"历史上的社会平衡"，帕累托全面、整体地分析社会系统。在帕累托看来，社会系统是某种异质同生系统，他所说的社会系统类似于今天常用的社会结构。他受到斯宾塞"人类社会和动物界都具有自然平衡与和谐的特性"的启示，将社会系统视为有机体，具有某种还原论的倾向。

帕累托首先界定"社会平衡状态"。他认为社会平衡状态类似物质系统力平衡状态，更类似于生命有机体的平衡状态。他举例说社会平衡状态 X 类似于一条河流状态，而状态 X1、X2 同上述河流每天的状态相仿。河流不会静止不动，它流淌不息，其形式和流淌方式的任何微小变化，都会引起趋向恢复原状的反作用。同样，社会系统也是如此。

帕累托随之对社会一般要素进行分类：（一）外在要素，诸如土地，气

---

① 参阅马斯泰罗内《欧洲政治思想史》，黄华光译，社会科学文献出版社，1999，第453页。

候，植物群，动物群，地理位置，矿产资源；（二）一个社会对其他社会的作用，或超越空间，或时间超前；（三）内在要素，诸如种族、社会异质性，剩余物，派生物，利益、倾向、兴趣，知识状况。

帕累托认为，大部分社会要素相互依存。社会系统由社会要素确定，以一定形式构成，但反过来又作用于社会要素。在此意义上，还应认为这些要素同此社会相互依存。于是，社会结构的形式决定社会生活的性质，社会生活的性质反过来又作用于社会结构。为了深入研究社会体制（社会结构形式），至少应当考察决定这些体制的主要要素，忽略那些作用不大的次要要素。帕累托主要考察内在要素，把剩余物、人们的倾向和利益等作为考察对象。

帕累托写道：“无论我们考察的要素数量多少，我们设想它们构成一个系统，并称为‘社会系统’，我们将研究它们的特性。这种系统随时间的推移改变形式和性质；因此当给社会系统命名时，我们理解为它不仅要在某一确定时刻，而且要在某一确定时期内发生的连续变化中考察。正如给太阳系命名时，想要在某一确定时刻内以及构成或长或短时期的连续时刻内考察这一天体系统。”①

为了更好地理解第一种性质的相互依存和第二种性质的相互依存之间的差别，我们应考察一个特定的社会。它的存在已是一个事实，另外随之发生的还有其他事实。如果我们一起考察这两种事实，将说它们都是相互依存的。如果把它们区分开，我们将说后种事实之间相互依存是第一种性质的，即社会要素之间的相互依存；后种事实和前种事实相互依存是第二种性质的，即社会要素整体和社会结构形式（体制）的相互依存。譬如，罗马人在实际生活中对形式主义的偏好发生作用，使得这种形式主义在宗教、法律、政治中产生，并得到巩固和发展，反之亦然。这里存在第一种性质的相互依存。罗马人借助政治形式主义（它避免了无政府主义危险）能保持对独立的偏爱这一事实，提供了第二种性质的相互依存的实例。

从第二种性质的相互依存作用的方式本身可发现，它的作用往往比第

---

① 帕累托：《普通社会学纲要》，田时纲译，生活·读书·新知三联书店，2001，第306~307页。

一种性质的相互依存的作用慢得多。因为首先需要发生对社会平衡的破坏，然后这种破坏反映到其他剩余物上。另外，由于相同的动因，在有节奏的社会运动中，第二种性质的相互依存所占比重大于第一种性质的相互依存。

帕累托认为，所有社会要素都决定社会平衡状态，但在决定社会平衡时，某些要素可视为在相当长时间内不变，另一些要素在较长时间内不变，还有些要素变化不定。他认为，情感和反映情感的剩余物是在相当长时间内不变的要素。"为了更好地理解相互依存，我们将补充说情感取决于经济条件，正如经济条件取决于情感，其他要素也存在类似依存"①。

帕累托指出，要想考察决定社会平衡的要素整体，如果不是全部，至少应包括最为重要的四种要素：剩余物（a），利益（b），派生物（c），社会异质性（d）。而重要要素之间的相互依存可分为四种组合：（一）（a）作用于（b）（c）（d）；（二）（b）作用于（a）（c）（d）；（三）（c）作用于（a）（b）（d）；（四）（d）作用于（a）（b）（c）。

帕累托认为，组合一是社会现象中最重要的部分。以伦理学为社会基础或让"观念"支配事实的理论朦胧地、大致地直觉到此种组合。

组合二也很重要，这正是历史唯物主义所强调的——利益决定剩余物和派生物。但帕累托认为，剩余物（情感的表现）和派生物（意识形态）对经济行为和经济体制也具有反作用，所以经济决定论用部分代替整体，犯了忽视其他组合的"错误"。在此种组合中，利益（b）对社会异质性（d）产生的直接效果最大。帕累托的"社会异质性"类似于马克思所说的"阶级"，尤其特指"贵族"与"平民"、精英与非精英、统治者与被统治者。譬如，工业保护政策的动态效果不仅使具有技术天才的人致富，而且先使具有金融组合天才者或善于玩弄手腕并受到政客庇护者发财。其中某些人天资过人，变得富有、强大并成为统治精英。那些擅长适时出售保护政策好处的政客也是如此。另外，性格完美超过技术、金融天资者，或者他们不擅长玩手腕、使诡计，就会沮丧颓唐，因为他们未从保护政策中受益，反而为它付出代价。工业保护政策的静态效果并不同一，而仅类似；

① 帕累托：《普通社会学纲要》，田时纲译，生活·读书·新知三联书店，2001，第318页。

如果它使人们致富程度不大，由于已为上述人杰和枭雄开拓大展宏图的道路，往往损害农业。在此种组合中，利益（b）似乎对剩余物（a）作用很小，这也有剩余物（a）变化缓慢的缘故。相反，对派生物（c）产生效果显著，人们不难发现捍卫保护主义的经济学理论空前繁荣，其中多数可同以往时代为获得庇护奉献给富豪、贵族的题词与颂诗媲美。

组合三通过文学为人们所熟悉，它享用的重要性远远超过实际，在所有组合中价值最小。在此种组合中，派生物（c）对剩余物（a）的作用很小或毫无作用，对利益（b）的作用小，对社会异质性（d）的作用大一些，因为在每个社会正人君子在颂扬强者时都能被吸收到统治阶级中。假若施穆勒①是个自由派人士，他不可能被任命为普鲁士贵族议会议员。相反，英国自由派人士将受到所谓"自由"政府的恩宠。

组合四早就被柏拉图和亚里士多德阐明，直至今天仍很显著，它是非常重要的现象。一般地讨论组合四，利益（b）对剩余物（a）的直接和间接的作用不应忽视；如果多年施加影响，甚至可能变得很显著。在一个只倾向于关注经济利益的民族中，符合组合的情感受到赞扬，符合集合体持久性的情感受到压抑；在这两种剩余物中的类型改变，尤其是剩余物得以表现的形式——派生物在变化。"尽善尽美仿佛要等到将来，相反在过去它已被提出，进步上帝住在奥林匹斯山上。人道主义获得胜利，因为现在最好用欺诈而不是暴力牟取利益。围绕着障碍转圈，而不是用暴力克服它们，已变成共同的原则"②。

作用与反作用永无休止地相继发生。譬如，当（a）变化时，由于组合一，其他要素（b）（c）（d）也发生变化，可称之为"直接作用"；但是，由于其他组合，（b）（c）（d）的变化也会引起（a）的变化，因此（a）的这种变化反映到组合一并重新引起（a）（b）（c）（d）的变化，可称之为"间接作用"。其后，多种组合的效果交织在一起，因此，人们在社会中观

---

① 施穆勒（Schmoller, 1838～1917），德国庸俗经济学家，新历史学派和讲坛社会主义的主要代表，上院议员。

② 帕累托：《普通社会学纲要》，田时纲译，生活·读书·新知三联书店，2001，第348～349页。

察到的具体平衡状态是全部要素全部作用与反作用的结果。

剩余物与社会平衡

帕累托指出，第一种剩余物与第二种剩余物在个体中的比例，是确定社会平衡的主要要素之一。这种比例通常可大致从如下三方面考察：（一）在各个国家的国民之间，和在同一国家不同时代的国民之间。（二）在社会阶级之间，主要在统治阶级和被统治阶级之间。（三）同某国精英阶级循环的关系。

帕累托强调，不能把剩余物的比例视为原因，将社会现象看作结果，剩余物与社会现象的关系是相互依存关系而不是因果关系。此外，在依存关系中避免把一种剩余物比例的条件视为唯一条件，尤其不能把这种条件和必要的充分条件相提并论。主要讨论第一种剩余物和第二种剩余物，只是为了简明扼要地大致把握现象；显然，还需要关注其他种剩余物。幸好，社会性、个人完整性等剩余物在集合体持久性中都有自己的对应物；因此在考察第二种剩余物时，也就间接考察了它们。譬如，V 种 α 类剩余物——反对破坏社会平衡的情感，就和第二种剩余物相对应。当实际平衡或想象平衡被破坏或设想被破坏，社会个体感到痛苦万分，虽然他们并未因平衡遭到破坏而受损，有时反而受益。正是由于这种情感，当一种社会平衡被破坏，会产生试图恢复它的力量。将第二种（集合体持久性）剩余物补充到这类剩余物中，就会形成具有重要社会意义的复合剩余物，它们符合生动、活泼的情感，类似于用"正义的理想"表达的情感。

把各种剩余物的比例同其他社会现象联系起来，就像把现代军队中火炮与其他武器的配置和胜利可能性联系起来一样。首先，这种条件不是唯一的，还存在许多其他条件，军队不仅配备有装备和食品。其次，如果在某些情况下，这一条件是必要的，但从不是充分的：光有火炮和其他武器的合适配置远远不够，还需要士兵会使用它们。最后，还要注意到火炮需要牵引车或军马，训练有素的士兵、士官、军官，数量充足的装备等。由此可见，在统治阶级中第一种和第二种剩余物比例适当远远不够，还需要它们适当地发生作用。显然，譬如，如果组合本能不是应用于经济或军事活动，而是应用于巫术活动，则恰恰毫无意义；如果这种本能在沙龙式的阴谋诡计中耗尽，而不是运用于政治活动中，同样意义不大。最终，如果集合体持久性蜕化为禁欲的、人道主义的或类似情感，那么它们的功效可同用木制大炮装备的炮兵媲美。当在一支军队中士兵们均能熟练准确使用各种武器时，这些武器的合适配置才能长期有效；同样，只有当各种剩余物更好地促进社会繁荣时，具有剩余物合适比例的政权才能持久。

帕累托在比较法国公民的第一种剩余物和第二种剩余物的比例差异时，指出此种差异从1209年爆发的阿尔比人战争时代就存在。现在，法国南方居民第一种剩余物远超过其他种剩余物，而北方居民那里第二种剩余物占优势；今天法国政府中大部分部长和政客都是南方人。哪里盛行权术谋略，哪里第一种剩余物就具有价值；相反，哪里盛行暴力，哪里第一种剩余物价值就大大减弱。而对于第二种剩余物则恰恰相反。

帕累托指出，文艺复兴时代的意大利人的例证更典型。早在中世纪末，意大利在人类活动的各个领域远远超过其他欧洲国家，但难以置信它未能重现罗马帝国的辉煌，反而遭受蛮族入侵。论财富，意大利银行家贷款给欧洲的君主和商人。论文学和艺术，意大利空前繁荣，欧洲其他国家大为逊色。论探险，马可·波罗游历神秘的亚洲，哥伦布发现美洲新大陆。威尼斯的外交、梅迪契的政治实践、马基雅维利的政治理论，都是举世无双的。法国和西班牙的国王竞相争夺安德烈亚·多里亚以统帅他们的海军。然而，为什么意大利却被别国征服呢？一种回答：意大利分裂。但意大利为什么分裂？法国和西班牙也同样分裂，但能够团结一致，为什么意大利做不到？另外，由于相同原因，意大利才拥有财富、文化繁荣、精湛的政治和军事艺术等众多优势。真正原因是：在意大利组合本能的重要性远远超过集合体持久性本能。而在法国和西班牙组合本能的比例离保障最强实力的比例不远。如果它们同意大利交战，必然战胜并入侵意大利，正像罗马同希腊交手时所发生的那样。

帕累托说：德国的宗教改革运动是第二种剩余物占优势者反对第一种剩余物占优势者的运动，是暴力和德意志宗教虔诚反对天赋、权术谋略、意大利理性的斗争。因为使用了暴力，前者获胜；如果未使用暴力，后者将获胜。如果中世纪德意志帝国能持续至今并扩展到意大利，可能当代意大利人将统治这个帝国，正如南部法国人现在统治法国一样。

他还讲：长期受帝国主义列强侵略压迫的中国，靠极其微弱的第一种剩余物能继续存在。在甲午海战之后，受日本明治维新的启示，逐步走上革新图强的道路，即扩大第一种剩余物的部分。

帕累托进一步指出：一般说来，在统治阶级中存在丰足的第一种剩余物，凭借它们可以巧妙地使用被统治阶级中存在的第二种剩余物。罗马人战胜希腊人和迦太基人，主要因为罗马人的集合体持久性情感比希腊人和迦太基人强烈，而这种情感又以爱国心著称于世，其他情感又帮助、强化爱国心。哪里第二种剩余物无比强大并被足智多谋的统治者保持不变，这样的统治阶级又善于利用它们，那里的国民就心甘情愿承受军备的重负和战争的巨大牺牲。相反，哪里第二种剩余物非常微弱或被只顾眼前物质利益而无远见卓识的统治者削弱，那里的国民就拒绝承受军备的重负并惧怕战争的牺牲。如果认真地研究历史，就会发现走向失败或毁灭的民族并非对这条危险之路毫无觉察，而鼠目寸光的统治者也不是对这种危险毫无警觉。因此可以说存在促使国民采取措施避免失败的力量，但此种力量所起作用大小取决于其强度，而其强度主要取决于统治者中第二种剩余物的强度，根据被统治者中第二种剩余物强度大小，这种力量会遇到或大或小的抵抗。

正如马基雅维利所说，政治家应兼具狮子和狐狸的品格；帕累托也认为，统治者应擅长使用暴力和计谋，即拥有第二种剩余物和第一种剩余物的合适比例。他援引罗马帝国的例证——不仅依靠暴力才取得建立帝国的胜利。恺撒和奥古斯都·屋大维除擅长使用暴力外，还广泛地使用权术谋略，恺撒也不缺少富豪集团的巨大支持。相反，罗马共和国的叛乱者卡蒂利纳却因有勇无谋而招致失败。卡蒂利纳是个肆无忌惮的野心家，在这一点上，类似于马略、苏拉、克拉苏、庞培、恺撒和奥古斯都·屋大维。但他只准备使用暴力，具有大无畏精神，而对权术计谋一窍不通。投奔他的叛军多为苏拉的老兵，他们因其出身，擅长使用暴力，对政客的神妙莫测的权术了解不多。后来，破产者、债务人等也纷纷投奔他，他们想通过暴力改变自己的命运。由缺乏第一种剩余物的统帅和士兵组成的叛军必然以失败告终。因此，从某种意义上说，是使用暴力的野心家被机敏狡诈的野心家击败，是狮子不敌狐狸。

在资本主义时代，工商业利益占优势，导致充斥狡诈阴险之徒并拥有大量组合本能（第一种剩余物）者的统治阶级富有，而使拥有大量集合体持久性本能（第二种剩余物）的被统治阶级贫穷。如果认真考察历史，可以发现靠组合本能和权术计谋进行统治，第一种剩余物占优势的阶级的政权可以长期维持；但为了统治还需要暴力，随着执政时间的延续，在统治者内部第一种剩余物逐渐增加，第二种剩余物逐渐减少。当统治者很少使用暴力并变得软弱无力时，社会平衡就不稳定；当被统治者奋起造反，就爆发革命，从而破坏社会平衡。威尼斯政治体制延续很长时间，因为其贵族善于保持为使用暴力所需的集合体持久性情感。第二种剩余物占优势的民族，或通过渗透——精英阶级循环，或通过革命突然地将此种剩余物带至统治阶级中。

在现代资本主义国家，工商业发展速度日益加快，需要大量的储蓄。而且，资产阶级政府主要靠黄金，而不是暴力统治。因此，富有冒险精神、不懈追求新组合又挥金如土的人们，需要气质不同、勤俭节约的人们作为维持统治的基础。法国统治阶级主要在本国妇女中发现这种人，在她们那里第二种剩余物仍然占优势。她们为法国和其他国家提供巨额储蓄。如果统治者在本国找不到这种人，就会到国外去寻找。正如美国在 19 世纪那样，大量消耗欧洲的储蓄。

在现代社会中，从经济收入的角度，帕累托把人们分为两类——S 类人和 R 类人。S 类人，即收入不固定并能发现收入来源的人们，所有此类人都直接或间接地参与投机，并善于利用形势、挖空心思地增加自己收入，主要是企业家、银行家、工商业股票持有者、投机的房地产商以及从投机活动中获利的政客、自由职业者等。R 类人，即不参与投机、收入固定、无论如何也不能使自己收入增加者，主要是广大工薪阶层、银行和基金会储蓄持有者、公债券持有者。在 S 类人中，第一种剩余物占优势。在 R 类人中，第二种剩余物占优势。这两类不同的人群在社会中发挥着截然不同的功能。如果说 S 类人是社会变革和经济、文化进步的促进者的话，那么 R 类人则是保持社会稳定的因素。如果在一个社会中，R 类人个体占绝对多数，这个社会必然停滞僵化。相反，如果 S 类人占绝对多数，该社会则处于不稳定的平衡状态，缺乏稳定性。由此可见，一个社会既要保持稳定又要不断发展，就需要该社会中 R 类人和 S 类人具有适当比例。换言之，在一个社会中，主要拥有第二种剩余物和第一种剩余物的人们应保持适当比例。

为了保持社会稳定，即避免爆发革命的危险，就要求统治精英阶级拥有相当丰富的第一种剩余物，要求广大被统治阶级拥有更多的第二种剩余物。一个厚颜无耻的格言表达了类似意思："平民应有宗教，贵族应有智慧。"然而，即便对统治精英阶级来说，第一种剩余物也不能过多，不能不拥有一定量的其他种（尤其第二种）剩余物。因为，随着第一种剩余物的增加，社会的个体会更加关注个人利益，变得更加自私。所以，统治精英阶级必须具有高超智慧和坚定意志、大无畏精神，既追求自身利益又具有责任感和使命感。

一般说来，在社会阶层中，第一种、第二种剩余物发生的变化，对于决定社会平衡具有非常重要的意义，会引起社会平衡状态的破坏。譬如，在某些时代上层阶层的"宗教"情感逐渐减弱，在另一些时代逐渐增强，并且这种波浪式变化曲线和显著社会变化一致：每当上层阶层第二种剩余物减少些许，下层阶层就相应增长，最终达到高潮，就会爆发革命。帕累托认为，统治精英和被统治者拥有剩余物的波动决定相互依存的循环。历史正是由怀疑主义、文明及智慧阶段同爱国或宗教信仰无穷循环交替构成。

暴力与认同

帕累托指出；到处都有统治阶级，即使在专制暴君那里也有，只是表现形式不同罢了。在专制政府中表现为君主，在所谓民主政府中表现为议会。但在幕后总有人主要实施实际统治，如果有时他们不得不暂时屈服于君主和议会的意志的话，其后他们将靠卓有成效的行动变得坚忍不拔。在某些情况下，君主和议会并未发觉自己被诱使所干的事情，享有主权的人民更未发觉，还以为按自己的意志办事，实际上是按其统治者的意志办事。而统治阶级是不同质的：它有一个政府、一个领袖、一个成员更少的阶层、一个委员会，实施实际统治。有时事实显而易见，譬如斯巴达的民选五长官、威尼斯的十人委员会，是专制君主的拥护者、议会的主宰；有时事实若隐若现，比如英国的政党决策委员会、美国的党代表大会、在法国和意大利活跃的"投机者"。

从人类全部历史可以发现，从远古时代的国王直至现代的民主政体，一切统治者都无一例外地把暴力和认同作为统治手段。换言之，到处存在一个人数不多的统治阶级，它部分靠暴力，部分靠人数众多的被统治阶级的认同来维持政权。主要差别仅在于：从实质上看，统治阶级使用暴力和认同的比例；从形式上看，统治阶级使用暴力并获得认同的方式。

如果全民一致认同统治，统治者就无须使用暴力；但这种假设现象在历史上从未出现。相反极端情况却颇为常见：专制暴君用自己的军队残酷镇压造反的民众以维持政权，甚至借助外国武力来奴役不屈不挠的人民。前种情况中的平衡状态比后种情况中的平衡状态更不稳定，这是由于各方拥有不同剩余物所致。一般来说，暴君的帮凶同被奴役的民众拥有的剩余物没有本质区别；因此他们都缺乏支持和阻止使用暴力的信仰；就会如古罗马禁军、土耳其近卫军、古埃及马穆鲁克雇佣兵的所作所为，肆无忌惮地行使权力；或者抛弃与民众为敌的暴君，不再充当鹰犬。相反，一般来说，统治民族同被奴役民族的风俗习惯不同，有时语言和宗教也不同；因此剩余物也不同，它们并不缺乏使用暴力的信仰。在被奴役的民族中，同样不缺乏为反抗压迫所需的信仰。恰恰由于此原因，统治民族竭力同化被奴役民族，如果他们能实现自己的目的，肯定是维护统治的最好战略；但他们往往以失败告终，因为他们妄图用暴力改变被奴役民族的剩余物，而不是利用后者拥有的剩余物。不仅如此，所有统治者越是善于利用被统治者拥有的剩余物，政权就越巩固；当他们妄图用暴力改变后者拥有的剩余物时，其效果甚微甚至毫无效果。这就是统治者维持统治成功与否的原因所在。

根据维护政权的暴力和认同的两种手段，统治者通常利用被统治阶级的分子作为帮凶。这些帮凶分为两类：一类使用暴力，充当士兵、警察、宪兵等打手；另一类充当玩弄权术和摇唇鼓舌的政治门客。从古至今，这两类帮凶连绵不断；但他们所占比例变化不定，并且表面比例还不同于实际比例。在禁军时代的古罗马，实际统治手段是暴力，帮凶几乎均为打手。

在 20 世纪的美国，实际统治手段主要是认同，所以帮凶主要是政治门客。

帕累托接着指出：从本质上看，统治者都竭力利用手中的权力保住自己的宝座，甚至滥用权力牟取特殊利益，但他们总说成是政党利益甚至是民族利益。从而他得出结论：（一）不同政体之间的差别意义不大，实质差别存在于国民的情感中；哪里国民正直，政府就近乎正直。（二）统治者越滥用权力干预私人事务，剥夺的财富就越多。（三）统治者剥夺他人财富，不仅为自己，还要奖赏充当打手和门客的帮凶。（四）通常统治者和帮凶对自己违犯社会现行道德毫无觉察，或用维护政权的目的为之辩解。巧舌如簧的政治门客鼓吹统治者在捍卫正直、道德和公众利益，实际上是为其主子竭力掩饰追逐金钱的卑鄙伎俩。（五）统治者以各种方式消耗一定数量的财富，这笔财富不仅同干预私人事务攫取财富的总量有关，而且同统治者维护政权所使用的两种手段有关，因此同第一种和第二种剩余物在统治者和被统治者中所占比例有关。

从历史上看，统治者的政府主要有两种：（一）主要使用物质力量和宗教情感力量或类似力量的政府。（二）主要玩弄权术和谋略的政府。

譬如，"暴政"时代的希腊城邦政府、斯巴达政府、奥古斯都·屋大维和提比略时代的罗马政府、威尼斯共和国在最后几百年的政府、18 世纪许多欧洲国家政府，可归于第一种政府。这种政府类型中的统治者，其第二种剩余物同第一种剩余物相比更占优势。精英阶级的循环一般缓慢。这种政府开支并不大；但由于其憎恶新生力量，又不重视通过精英阶级循环吸收更具经济天赋的优秀分子，也没有促进经济的发展。然而，如果经济组合本能在国民中持续存在，政府又不设置障碍，经济就会颇为繁荣，兴盛时期的罗马帝国就是这样。但往往随着时间的推移，这种政府致力于形成僵化的民族，必然设置障碍。虽然，它们可靠对外征服致富，但由于不生产新财富，这种富有并不稳定（如斯巴达、罗马）。此外，这种政府通常蜕化为腐败的军人政府，比如古罗马禁军、土耳其近卫军政府，它们都擅长大肆挥霍社会财富。

第二种是主要玩弄权术和谋略的政府。在这种政府中，统治者的第一种剩余物超过第二种剩余物，因为只有具有高超组合本能，才能游刃有余地运用权术和谋略，以影响利益和情感。它又分为两类：（一）如果权术和谋略首先用以影响情感，可视为神权政府。古希腊和古代意大利国王可能接近此类政府，现在已绝迹。（二）如果权术和谋略主要作用于利益，但又不完全忽视情感的政府。共和国不同时期的罗马贵族政府、许多中世纪共和国政府、现代西方"投机者"政府，则属于此类。在第一类中，精英阶级循环过于缓慢。此类政府开支不大，却未能促进经济发展。它们并不明显地使用暴力，也不能用被征服之地的经济弥补自己的不足；却极易成为善用暴力的邻国的猎物。因此，或被邻国征服，或因内部腐败，这类政府消逝了。在第二类中，精英阶级循环速度快，在当代"投机者"政府中循环速度极快。此类政府开支很大，但其国家往往是生产超过消费以保障繁荣；然而在特定形势下，随着消费的增长，第一种剩余物可减少甚至短缺。此类政府可蜕变为狡诈的懦夫政府，并很容易被国内或国外的暴力推翻，罗马共和国和威尼斯共和国崩溃时大致如此。

在具体政府中可发现不同类型的组合。第一种占优势、又有相当比例的第二种第二类的混合型政府，可以长期存在，它们善于用暴力巩固政权，又能促进经济繁荣。盛期的罗马帝国就接近这种混合类型。但此类混合型政府有蜕化为第一种和急剧减少第二种第二类所占比例的双重危险。虽有少量第一种但比例可观的政府也可长期存在，因为它们也不缺少捍卫政权的暴力，还会促进经济繁荣。然而，此类型政府有蜕化为第二种第二类和急剧减少第一种所占比例的双重危险，从而置于被外族入侵的危难境地——迦太基的毁灭，希腊被罗马征服。在对外关系中主要使用武力、在内部关系中玩弄权术的政府是第一种和第二种第二类的混合型政府。共和国强盛时期的罗马贵族政府就接近此种类型。

帕累托重点考察了从19世纪初至第一次世界大战后欧美社会的新特点。他认为主要是经济利益占优势和精英阶级循环频繁。欧美各国的对外政策几乎成了经济政策，甚至国内政治可概括为经济冲突。另外，除极个别国家外，不仅精英阶级循环的所有障碍消逝，而且精英阶级循环受到经济繁荣的刺激，变得非常频繁。现在，几乎所有组合本能剩余物（第一种剩余物）丰富者，都擅长在艺术、工业、农业、商业、建立金融机构等方面发挥他们的天才，不论是合法地还是不合法地发挥；他们卑鄙地欺骗善良的储蓄创造者，肆无忌惮地剥削不够机敏的公民；他们借助政治、海关和其他保护政策、各种优惠，通常总能发财致富，还能为自己赢得荣誉和权力，总之成为统治精英阶级的成员。

一般说来，经济飞速发展期对统治者更为有利，比经济停滞期更易于实施统治。从历史上看，歉收和饥荒往往迫使农民起义。近代法国大革命也不是同歉收和饥荒毫无关系。饥荒迫使民众造反，正如饥饿驱使狼群走出森林。但在经济飞速发展的国家，经济条件和民众情绪的关系变得非常复杂。对这些国家，主要考察利益（b）对社会异质性和精英经济循环（d）的作用及（d）对（b）的作用的有限周期。简言之，可以说现代西方政府为了维持政权使用暴力越来越少，使用耗费巨大的权术越来越多。这些政府特别需要经济繁荣以推行自己的内外政策，并且越来越感受到经济繁荣引起的巨大变化。当人人都感受到贫困这一残酷现实时，主要使用暴力的政府将岌岌可危，因为会由绝望产生的另一巨大暴力对抗政府的暴力。但只要变化的经济条件尚未达到极限，政府还可维持；与此相反，哪怕经济条件的微小变化，往往就可动摇耗费巨大的使用权术的政府变化不定的体制。要驱使民众造反，必须使经济痛苦远远超过反对政府的选举能造成的痛苦。因此，很容易理解，如果经济周期尚未达到贫困的极限，如果它们在主要依靠暴力的政府下运行，和它们一致的社会和政治状况，同在依靠权术、求助经济组合的政府下实际观察到的社会和政治状况差异不大。

现代西方政府恰恰为了刺激经济以易于统治，惯于使现在开支超过收入允许的限度，差额从明债、暗债中获取，正是通过借债保障今天享受开支的益处，而把开支的负担推给未来。这一未来越是遥遥无期，经济发展越迅速。由于通过经济繁荣可增加现有企业的产品数量，不用增加苛捐杂税，国家未来预算的节余可以，至少部分可以支付过去的亏空。这样的政府习惯于这种对自己既舒适又有益的事情，以不同方式有规则地预料未来预算的增加。有些政府除一般预算外，还设立特别预算和临时预算，设想将新债的产品列入国家收入，确定某些国家机构作为自己开支数额的债务人并设想这些数额成为国家的信贷，结果国家既是债务人又是债权人，这样就使本应消极地消费变为积极地消费。其后，它们运用形形色色的诡计，将实际的亏空变为虚构的盈余，再由被高价收买的记者负责向人们宣布财政繁荣的令人振奋的消息，如果有人对这种财会评估表示怀疑，就指控他"诋毁国家"。

譬如，第二次世界大战后的意大利历届政府，无不实行赤字财政政策，不断增加政府开支，以刺激经济增长。1951 年，预算开支与国内生产总值的比率为 24.8%，到 1969 年迅速上升到 36.7%。意大利政府为了弥补庞大的财政赤字，除大量增发纸币外，还毫无顾忌地举债，发行形形色色的巨额国债券——"寅吃卯粮"。同期，意大利经济实现快速增长，20 世纪 50 年代国内总产值年平均增长率为 5.5%，60 年代为 5.1%；意大利政局也相对稳定，政权牢牢掌握在代表垄断财团利益的天民党手里。

应当说，在经济迅速增长期，这种经济政策并未引起严重困难。预算收入的自然增长掩盖过去的鬼把戏，把挽救现在的鬼把戏的任务交给未来。但在经济萧条期就会出现困难，如果经济紧缩期持续时间较长，困难会变得更大，没有一个西方政府可幸免于难。接着出现可怕的灾难，那将是空前绝后的严重灾难。如果经济萧条期延长，因现在收入增长很难，就不能用现在收入支付过去的开支，也很难再超前消费。于是，统治者对自己帮凶的恩惠减少，对被统治者的剥夺加剧。另外，经济循环和精英阶级循环停滞，就会缺少奖励那些经济与政治组合天才者的手段。这些因素都使得统治者难以维持统治。

然而，在经济迅速增长期，对 S 类人——"投机者"十分有益。他们会发财致富并上升为统治阶级（如果尚未成为该阶级成员的话）。与此同时，他们同 R 类人——"收入固定者"形成鲜明对照：或因商品价格的自然增长，或因在享有经济、政治恩惠方面不敌投机者，R 类人日益贫穷衰落。由此可见，当经济迅速增长期超过经济停滞期时，统治阶级中日益充斥"投机者"，他们渴望将第一种剩余物带至统治阶级中。统治阶级内"收入固定者"日益减少，他们一般拥有较强的第二种剩余物。统治阶级构成中的这种变化促使各个民族日益转向重视经济、发展经济、繁荣经济，如果不是由于战争、革命或突发事件，这一进程会持续下去。

帕累托进一步指出，议会民主制本质上是富豪集团民主制。富豪集团由企业家、银行家、"投机者"等构成，在代议制国家实际行使统治权。该集团更多地使用权术而不是暴力进行统治，更多地用收买而不是肉体消灭对付被统治阶级中的精英。

应当说，帕累托的这一观点具有普遍性与前瞻性。我们看 20 世纪 90 年代中期的俄罗斯，随着私有化和议会民主制的建立，势力庞大的工商业与金融业"七巨头"形成。"七巨头"不仅影响俄罗斯经济，而且能操纵舆论，左右议会和总统选举。1996 年，新闻媒介大王古辛斯基、汽车大亨别列佐夫斯基和金融巨富波塔宁一起出钱资助叶利钦竞选连任总统，他们从中获取了许多经济利益与政治特权。

意大利首富贝卢斯科尼的例证更为典型。他作为米兰人，用帕累托的话说，凭借丰裕的第一种剩余物——组合本能（主要是经济组合）剩余物，抓住机遇，利用"计谋"，在 20 世纪 70 年代成功实现"米兰二城"建筑工程，接着创办并扩展三大商业电视台，1978 年在罗马组建菲宁维斯特财团并任总裁，1986 年担任 AC 米兰足球俱乐部主席，1991 年他又收购意大利著名的蒙达多里出版社，还在全国成功推行"收费电视"制度。此时，菲宁维斯特财团已经涵盖通信、电子、电影、电视、声像、出版、建筑、广告、金融等部门，下辖 150 个公司。巨大的经济实力使贝卢斯科尼的政治抱负膨胀，在"净手"运动引起天民党等传统执政党危机后，他在一年内迅速组建意大利力量党。凭借雄厚的财力，强大的媒体造势，政治门客的出谋划策，以贝卢斯科尼（拥有丰富政治组合本能剩余物）为首、力量党为核心的右翼联盟（"自由一极"）在 1994 年和 2001 年的政治大选中先后两次战胜左翼联盟（"橄榄树联盟"），贝卢斯科尼先后两次出任内阁总理。在战后西方代议制民主国家中，贝卢斯科尼成为首位担任政府首脑的大富豪，他不是在幕后而是在前台，不是间接地而是直接地实施垄断财团统治。

帕累托在暴力与权术之间做了比较，认为使用权术谋略比使用暴力更有效，用暴力反对权术谋略是无益的。他曾提到卡蒂利纳叛乱（暴力）因为缺乏谋略才失败。在历史上，善于并想要使用暴力者，一般拥有强大的第二种剩余物（集合体持久性），他们用暴力推翻"投机者"和擅长组合艺术者的统治，于是开始了一个新时期，那些失败者一次次地反扑、重掌政权，然后重新开始夺取政权。如此循环往复，以致无穷。这一时期往往长达数百年。

帕累托指出，除 S 类人和 R 类人之外，还要第三类人——善于并想要使用暴力者。R 类人和 S 类人都惧怕并且不善于使用暴力。第三类人可以轻而易举地剥夺 R 类人，但要剥夺 S 类人则困难重重，因为他们（"投机者"）拥有丰富组合本能剩余物，擅长权术谋略；"第二类人（指 S 类人）今天被战胜并解体，明天会东山再起并称雄一时"①。

帕累托举例说明：譬如，在一个国家，统治阶级 A 吸收了全民中的谋略家。于是，被统治阶级 B 极端缺乏谋略家，因此想击败 A 方希望渺茫或毫无希望，除非 B 方也吸收谋略家并用谋略作战。如果用权术谋略加暴力，A 方的统治将永恒。正如但丁所言"如果心灵的机能加上恶意和力量，人类就防不胜防"。然而，在历史上只有少数人做到这点，多数谋略家很少使用暴力，反之亦然。因此，如果 A 方聚集谋略家，B 方必然聚集暴力者。运动如此运行，平衡趋向不平衡。由于 A 方求助于权术谋略，不想使用也不拥有暴力，而 B 方拥有并想使用暴力，但不通晓使用艺术。之后，如果 B 方吸收源于 A 方持不同政见者，作为自己的领袖，因为这样的领袖精通权术谋略，B 方就有能力战胜 A 方并取而代之。从历史上看，率领被压迫阶级起义造反的领袖人物，往往是统治阶级中的叛逆者。

由此可见，无论是 A 方对 B 方，还是 B 方对 A 方都使用暴力。然而，A 方是为维护社会一致性——社会制度和社会秩序，B 方是为违犯社会一致性——改变社会制度和社会秩序使用暴力。那么，到底哪种暴力必要并有益呢？帕累托认为，首先要对社会一致性进行定性考察，哪些对社会有益，哪些对社会有害。其次再对社会一致性效用进行定量分析：其有益效用大得足以抵偿为维护它使用暴力造成的损害；或者其有害效用如此巨大，超过为破坏它使用暴力所造成的损害。譬如，法国大革命时期第三等级为推翻封建制度使用暴力造成的损害远远低于这一制度对社会造成的损害。

帕累托还揭露富豪统治集团的虚伪性："赋予自己一种新的神权：反对

① 帕累托：《普通社会学纲要》，田时纲译，生活·读书·新知三联书店，2001，第 375 页。

以往的政府的起义是合法的，因为它们建立在暴力基础之上；而反对建立在'理性'基础之上现代政府就不再合法。或者：反对国王和寡头统治的起义是合法的，而反对'人民'的起义就不合法。还有：哪里不存在普选制，就可发动起义；哪里已有这种灵丹妙药，就不能再暴动了。"[①]

三　影响与现实意义

帕累托是20世纪西方著名经济学家和社会学家，他对现代西方经济学、社会学和政治理论及统计学均做出重要贡献。帕累托的理论渊源主要是斯宾塞、穆勒、马基雅维利、瓦尔拉和索列尔。

帕累托首先是一位经济学家，他在19世纪末20世纪初提出序数效用论、最优状态论，对20世纪30年代中后期建立并发展的新福利经济学做出划时代的贡献。旧福利经济学是由英国著名经济学家马歇尔的学生庇古于1920年出版《福利经济学》一书而创立的。"福利"一词是指人们所获得的效用和满足。庇古的福利经济学有两个基本立论：每个人都力图使自己的满足最大；收入分配平均化有利于增进社会福利。庇古采用马歇尔的基数效用论进行分析：人们对于物品的满足程度可以用1、2、3、4等基数表示，可以用货币多少来计量。但不少经济学家发现庇古的福利经济学在理论上存在漏洞：个人满足的程度是一种主观感觉，某甲不能以自己的心理感觉衡量某乙的心理感觉，因此人们的满足程度不能比较。直至20世纪30年代中期，英国经济学家希克斯等人把帕累托的序数效用论和最优状态论介绍到英语国家，人们才发现帕累托理论的光辉。

帕累托的序数效用论认为，人们对于物品的满足程度或效用的感觉，不能用1、2、3…具体数值单位表示，只能用第一、第二、第三……序数表示并比较，比如面包、苹果、衣服等物品给消费者带来的满足程度分别排第一、第二、第三……帕累托认为在个人之间比较效用没有科学基础，提

---

① 帕累托：《普通社会学纲要》，田时纲译，生活·读书·新知三联书店，2001，第339～340页。

出用偏好顺序来代替效用计量。他主张采用无差异曲线以确定每个人在既定价格收入条件下所达到的最大偏好状态。帕累托提出的社会福利最优理论影响深远。他认为，当生产要素配置的任何变动，已经不可能使任何一个人的处境变好，而不使另一个人的处境变坏；换言之，社会已经达到这样一种情况，即任何变革都不可能使任何人的福利有所增进，而不使其他人的福利减少，就意味着资源要素的配置已经使得社会经济福利达到最大值。后来经济界把这种状态称作帕累托最优。

西方福利经济学研究普遍采用了帕累托的序数效用论和无差异曲线分析方法，全都围绕帕累托提出的最优状态进行讨论。帕累托最优理论被当代经济学广泛使用。研究帕累托最优（或最大值）的目的在于提高资源配置的经济效率。人类的需求永无止境，而地球上用以满足需求的资源，包括生态资源，是有限的。只有合理利用和分配资源，使资源在各个生产部门的配置达到最优状态时，才能取得最大的经济效果。无论是国家还是个人，都必须在这一过程中做出选择，这正是研究帕累托最优的现实意义和出发点。维持生态环境质量如同生产商品，社会需要投入一定数量的资源，在现有技术与经济条件下，以最少的投入，取得最大的生态经济效益，达到经济上最佳的生态平衡状态，这是帕累托最优理论在生态经济研究中的应用。[①]

帕累托认为，有着良好管理和组织以取得最高经济效益的社会主义经济，在本质上并非同资本主义经济截然不同。同资本主义一样，社会主义经济也只能建立在交换和经济核算的基础上。帕累托还认为不同社会制度基本经济问题存在同一性、经济组织存在亲缘性，他是预言社会主义经济制度可能成功的第一位西方经济学家，如果社会主义市场经济能有效运转，那么私有制对经济核算就并非绝对不可或缺。帕累托的这些观点后来被 E. 巴罗纳发展，成为 O. 兰奇、F. 泰勒等经济学家批判 F. A. V. 哈耶克（Hayek）、L. 鲁宾斯等人在社会主义制度下不可能进行经济核算论点的理论基础。兰奇－泰勒学派认为，社会主义如果保留消费市场和议定工资的自由的话，就会比资本主义制度更合理、更接近由纯粹、完美竞争产生的

---

① 见《中国大百科全书·经济学》"帕累托"条目，中国大百科全书出版社，1987。

理想境界。因此，从某种意义上讲，帕累托是西方第一位拥护社会主义市场经济的经济学家。①

帕累托继承并发展瓦尔拉的一般均衡论，他在运用数学分析经济现象、现代价值论、选择论方面也做出了杰出贡献，他被公认为西方新福利经济学和数理经济学的鼻祖。总之，帕累托是在基础性理论上做出创造性成果的经济学家，他的经济学观点对当代西方经济学仍有很大影响。另外，帕累托在进行经济学基础原理的研究中，涉及比经济学更深刻、非经济学所能处理的问题。正是由于经济学研究引发更高的追求，帕累托不满足已取得的辉煌成就，才从经济学转向更为广阔、更具挑战性的社会学领域。

帕累托对西方社会学的贡献首先表现在研究方法论上。一是采用实验科学方法。帕累托主张建构如化学、物理学那样的纯粹经验的社会学，研究的要素是社会事实，通过分类以发现事实之间关系的一致性（规律）。因此，必须以经验与观察作为向导，而不应当从神学、形而上学等不符合实际的原则出发，也不能受情感的干扰（他认为实验科学无教条，建立在情感上的推理，如同形而上学推理，缺乏精确性）。帕累托本人在这方面也做了大胆尝试：他运用数学和统计学对社会现象进行量化。意大利共产党创始人、杰出马克思主义理论家安东尼奥·葛兰西在《狱中札记》中提到，帕累托显现出创造一种"纯粹的"或"数学的"语言的倾向。应该说，帕累托对西方社会学向实证主义和应用实验科学方法的方向发展起了促进作用。二是采用综合研究方法。帕累托把社会学界定为"诸如法学、历史学、政治经济学、宗教史"等专门学科的综合学科，"并专注于一般地研究人类社会"。帕累托学识渊博，其社会学著作内容丰富、无所不包，历史学、宗教学、经济学、政治学、哲学、心理学应有尽有。这种强调社会生活本质的一致性，同现代专业化的社会科学训练形成鲜明对比。

帕累托的社会学思想，尤其是社会系统理论对美国社会学家帕森斯产生重要影响，并成为20世纪50年代西方社会学占主导地位的结构功能主义的理论来源之一。帕累托在把人类社会生活同生物有机体做类比时，把社

---

① 雷蒙·阿隆：《社会学主要思潮》，葛智强等译，上海译文出版社，1988，第637页。

会视为一个系统，从而形成社会平衡和社会秩序思想。帕累托认为，任何社会系统主要有四个方面的特征：经济生产力水平、政治权力的分布状态、意识形态的性质、不平等的模式。如果社会系统的某一方面的特征的变化充分，整个社会系统就将相应地发生变化，以达到一种新的平衡；如果社会系统的某一方面变化不充分，它就要受到来自社会系统其他方面的压力，使社会系统维持原来的平衡状态。帕森斯在20世纪40年代形成结构功能分析学说。帕森斯认为，社会系统的各部分存在相互依存和相互交换的关系，使社会系统趋于均衡。适应（A）、目标达成（G）、整合（I）、潜在模式维系（L）——这四种基本必要功能的满足，使系统得以保持稳定性。当系统出现越轨和偏离常态的现象时，可通过系统本身的自动调解机制，使系统回复到新的正常状态。① 这里，不难发现帕森斯同帕累托的师承关系。正是帕森斯高度评价帕累托的理论贡献，称系统概念以及同其相连的结构、功能等概念在帕累托的著作中已出现。正是由于帕累托把社会作为系统研究及对社会行为深入研究，帕森斯把帕累托同涂尔干和马克斯·韦伯并称为杰出社会学家。

瑞士心理学家皮亚杰强调帕累托的平衡、相互作用和交流等概念的重要意义。美国经济学家、社会学家熊彼特（J. Schumpeter）和法国社会学家雷蒙·阿隆指出，帕累托对非逻辑行为的研究是对政治进程进行分析的钥匙。自美国经济学家西蒙（H. A. Simon）开始形成的数理社会学，把握了帕累托的后分析总体性以及其他直觉的概念，并在系统模式的研究中使它们开花结果。帕累托还受到组织社会学家和工业社会学家的高度评价，称帕累托是当之无愧的认识社会学和意识形态理论社会学的奠基人之一。正是从此观点出发，意大利学者诺贝托·博比奥重新评价帕累托的贡献（因为在意大利对帕累托的研究远不及法语和英语国家），强调帕累托对理智主义和政治幻想主义进行批判的意义。然而，意大利社会学家皮佐尔诺（A. Pizzorno）认为：帕累托社会学理论的现实性在于，他将科学领域同信仰（派生物、意识形态）领域加以区分，在科学领域人们可以超越矛盾进

---

① 参见《中国大百科全书·社会学》"帕累托"条目，中国大百科全书出版社，1987。

行交流，可以从人类冲突本能的内心痛苦中解救出来。建立在程序和定义一致基础之上的科学交流，趋于实现这样一个世界——人们不必为说服和强迫他人而斗争。也就是说，趋于实现一个在冲突之外的世外桃源——这里理性优越性和潜在普遍性得到保证。

雷蒙·阿隆还指出，尽管帕累托的方法不是心理学的，但他在探寻剩余物分类时，不时接近对心理学机制的分析。特别在研究说服和鼓动他人的手段时，帕累托对现代宣传术和广告心理学做出了贡献。①

帕累托在《普通社会学纲要》第277节写道："对一个非常简单的事实的叙述，很难再准确地复述一遍。刑法学教授往往有这样的体验：学生们在场时发生某事，当请他们叙述此事时，有多少学生就有多少形形色色的报告。你同一个少年，或同一个想象力丰富的成人参与某个事件，你让他们描述这事件，就会发现他们总要添枝加叶，或对其概貌的介绍有过之而无不及。在重复耳闻事件时也发生这种的情况。不仅如此，由于叙述一般总有言过其实之处，倾听叙述者最终要打些折扣。因此，为使他产生符合实际的印象，需要使用一些言过其实的术语。如果你看到十人中有九人大笑，并且想造成同实际相符的印象，你最好说：'大家都笑了'，因为你如果说：'只有一部分人笑了'，造成的印象就会不及事实。"

作为帕累托社会学理论重要内容的精英循环论，更多地被政治学家和政治思想史家引述和研究。英国政治学教授约翰·麦克里兰（F. S. McClelland）在其1996年的巨著《西方政治思想史》中把帕累托作为精英主义学派代表人物介绍。意大利著名政治思想史家、佛罗伦萨大学教授萨尔沃·马斯泰罗内（Salvo Mastellone）在《欧洲政治思想史》中，把帕累托同莫斯卡一起考察，但他同时强调帕累托同莫斯卡的不同：莫斯卡是法学家，而帕累托是经济学家，后者的精英理论主要从生产范畴考虑。美国学者阿瑟·列文斯顿早在1938年就明确指出：在帕累托的精英理论同莫斯卡的统治阶级理论之间没有渊源的和历史的联系。从渊源方面看，莫斯卡的统治阶级理论产生于对多数人统治原则的批判，是对泰纳的方法的概括；而帕累托的精

---

① 雷蒙·阿隆：《社会学主要思潮》，葛智强等译，上海译文出版社，1988，第509页。

英理论源于对财富分配与社会阶级差异之间关系的研究。从历史角度看，直至 1906 年帕累托还未读过莫斯卡的《政治学原理》。帕累托的《政治经济学教程》与莫斯卡的《政治学原理》都是在 1897 年出版的，只相差几天。他认为莫斯卡对帕累托的真正影响值得怀疑。[①] 葛兰西认为莫斯卡的"政治阶级"概念有待向帕累托的"精英"概念靠拢，而"精英"概念是说明知识分子的历史现象及其在国家和社会生活中作用的尝试。[②]

无疑，墨索里尼受到帕累托的精英循环论的启发和激励，帕累托的社会学思想成为法西斯主义的理论渊源之一。但正如上文所说，这种影响不是决定性的和唯一的。我们应记住帕累托是大学教授和学者，不是政治家。其社会学巨著《普通社会学总论》是多年刻苦研究的成果，成书于 1916 年，那时法西斯主义还未出现。如果说它使墨索里尼受到启发，构成负面影响的一面；同样它也引起葛兰西的思考，构成其正面影响的另一面。

我们知道领导权理论是葛兰西政治思想的精华，而"认同"（consenso）范畴成为这一理论的起点。正是帕累托最早提出"认同"概念的。在《普通社会学纲要》中，帕累托写道："在全部历史中，作为统治手段，认同和暴力总交织在一起，从远古时代的国王直至现代民主政体。到处存在一个人数不多的统治阶级，它部分靠暴力，部分靠被统治阶级的认同维持政权。"葛兰西把作为统治手段的"认同"提升到国家本质的高度。葛兰西认为，国家不仅是暴力机器，还是市民社会；国家 = 政治社会 + 市民社会。统治阶级不仅靠暴力，还靠市民社会行使对被统治阶级的文化及意识形态的领导权，从而使后者认同"合法"统治。帕累托进而分析统治阶级的差别：从本质上看，是暴力与认同的比例；从形式上看，是使用暴力或获得认同的方式。葛兰西先进行横向考察，将"暴力 - 认同比例说"提升到"政治社会 - 市民社会强弱说"，来总结十月革命胜利后西方无产阶级革命接连失败的沉痛教训。东西方的社会结构不同：在东方，政治社会就是一切，市民社会是原始的；在西方，存在强大的市民社会。因此，西方无产

---

① 莫斯卡：《统治阶级》，贾鹤鹏等译，译林出版社，2002，第 32～35 页。

② A. Gramsci, *Gli intellettuali e l'organizzazione della cultura* (Roma：Editori Riuniti)，1977，pp. 22 - 23.

阶级仅仅夺取政权是不够的，而要首先攻占市民社会的一切阵地。葛兰西接着进行纵向考察，指出随着国家发展，政治社会呈减弱，市民社会呈增强趋势；在社会主义制度下，国家的暴力和强制因素逐渐减弱，领导权和积极认同因素逐渐增强，故社会主义民主越来越重要。

　　帕累托既反对自由民主主义，也反对社会民主主义；因为他认为二者的国家化社会制度同自由经济的个人主义格格不入。帕累托还对代议民主制持反对态度，从积极方面看，他揭露了西方议会民主制的虚伪性——资产阶级财阀民主制，"所有政府都使用暴力并且都断言它以理性为基础。事实上，无论有无普选制，总是寡头政治集团在统治，并且善于将自己期待的表述强加给'人民的意志'"①。但从总的历史作用看，其主要起消极作用：因为当时意大利在政治上尚未成熟，真正的民主政府尚未建立，从而对意大利政治发展进程产生不少危害。尤其在法西斯独裁政权建立后，这种观点更容易被墨索里尼所利用。在辞世前，帕累托似乎觉察到这一点，一改以前立场，充分肯定议会和言论自由的必要性和重要性。

　　从某种意义上讲，帕累托的社会平衡理论，关于经济效用同社会效用统一的思想，对于建设社会主义和谐社会具有一定的现实意义。他的精英循环论对于提高执政党的执政能力也有一定参考价值。

2006 年 10 月 15 日

参考书目

雷蒙·阿隆：《社会学主要思潮》，葛智强等译，上海译文出版社，1988。

马拉泰罗内：《欧洲政治思想史》，黄华光译，社会科学文献出版社，1999。

莫斯卡：《统治阶级》，贾鹤鹏等译，译林出版社，2002。

帕累托：《普通社会学纲要》，田时纲译，生活·读书·新知三联书店，2001。

A. Gramsci, *Gli intellettuali e l'organizzazione della cultura* (Roma: Editori Riuniti, 1977).

V. Pareto, *Scritti sociologici* (Torino: UTET, 1966).

---

① 帕累托：《普通社会学纲要》，田时纲译，生活·读书·新知三联书店，2001，第 340 页。

V. Pareto, *Scritti politici* (Torino: UTET, 1974).

V. Pareto, *I sistemi socialisti* (Torino: UTET, 1974).

V. Pareto, *Compendio di sociologia generale* (Torino: Einaudi editore, 1978).

（原载帕累托：《普通社会学纲要》，田时纲译，东方出版社，2007）

论 文

马克思主义在意大利的最初传播者

——安东尼奥·拉布里奥拉

马克思主义在 19 世纪末期才传入意大利，它在意大利发展的初始阶段的历史，同安东尼奥·拉布里奥拉的名字分不开，意大利共产党认为拉布里奥拉是自己的理论奠基人。

拉布里奥拉 1843 年生于意大利南部小城卡西诺一个中学教师的家庭。1861 年他进入那不勒斯大学文学与哲学系，开始学术研究并倾向于黑格尔哲学。从 1866 年起，他研读费尔巴哈的著作，这对他从唯心主义转向唯物主义具有重要的意义。拉布里奥拉大学毕业后，曾经从事新闻工作，成为佛罗伦萨资产阶级自由派报纸《民族报》驻那不勒斯的特派记者。在为该报撰写的一系列《那不勒斯通讯》中，他竟然支持当时市政选举中的右派势力。1874 年，拉布里奥拉因被录用为罗马大学道德哲学和教育学的见习教授而迁居罗马。即使到这时，在意大利当时的竞选角逐中，他仍然持支持右派的立场，还亲自到博洛尼亚为右派代表人物明盖蒂拉选票。可以说这一段是他在思想发展过程中走的一个弯路。

但是，到 1875 年，拉布里奥拉由于看到自由主义者根本不可能具有治理国家的责任感，他们的"自由"词句只是空洞的虚伪宣传，因而他的政治观点发生了急剧的变化，同右派决裂而成为一个激进的民主主义者，他甚至说大学就是"官僚科学的虚伪世界"。从 1876 年开始，通过在罗马人民教育俱乐部给工人讲课，他逐步接近并了解了工人、群众，这无疑促进了他向革命的社会主义思想家的转变。1879 年，拉布里奥拉曾被委派到德国考察教育制度，德国之行使他受到了那里的革命无产阶级活动和宣传的影响，他越来越同情社会主义思想。他后来在写给恩格斯的信中说，在 1879～1880 年间，他已经完全信仰社会主义理论了，他在信中说："诚然，我大半是从一般的历史世界观出发的，而不是被个人的积极信念内在地引导的。"①1881 年，拉布里奥拉开始研究公法和政治经济学。19 世纪 80 年代后半期，他为反对资产阶级议会保护主义而提出了建立新的反对党的思想。这是他思想转向革命的重大标志。而到了 1887 年，拉布里奥拉已经自称是一个"理论上的社会主义者"。由于拉布里奥拉在当时意大利激烈的政治斗争中的正确选择，他开始在反专制制度和宗教统治的斗争中坚定地站在广大工人群众一边，逐渐成为无产阶级的鼓动家和理论家。例如在 1888 年，他就曾声援被解雇的罗马工人，为炼钢厂的工人作过"论民主思想与意大利的现实条件"的报告，并在次年 6 月主持了工人俱乐部的"关于社会主义"的讨论会，他在会上公开宣布，现代国家和政府"都是反对多数人的少数人的保护者"。1889 年在对法国大革命经验的研究中，他得出了两个明确的结论，第一，对无产阶级来说，政权是实现生产资料社会化的手段，而不是维护现存制度的手段；第二，只有用革命推翻资产阶级国家而代之以新的国家，才能实现向社会主义的过渡。可以说，19 世纪 80 年代末，拉布里奥拉日益转变为一个成熟的革命理论家。

1890 年，在拉布里奥拉即将成长为马克思主义者的时刻，他开始和恩格斯通信。恩格斯在其生命的最后 5 年中，成为拉布里奥拉的良师益友。1893 年，他们在第二国际的苏黎世代表大会上会面。在恩格斯的影响下，拉布里奥拉在 19 世纪 90 年代成为意大利的最早的马克思主义者，恩格斯称这位意大利学者为"马克思严谨的追随者"。

在 19 世纪 90 年代的后五年中，拉布里奥拉出版了三卷著作：《纪念共产党宣言》（1895）、《论历史唯物主义》（1896）、《关于社会主义和哲学的谈话》（1898），比较系统地阐述了自己的哲学和政治观点，尤其是详尽地论证并丰富了唯物主义历史观。在批判修正主义和资产阶级反马克思主义

---

① A. Labriola, *Scritti filosofici e politici*, (Torino: Einaudi editore, 1976), p. 256.

的反动思潮的斗争中，捍卫了马克思主义哲学世界观和科学社会主义原理。1900 年，拉布里奥拉撰写了题为《从一个世纪到另一个世纪》著作的前四节，力图用唯物主义历史观总结 19 世纪欧洲各国的发展变化并揭示 20 世纪的历史进程。拉布里奥拉晚年致力于历史、历史哲学、社会学同历史唯物主义的关系的研究，留下了一些论文手稿。1904 年 2 月，伟大的意大利马克思主义者拉布里奥拉在罗马逝世。

拉布里奥拉虽然是一位学者，但他十分关注政治形势，特别是意大利和国际无产阶级的运动，并把自己的理论研究同革命实践紧密联系在一起。从 1890 年开始，他就先后同意大利工人运动的领导者以及第二国际的著名活动家建立了通信关系，并为国外社会主义报刊《新时代》《社会进步》《前进报》撰写论文以及关于意大利的政治通讯。在 1883 ~ 1884 年意大利的动荡年代，拉布里奥拉同对革命的农民斗争抱鄙视和恐惧态度的社会党改良主义首领相反，坚决支持许多地区掀起的农民群众暴动，用自己的笔鞭挞反动政府对起义的残酷镇压。1893 年，他向西西里的"法西奥"（Fascio）运动致敬，称它为"意大利第一个真正的社会主义组织"；1894 年，他仍然十分关注西西里以及卡拉布里亚、普里亚、拉齐奥、利古里亚等地的农民起义，在 1894 年 10 月至 1895 年 5 月为德国的《莱比锡人民报》写的关于意大利政治形势的十篇评论中，拉布里奥拉站在无产阶级革命的立场上，热情赞扬暴动农民的正义行动，坚信他们必胜。他写道："在整个意大利的任何一个地方，现代的意大利资产阶级不得不在广大的农民面前发抖。"[1] 拉布里奥拉还对当时的农民暴动的性质进行了马克思主义的分析。他指出，由于农民、佃农、帮工的斗争得不到"正式的社会主义者"（即屠拉蒂之流）的支持，他们就自发地造反，这表达了开始无产阶级化的农村群众的斗争精神。因此，可以说，拉布里奥拉是一位充满革命斗争激情的马克思主义者。

拉布里奥拉关于无产阶级革命斗争的一系列卓越思想，基本上是在他同意大利社会主义运动的领导人、资产阶级社会改良主义者屠拉蒂等人的

---

① A. Labriola, *Scritti filosofici e politici* (Torino: Einaudi editore, 1976), p. 224.

争论中表述出来的。19 世纪下半叶，意大利由于其资本主义关系的发展不充分，工人阶级还不够成熟，工人运动内部仍然是资产阶级、小资产阶级思想占主导地位，当时社会主义运动的领导人也大多数都是资产阶级激进主义者。广大工人群众在拉布里奥拉的思想影响下，在社会主义运动发展的基础上，意大利社会党于 1892 年创建。马克思主义者拉布里奥拉在关于无产阶级运动的一系列理论上，不能不同受到屠拉蒂影响的该党领导人产生意见分歧。

在反对屠拉蒂的资产阶级共和主义立场的时候，拉布里奥拉在写给屠拉蒂的信中表明了自己坚定的社会主义立场，划清了同实证主义和进化论的界限。他写道："我主张社会主义的绝对路线，……我既不是实证主义者，也不是进化论者。"① 他进一步指出，屠拉蒂企图在资产阶级民主和共和主义的范围内，通过改良建立"自由"国家的立场是完全错误的。他认为，在无产阶级看来，民主绝不是什么"社会联盟"，资产阶级的民主、资产阶级的共和国作为最完善的阶级掠夺形式，虽然在其发展必然性上，为社会主义制度的建立开辟了道路，但是，它们本身并不能解决社会主义的任务，恰恰相反，社会主义的根本目标就在于打碎以民主制和共和主义的形式伪装起来的资本主义私有财产制度。所以，社会主义和共和主义是根本对立阶级的思想和运动，决不容许将二者混为一谈。拉布里奥拉写道："共和党是政府的党，社会党是革命的党"。他坚决批判了企图在资产阶级民主制范围内实现社会主义的荒唐想法。他指出，在资产阶级民主制内，"要求这个社会自己改变甚至放弃权利，那就是向它要求荒谬的东西。"②

拉布里奥拉在批判屠拉蒂对社会主义运动错误认识的同时，阐述了他的社会主义观。屠拉蒂否认历史过程中的飞跃，把民主看成只是社会渐进的结果，因而，工人运动的实质任务就根本不是什么革命，而在于适时地同资产阶级的"先进力量"达成协议，组成"社会联盟"以推动这一渐进过程。拉布里奥拉指出，屠拉蒂对社会主义运动的认识荒谬绝伦。他指出，社会主义首先是同资产阶级共和制根本不同的新的政治模式，更重要的是，

---

① *Filippo Turati attraverso le lettere di corrispondenti*，(Bari：Editori Laterza，1947)，p. 81.

② A. Labriola，*Scritti filosofici e politici* (Torino：Einaudi editore，1976)，p. 55.

社会主义是关于无产阶级革命斗争的崭新理论，它是工人运动的指导思想，它最突出的特点是反对现存的资产阶级制度。社会主义者提出这种任务，绝不是出于某种抽象的"民主"要求和"人道主义"的愿望，而是由于资本主义现实生产关系本身的客观发展就预示着它本身的灭亡和新的社会主义制度的诞生。所以，社会主义学说和运动是基于历史客观发展现实性的社会革命理论和实践。拉布里奥拉同时指出了社会主义运动的阶级性质。他认为，社会主义运动决不能以屠拉蒂幻想的"社会联盟"为动力，社会主义是无产阶级的革命运动，它首先是无产阶级自主的、独立的斗争，虽然在一定的历史条件下，无产阶级应该同资产阶级中的某些人合作，但这种合作是建立在无产阶级自身的坚定的政治独立性和革命目标的明确性基础之上的。

拉布里奥拉还尖锐地批判了屠拉蒂等人的错误的建党思想，阐明了自己关于在意大利建立马克思主义政党的一系列原则。在对党的组织的理解上，屠拉蒂是彻头彻尾的自由主义。他力主政党应当成为一个松散的团体，是世俗的市民阶级力量同社会主义力量拼凑起来的组织，不必有什么严格的组织性和纪律性；同时，党的目标不是革命，而是在资本主义政治经济制度下进行和平的、逐渐的改良。拉布里奥拉则主张，党应该明确地以消灭资本主义私有财产制度为目标。为此，党就不能把斗争的手段局限于对社会的局部改良上，也不能去搞少数人的密谋活动，而应该把主要力量放在教育无产阶级提高革命觉悟，领导他们开展各种形式的群众性的反对资本主义的实际斗争，为全面地夺取全国政权作好思想上的和组织力量上的准备。无产阶级政党不但应该是夺取政权的主角，而且应该成为社会主义社会中的主角。拉布里奥拉还阐明了党的领袖对无产阶级运动发挥指导作用的原则。他在给屠拉蒂的一封信中写道："我肯定相信，可以促进无产阶级运动。但是，要使它特别加快则是困难的。……我们社会主义者，也即理论家，能够提供最一般、最普通的武器，而不能也不应该用预定的、不成熟的和抽象的方案来损害无产阶级运动。"①

①　*Filippo Turati attraverso le lettere corrispondenti* (Bari: Editori Laterza, 1947), p. 47.

拉布里奥拉理论活动的一个重要方面，就是反对第二国际修正主义的斗争。当伯恩施坦在恩格斯在世时批判空想社会主义的反动残余的时候，拉布里奥拉曾经对伯恩施坦抱赞赏的态度，但臭名昭著的《社会主义的前提和社会民主党的任务》一书出版后，拉布里奥拉立即毫不犹豫地加以批判，一针见血地谴责伯恩施坦从根本上丧失了马克思主义的政治立场和理论立场。1899 年 5 月，他发表了一封反修正主义的公开信，表示坚决与毫不妥协的反修正主义战士站在一起。他特别称赞罗莎·卢森堡果敢的斗争精神，认为她的反修文章写得"生动而深刻"。同时，他还批评了对伯恩施坦修正主义抱"不偏不倚的旁观者"态度的德国党内的"中派"，指出他们的观点是"不涉及利害关系的真理探索者的虚伪的观点"。

当修正主义者、资产阶级学者在 19 世纪末掀起一场所谓"马克思主义的危机"的大合唱的时候，拉布里奥拉对这些从骨子里诅咒马克思主义的主观主义预言家表示出极大的蔑视。他坚定地写道，"马克思主义是能够发展的，并不存在什么马克思主义的危机"，"我们应该简单明了地嘲笑那些使用这个词语的人们"，对于那些由于惶恐而自愿离开马克思主义的人，我们"祝他们一路顺风"，而对那些革命意志坚定者，我们"致以诚挚的敬礼"。①

拉布里奥拉之所以能被称为 19 世纪卓越的马克思主义者，不但因为他在 19 世纪末意大利工人运动的实际政治和理论斗争中坚持了马克思主义的科学社会主义路线，用马克思主义原则教育工人阶级，而且还因为他在 19 世纪 90 年代后期所写的几本大部头研究性著作中，较为系统全面地阐明了马克思主义的唯物史观。他的阐述并不限于对马克思主义创始人的观点进行某种方式的复述，而是通过他对《共产党宣言》发表以来欧洲社会的历史进程、国际共产主义运动半个多世纪发展的概括总结，以对意大利社会政治斗争和思想斗争提出的新问题在哲学上回答的方式，用新的社会革命实践和思想斗争成果，丰富并补充了唯物主义历史观，并对诸如实践活动的世界历史意义的问题，经济基础与上层建筑之间、理论与实践之间的辩证关系问题，历史发展过程中的整体社会图景的动态机制的全面把握和分

① A. Labriola, *Scritti filosofici e politici* (Torino：Einaudi editore, 1976), p.918.

析问题，社会心理在历史发展中的意义与作用诸问题，作了比前人更为具体和详尽的论述。

首先，他坚持社会存在决定社会意识，社会的经济结构、生产方式决定社会的政治、法律、文化的历史形式的马克思主义基本原理。从这一原理出发，他阐明了 19 世纪中叶以来无产阶级革命运动的历史必然性，以及这一运动不断发展壮大的客观原因，论证了私有制必然灭亡，社会主义、共产主义必胜的人类历史前途。他还论证了自由资本主义向帝国主义过渡的历史特点及其实质，强调了唯物史观在分析帝国主义现象方面的强大生命力。

其次，拉布里奥拉具体地探讨了经济基础、社会生产方式决定社会的人们历史行为的具体过程。他认为，并不是如庸俗唯物主义者所说的那样，社会经济事件直接决定历史。他指出，生产方式对历史发展的归根到底的决定作用表现在历史过程中，首先是生产方式对人们的经济地位和生活方式的决定作用，然后是对处在一定的经济地位和生活方式中的人们的社会心理和习俗的决定作用。在这基础上，一方面产生社会的文化结构，如道德、舆论、学校、自然信仰等，另一方面产生社会的政治机关，如政府、法律、警察、军队等，而艺术、哲学以及作为世界观的宗教等，虽然也是在一定的经济基础之上产生的，但它们离这个基础最远，有许多中间层次和环节。拉布里奥拉用社会整体结构的层次性的这一图式，说明了历史发展中的客观因素和主观能动因素之间的各种复杂关系以及它们起作用的具体形式。例如他就曾指出一定历史时期的社会政治、法律思想如何在其后的历史过程中逐渐转化为公众舆论以及道德规范，进而转化为民众的社会心理倾向，最终成为传统的习惯势力，从而对社会的生产活动和生产关系发生直接作用，并且维护和保护现存社会秩序。另外，拉布里奥拉也指出了历史上的新的生产方式的萌芽到它的确立和巩固必然要经历的从经济基础到上层建筑，又从上层建筑到经济基础的复杂的社会整体作用过程。拉布里奥拉进而指出，新的生产关系代替旧的生产关系，从表面上看，这似乎只是经济领域内部的变革，但实际上，这一变革开始于经济领域，然后必然牵动并经历包括从经济基础到上层建筑的整个社会结构的全面的相互作用，在这一变革的过程中，整个社会结构的各个方面都必然不同程度地受到改造。

最后，拉布里奥拉着重强调了实践在社会历史发展中的动力作用。他把自己的唯物主义历史观也称为"实践一元论"。他认为，只承认自然对人的作用，只片面强调脱离人的活动的所谓客观社会规律，是机械唯物论的倾向，必然导致宿命论，从另一个极端走向神学创世说。他阐明了客观规律性和主观能动性之间的唯物主义的辩证的关系。他指出，人归根结底要遵循自然界的客观规律，历史活动必然以一定的经济水平为前提。但是，人并非在客观规律面前束手坐待新的历史阶段的到来，也并不屈从已有的经济水平，而是通过自己的主观能动性认识客观规律，在此基础上，通过自己应用客观规律的实践活动改造世界、创造历史。拉布里奥拉把这种情况称为历史发展过程中"人造领域"的不断扩展。也正是从对人的实践活动的阐明中，他论证了无产阶级在认识和掌握社会发展客观规律的前提下，以革命的方式推翻资本主义旧社会，建立共产主义新制度的伟大历史使命，强调了无产阶级的觉悟和组织性在反对资本主义斗争实践中的伟大意义。

拉布里奥拉还以自己关于社会发展辩证形式的观点即他的"生成论"反对机会主义的改良主义和社会达尔文主义的渐变论。他认为，社会发展的辩证形式的最大特点就是飞跃、突变，也就是旧质的灭亡和新质的生成。他主张以"生成论"代替"辩证法"这个术语。他怕人们把辩证法误解为主观性，误解为渐变论。当然，这种担心现在看来是不必要的。

为了坚持和捍卫马克思主义的唯物史观，拉布里奥拉还同斯宾塞、马萨利克等人反动的社会学观点进行了针锋相对的斗争。当然，拉布里奥拉同任何一个伟大人物一样，他也有自己的局限性。例如，他在政治观点方面，曾为意大利反动政府的扩张主义政策辩护，客观上支持了殖民主义的侵略政策。这一立场是直接由他对"无产阶级利益必然与民族利益相一致"① 这一观点的错误理解所致。在哲学认识论方面，他的一些观点有不可知论的倾向。

---

① A. Labriola, *Scritti filosofici e politici* (Torino：Einaudi editore, 1976), p. 957.

然而，综观拉布里奥拉的著作和生平活动，可以毫不夸张地说，他为马克思主义在意大利的传播和发展，为把马克思主义唯物史观丰富化和深刻化做出了具有时代意义的贡献。他的著作和思想为我们学习马克思主义，在新的历史条件下研究无产阶级革命运动提供了有益的启示。总之，他是马克思主义史上把理论研究和实践斗争密切结合的典范之一。他不愧为一位杰出的马克思主义者。

（刊于《教学与研究》1984 年第 2 期）

葛兰西与唯物主义

安东尼奥·葛兰西（1891~1937）是意大利共产党创始人和领袖。他是英勇的反法西斯战士、伟大的无产阶级革命家，还是列宁逝世后最杰出的马克思主义理论家之一。1929~1935年，他在法西斯牢房里用鲜血和生命写就的《狱中札记》是其最重要的理论著作，内容涉及哲学、历史、经济、文化等领域，1948年出版后，立即引起强烈反响。今天，葛兰西的思想远远越过意大利国界，对西欧共产党、国际共产主义运动产生深远影响。

葛兰西的理论贡献是多方面的。他的政治理论中关于"无产阶级领导权"和"阵地战"思想给他带来了巨大声誉。但其哲学思想，尤其是与唯物主义的关系上，反映了葛兰西哲学思想的独特性与复杂性。对其评价则存有分歧。

恩格斯在《路德维希·费尔巴哈和德国古典哲学的终结》一文中指出："凡是断定精神对自然界来说是本原的，从而归根到底以某种方式承认创世说的人，组成唯心主义阵营。凡是认为自然界是本原的，则属于唯物主义的各种学派。"葛兰西作为革命政党的领导者，为了确立无产阶级在思想战线的领导权和实际斗争的需要，在批判唯心主义（主要是克罗齐的历史主义）和庸俗唯物主义的过程中，以他特有的方式也对这一问题做出了回答。由于特殊的历史条件及其思想形成的背景，他的回答在各个特定的场合下，并不完全一致。一般地说，面对彻底的唯心主义者时，葛兰西旗帜鲜明，捍卫"物质第一性"和"社会存在决定社会意识"等唯物主义基本原理，并且有新的阐发；而当他批判庸俗（机械、形而上学）唯物主义时，则着眼于对辩证法的阐述，在这种场合显出对唯物论重视不够，出现了某些失误。

从本质上、整体上看，葛兰西无疑是个唯物主义者。我们拟从三个方面考察。

（一）从自然观上看，葛兰西从未把自然看作精神的产物，而是坚决批判唯心主义自然观。

他说："例如，对于克罗齐来说，只有哲学才是真正的科学，而物理学或精密科学只是'经验的'和'抽象的'，因为在唯心主义看来，自然是某种约定的抽象，某种'便当'等。"①

葛兰西在肯定实践的革命作用时，肯定了外部世界的优先地位。他明确指出："一定的人的社会以一定物的世界为前提，且人的社会只有存在着一定物的世界才是可能的。"② 在批判伯恩施坦的"运动就是一切，而目的是微不足道的"谬论时，葛兰西一方面肯定了积极地追随一定直接、间接目的的人的干预是历史进程中的决定因素，另一方面又没忘记这只在确定的客观条件下才起作用。③ 在论述可能性与现实性的关系时，葛兰西认为："仅存在客观条件或可能性或自由还不够，需要认识它们并学会利用它们。想要利用它们。"④ 这里，葛兰西把辩证法与唯物论相结合，既肯定了客观第一性，又强调了主观能动性。

在对待马赫主义的态度上，葛兰西的唯物主义立场更为鲜明。马赫主义者利用物理学的最新成果，大肆宣扬"物质消灭了"的谬论，说什么原子不是物质，不能为感官感知，而是思维的东西。意大利的卡米思教授在 1931 年 11 月出版的《新文集》中表示完全赞同"微观现象不能独立于观察它们的主体存在"的观点，认为这再次提出了宇宙的主观存在的问题，很发人深省。葛兰西对于这种公开否定微观世界客观存在的谬论很警觉，他一针见血地指出："难道显微镜下被观察的物质就不再是客观存在的物质，

---

① A. Gramsci, *Passato e presente* (Roma: Editori Riuniti, 1977), p. 196.
② A. Gramsci, *Il materialismo storico e la filosofia di Benedetto Croce* (Roma: Editori Riuniti, 1977), p. 35.
③ Ibid., pp. 251 – 252.
④ Ibid., p. 42.

而成了人们精神的产物?"① 接着，他进一步剖析了"微观现象不能独立于观察它们的主体存在"论调的信仰主义实质："如果微观现象真的不能视为独立于观察它们的主体存在的话，那么，它们就不是'被观察'，而是'被创造'，而且坠入个人的纯幻觉的王国之中。还应提出这样一个问题：同一人是否可以'两次'创造（观察）同一现象。这已不再是'唯我主义'，而纯粹是造物说和巫术。不是现象（它不存在），而是这些幻觉成了科学的对象。"② 葛兰西用科学不断发展的事实说明微观现象是客观的。因为，尽管科学家个人感觉有差异，但被他们各自独立地客观地观察，足以证明微观现象在重复，一定的经验被检验和补充，科学才能发展。

我们对照一下列宁在《唯物主义和经验批判主义》中对马赫主义者的批判，就不难发现葛兰西与列宁的观点基本一致。

（二）从历史观上看，突出地反映在对被他称作"意大利唯心主义者"的克罗齐的历史主义的批判中，葛兰西的唯物主义路线更为彻底。

20 世纪初形成的克罗齐的精神哲学是典型的主观唯心主义哲学。他的历史理论在其哲学体系中占有核心地位。克罗齐为适应资产阶级统治需要，反对马克思的唯物史观，鼓吹社会思想是历史发展的真正动力的唯心史观，克罗齐认为，一切实在都是历史，一切历史都是实在。注意，他说的实在即精神。他还主张，历史总是"普遍的"历史，也即概念的历史。并把历史判断的特点说成历史本身具有的特点，从而把历史等同于历史判断，取消了社会意识与社会存在的差别。克罗齐举例说明历史的主词不是希腊、罗马，法国、德国，而是文明、进步、自由。

葛兰西像马克思一样，抓住克罗齐这个"以'水果'概念代替具体水果"的要害问题。他指出，要把握和理解历史事件，必须确定一定的概念，但它们应与被反映的历史活动视为不可分割的统一体，这里，葛兰西主要从思维与存在的同一性方面分析，实际上就包含着哲学基本问题第一方面的解决。葛兰西认为，克罗齐用从具体历史活动中抽象出来的概念否定活

---

① A. Gramsci, *Il materialismo storico e la filosofia di Benedetto Croce* (Roma: Editori Riuniti, 1977), p. 60.

② Ibid., p. 63.

动本身，就割裂了思维与存在的同一性，就使主观脱离客观。他毫不含糊地把克罗齐的哲学称作"以头立地"的哲学，因为"在恩格斯看来，历史是实践；对于克罗齐来说，历史还只是思辨的概念"①。

葛兰西还从经济基础与上层建筑的关系上批判克罗齐历史主义的思辨性。他指出，克罗齐把意识形态历史机械地、随意地实体化，从而脱离其赖以成立的经济基础，但是，社会存在决定社会意识，经济基础决定上层建筑，因此，道德、政治、文化和意识形态等上层建筑决不能脱离经济基础而独立存在，由于克罗齐用上层建筑历史代替了实际的经济关系与阶级关系，结果，在思辨的历史观中，出现了形而上学和神学的观念，精神成了现代上帝的代称。他说："实践哲学②是实在的历史观，没有任何超验和神学的残余……而克罗齐唯心主义的历史主义还停滞在神学——思辨的阶段"，"它不仅存在超验和神学的痕迹，而且是刚刚摆脱最粗陋外观的彻头彻尾的超验和神学"。最终说来，历史失去实际内容，就成了克罗齐个人的思想发展史。

在回击克罗齐对唯物史观的攻击时，葛兰西指出，经济结构不是某种僵死的、抽象的、置于历史之上的东西，它本身就是历史过程。这样，克罗齐指责马克思用经济解释一切，成了新的形而上学和"隐匿的上帝"的观点是根本错误的。

克罗齐还诬蔑马克思主义割裂经济结构与上层建筑的关系，成了"新的神学二元论"。葛兰西反驳道："实践哲学并不排除伦理—政治的历史，但它批判只把历史归结为后者的做法，认为这是不合法的和随意的。"③ 他指出，马克思主义强调经济结构在历史进程中的决定作用，但并不否定上层建筑对经济结构的反作用。

（三）从葛兰西的全部理论实践看，他实际上奉行的是唯物主义的思想路线。

---

① A. Gramsci, *Il materialismo storico e la filosofia di Benedetto Croce*（Roma：Editori Riuniti, 1977），p. 238.

② 指马克思主义哲学。

③ A. Gramsci, *Il materialismo storico e la filosofia di Benedetto Croce*（Roma：Edidori Riuniti, 1977），p. 235.

葛兰西启示我们，一个政治家的真正的哲学思想应到其政治著作中去探寻。的确，政治家的哲学立场决不取决于对于"物质""意识"的简单表态，而要看他全部理论实践与政治活动中以什么哲学思想为指导，我以为这对于确定葛兰西哲学思想的性质至关重要。

葛兰西曾指出，意大利工人政党弱小和失败的原因之一，就在于对客观形势的无知。他坚持实事求是的态度，考察了意大利的特殊国情，看到了东、西方社会结构的差别："在东方，国家就是一切，而市民社会是原始和胶状的，在西方，国家与市民社会之间有一种正确的关系。在国家动摇时，会立即出现一个强大的市民社会结构。国家仅是前沿战壕，在它后面有一系列坚固的堡垒与兵营，国与国之间的情况大致相同，但要懂得，这要求对民族特点有认真、精确的认识。"① 因此，西方无产阶级仅仅夺取政权是不够的，而需攻占市民社会的一切阵地，确立在意识形态领域的无产阶级领导权。这样，在西方只能打"稳扎稳打"的"阵地战"，而不能打"速战速决"的"运动战"。

葛兰西还从意大利特定的历史环境出发，不是一般地考察农民和土地问题，而是以南方问题与梵蒂冈问题两种典型具体地考察。

显然，葛兰西不是根据"教条"和"思辨原则"，而是坚持唯物主义路线，把马列主义与本国革命实践相结合，制定符合本国实际情况的革命战略。

再看一下他的文学思想中的唯物主义精神。

葛兰西写道："文学不能产生文学，意识形态不能创造意识形态，上层建筑除开由于惯性和惰性的结果外，它们的诞生，不借助于'孤雌生殖'，而是依靠'阳性'元素的参与，即历史、革命活动的参与；这'阳性'元素创造'新人'，即新的社会关系。"②

1928 年 11 月 29 日，葛兰西在致妻子尤丽娅的信中说："书籍和杂志仅提供一般思想，世界生活一般潮流的草图，但并不能给予我们彼得、保罗

---

① A. Gramsci, *Note sul Machiavelli, sulla politica e sullo Stato moderno* (Roma: Editori Riuniti, 1977), p. 163.

② 葛兰西：《论文学》，吕同六译，人民出版社，1983，第 93 页。

和乔万尼等生活的直接生动的印象，如果不懂得他们，也就不能理解普遍化和一般化的东西。"①

从上述两段话中不难发现，葛兰西主张文学作为社会意识形态的一种形式，是社会生活的反映；生活是文学的前提和取之不尽的源泉。

另外，综观葛兰西一生的革命活动，必然得出他是用唯物主义指导行动的结论。

我们在肯定葛兰西哲学思想的唯物主义性质时，并不是说他没有任何失误，像其他历史上做出贡献的思想家一样，葛兰西也有着自己的局限性。

葛兰西面对着庸俗唯物主义者，批判他们抛弃革命辩证法的错误，着力强调主—客体的相互作用及主观能动性时，对唯物论注意不够，在某些概念的把握和理解上有偏失，某些不确切的表述客观上起了混淆唯物主义与唯心主义根本界限的作用，从而与他的唯物主义路线相矛盾，对唯心主义作了不应有的让步。

值得注意的是：葛兰西关于"客观性""物质""唯物主义"的论述，往往是在批判形而上学唯物主义，尤其是在对1921年布哈林的《马克思主义社会学通俗教材》批判中展开的。

当我们了解了布哈林的物质与意识关系的观点，就会理解葛兰西失误为什么与他的贡献有着内在的联系，而在客观上又与他唯物主义立场相矛盾。

布哈林从马克思、列宁倒退到费尔巴哈，他对物质与意识关系问题的解答只限于"没有'物质'，精神就不可能存在，而没有精神，物质却可以满不在乎地存在着，'精神'是具有特殊组织的物质的特性"②。布哈林对精神的机械论的解释更为可笑："假如人们有办法按照原样重新把那些物质的元件拼凑好、安装好，就好比说像把一个拆散的钟表重新装配起来一样重新装配一个人，这时意识就可以马上恢复：就跟钟表修好了就马上滴答地走起来一样，人的机体一旦复原就可以开始思想。"③ 这里，可以看出布哈

---

① A. Gramsci, *Lettere dal carcere* (Torino：Einaudi editore, 1975), p. 93.
② 布哈林：《历史唯物主义理论》，人民出版社，1983，第 53 页。
③ 同上书，第 52 页。

林完全脱离历史唯物主义研究意识，看不到实践在认识世界和改造世界中的革命意义，不了解认识过程中主—客体的辩证联系，葛兰西与布哈林相反，他注重从历史唯物主义立场研究意识及认识过程，这无疑是正确的，但他在批判布哈林的机械论时，有时没有抓住问题的实质，用"确信在人之外的客观性"来概括错误本质，是不准确的。而把这一命题当作形而上学唯物主义命题加以反对更是错误的。

实际上，"在人之外的客观性"是一般唯物主义的正确命题。列宁说过，辩证唯物主义与旧唯物主义的分歧只局限于三点（机械性、形而上学性和唯心史观），"在唯物主义的其余一切更基本的问题上，马克思和恩格斯同一切旧唯物主义之间没有而且也不可能有任何区别"①。

然而，由此可以推断葛兰西否定独立于意识之外的客观世界的存在吗？让我们看一下他本人的说明就清楚了："为了确切理解外部世界实在问题所能具有的意义，看一下'东方''西方'这两个概念的例子将是适时的，它们从来就是'客观地实在的'，虽然分析时只呈现为约定俗成的，即历史—文化的结构。"② 接着他批判罗素的如下说法，地球上没有人存在，不能想到伦敦和爱丁堡的存在，但可以想到空间里两点的存在——它们就是今天的伦敦和爱丁堡。葛兰西认为，没有人存在，就不能想到只是由于有人才存在的任何事物与关系，如果没有人，北—南、东—西意味着什么？它们是实际的关系，但没有人和文明的发展，它们就不会存在，很明显，东和西是人为的、约定俗成的，即历史范畴，因为离开了实际的历史，地球上的任何一点同时是东又是西③。从以上葛兰西关于空间关系的两段话里不难看出：葛兰西不赞成"在人之外的客观性"，本意不是否定客观事物、客观性及"实际关系"。他的出发点是借助历史唯物主义与辩证法研究认识论问题，批判布哈林的脱离人的实践活动和社会历史，仅把意识看成对物质的反映的形而上学观点。但当他使用"客观性"这种抽象概念时，含义把握

---

① 《列宁选集》第 2 卷，人民出版社，1973，第 246 页。
② A. Gramsci, *Il materialismo storico e la filosofia di Benedetto Croce* (Roma: Editori Riuniti, 1977), p. 180.
③ Ibid., p. 180.

不准，将"客观性"与"对客观性的证明（认识、反映）"混用，表述欠妥、造或混乱，从而与他唯物主义的立场相矛盾。

葛兰西不同意"在人之外的客观性"，他是这样提问的："怎么能肯定一种在人之外的客观性呢？谁来判断这种客观性呢？"[1] 接着，他在恩格斯那里找到了"理论根据"。在引述了"世界的真正的统一性是在于物质性，而这种物质性……是由哲学和自然科学的长期和持续的发展来证明"这段话之后，他写道："恩格斯的公式包含着正确思想的萌芽，因为要证明客观实在，需要求助于历史和人，客观的总是意味着'人类地客观的'，它能与'历史地主观的'完全一致，即是说客观的就是'普遍主观的'。"[2]

显然，葛兰西曲解了恩格斯的原意。恩格斯这段著名论述出自《反杜林论》。"江湖骗子"杜林借助"统一的思想"把存在的唯一性变为统一性，进而证明现实世界的统一性。恩格斯对杜林的这种荒谬逻辑进行了无情的揭露，指出杜林的所谓"存在"是无差别、无运动、无变化的存在，等于虚无；并指出这一概念的实质是抹杀物质与意识的根本界限。最后，恩格斯得出了"世界真正的统一性是在于物质性"的著名论断。也就是说世界的本质是物质的，自然界是在多种形式中运动着的物质，世界统一于物质。这里恩格斯坚持了物质第一性原理。

至于说物质性的证明需要求助于历史和人，葛兰西并没有错。但是，不应忘记物质性（客观性）与对物质性（客观性）的证明是不同的。物质性是世界的本质属性，我们正是通过对物质具体运动形式及其规律的认识来把握物质性。这种认识反过来就是对物质性的证明。思想史和哲学史证明世界的物质性与统一性，但不是科学与哲学构成世界的物质性，它们只是从外部世界中抽象出来，正确地反映了外界的物质性，才成其为科学和"头脑清醒"的哲学；否则就成了巫师的咒语和神甫的说教。

葛兰西的"客观的＝人类地客观的＝历史地主观的＝普遍主观的"公式，从客观效果来看，就抹杀了主观与客观的根本区别，带有唯心主义色

---

[1] A. Gramsci, *Il materialismo storico e la filosofia di Benedetto Croce* (Roma: Editori Riuniti, 1977), p. 176.

[2] Ibid., p. 177.

彩。但是，要了解这是葛兰西在法西斯牢房里写的札记，再看他全部理论实践，就会得出如下结论：如果说在历史观和政治、历史、文化等思想中，葛兰西将辩证法与唯物论相结合；那么，在较为抽象的哲学基本问题和认识论问题上，他注意了辩证法这一侧面，对唯物论有所忽视或表述模糊。但葛兰西的失误与其贡献相比，是第二位的。

哲学史上有着惊人的相似之处。如果说直觉唯物主义者费尔巴哈因耻于与那些唯物主义次货的小贩们（毕希纳、福格特、摩莱肖特）为伍，而重复着对唯物主义的偏见；那么，实践的唯物主义者（共产主义者）葛兰西则对危害革命事业、抛弃革命辩证法的伯恩施坦、屠拉蒂、布哈林、波尔迪加等宣扬的"唯物主义"嗤之以鼻，从而不同意"唯物主义"这一名称。

葛兰西基于对抛弃革命辩证法的直观唯物主义的批判，坚持辩证法，强调实践在认识世界和改造世界中的革命意义。他的意图和出发点都是正确的。但是，有时他没有瞄准靶心，把这种忽视人和实践的唯物主义物质观同宗教创世说相提并论，则是错误的。如果我们深入分析，就会发现葛兰西实际上所要表达的思想是：离开历史和实践活动而迷信客观必然性就类似宗教信仰。因为"可能性还不是现实性"，历史必然性只有通过人们的革命活动才能实现。而庸俗决定论扼杀斗争的主动性，宣扬"红旗必胜"，如同"橡子必然长成橡树"，从而导致斗争失败。

我们还应注意这样一点：葛兰西只不同意"唯物主义"，但对历史唯物主义从未提出过异议，而且还高度赞扬。与其说他对唯物主义抱有偏见，不如说他对旧唯物主义和庸俗（机械、形而上学）唯物主义十分反感，他的失误更像狄慈根。列宁指出狄慈根的那些"显然不正确的词句"："他的基本思想是要指出旧唯物主义不能科学地（借助历史唯物主义）研究观念。"① 葛兰西认为，只有在历史唯物主义这块阵地上，"才能消除任何机械论和一切迷信'奇迹'的痕迹"②。

---

① 《列宁选集》第2卷，人民出版社，1973，第25页。
② A. Gramsci, *Il materialismo storico e la filosofia di Benedetto Croce* (Roma: Editori Riuniti, 1977), p. 163.

　　恩格斯没有因为费尔巴哈对唯物主义的偏见而认为他是唯心主义者；列宁也没有由于狄慈根有时"称自己为唯心主义者"，而抹杀他捍卫唯物主义认识论和辩证唯物主义的功绩。马克思主义经典作家采取的是实事求是的、科学的态度。

　　有缺点的战士终究是战士。尽管葛兰西在某些问题上对唯心主义作了不应有的让步，反映了他受克罗齐影响的一面；但仍属于一个唯物主义者的失误。葛兰西仍不愧为善于独立思考、联系实际的马克思主义思想家。

（刊于《社会科学》1984 年第 12 期）

论葛兰西对马克思主义的理解

安东尼奥·葛兰西（1891~1937），意共创始人、英勇的反法西斯战士，又是列宁逝世后最富独创性的马克思主义理论家之一。然而，长期以来，葛兰西的思想受到歪曲，葛兰西被称为"西方马克思主义"的创始人。

实际上，葛兰西在撰写《狱中札记》时为避免引起西斯监狱当局的注意，不得不使用隐晦曲折的语言。葛兰西在《关于实践哲学研究的若干问题》这组札记里，对马克思主义的本质、使命、来源、体系及新时代的挑战，进行了大胆探索，提出不少深刻、独特的看法。在苏联解体、东欧剧变，马克思主义理论遭受空前攻击的今天，仍能给我们以有益的启示。

一

葛兰西把马克思主义称作实践哲学，着意强调马克思主义是无产阶级改造世界、争取解放的强大的思想武器，是无产阶级革命的世界观和科学的方法论。葛兰西反对把马克思看作是几位伟大学者思想的综合者的肤浅看法，认为马克思是新的世界观的创造者。这种新的世界观独特而完整，它代表了一个历史时代的精神。只要这个时代没有完结，只要还没有在全世界彻底消灭资本主义和实现共产主义，马克思主义就不会过时，不会被超越。葛兰西认为，这个时代要延续几个世纪。这里不难发现葛兰西对共产主义革命的长期性与艰巨性有着充分清醒的认识，可以看出葛兰西与鼓吹"马克思主义危机""马克思主义过时"的伯恩施坦、阿德勒等修正主义者针锋相对。葛兰西对公开背叛革命投入资产阶级怀抱和留在革命队伍中阉割马克思主义革命灵魂的"马克思主义者"表示强烈义愤和极大蔑视，并分析了他们背叛的阶级根源："在实践哲学的基础上形成的知识分子重要代表，除了他们人数不多以外，没有与人民联系起来，并不是出身于人民；他们是传统的中间阶级的代言人，因而在急剧的历史'转变'时期他们也就回到这些阶级那里去了。其中另一些人留在自己原来的阵地上，但不是为了保证新理论的独立发展，而是为了对它作系统的修正。"①

葛兰西在捍卫马克思主义的纯洁性的同时，坚决反对对马克思主义采取教条主义的态度。葛兰西把握住马克思主义的革命的批判的精神，明确指出既然马克思主义对现存一切事物都采取革命的批判的态度，那么它对自己也不例外。它从未把自己看作终极真理体系、绝对封闭体系，它是开放的、与时俱进的。葛兰西精辟地提出了马克思主义历史性的命题，指出马克思主义要随着时代的发展而不断丰富，否则就不能解决现实提出的问题，就不能接受资产阶级现代思潮的挑战；但他同时注意坚持、宣传马克思主义对于无产阶级革命的至关重要的意义。他指出："如果实践哲学在理论上断言，任何认作永恒和绝对的真理都具有实践的来源，并代表着暂时的价值（任何世界观和人生观的历史性），那么，在实践上很难理解这种观点不适用于实践哲学本身。"② 葛兰西以理论家和政治家的慧眼敏锐地觉察到理论与实践、发展与坚持、理论研究与政治宣传的辩证关系。他半个世纪前的论述对于今天的马克思主义的理论家和宣传家、无产阶级政治家仍有着巨大的现实意义。

葛兰西还探讨了马克思主义的来源问题。他一反 20 世纪 20～30 年代将黑格尔哲学视为对法国资产阶级革命的"贵族式的反动"的"权威"看法，深刻指出德国哲学的语言与法国大革命的政治语言之间实质上具有同一性。他主张应认真研究德国哲学、法国革命的政治学和英国的政治经济学之间的关系。葛兰西独具特色地指出："可以说实践哲学等于黑格尔加大卫·李

① 葛兰西：《狱中札记》，葆煦译，人民出版社，1983，第79～80页。
② A. Gramsci, *Il materialismo storico e la filosofia di Benedetto Croce*（Roma：Editori Riuniti, 1977），p. 117.

嘉图。"他并没有沿用通常的说法，即大卫·李嘉图的政治经济学成为马克思主义政治经济学的来源，而是在更大的视野里，在唯物史观和新世界观的形成上估价李嘉图的贡献。他说："据我看，正是实践哲学把李嘉图的学说变成了哲学的语言，因为实践哲学赋予了他的发现以一种通用的性质，并且适当地把这些发现推广到全部历史上面去，从而自己在创造新的世界观的时候，首先利用了它们。"① 凡是读过《〈政治经济学批判〉序言》的人都会记得马克思本人承认，正是通过在巴黎和布鲁塞尔对政治经济学的研究，才总结出唯物史观的基本法则。

总之，葛兰西不同意将马克思主义的三个来源和三个组成部分形而上学的一一对应的研究，而是考察它们之间的联系及对形成马克思主义过程中的全面影响。葛兰西写道："有人断言，实践哲学是在 19 世纪前半期文化的最大限度发展的基础上产生的，而这种文化是由德国古典哲学、英国古典经济学和法国政治著作及实践所代表的，断言这三种文化因素是实践哲学的来源。应该从怎样的意义上去理解这种论断呢？这些运动中的每一种对应地促进了哲学、经济学和实践哲学的政治学的形成？或者是实践哲学综合地改造了所有这三种运动，即是说改造了时代的全部文化，而且在这种新的综合中，我们考察实践哲学，就会发现其中任何一种因素——理论的、经济的、政治的，都以三种运动中的每一种运动作为准备'要素'。"②

不仅如此，葛兰西还认为，当我们说德国古典哲学、英国古典政治经济学和法国空想社会主义是马克思主义的三个来源时，不应绝对化。从历史的长河看，"实践哲学是以过去的一切文化为前提的：文艺复兴和宗教改革，德国哲学和法国革命，加尔文教和英国古典经济学，世俗的自由主义和作为整个现代人生观基础的历史主义。实践哲学是使人民文化与高级文化的对立辩证化的，这一切思想、道德改革运动的结果。实践哲学与下面这种结合相符：新教改革加法国大革命——这是哲学也是政治，这是政治

---

① 葛兰西：《狱中札记》，葆煦译，人民出版社，1983，第 82 ~ 83 页。

② A. Gramsci, *Il materialismo storico e la filosofia di Benedetto Croce* (Roma：Editori Riuniti, 1977), p. 111.

也是哲学"①。在葛兰西看来，以往的哲学只是以各种方式解释世界，而实践哲学强调改变世界，也就是说马克思主义在人类思想史上首次将解释世界与改变世界统一起来，将理论与实践、哲学与政治（历史）、先进的思想与人民群众的利益、需要、愿望统一起来。正是在这个意义上，葛兰西强调实践哲学是新型的独立自主的哲学。由于先进的思想一旦武装了群众，就会变成改造世界的巨大物质力量，从而促使政治形势的巨大变化，所以"哲学也就是政治"。另外，政治理论与实践也具有认识意义："既然领导权机构的建立创造了新的思想领域，决定了意识和认识方式的改革，那么这种建立也就是一种认识行为，一种哲学行为。"② 他启示我们应该在这方面来寻找列宁对实践哲学所做出的最伟大的理论贡献，由于列宁向前推进了政治理论与实践，他也就在事实上向前推进了哲学本身。为此，葛兰西把十月革命称作伟大的形而上学事件。

葛兰西还从理论与实践、哲学与政治统一的原则出发论述了实践哲学的两项根本任务。他指出："实践哲学有两项任务：战胜精微形式中的现代思想意识，以便能够形成自己的独立的知识分子集团，并教育具有中世纪文化的人民群众。"③ 而第二项任务更基本、更重要。鉴于马克思主义的实践性与阶级性，就要求不是把这些真理束之高阁，而是要使它们"社会化"，成为革命实践活动的基础，成为人民群众思想、道德统一和行动一致的要素，从而加速历史的进程。

二

葛兰西还敏锐地觉察到马克思主义哲学——实践哲学在新旧历史时期受到歪曲和阉割的严重状况。由于马克思主义影响日益扩大，已成为现代

---

① A. Gramsci, *Il materialismo storico e la filosofia di Benedetto Croce* (Roma: Editori Riuniti, 1977), pp. 104 – 105.

② Ibid., p. 47.

③ Ibid., p. 102.

文化的重要内容，以致连唯心主义思潮也不能忽视这一现实。克罗齐、金蒂莱、索列尔、柏格森等"作为统治阶级的传布最广的思想体系的作者，作为自己国家里面的知识分子流派的首领不能不多少利用一些实践哲学的成分，以便使自己的软弱无力的主张得以立足，以便用新的理论的历史现实主义来美化过分思辨的哲理，以便用新的武器来充实他们所联系的社会集团的武库"。① 也就是说，他们把马克思主义哲学的某些内容加以篡改后，吸收到自己的唯心主义体系中。另外，教条主义者——"正统派"从与人民群众中传布最广的宗教先验论的斗争需要出发，认为只要用平庸的唯物主义就能战胜它，从而"他们基本上把实践哲学与传统的唯物主义等同了起来"。② 葛兰西针对马克思主义哲学受到两方面修正的现状，提出了马克思主义者在新形势下在哲学领域的战斗任务："人们企图把它（指实践哲学）扯碎为几个部分：有一些东西脱离了辩证的统一又重新回到哲学的唯物主义，同时高级的唯心主义企图把实践哲学里面创造某种新药需要的东西包括到里面去"，③ "在现实中依然重现关于费尔巴哈第一个提纲中受到批判的唯物主义和唯心主义彼此片面的立场，而且也和当时一样（虽然我们也达到更高的阶段）需要在实践哲学发展的更高的阶段上的综合"。④

无疑，这为我们准确判定葛兰西哲学思想的性质、正确理解所谓"实践一元论"的真正含义提供了一把钥匙，指明了一个方向。

与马克思的看法相近，葛兰西指出直观的庸俗的唯物主义"确信有一个外部的绝对不能改变的世界'一般地'、客观地（这个词的最庸俗意义上的）存在着"，⑤ 也就是把意识仅仅看作是对外部世界的"感受"和"整理"，看不到人的主观能动性和人的实践活动的创造性。同时他又指出德国古典哲学首先使用了"创造性的"思想概念，即首次揭示意识的能动作用，但它却充满了唯心主义和思辨的内容。由于唯心主义的"创造性"（即能动性）概念表明外部世界是由思想创造的，就必然陷入唯我论。为了一方面

---

① 葛兰西：《狱中札记》，葆煦译，人民出版社，1983，第 71 页。
② 同上。
③ 同上书，第 78 页。
④ 同上书，第 84 页。
⑤ 同上书，第 28 页。

肯定人的能动性又避免唯我论，而另一方面避免抹杀人的能动性的机械论、庸俗唯物论，就必须"历史地"考察问题，同时把实践作为哲学的基础。①

正是在这种意义上，葛兰西才说："'一元论'这一术语表达什么意义呢？当然不是唯物主义的，也不是唯心主义的，而是意味着在具体的历史行动中的对立面的同一性，即与某种组织起来的（历史化了的）'物质'，与人所改变了的自然不可分割地联系在一起的具体意义上的人的活动（历史—精神）。这是行动（实践、发展）的哲学，但不是'纯粹'行动的，而恰好相反是'不纯粹'的、最世俗、最普通意义上的行动的哲学。"②

正是这段札记被人们作了各种各样的解释，引起激烈争论，招致高度赞扬或严厉批判。

有人认为，葛兰西的"实践哲学"主张一般意义上的唯心主义与唯物主义的综合，因此是折中主义的，带有"西方马克思主义"思想特征。实际上，这种看法是不正确的。只要我们联系他对马克思的《关于费尔巴哈的提纲》的赞誉，对黑格尔、克罗齐唯心主义的批判，对布哈林、波尔迪加庸俗唯物论的批判，就会顺理成章地认为，葛兰西同马克思的思想一致。他是在新的历史条件下坚持马克思的实践的、历史的唯物主义；他正是从捍卫马克思主义的完整性，反对任何一种片面倾向上谈唯心主义与唯物主义结合的。正是马克思本人在《1844年经济学哲学手稿》中首次提出他的哲学"既不同于唯心主义，也不同于唯物主义，同时又是把这二者结合的真理"。③

有人指出，应在辩证法意义上、认识论意义上，而不是在本体论意义上理解葛兰西的"实践一元论"。我认为这一看法言之有据。因为葛兰西关于"实践一元论"的论述正是在题名为"认识的'客观性'"的札记里展开的。葛兰西指出，"在实践哲学中，关于认识的'真理性'问题，可以根据下面这句话（在《〈政治经济学批判〉序言》里）来分析：人们在意识

---

① 葛兰西：《狱中札记》，葆煦译，人民出版社，1983，第29页。

② A. Gramsci, *Il materialismo storico e la filosofia di Benedetto Croce*（Roma：Editori Riuniti, 1977），p. 54.

③ 马克思：《1844年经济学哲学手稿》，人民出版社，1985，第124页。

形态领域——在法律的、政治的、宗教的、艺术的、哲学的形式中——认识物质生产力之间的冲突。但是这种认识是不是限于物质的生产力与生产关系之间的冲突（根据引述的原文）还是指任何有意识的认识而言？这点有待研究，而只有运用所有关于上层建筑价值的哲学理论才能研究"①。紧接着他写道："在这种场合下，'一元论'这一术语表达什么意义呢？"由此可见，葛兰西不是在本体论意义上，即物质与意识谁为本原、谁为派生的问题上发表见解。在他看来，哲学基本问题属于传统唯物主义同传统唯心主义争论的问题，实际上早为旧唯物主义所解决。马克思主义哲学是最高形式的唯物主义——历史唯物主义。它所使用的范畴，如"社会存在""社会意识""上层建筑""经济基础"等，是以往唯物主义与唯心主义哲学从未使用的；它所探讨的问题，如社会存在与社会意识的关系、历史必然性与主体能动性的关系等问题，也是传统唯物主义解决不了的。从这个角度看，历史唯物主义又是对传统唯物主义与唯心主义的超越。

葛兰西在其他场合曾把实践哲学称作"由于思辨哲学本身的工作而达到自己完成的并与人本主义相结合的'唯物主义'"，是"绝对历史主义或绝对人本主义"。② 由此可见，葛兰西认为历史唯物主义是实践的唯物主义，是真正的历史主义与人本主义。从本质上看，马克思主义哲学是划时代的新哲学，是一种以实践为基础，以现实社会的人为出发点和主体，自然和历史相统一的关于人和外部世界（自然界和人类社会）相互关系及其发展规律的理论。

正像马克思肯定人本身是自然界的存在物，葛兰西也承认人是自然界的一部分；但他们更强调人是自然界的对立物，人同自然的关系是能动的积极的关系。葛兰西指出："人们并不是由于自己也是自然而简单地与自然相联系。还有，这种关系不是机械的，而是积极的、自觉的，即这一关系是与每个人对这些关系的或高或低的认识程度相一致的。"③ 显而易见，葛

① A. Gramsci, *Il materialismo storico e la filosofia di Benedetto Croce* (Roma: Editori Riuniti, 1977), p. 54.
② Ibid., p. 129.
③ Ibid., p. 34.

兰西所说的"具体的历史行动中的对立面的同一性",就是指人与自然在具体的历史行动中既对立又统一的辩证关系。离开了具体的历史行动,即人们在不同历史时代的实践活动,人与自然的统一就成了纯粹思辨的东西了。而"组织起来的(历史化了的)'物质'",就是指人所改变了的自然界,当然也包括生产资料(即前人实践的产物)。这样,"人的活动(历史—精神)"也就不难理解了。也就是说,人的实践活动创造了人类历史,而这种人类活动体现了人所特有的巨大的精神力量——人的主观能动性。葛兰西接着写道:"这是行动(实践、发展)的哲学,但不是'纯粹'行动的,而恰好相反是'不纯粹'的、最世俗、最普通意义上的行动的哲学。"我们知道意大利新黑格尔主义者金蒂莱把自己的哲学称作"行动主义",说什么"思想行动是纯粹行动",这样,自然、历史、上帝都成了"我"(共相的)的行动的产物。实际上,葛兰西的这个非常重要的补充着意划清与金蒂莱行动主义的界限,强调人的活动是感性活动、物质活动,并且这种实践活动是有着物质基础的。

我以为这才是"实践一元论"的准确含义,因此,不能从"实践一元论"中得出"否定外部自然界的优先地位"的结论。和马克思一样,葛兰西曾明确指出:"一定的人的社会以一定物的世界为前提,而人的社会只有存在着一定物的世界才是可能的。"① 另一段论述更清楚地说明他是把客观条件作为实践的基础的:"但仅仅是客观条件,或可能性,或自由的存在不够,需要'认识它们'并会利用它们,想要利用它们。"② 显然,葛兰西所说的"客观条件"是指人们所面对着的外部世界,即上一代人的实践改造了的自然界和社会环境。由此可见,葛兰西既没有否认先于人类存在的那个自然界,也没有否认上代人实践改造了的自然界是这代人实践的预先存在的客观基础。但是,在他看来,仅仅承认这点是不够的,这还不是马克思主义哲学的本质所在,具有决定性意义的是要认识并利用客观条件,通过自己的实践促使它们改变。因此,硬说葛兰西把"自然界"或"人所改

---

① A. Gramsci, *Il materialismo storico e la filosofia di Benedetto Croce* (Roma: Editori Riuniti, 1977), p. 35.

② Ibid., p. 42.

变了的自然界”视为实践的从属因素，偏离了唯物主义方向，是毫无根据的。

三

1933～1934 年，葛兰西在狱中认真研读了布哈林的《历史唯物主义理论》，撰写了一系列笔记，全面深刻批判了布哈林的机械论和把马克思主义哲学庸俗化的倾向。从某种意义上讲，这也是对斯大林、20 世纪 20～30 年代盛行的教条主义与形而上学及苏联官方哲学的批判。葛兰西为了捍卫马克思主义哲学的纯洁性，对其体系安排、辩证法、认识论等重大理论问题进行了探讨。

葛兰西首先指出“当一种理论还处在讨论、论战和形成阶段，难道能够撰写关于它的入门书、手册和通俗教材吗？如果某一确定理论尚未达到其发展的‘经典’阶段，任何使它‘教材化’的尝试都注定要失败，它的逻辑体系只是表面的和虚假的。正像‘通俗教材’[①] 那样，主要是完全不同的因素的机械排列，尽管它们为成书的需要有个统一的框架，但彼此没有内在联系”。[②] 应该说这不仅切中布哈林的要害，也是对苏联哲学教科书通病的准确诊断。长期以来，苏联哲学界习惯于用教科书的形式来阐述马克思主义哲学体系；结果造成马克思主义哲学的教条化、庸俗化。更难能可贵的是，葛兰西将马克思主义哲学视为需不断发展、完善、丰富的开放系统，而不是终极真理的体系。

葛兰西坚决反对布哈林把马克思主义哲学分为辩证唯物主义和历史唯物主义两个分离的、相对封闭的体系。他一针见血地指出，在《历史唯物主义理论》中“缺乏对辩证法的任何论述……缺乏对辩证法的论述可能有两个原因。首要的原因在于他认为实践哲学分为两部分，即政治历史理论——

---

① 指布哈林的《历史唯物主义理论》。

② A. Gramsci, *Il materialismo storico e la filosofia di Benedetto Croce* (Roma: Editori Riuniti, 1977) , pp. 64 – 165.

他认为这是社会学，即根据自然科学（实证论意义上的实践科学）方法构建的理论和在本义上的哲学，即哲学唯物主义，形而上学、机械（庸俗）唯物主义。在批判机械论的大讨论之后，……他继续坚持说实践哲学一分为二：历史、政治理论和哲学，不过他不再用哲学唯物主义的老字眼而是用辩证唯物主义称呼它了"①。

十分奇怪的是，就在布哈林被处决的 1938 年，斯大林在《论辩证唯物主义和历史唯物主义》一书中却沿用了布哈林的体系安排。斯大林认为，"辩证唯物主义是马克思列宁主义党的世界观"，② 它仅限于对自然现象的解释、研究方法是辩证的又是唯物的。而历史唯物主义就是把辩证唯物主义原理推广去研究社会与历史。这样，斯大林就把辩证唯物主义提到首位，而历史唯物主义作为马克思主义哲学本质和无产阶级世界观的伟大意义就被抹杀了。

葛兰西同布哈林、斯大林截然相反，他认为马克思主义哲学就是历史唯物主义；认为只有在历史唯物主义"这一领域里，才能消除任何机械论和一切迷信'奇迹'的痕迹"。由此可见，葛兰西强调唯物辩证法与唯物史观紧密结合，是把辩证的、历史的唯物主义（实践的唯物主义、实践哲学）作为统一的马克思主义世界观来把握的。

与把辩证法仅看作方法论的肤浅看法相反，葛兰西认为，辩证法是"新的思维方式，一种新的哲学，还是一种新的技术"。当他肯定辩证法是新的思维方式，尤其是新的哲学时，是同马克思、恩格斯的观点一致的。正是马克思、恩格斯指出辩证法是黑格尔哲学的革命方面，标志着哲学史上的飞跃。葛兰西在批判布哈林时强调马克思主义哲学完成了辩证法与哲学革命的结合。他写道："只有把实践哲学理解为一种完整的和独创的哲学——它开创了历史和世界思想发展史的新阶段，它超越（超越的同时汲取富有生命力的因素）唯物主义和唯心主义这些旧社会的传统表达方式——才

---

① A. Gramsci, *Il materialismo storico e la filosofia di Benedetto Croce* (Roma: Editori Riuniti, 1977), pp. 164 - 165.

② 《斯大林文选 1934~1952》上卷，人民出版社，1977，第 177 页。

能充分地、从根本上认识辩证法的作用与意义。"① 相反，布哈林把辩证法同历史和政治理论分开，"就再不会认识辩证法的重要性与意义，就把认识论和历史学及政治学的精髓贬低为形式逻辑的一个分支和一种入门的经院哲学"。② 葛兰西认为，在辩证法即认识论中，"历史、政治和经济的一般概念融为有机整体"，③ 因此，它不能仅作为方法论而同运用它对历史、经济与政治问题的解释分开。这样，他就不仅反对把辩证唯物主义同历史唯物主义截然分开，甚至不赞成把马克思主义机械地、孤立地划分为哲学、经济学与政治学（科学社会主义学说）三个独立的组成部分。

葛兰西不能容忍把辩证法视为某种形式逻辑同马克思主义哲学体系截然分开。他指出朗格④的《唯物主义史》"把辩证法仅看作形式逻辑的一章，而不是将其本身视为一种逻辑学，一种认识论"，⑤ 从而成为对马克思主义哲学庸俗化的根源。葛兰西强调辩证法是逻辑学和认识论，这就赋予辩证法根本的意义，这同列宁的"辩证法、逻辑学和认识论三者同一"的观点完全一致。难能可贵的是，葛兰西在狱中未能读到列宁的《哲学笔记》，他是通过独立思考得出这一结论的。

列宁曾批评"形而上学唯物主义的根本缺陷就是不能把辩证法应用于反映论，应用于认识的过程和发展"。同普列汉诺夫一样，布哈林没有把唯物辩证法看作马克思主义的认识论。因此，他对反映论的理解还停留在费尔巴哈的水平上。布哈林对物质与意识关系问题的解答仅仅限于"没有物质，精神就不可能存在，而没有精神，物质却可以满不在乎地存在着，'精神'是具有特殊组织的物质的特性"。⑥ 布哈林对精神的机械论解释更为可笑："假如人们有办法按照原样重新把那些物质的元件拼凑好、安装好，就好比说像把一个拆散的钟表重新装配起来一样重新装配一个人，这时意识就

---

① A. Gramsci, *Il materialismo storico e la filosofia di Benedetto Croce* (Roma: Editori Riuniti, 1977), p. 132.

② Ibid, pp. 128 – 129.

③ Ibid, pp. 128 – 129.

④ 朗格（F. A. Lange, 1828 ~ 1875），德国哲学家、新康德主义者。

⑤ A. Gramsci, *Il materialismo storico e la filosofia di Benedetto Croce* (Roma: Editori Riuniti, 1977), p. 151.

⑥ 布哈林：《历史唯物主义理论》，人民出版社，1983，第 53 页。

可以马上恢复：就像钟表修好了就马上滴答地走起来一样，人的机体一复原就可以开始思想。"① 可以看出，布哈林完全脱离历史唯物主义来研究意识，看不到实践在认识世界和改造世界中的革命意义，不了解认识过程中主—客体的辩证关系。

同布哈林的态度迥然不同，葛兰西注重从历史唯物主义研究意识及认识过程，坚决反对离开人的实践活动和社会历史，仅把意识看作对物质的反映的形而上学观点。葛兰西在批判性的评述中，就马克思主义认识论问题发表了不少真知灼见。

首先，他反对把那种开天辟地的原始自然界看作认识的对象。他认为实践不仅是人们认识的手段和检验认识的真理性标准，而且还"创造"认识对象，并使自己真正成为认识主体。从现实的认识主体与客体两方面看，都受着历史条件的制约，受着社会生产力水平的限制。葛兰西以"东方""西方"这两个概念为例具体说明它们是对实际空间关系的反映，但又是历史范畴。他写道："为了确切理解外部世界实在问题所能具有的意义，看一下'东方''西方'这两个概念的例子将是适时的，它们从来就是'客观地实在的'，虽然分析时只呈现为约定俗成的，即历史—文化结构。"② 葛兰西认为，没有人存在，就不能想到只是由于有人才存在的任何事物与关系，"如果没有人，北—南、东—西意味着什么？它们是实际的关系，但没有人和文明的发展，它们就不会存在。显然，东和西是人为的、约定俗成的，即历史范畴，因为离开了实际的历史，地球上的任何一点同时是东又是西"。正是由于欧洲资产阶级已经在全球范围内确立了领导权，才使这些概念被普遍接受。

其次，葛兰西在批判形而上学唯物主义认识论时，强调主体在认识过程中的能动作用，把价值、选择与实践结合起来考察，从而使马克思主义认识论更丰富更完整。

葛兰西指出，人们只是认识自己——人们的需要与利益，如果超越它

---

① 布哈林：《历史唯物主义理论》，人民出版社，1983，第53页。
② A. Gramsci, *Il materialismo storico e la filosofia di Benedetto Croce* (Roma: Editori Riuniti, 1977), p. 18.

们去思考实在的东西，就是"物自体的"、"不可知的"和"形而上学"意义上的认识。请看他的理由："什么是现象，是自在自为地存在着的客观的东西，还是人依靠实践和科学利益区分的质，即根据探索世界秩序及对事物分类的必要性而区分的质（这种必要性总与间接的和未来的实践利益相联系）。"① 这里我们姑且抛开他的某些不准确的说法不谈，仅就其实质来看，的确是对被动的、直观的、照镜子式的反映论的纠正。

自然现象并不是自动闯入人们的感官的。只有当人变革自然时，才与其发生联系；而实践又与人们的利益与需要密切相关，人们正是为了达到预定目的才从事实践活动的。人们为了生存，为满足衣、食、住、行的需要，为居安避险，就要首先区分出与实践有关的、对人们有用的东西。人们以同动物截然不同的方式，仅仅把握周围世界的一部分。从某种意义上，也可以说人们的认识（感觉）是一种干预、一种选择。现象是根据实践目的由主体翻译的客观实在。这就是葛兰西上述说法的真正含义。

诚然，葛兰西在表述时某些概念把握不准，给人以"矫枉过正"的错觉，但决不似科莱蒂所说的那样反对列宁的反映论。这从葛兰西对马赫主义的批判可以看出。

意大利马赫主义者卡米思教授表示完全赞同"微观现象不能独立于观察它们的主体存在的观点，说什么这再次提出了宇宙的主观存在的问题，很发人深省"。

葛兰西迎头痛击这种否定外部世界客观存在的唯心主义观点。他反问道："难道显微镜下被观察的物质就不再是客观存在的物质，而成了精神的产物？"② 他进而剖析上述谬论的信仰主义本质，"如果微观现象真的不能视为独立于观察它们的主体存在的话，那么它们就不是'被观察'，而是'被创造'，而且坠入个人纯幻觉的王国之中。还应提出这样一个问题：同一人是否可以'两次'创造（观察）同一现象。这已不再是'唯我主义'，而

---

① A. Gramsci, *Il materialismo storico e la filosofia di Benedetto Croce* (Roma: Editori Riuniti, 1977), p. 48.
② Ibid., pp. 60 – 63.

纯粹是造物说和巫术。不是现象（它不存在），而是这些幻觉成了科学的对象"①。

综上所述，实际上葛兰西主张一种反映—选择论，即肯定认识对象的客观性，又肯定认识的能动性。葛兰西并未反对反映论，而是用选择论来丰富反映论。

四

像历史上一切伟大的思想家一样，葛兰西也有着自己的局限性，突出地表现在对"唯物主义"的误解上。

葛兰西认为，唯物主义与形而上学相连，"散发着决定论的、宿命论的、机械论的气味"；并且说马克思"从未把他的世界观称为'唯物主义的'"。②

的确，马克思在《关于费尔巴哈的提纲》和《德意志意识形态》等著作中，对旧唯物主义进行过尖锐的批判。然而，说马克思"从未把他的世界观称作'唯物主义的'"则与事实不符。马克思不仅认为自己的世界观是唯物主义的，而且是"新唯物主义""实践活动的唯物主义"③

另外，葛兰西面对着庸俗唯物主义者，批判他们抛弃革命辩证法的错误时，有时在某些概念的把握与理解上有偏失，某些不确切的表述客观上起了混淆唯物主义与唯心主义界限的作用。

葛兰西还把忽视人和实践的直觉唯物主义物质观同宗教创世说相提并论。应该说，他的意图和出发点都是对的，但在批判时没有瞄准靶心。如果我们深入分析，就会发现葛兰西实际上所要表达的思想是：离开历史和实践活动而迷信客观必然性就类似宗教信仰。因为"可能性还不是现实

---

① A. Gramsci, *Il materialismo storico e la filosofia di Benedetto Croce* (Roma: Editori Riuniti, 1977), pp. 60–63.

② A. Gramsci, *Passato e presente* (Roma: Editori Riuniti, 1977), p. 196.

③ 《马克思恩格斯选集》第 1 卷，人民出版社，1975，第 19 页。

性"，历史必然性只有通过人们的革命活动才能实现。而庸俗决定论扼杀斗争的主动性，宣扬"红旗必胜"，如同"橡子必然长成橡树"一样，从而导致斗争失败。

历史有着惊人的相似之处。如果说直觉唯物主义者费尔巴哈因耻于与那些唯物主义次货的小贩（毕希纳、福格特、摩莱肖特）为伍，而重复着对唯物主义的偏见；那么实践的唯物主义者（共产主义者）葛兰西则对危害革命事业、抛弃革命辩证法的伯恩施坦、屠拉蒂、布哈林、波尔迪加等宣扬的"唯物主义"嗤之以鼻，从而不同意"唯物主义"这一名称。

还应注意：如果说葛兰西在历史观和政治、文化等思想中注意将辩证法与唯物论相结合，那么在较为抽象的哲学基本问题上则对唯物论有所忽视或表述模糊。

还有，葛兰西只是不同意"唯物主义"，但对历史唯物主义高度赞扬。因此，与其说他对唯物主义抱有偏见，不如说对旧唯物主义和他那个时代的庸俗（机械）唯物主义抱有反感。

综观葛兰西的革命实践与理论探讨，应该说他主张的实践哲学就是马克思主义哲学，也就是实践的、历史的、辩证的唯物主义。

然而，"由红变白"的科莱蒂（科莱蒂原为意共党员，后加入社会党。在苏东剧变后加入右派政党意大利力量党，并攻击马克思主义）和"新左派"安德森之流硬说实践哲学是"西方马克思主义"，将葛兰西同前期卢卡奇相提并论，并称为"西方马克思主义"的创始人。

实际上，正如意大利左派学者瓦卡所说，从拉布里奥拉到葛兰西，从考茨基到卢卡奇，是两条泾渭分明的路线。

有趣的是，葛兰西在《关于实践哲学研究的若干问题》这组札记中有一处提到卢卡奇。他写道："有待研究卢卡奇教授对实践哲学的立场。卢卡奇似乎认为只能就人类史而不能就自然谈论辩证法。他可能是错误的，也可能是正确的。如果他的论断以自然与人的二元论为前提，那就错了。因为他坠入一种纯粹宗教的、希腊—基督教哲学及真正唯心主义的自然观中。这种自然观实际上而不是口头上尚未能将人和自然统一和联系起来。但人类历史若被视为自然史（也通过科学史），又怎么能使辩证法脱离自然呢？

可能卢卡奇因反对《通俗教材》的怪论，才陷入相反的错误，陷入某种形式的唯心主义之中。"①

显然，同马克思主义经典作家一样，葛兰西坚持把人类历史看作自然历史过程的唯物史观。他曾明确说过，人是自然的一部分，又是自然的对立物。与此同时，他在批判卢卡奇的唯心主义立场时，也同将自然消融在人类史中的克罗齐的唯心主义观点划清了界限。

我们若将葛兰西的《狱中札记》同卢卡奇的《历史和阶级意识》加以比较，就会发现：尽管他们都是出于对十月革命后西欧各国革命失败的理论思考，但方向是相反的：卢卡奇主张恢复马克思主义的"黑格尔传统"，表现出把马克思主义黑格尔化的倾向。而葛兰西强调马克思主义是代表时代精神的独特、完整的新世界观，超越了以往传统的思想表达方式；葛兰西看到反对、歪曲马克思主义的两种危险——机械、形而上学、庸俗唯物主义倾向和新唯心主义倾向。从而葛兰西主张写一部《反克罗齐论》，正是要同恢复黑格尔传统的唯心主义倾向做斗争。

葛兰西认为，正是由于马克思揭示了经济基础与上层建筑的关系，才使历史的政治、伦理环节有了实际的基础，才使历史观最终脱离了唯心主义窠臼。而卢卡奇认为，马克思主义的显著特征不在于经济基础和上层建筑的关系，而在于整体性概念，从而把经济基础和上层建筑的关系放到了次要地位，这样就同黑格尔界限不清。同卢卡奇的无产阶级准备直接作为整体性出现的唯心观点相反，葛兰西指出，无产阶级必须通过历史进程获得社会整体性的意识，并有能力解决社会矛盾时，才能成为领导阶级。

卢卡奇自己承认"反对反映论、反对马克思和恩格斯的自然辩证法观点"，虽然"没有接触过马赫主义"，但成了"这类'下半截的唯物主义'的典型表现形式"。② 从上文可以看出，葛兰西坚持选择—反映论，不仅批判了否定物质存在的马赫主义，也批判了否定自然辩证法的卢卡奇。

由此可见，葛兰西同早期卢卡奇在思想上大相径庭，葛兰西不是"西

---

① A. Gramsci, *Il materialismo storico e la filosofia di Benedetto Croce* (Roma: Editori Riuniti, 1977), p. 179.

② 《卢卡奇自传》，杜章智译，社会科学文献出版社，1986，第 222 页。

方马克思主义者"。况且，就"西方马克思主义"这一概念本身来看也是不科学的；它仅为"新左派"安德森所杜撰，并未被西方学术界普遍接受。怎么能把坚贞不屈的无产阶级革命家同资产阶级教授，甚至革命的叛徒视同一律？怎么能将具有独创性的马克思主义——葛兰西的思想同早期卢卡奇思想，甚至同存在主义、弗洛伊德主义，法兰克福学派的社会批判理论混为一谈呢？

还有一种说法：葛兰西政治上是伟大的无产阶级革命家，而哲学世界观上是"离经叛道"的"西方马克思主义者"。这一公式本身就包含着逻辑矛盾：难道政治家的实践活动不正是以哲学世界观作为理论基础的吗？从反面看，早期卢卡奇政治上的"左派"幼稚病同哲学上恢复黑格尔主义传统的倾向不是有着必然的联系吗？

葛兰西启示我们：一个政治家的真正的哲学应到其政治著作中去探寻。我们综观葛兰西一生的革命实践与理论建树，实事求是地做出评价，可以说葛兰西是为共产主义奋斗终生、英勇献身的伟大的无产阶级革命家，是善于联系意大利和西欧革命实践而独立思考的马克思主义理论家。在国际共运处于低潮、马克思主义遭受疯狂攻击的今天，葛兰西以其英雄的业绩、崇高的人格，光辉的思想仍然为全世界革命者和进步人类所怀念。

（刊于《马克思主义研究》2001年第3期）

"egemonia"是"领导权"
还是"霸权"?

—— 葛兰西政治理论的核心范畴

为了纪念意大利共产党创始人和总书记、20 世纪最富独创性的马克思主义理论家之一葛兰西逝世 70 周年,2007 年 4 月,人民出版社出版葛兰西的名著《狱中书简》。

《狱中书简》收集葛兰西自 1926 年 11 月至 1937 年 1 月,从流放地和法西斯监狱写给亲友的 456 封信。《狱中书简》是葛兰西思想和活动的"档案",是《狱中札记》的"导言"和"指南"。《狱中书简》是一幅葛兰西真实、生动的"自画像",是一曲动人心魄的"悲壮交响乐",是一部不朽的意大利现代文学名著,克罗齐盛赞它属于整个意大利民族。《狱中书简》在 1947 年首次出版后,立即以其朴实生动的语言,动人心弦的真情实感,丰富内容和深邃思想引起轰动。1948 年荣获意大利最为重要的文学奖——"维阿雷焦"奖。

笔者翻译《狱中书简》的过程,也是一次学习的过程,它使我对葛兰西使用的独特的概念,尤其对"egemonia"的认识更加深刻。

首先,"egemonia"是意大利语词汇,它是葛兰西政治理论的核心范畴,因此,对它的翻译既要考察它在意大利语中的确切含义,又要考察它在葛兰西政治学说中的地位与作用,还要兼顾中文译名在现代汉语中的确切含义及使用习惯。

一 对 egemonia 的语义考察

让我们先看一部意大利语权威词典——ZINGARELLI 意大利语词典（1998 年版）egemonia 词条：（1）本义。supermazia che uno stato esercita su altri（一个国家对其他国家行使的霸权），由此可见，本义为"霸权"。（2）转义。preminenza（优势），direzione（领导），guida（引导），由此可见，转义为"领导权"。例：la teoria dell'egemonia della classe operaia.（工人阶级领导权理论）。

再看另一部意大利语权威词典——SANDRON 意大利语词典（1976 年版）的 egemonia 词条：（1）本义。suprema，preminenza politica o militare（政治或军事的霸权、优势），例：l'egemonia di Atene nella Grecia antica（雅典在古希腊的霸权）。（2）引申义。superiorità，primato rispetto ad altri（对他人的优势、首位）；例：egemonia culturale（文化领导权）。

通过对两部权威意大利语词典的考察，可以见出：egemonia 虽说本义是"霸权"，但其转义（引申义）不是"霸权"，而是"领导权"，而这种转义（引申义）正是源于葛兰西所使用的 egemonia 概念的独特内含，这一点从此词条转义（引申义）的举例可一目了然。

二 对现代汉语"霸权"的考察

让我们先看《现代汉语词典》（商务印书馆 2005 年第 5 版）的"霸权"词条：名 在国际关系中以实力操纵或控制别国的行为，例如建立霸权，霸权主义。再看其派生词"霸权主义"：指大国、强国凭借军事和经济实力，强行干涉、控制小国、弱国的内政外交，在世界或地区称霸的政策和行为。

再让我们看《辞海》的"霸权主义"条目：指在世界上或在某个地区称王称霸的政策，"霸权"一词最初出现在希腊历史上，指个别大的城邦

（如斯巴达）对其他城邦的控制。后泛指大国、强国不尊重他国主权和独立，对他国强行干涉、控制和统治。

综上所述，可以看出：现代汉语中的"霸权"和"霸权主义"主要是个国际政治概念，并且是个贬义词，它同意大利语中的"egemonia"的本义相近，但贬斥的色彩更浓。尤其在 20 世纪 60 年代后，随着在现代汉语中频繁使用"反对霸权主义"和"不称霸"，这个词变为纯粹的贬义词，它似乎只能同"帝国主义""社会帝国主义""超级大国"相连，绝对不可能同"社会主义""无产阶级""共产党"相连。

三 对葛兰西的 "egemonia" 的考察

1. egemonia 是个政治学概念

在葛兰西的著作中，egemonia 是个政治学范畴，而不是国际政治范畴；是个中性词，而不是贬义词；它广泛应用于各个社会阶级（也包括无产阶级、工人阶级和共产党）。葛兰西指出："克罗齐在历史 - 政治活动中，只注重在政治学中被称作'领导权'、认同和文化领导权的环节"；[①] "正如马基雅维利徒劳地指出那样，他想通过军队组织形成城市对乡村的领导权，因此他可以称作意大利的第一位雅各宾党人。"[②]

2. "领导权"和"领导权理论"

要准确把握"egemonia"（"领导权"）的含义，必须考察葛兰西的"teoria dell'egemonia"（"领导权理论"）。领导权理论是葛兰西对马克思主义政治学说的创造性发展。俄国十月革命的胜利和列宁主义，对葛兰西领导权理论的形成产生了决定性影响。十月革命胜利后，他也曾憧憬过在意大利迅速取得革命成功的美好前景，但意大利法西斯政权的建立，德国、奥地利等国社会主义革命的失败，使葛兰西不得不思考这一问题：为什么西欧工业先进国家的无产阶级革命没有继十月革命之后取得成功？早在 1926 年，

---

① 葛兰西：《狱中书简》，田时纲译，人民出版社，2007，第 432 页。
② 同上书，第 349 页。

葛兰西就开始初步分析西欧革命失败的社会根源："先进的资本主义国家的统治阶级具有像俄国那样的国家所不具有的政治上和组织上的后备力量。这意味着，即使最严重的经济危机也不至于立即在政治领域产生反响。"① 20世纪30年代，葛兰西在法西斯监狱中，联系意大利和西欧的历史及现状，对这一问题作了进一步全面深刻的探索，形成了领导权理论。该理论包含"无产阶级领导权""市民社会""认同""阵地战""知识分子"等丰富内容；必须在领导权理论的整个体系中，将核心范畴"领导权"同其他重要范畴结合考察，才能准确把握其实际含义。

3. "领导权"和"无产阶级领导权"

葛兰西作为无产阶级革命政党的领袖，首先从分析西欧国家内资产阶级领导权出发，进而探讨无产阶级领导权。早在1926年葛兰西就指出："都灵的共产党人具体地提出了无产阶级领导权问题（la questione dell'egemonia del proletariato），亦即无产阶级专政和工人国家的社会基础问题。"由此可见，无产阶级领导权同无产阶级专政是密不可分的。葛兰西还认为："只有当无产阶级成功地创立了动员多数劳动群众反对资本主义和资本主义国家的阶级联盟体系时，才能使自己成为领导阶级和统治阶级（classe dirigente e dominante）。"② 这说明葛兰西是从无产阶级革命总任务的高度来区分"领导"与"统治"、"无产阶级领导权"与"无产阶级专政"。实际上，领导权与专政并不矛盾。葛兰西反对"没有领导权"的专政，但绝不主张"没有专政"的领导权。葛兰西认为，资产阶级代议制民主国家也要由无产阶级专政所代替。需要注意的是：葛兰西在不同场合使用"无产阶级领导权"这一概念时，含义是变动的。多数情况是指无产阶级对文化与意识形态的领导权，但有时扩展到无产阶级在经济、政治、文化各个领域的领导权。当他联系列宁使用时，就是指无产阶级专政。由此可见，葛兰西的无产阶级领导权理论是对列宁的无产阶级专政理论的继承和发展。显然，若将"l'egemonia del proletariato"译作"无产阶级霸权"，按汉语语境，将形成语义矛盾，并造成巨大混乱。因此，当把"egemonia"译作"霸权"时，必

---

① 葛兰西1926年8月2日致意共中央的信。

② A. Gramsci, *La questione meriodionale*（Roma：Editori Riuniti, 1966），p. 13.

须考虑它同"无产阶级"相连所产生的效果。

4. "领导权"和"市民社会"

葛兰西在使用"领导权"时，多与"市民社会"相连。葛兰西不满足于传统的马克思主义国家观，他指出"我们往往把国家和政府等同起来，而这种等同恰好是经济－行会形式的新的表现，也就是混淆市民社会和政治社会的新的表现，因为应该指出的是，国家的一般概念中有应该属于市民社会的某些成分［在此意义上可以说：国家＝政治社会＋市民社会，换言之：国家是配备有强制装甲的领导权（egemonia corazzata di coercizione）］"。[①] 试问：若将上文中的"领导权"改为"霸权"，那么市民社会和政治社会的界限还泾渭分明吗？不仅如此，在现代汉语语境中，"霸权"已带"暴力"和"强制"的性质，又有何必要"配备强制的装甲"？

5. "领导权"和"认同"

和马克思不同，葛兰西没有把市民社会置于经济基础领域，而是放入上层建筑。葛兰西从西欧社会结构的独特性出发，注意到教会、工会、学校和社团等"非政府"组织在对民众的教育和精神统一方面所起的巨大作用，把它们称作市民社会，并同政治社会一起置于上层建筑领域。帕累托在《普通社会学纲要》中写道："在全部历史中，作为统治手段，认同和暴力总是交织在一起，从远古时代的国王直至现代民主政体。到处存在一个人数不多的统治阶级，它部分靠暴力，部分靠被统治阶级的认同维持政权。"[②] 葛兰西先把作为统治手段的"认同"提升到国家本质的高度，继而进行横向考察，把帕累托的"暴力－认同比例说"提升到"政治社会－市民社会强弱说"，来总结十月革命胜利后西方无产阶级革命接连失败的沉痛教训。葛兰西指出，东西方社会结构不同：在东方，政治社会就是一切，市民社会是原始的；在西方，存在强大的市民社会。因此，西方无产阶级仅仅夺取政权是不够的，而要首先攻占市民社会的一切阵地。最后葛兰西进行纵向考察，指出随着国家的发展，政治社会呈减弱趋势，而市民社会

① A. Gramsci, *Note sul Machiavelli, sulla politica e sullo Stato moderno* (Roma: Editori Riuniti, 1977), pp. 163 – 164.

② 帕累托：《普通社会学纲要》，田时纲译，生活·读书·新知三联书店，2001，第359页。

呈增强趋势。在社会主义制度下，国家的暴力和强制因素逐渐减弱，领导权和积极认同因素逐渐增强，故社会主义民主建设日益重要。试问：假若将文中的"领导权"改作"霸权"，那么"认同"和"暴力"的界限还清晰吗？

6. "领导权"和"文化领导权"

1932 年 5 月 2 日，葛兰西在致塔尼娅的信中写道："实践哲学的现代大理论家[①]也按同一方向构建理论，'领导权'和文化领导权环节被系统地重新评价，以反对经济主义的机械论和宿命论的观念。"[②] 由此可见，把葛兰西的"领导权"仅仅归结为"文化领导权"是片面的和武断的。不言而喻，文化领导权是领导权的重要内容，尤其对于西方资本主义国家和现代社会而言。但是，领导权还包含更为丰富的内容，请参阅第 3 节关于"无产阶级领导权"的论述，这里不再赘言。

7. "领导权"和知识分子

正是从领导权理论出发，葛兰西对知识分子问题特别关注。葛兰西指出，知识分子并不构成独立自主的阶级，而是分别隶属于不同的阶级。但他们一经形成，就具有相对独立性，并起着特殊的社会作用。知识分子使整个阶级不仅在经济领域，而且在社会政治领域具有同质性；他们是市民社会和政治社会的活细胞，他们构建本阶级的意识形态，并使后者认识自己的历史使命，进而使这种意识形态成为渗透到整个社会的世界观。

1931 年 9 月 1 日，葛兰西在致塔吉娅娜的信中写道："这种研究[③]还将导致对国家概念的某些规定，通常国家被理解为政治社会（为使人民群众同某种生产类型及特定时期经济相一致的专政或强制机关），而不是视为政治社会与市民社会（某个社会集团，通过教会、工会、学校等所谓非政府组织对整个民族社会行使的领导权）的平衡，而知识分子恰恰在市民社会活动（譬如，贝内德托·克罗齐就是某种世俗教皇，是最有效的领导权工具，即使他一次次地同这届政府或那届政府相冲突）。我认为，知识分子作

---

① 指列宁。
② 葛兰西：《狱中书简》，田时纲译，人民出版社，2007，第 283 页。
③ 指对知识分子问题的研究。

用的观念，阐明了中世纪公社崩溃的原因或原因之一，即由一个经济阶级领导的政府倒台的原因或原因之一，这个经济阶级不懂得创建自己的知识分子队伍以行使专政之外的领导权：意大利知识分子不具有人民－民族性，而具有教会模式的世界性，从而列奥纳多·达·芬奇把佛罗伦萨防御工事设计图无所谓地出售给瓦伦蒂诺公爵。"①

在了解了知识分子主要在市民社会活动，主要行使专政之外的职能之后，再把"领导权"换成"霸权"，并同"知识分子"相连，似乎有些滑稽。

综上所述，在意大利语中，葛兰西所使用的 egemonia，只具该词的转义或引伸义，同汉语中的"领导权"最接近。在现代汉语中，"霸权"主要是个国际政治概念，并在贬义上使用。显然，同葛兰西理解的政治学概念——egemonia 相距甚远。从葛兰西的政治学说的整个体系来看，从 egemonia 同"市民社会"（"società civile"）、"认同"（"consenso"）、"无产阶级"（"proletariato"）、"知识分子"（"intellettuali"）的关系来看，egemonia 不适宜译作"霸权"，译成"领导权"比较贴切。笔者无从考察哪位学者最先将"egemonia"译成"领导权"，但我从开始研究葛兰西政治理论起，就一直沿用这个译名，并且今后仍将沿用。为此，我要感谢那位不知姓名的学者——是他引导我走上正确之路，避免了"误入歧途"。

（刊于《教学与研究》2007 年第 8 期）

---

① 葛兰西：《狱中书简》，田时纲译，人民出版社，2007，第 348～349 页。

葛兰西是"西方马克思主义者"吗?

安东尼奥·葛兰西（1891～1937）是意大利共产党创始人和领袖,国际共产主义运动的著名活动家,英勇无畏的反法西斯战士,又是 20 世纪最富独创性的马克思主义理论家之一。然而,他从 20 世纪 80 年代至今,却被我国个别学者说成是"西方马克思主义者"。这不仅是对伟人的贬损和英雄的亵渎,而且不利于准确把握和学习其理论遗产。因此,很有必要借助文献和理论分析加以廓清,还葛兰西的本来面目。

一 葛兰西

——富有独创性的马克思主义理论家

意大利和西方主流学界从不承认葛兰西是"西方马克思主义者"。《意大利百科全书》、《哲学百科辞典》和《不列颠百科全书》的葛兰西条目均把葛兰西作为国际工人运动活动家和马克思主义理论家进行介绍。前南斯拉夫著名学者弗兰尼茨基在《马克思主义史》（1978）中称"葛兰西是一个光辉的有文化的马克思主义者,同时又是无产阶级的政治领袖"。[①] 英国著名学者麦克莱伦在《马克思以后的马克思主义》（1979）中写道:"除俄国革命家之外,葛兰西是最近五十年最有独创性的马克思主义理论家。他的

---

① 弗兰尼茨基:《马克思主义史》第 2 卷,胡文建等译,人民出版社,1988,第 191 页。

贡献……涉及马克思主义政治学的整个领域。"①

在意大利召开的历次葛兰西国际研讨会（1958、1967、1977、1987、1989、1997、2007）上没有论述葛兰西和"西方马克思主义"关系的报告。譬如，1989 年 10 月在意大利福尔米亚举行"葛兰西在世界"国际学术讨论会，来自各大洲 30 多个国家的 50 多位学者与会（笔者有幸应邀出席）。他们一致认为，葛兰西是列宁逝世后最富独创性的马克思主义理论家之一，他对当代社会、政治、文化、宗教等诸问题进行了全面考察，并对当代世界进步进程、道路与模式做过深入的探讨。葛兰西的理论遗产，尤其是实践哲学和领导权理论，无论对于西欧、北美、日本等发达国家，还是对于社会主义国家和发展中国家，都具有现实意义。②

苏联学者戈利格列娃分析葛兰西在斯大林时代及后斯大林时代长期被贬低的原因，因为早在 1926 年葛兰西就对斯大林和联共（布）中央多数派对少数派进行斗争的残酷性提出批评，在 20 世纪 30 年代又对苏联官方哲学和政治体制进行批判。这说明葛兰西是同苏联模式的"正统"马克思主义划清界限，而不是脱离传统马克思主义。

法国学者托塞尔指出，法国马克思主义者从葛兰西对第三国际教条主义的批判中受到启发，在其领导权和阵地战思想中找到修改法国社会主义革命战略的重要理论基础。阿尔杜塞强调，葛兰西不仅是伟大的共产主义者，而且是历史唯物主义的革新者。西班牙学者布埃指出，早在 1933 年西共的毛林就认为葛兰西是"意大利主要的马克思主义理论家"。在佛朗哥死后，葛兰西成为在西班牙出书、读者和评论最多的马克思主义理论家。

巴西学者柯乌丁赫指出，在 20 世纪 80 年代葛兰西思想在巴西得到广泛传播，葛兰西主要作为马克思主义政治理论家受到巴西左派的尊敬。巴西共产党和左派开始应用葛兰西的范畴分析巴西社会的历史和现状，应用"民族－人民文化"概念分析巴西文化问题和知识分子发展史；应用"被动

---

① 麦克莱伦：《马克思以后的马克思主义》，余其铨等译，中国社会科学出版社，1987，第 262 页。

② 田时纲：《葛兰西在世界——国际葛兰西学术讨论会述略》，《国际共运史研究》1990 年第 1 期。

革命论"理解"来自上层"的变革促使巴西资本主义向现代化过渡的历史过程。阿拉伯社会学学会秘书长拉彼博指出,从 20 世纪 70 年代中期开始,葛兰西就成为阿拉伯进步文化界的热门话题。他分析了葛兰西受到阿拉伯世界欢迎的原因:葛兰西思想是开放的马克思主义;葛兰西强调普遍性与特殊性、国际性与民族性的统一,这同"阿拉伯的特殊性"并不矛盾;葛兰西的领导权理论,尤其是文化领导权思想对革命实践具有指导意义。

在苏联解体、东欧剧变、国际共运处于低潮的严峻形势下,葛兰西的威信变得更高。2000 年在美国召开的第四届马克思主义大会上,关于葛兰西哲学专题讨论会多达 3 场,参加者甚多;在关于马克思著作的讨论会上,与会者高度评价葛兰西对马克思主义理论做出的杰出贡献。与会学者在批判那种把资本主义看作世界一体化基本形式的观点时,认为必须研究葛兰西的理论思想,以反对把资本主义绝对化的错误思潮,并确立世界发展多元化的思想,从而证明社会主义发展的历史必然性和各民族文化发展的合理性。

需要指出的是,葛兰西的理论思考是在十月革命后欧洲各国无产阶级革命相继失败,法西斯主义猖獗一时,国际共运遭受挫折的形势下进行的,这就不难理解为什么于世纪之交在世界范围内再次掀起"葛兰西热"。

正是鉴于国外学界主流的评价,国内权威辞书和权威出版社对葛兰西的介绍比较准确。譬如,《中国大百科全书·哲学卷》"葛兰西"条目称他是"意大利共产党创始人和领袖,马克思主义理论家"。[①]《马克思主义人物词典》称葛兰西是"著名的意大利马克思主义理论家。他的著述和思想是马克思主义发展史上的一批重要财富"。[②] 人民出版社出版的《狱中札记》(1983)的"出版说明"称葛兰西是"国际工人运动的杰出战士,马克思主义理论家……为工人阶级解放事业奋斗终生,他进行理论活动的主要目的就是探讨无产阶级领导权问题"[③];《葛兰西文选》(1992)"编者序"称葛兰西是"意大利无产阶级革命家和理论家,他努力把马克思列宁主义应用

---

① 《中国大百科全书·哲学卷》第 1 卷,中国大百科全书出版社,1987,第 246 页。
② 《马克思主义人物词典》,中国广播电视出版社,1989,第 597 页。
③ 葛兰西:《狱中札记》,葆煦译,人民出版社,1983,第 1~2 页。

于意大利实际"。①

我国著名马克思主义哲学家黄楠森教授等主编的《马克思主义哲学史》（1996）第 8 卷下册第九章《马克思主义哲学在意大利》（撰稿人为陆相淦教授），用大量篇幅介绍葛兰西对马克思主义哲学和政治学的贡献，肯定葛兰西是"20 世纪杰出的马克思主义思想家和哲学家之一"。② 早在 1987 年，余其铨教授就指出除马克思、恩格斯、列宁、斯大林和毛泽东这条马克思主义哲学发展的主线外，还有其他支线，比如从马克思→恩格斯→拉布里奥拉→葛兰西→陶里亚蒂就是一条支线。③ 他的看法很有见地，也同意大利左派学者的观点相近。意大利葛兰西研究所所长（现任主席）瓦卡（Giuseppe Vacca）教授说，从拉布里奥拉到葛兰西，从考茨基到卢卡奇，是两条泾渭分明的路线。

二 "西方马克思主义" 的渊源及内在矛盾

在西方最初提出"西方马克思主义"概念的是法国哲学家梅洛 – 庞蒂。在他 1955 年出版的著作《辩证法的历险》的第二章的标题是"'西方的'马克思主义"。其后，1976 年，英国"新左派"佩里·安德森的小册子《西方马克思主义探讨》问世，"完善"并"充实"了"西方马克思主义"概念。正是佩里·安德森最早开列出"西方马克思主义者"13 个代表人物名单（其中意大利有 3 人：葛兰西、德拉·沃尔佩、科莱蒂），阐述了"西方马克思主义"（以下简称"西马"）的特征，还把葛兰西（卢卡奇、柯尔施）称作"西马"的"真正创始人"和"第一批理论家"，称"《狱中札记》是整个西方马克思主义传统中最伟大的作品"。④

安德森的"西马"概念一出现，就受到许多西方学者的批判。譬如，

---

① 《葛兰西文选》，人民出版社，1992，第 1 页。

② 黄楠森等主编《马克思主义哲学史》第 8 卷（下），北京出版社，1996，第 524 页。

③ 麦克莱伦：《马克思以后的马克思主义》，余其铨等译，中国社会科学出版社，1987，第 39 页。

④ 佩里·安德森：《西方马克思主义探讨》，高铦等译，人民出版社，1981，第 36～71 页。

美国学者皮扎和阿托拉认为安德森的"西马"是个不折不扣的"托派概念"。1978 年，美国的理查·沃尔夫对安德森归纳的"西马"的"根本特征"，即"理论脱离实际"、对欧洲革命失败以及十月革命的"悲观情绪"，研究领域由经济和政治"转向"哲学等进行了批驳。美国学者卡尔·波格斯同安德森针锋相对，称颂葛兰西是"创造性的马克思主义者"和革命理论家，葛兰西的理论在马克思主义发展史上构成一种"新理论与战略体系"。①

20 世纪 80 年代初，"西马"概念引入我国，开始带着引号，后来有去掉引号的，也有坚持带引号的。20 余年来，虽说做了补充和修改，但仍然没有脱离安德森的框架和模式，如"思潮说"、特征、创始人、各个流派及代表人物等。安德森的"西马"可以简单概括为："西马"非"马"是个筐，萝卜、白菜一块装；"思潮"凝聚左、中、右，真、非、反"马"大合唱。因为，这里既有无产阶级革命家、杰出马克思主义理论家（葛兰西），也有对马克思主义进行理论探索（有时出现失误）的共产党员学者（德拉·沃尔佩），还有马克思主义的叛徒、反马克思主义者（科莱蒂），也有攻击列宁主义、被清除出党的极"左"派（柯尔施），更多的是研究马克思的资产阶级教授（存在主义者萨特等）。

《不列颠百科全书》在词条"马克思主义"的次项——"西方的马克思主义"中称"西方的马克思主义主要有两种形式，一种是传统的共产党的马克思主义，另一种是组织上比较松散的'新左派'，它被称作'西方马克思主义'。'西方马克思主义'则可以被看作是对马克思列宁主义的一种否定"②。《中国大百科全书》"西马"条目称"现代西方国家中一种反对列宁主义但又自称是马克思主义的思潮。它出现于 20 世纪 20 年代，最初是共产国际内部一种'左'倾思潮，在受到共产国际批判后，在党外发展起来……1955 年，梅洛 - 庞蒂在《辩证法的历险》一书中，强调'西方'马克思主义同列宁的对立……在这以后，人们就广泛地用这个概念称呼这一思潮"。

---

① 黄楠森等主编《马克思主义哲学史》第 8 卷（上），北京出版社，1996，第 98 ~ 99 页。

② 《不列颠百科全书》，中国大百科全书出版社，2007，第 561 页。

由此可见，"西马"具有三要素：极"左"（政治派别或"思潮"）；反对列宁主义（甚至否定马克思主义）；非马克思主义（"自称马克思主义"）。这就不难理解"西马"常被加上引号使用；而不带引号的"西马"往往造成理论上的混乱。

确实，柯尔施从列宁主义的拥护者沦为列宁主义的攻击者（以 1930 年撰写《关于"马克思主义哲学和哲学"问题的现状》为标志）。但他在短短 10 年间发生巨大变化事出有因。组织原因：在共产国际内部同意大利共产党机会主义首领波尔迪加结成极"左"反对派集团。为此，1925 年被德国共产党解除《国际》杂志编辑职务。1926 年，又因拒绝执行共产国际和德共决定而被开除出党。理论原因：是他从未放弃黑格尔主义。在柯尔施思想中黑格尔的唯心主义思想体系始终起作用。[①]

同样，卢卡奇在十月革命后表现出极左倾向。他在 1919 年 9 月匈牙利革命失败后，创办的《共产主义》杂志成为在共产国际中散布极左思潮的阵地。他还同意大利极左派同情者、荷兰"左"派共产主义者潘涅库克及罗兰－霍尔斯特为伍，反对共产国际的正确路线。列宁严厉批判《共产主义》杂志的政治倾向是"共产主义运动中的'左派'幼稚病"，并点名批判其在《共产主义》第 6 期（1920 年 3 月 1 日）上发表的《论议会活动问题》"左得很，糟得很"。同柯尔施一样，卢卡奇的早期思想带有浓厚的黑格尔唯心主义色彩，背离了马克思主义理论。[②]

三 葛兰西与列宁

然而，同柯尔施和卢卡奇截然不同，葛兰西在十月革命前后积极投入意大利工人运动，先同社会党改良主义派做斗争，受到列宁的赞扬，后同意共波尔迪加机会主义做斗争，执行了共产国际的正确路线和方针。俄国十月革命的胜利和列宁主义，对葛兰西的思想，尤其是领导权理论和实践

---

① 梁树发主编《马克思主义史》第 3 卷，人民出版社，1996，第 233～234 页。
② 同上书，第 196～220 页。

哲学的形成产生过决定性影响。

（一） 葛兰西的革命实践与十月革命

1917 年 3 月 18 日，沙皇政府被推翻的消息传到了意大利，葛兰西被列宁的尽快实现和平、一切权力归苏维埃的口号所吸引。他在 1917 年 4 ~ 7 月的《人民呼声》周刊上，发表了一系列文章赞扬列宁，并指出俄国革命的前途。葛兰西认为，二月革命"只是社会主义革命的序幕，列宁及其领导的布尔什维克代表革命的继续"，[①] "列宁善于把自己的思想转化为历史的推动力，激发出永不枯竭的能量。列宁及其布尔什维克同志们深信，随时可以实现社会主义。因为他们用马克思主义思想武装，他们是革命者，而不是进化论者。正是革命观否定时间是进步的动因，否定革命理想在实现之前，一切间接经验都要在时空中得到绝对、完全的证明"。[②]

正是由于葛兰西等社会党左派的热情宣传，意大利工人阶级对列宁领导的布尔什维克党给予希望——将资产阶级民主革命转变为社会主义革命。这样，当克伦斯基派临时政府代表到意大利活动时，葛兰西在 8 月 13 日组织了 4 万都灵群众集会向他们示威，"列宁万岁！"的口号声响彻云霄。由此可见，早在十月革命前，葛兰西和社会党左派就受到列宁和布尔什维主义的强烈吸引，已经把列宁作为效仿的榜样。

俄国十月革命胜利的消息传来，葛兰西敏锐地察觉到这是历史上划时代的事件。11 月 24 日，他为《前进报》撰写了社论《反对〈资本论〉的革命》。他写道："布尔什维克的革命……是反对马克思的《资本论》的革命。马克思的《资本论》在俄国与其说是无产者的书，不如说是资产者的书。它批判地论述了一种命定的必然性：在俄国，甚至当无产阶级想到战斗、阶级要求和革命之前，首先要形成一个资产阶级，开创资本主义时代，并建成西方式的文明。但事实超越了这些思想……布尔什维克批驳了卡尔·马克思，他们用明确的行动和实现的成就证明了历史唯物主义法则并

---

① A. Gramsci, *Scritti giovanili* (Torino: Einaudi editore, 1975), p. 124.

② Ibid., p. 124.

不像人们可能和已经想象的那样坚不可摧。"① 显然，葛兰西称十月革命是"反《资本论》的革命"是错误的，但透过这不确切的判断，不难发现他要表达的真正思想：他反对教条主义的"马克思主义"，批判第二国际的庸俗决定论。

一周后，针对《社会批判》杂志诬蔑葛兰西要用唯意志论代替决定论，葛兰西写了一篇《批判的批判》。他指出，社会主义"新一代想要回归马克思的纯正学说，根据这种学说，人与现实、生产工具与意志，不是彼此分离的，而是在历史活动中相互统一的……他们认为战争并没有摧毁历史唯物主义，而只是改变了正常历史环境的条件。因此，人们的社会、集体意志具有通常所没有的重要性。这些新的条件本身也是经济事实，它们使生产体系具有前所未有的特点：对无产阶级的教育必然要适应这些经济事实，在俄国必然要导致专政"②。

通过上述两篇文章，可以看出葛兰西根据第一次世界大战后历史条件的巨大变化，强调发挥革命主体能动性比以往任何时代都重要。十月革命的胜利，使他确信庸俗决定论不是无产阶级获得解放的学说，而是使无产阶级无所作为，"坐等良机"的"惰性学说"。葛兰西认为，历史唯物主义不是脱离现实存在的个体、人们的意志和社会活动的自然规律，它所揭示的社会发展规律并不会自发地起作用，只有当无产阶级获得阶级意识，并决心改变世界，在革命实践中应用并发展历史唯物论时，社会规律才起作用。

从1918年起，葛兰西随着对《帝国主义论》《国家与革命》等列宁著作的学习，随着对十月革命经验的深入研究，迫切感到需要创办一种摆脱社会党改良主义领导集团影响，对社会主义革命等问题进行自由讨论的新期刊。

1919年5月1日，《新秩序——无产阶级文化评论》创刊，葛兰西先任编辑部秘书，后任总编辑。他认为，杂志应探讨对意大利工人阶级至关重要的理论问题，并提出革命的"具体纲领"。他结合意大利社会现实研究苏

① A. Gramsci, *Scritti giovanili* (Torino: Einaudi editore, 1975), p. 150.
② Ibid., p. 155.

维埃经验，提出"厂内委员会是苏维埃政府的萌芽"的思想。

同年 6 月 21 日，《新秩序》周刊刊登了葛兰西和陶里亚蒂合写的社论《工人民主》。文章指出，"社会主义国家已经潜在地存在于被剥削的劳动者阶级典型的社会生活机构中"。因此，社会党人应在农民协会、厂内委员会内积极工作，使这些机构团结一致、协调统一。这意味着现在就应着手创造一种真正的工人民主，以便积极而有效地同资产阶级国家相抗衡，为将来全面替代资产阶级国家管理与统治的功能做好准备。葛兰西提出战斗口号："一切工厂权力归工厂委员会！""一切国家权力归工农委员会！"

正是从建设工人民主的战略目标出发，葛兰西主张对大战期间都灵各工厂成立的厂内委员会进行革命的改造。首先，他建议将选举工厂委员会的权利扩大到全体劳动者。工人、职员、技术人员，只要积极参与了生产过程，不管其政治立场和宗教信仰如何，也不看是否为工会会员，都有权选举自己的民主机构。其次，工厂委员会必须突破资本家强加的种种限制，不应局限于签订劳资协议、捍卫工人在劳动场所的权利等经济斗争领域。作为工人民主的机构，工厂委员会当前要限制资本家在工厂的权利，应当行使制裁和整肃的功能，它们必将得到充实和发展，成为无产阶级的政权机构。

这篇社论立即在都灵工人中引起强烈反响，成立工厂委员会的战斗号召深入人心。1919 年 9 月初，菲亚特第一个工厂委员会选举产生了。这年秋天，工厂委员会运动迅速发展，参加的工人有 3 万多，工厂委员会纷纷成立。12 月 3 日，各工厂委员会统一行动，在短短一小时内，动员了 12 万产业大军，充分显示了这一运动的巨大威力。1920 年 4 月，都灵工人为争取工厂委员会对生产的监督权举行了罢工，9 月即占领工厂。以葛兰西为首的新秩序派是整个工厂委员会运动的领导核心，葛兰西以列宁和布尔什维克党为榜样，进行了一次无产阶级革命运动的尝试。

由于社会党各机会主义派别的一致反对、破坏，由于敌我力量的悬殊，由于新秩序派的影响仅限于都灵，1920 年 4 月的都灵工人总罢工和 9 月占领工厂运动都失败了。

　　如果说在工厂委员会运动初期，葛兰西对无产阶级政党的作用阐述不足的话（但不能认为他根本忽视这个问题，因为从一开始他就把建立和发展工厂委员会同建立和发展"共产主义小组"联系起来），那么，在都灵工人总罢工失败后，他对这个问题的认识提高了：工人群众的斗争离开无产阶级先锋队的领导不能成功。为此，葛兰西给社会党全国委员会起草了《为了革新社会党》的九点建议，他明确提出"党应从小资产阶级议会党变为无产阶级革命党"，"应成为一个符合自己的理想、策略和纪律严明、团结一致的党"，"党应该发表宣言明确提出革命夺取政权问题，要求工农无产阶级做好准备并武装起来"。①

　　在同社会党内"左"、右倾机会主义派别的斗争中，葛兰西制定了列宁主义纲领——《社会党都灵支部纲领》。葛兰西的革命立场，受到列宁的赞扬："至于意大利社会党，第三国际第二次代表大会认为该党都灵支部对该党提出的批评和实际建议，即载于 1920 年 5 月 8 日《新秩序》杂志上的向该党全国委员会提出的建议，基本上是正确的，是完全符合共产国际的一切基本原则的。"②

　　1921 年 1 月 21 日，葛兰西同陶里亚蒂等同社会党决裂，创建意大利共产党。葛兰西后担任总书记，领导全党清算波尔迪加机会主义，并同法西斯主义作艰苦卓绝的斗争。综上所述，列宁主义有力地指导了葛兰西的革命实践，并且对他的理论活动的各个主要方面也产生深刻影响。前意共总书记贝林格具体指出葛兰西从列宁那里汲取了三个主要思想：第一，给予主观因素、自觉行动和政治主动性以决定性的重视，从而为工人运动指出了从思想上和政治上摆脱对资本主义屈从的道路；第二，赞扬党作为整个先锋队组织和有觉悟的部分的作用；第三，指出联盟问题的首要意义，指出工人阶级必须建立一个同一些社会政治力量结成联盟的体系，从而表明自己有能力赢得认同，以确立领导权。③

---

① A. Gramsci, *L'Ordine Nuovo* (Torino: Einaudi editore, 1975), pp. 513 – 514.
② 《列宁选集》第 4 卷，人民出版社，1973，第 247 页。
③ 1983 年 2 月 27 日《团结报》（意共机关报）。

（二）无产阶级领导权与无产阶级专政

从某种意义上说，没有列宁主义和十月革命就不会有葛兰西的领导权理论。葛兰西高度评价列宁对形成领导权理论的伟大贡献："实践哲学的现代大理论家（指列宁）也按同一方向构建理论，'领导权'和文化领导权环节被系统地重新评价，以反对经济主义的机械论和宿命论的观念。甚至还可以断言：当代实践哲学的本质特征就在于'领导权'的历史－政治概念。"[1]葛兰西曾非常明确地指出，列宁主义就是发展了的马克思主义。[2]

在狱中，作为无产阶级政党领袖的葛兰西，思考十月革命后，德、奥等国社会主义革命失败，意大利法西斯崛起的原因。他从西方国家社会结构的特征出发，提出西方无产阶级革命的新战略——"阵地战"，进而形成无产阶级领导权理论。

值得注意的是，某些西方学者竭力强调葛兰西与列宁的矛盾分歧，似乎葛兰西主张西方革命的主攻阵地是市民社会，这样，无产阶级领导权就取代了无产阶级专政。显然，这是对葛兰西真实思想的严重歪曲。

早在1926年，葛兰西就写道："都灵的共产党人具体地提出了无产阶级领导权问题，亦即无产阶级专政和工人国家的社会基础问题。"[3]这就是说，葛兰西认为，无产阶级专政是无产阶级领导权具有的国家形式，而无产阶级领导权则为无产阶级专政提供社会基础，二者的紧密联系是显而易见的。在1926年，葛兰西还提出"坚持无产阶级领导权和无产阶级专政"的任务。[4]

葛兰西还认为："只有当无产阶级成功地创立了动员多数劳动群众反对资本主义和资产阶级国家的阶级联盟体制时，才能使自己成为领导阶级和统治阶级。"[5]这里，葛兰西强调了工农联盟对领导权与专政的意义，同时也说明他是从无产阶级革命总任务的高度来区分"统治"与"领导"、"无产

---

[1] 葛兰西：《狱中书简》，田时纲译，人民出版社，2007，第433页。

[2] 葛兰西：《火与玫瑰》，田时纲译，人民出版社，2008，第98页。

[3] A. Gramsci, *La questione meriodionale*（Roma：Editori Riuniti, 1966），p. 13.

[4] 葛兰西：《火与玫瑰》，田时纲译，人民出版社，2008，327页。

[5] A. Gramsci, *La questione meriodionale*（Roma：Editori Riuniti, 1966），p. 13.

阶级专政"与"无产阶级领导权"的。

实际上，领导权与专政并不矛盾。葛兰西指出，当无产阶级"行使权力甚至把政权牢牢掌握在手里，成了统治者时，它还应当继续充当领导者"①。

总之，葛兰西鉴于西方资本主义国家的特殊实际，懂得西方无产阶级要获得解放，仅靠暴力不行，他反对"没有领导权"的专政，但不是主张"没有专政"的领导权。在他看来，代议制民主国家也是要被打碎的资产阶级国家，也要由无产阶级专政所代替。还需注意的是，葛兰西在不同场合应用"无产阶级领导权"这一概念时，其含义是变动的。多数情况下是指无产阶级对文化和意识形态的领导权，但有时还扩展到无产阶级在经济、政治、文化各个领域的领导权，而当他联系列宁使用时，就是指无产阶级专政。由此可见，葛兰西的无产阶级领导权理论是对列宁的无产阶级专政理论的继承和补充。

葛兰西借用"阵地战"和"运动战"这些军事术语，形象生动地说明两种不同的社会结构决定两种不同的革命战略。阵地战就是首先粉碎资产阶级领导权，确立无产阶级领导权，然后才有条件夺取国家政权。葛兰西告诫西方无产阶级，更要注意开展文化和意识形态的斗争；在成为统治者之前，首先做领导者。这是葛兰西从西欧革命失败的血的教训中总结出的经验。

葛兰西在阐述自己的阵地战思想时，还将托洛茨基同列宁做了对比。他写道："有待考察托洛茨基的不断革命论是否为运动战理论的政治反映，最终说来，只是一个民族生活只具雏形、松散、还未能成为战壕和堡垒的国家的一般经济、文化、社会条件的反映。在这种情况下，可以说托洛茨基仿佛是个西方主义者，而实际上是位世界公民（无国籍者），即表面上的民族的和欧洲的——西方主义者。伊里奇则是深刻地民族的。"②葛兰西认为，托洛茨基标榜具有国际意义的"不断革命论"，实际上是典型的俄国社会状况的反映，而在西方只有市民社会解体，强大的正面冲突，决定性的阶级交锋才有可能。与托洛茨基相反，列宁"懂得需要将 1917 年在东方胜

---

① A. Gramsci, *Il Risorgimento* (Roma：Editori Riuniti, 1977), p. 170.

② A. Gramsci, *Note sul Machiavelli, sulla politica e sullo Stato moderno* (Roma：Editori Riuniti, 1977), pp. 82–83.

利地采用的运动战变为阵地战——这是在西方唯一可行的", "只是他未来得及深化这一思想,虽然他懂得只能在理论上深化和充实,但基本的任务是民族的,即要求洞察环境并确定市民社会的哪些因素类似战壕和堡垒"。①

(三) 葛兰西反对反映论吗?

显然,说葛兰西背离列宁,是没有事实根据的,说葛兰西反对列宁主义更是荒谬绝伦的。然而,某些西方学者,如科莱蒂,硬说葛兰西和卢卡奇(他本人承认"反对反映论")一样,反对列宁的反映论,其哲学思想同列宁的格格不入。实际上,葛兰西的哲学思想同列宁的一脉相承。

首先,葛兰西不能容忍把辩证法作为某种形式逻辑同马克思主义哲学体系分开。他指出朗格的《唯物主义史》成为对马克思主义进行庸俗唯物主义解释的根源,正是这本书把辩证法"仅看作形式逻辑的一章,而不是将它本身看作一种逻辑学,一种认识论"。② 葛兰西一再强调辩证法是逻辑学和认识论,这种看法同列宁的"辩证法、逻辑学和认识论三者同一"的观点完全一致。

其次,葛兰西"借助历史唯物主义",强调主体在认识过程中的能动作用,将主体选择、需要、价值、实践结合起来考察,从而使马克思主义哲学认识论更加丰富更加完整。

葛兰西指出,人们只是认识自己——人们的需要与利益,现象是人依靠实践和利益而区分的质,即根据探索世界秩序及事物分类的必要性而区分的质,不是自在自为地存在的客观的东西。

从实质上看,葛兰西旨在纠正 20 世纪 20～30 年代盛行的被动的、直观的、照镜子式的反映论。他强调自然现象并非自动闯入人的感官,人是在变革自然时才与其发生关系,而实践又与人的需要、利益密切相关。人们为了生存,满足衣食住行的需要,就要首先区分出与实践有关的、对人有用的东西。人们以同动物完全不同的方式,仅仅把握周围世界的一部分。

---

① A. Gramsci, *Note sul Machiavelli, sulla politica e sullo Stato moderno* (Roma: Editori Riuniti, 1977), p. 82.

② A. Gramsci, *Il materialismo storico e la filosofia di Benedetto Croce* (Roma: Editori Riuniti, 1977), p. 151.

因此，从某种意义上说，人们的认识是一种干预、一种选择，现象是由主体翻译的客观实在。诚然，他在表述时某些概念把握不准，给人以"矫枉过正"——背离反映论的印象。但只要联系葛兰西对马赫主义的批判，就会得出他用选择论充实并完善反映论的结论。

意大利的卡米斯教授，在 1931 年 11 月出版的《新文集》上，表示完全赞同"微观现象不能独立于观察它们的主体存在"的观点，说什么这"再次提出了宇宙的主观存在的问题，很发人深省"。葛兰西深刻批判了这种否定外部世界客观存在的马赫主义观点。他反问道："难道显微镜下被观察的物质就不再是客观存在的物质，而成了人们精神的产物？"[1] 他进而剖析上述谬论的信仰主义本质：如果说"微观现象不能独立于观察它们的主体存在"的观点"很发人深省"的话，卡米斯教授首先应思考这个问题："就像今天人们设想的那样，科学不再存在了，而是成了某种对他们个人判断的信仰活动"，"如果微观现象真的不能视为独立于观察它们的主体存在的话，那么，它们就不是'被观察'，而是'被创造'，而且坠入个人纯幻觉的王国之中。还应提出这样一个问题：同一人是否可以'两次'创造（观察）同一现象。这已不再是'唯我主义'，而纯粹是造物说和巫术。不是现象（它不存在），而是那些幻觉成了科学的对象"。[2]

由此可见，葛兰西主张一种选择 - 反映论。毋庸讳言，列宁在 1907 年撰写的《唯物主义和经验批判主义》，主要针对 19 世纪末 20 世纪初第二国际新康德主义和布尔什维克党内的经验批判主义等唯心主义倾向，着重强调认识对象的客观性，坚持唯物主义反映论原理。还应当注意，列宁将此书副题定为"对一种反动哲学的批判"，称自己是"哲学上的一个'探索者'"。这对我们理解这部杰作的某些局限性会有所帮助。但我们不能苟同部分西方学者全盘否定此书的观点。因为，正是在这本著作中，列宁明确提出"生活、实践的观点应当是认识论的首要的和基本的观点"，提出"借助历史唯物主义"科学地研究观念的思想。1914～1916 年，列宁撰写了

---

① A. Gramsci, *Il materialismo storico e la filosofia di Benedetto Croce* (Roma: Editori Riuniti, 1977), p. 60.

② Ibid., pp. 62 - 63.

《黑格尔〈逻辑学〉一书摘要》和《谈谈辩证法问题》，弥补了《唯物主义和经验批判主义》的某些不足。因此，说列宁的认识论同布哈林、斯大林一样，是机械的、照镜子式的反映论是没有根据的，进而把葛兰西同列宁对立起来，更是毫无道理的。

四　葛兰西的 "实践哲学" 与历史唯物主义

如果说 "葛兰西是西方马克思主义创始人之一" 源于佩里·安德森的话，那么说 "葛兰西用黑格尔哲学改造马克思主义" 则出自科莱蒂。因为，正是科莱蒂说葛兰西哲学思想受到克罗齐的强烈影响，是反对唯物主义的。

（一）葛兰西要用唯心主义改造马克思主义吗？

有人说 "实践哲学" 是葛兰西用唯心主义改造马克思主义的尝试，这是没有事实根据的。实际上，实践哲学是带有意大利传统的马克思主义观，是身陷囹圄的共产主义战士对马克思主义的深刻理解和独立思考。他着意强调马克思主义是无产阶级改造世界、争取解放的强大思想武器，是无产阶级的革命的世界观和科学的方法论。葛兰西反对把马克思主义看作几位伟大学者思想的简单综合的肤浅看法，认为马克思是新的世界观的创造者。马克思主义是独特而完整的新世界观，代表一个历史时代的精神。只要这个时代没有完结，只要在全世界尚未彻底消灭资本主义和实现共产主义，马克思主义就不会过时，就不会被超越。在 20 世纪 30 年代特殊历史条件下，葛兰西把握马克思主义实质，强调 "回归马克思" 的必要性和紧迫性。因此可见，实践哲学不是对马克思主义的改造，而是对马克思主义的捍卫和发展。

葛兰西独具特色地指出："据我看，正是实践哲学把李嘉图的学说变成了哲学的语言，因为实践哲学赋予其发现一种通用的性质，并且适当地把这些发现推广到全部历史上去，从而在自己创造新世界观时，首先利用了它们。"[①]

---

① A. Gramsci, *Il materialismo storico e la filosofia di Benedetto Croce* (Roma: Editori Riuniti, 1977), pp. 82 - 83.

凡是读过《〈政治经济学批判〉序言》的人都会记得马克思本人承认，正是通过在巴黎和布鲁塞尔对政治经济学的研究，总结出唯物史观的基本法则。

不仅如此，在提到马克思主义的三个来源时，葛兰西认为不应绝对化。从历史的长河来看，"实践哲学是以过去的一切文化为前提的：文艺复兴和宗教改革，德国哲学和法国大革命，加尔文教和英国古典经济学，世俗的自由主义和作为整个现代人生观基础的历史主义……这是哲学也是政治，这是政治也是哲学"。① 也就是说，由于先进思想一旦武装了群众，就会变成改造世界的巨大物质力量，从而"哲学也就是政治"。另外，政治理论与政治实践也具有认识意义："既然领导权机构（指无产阶级专政）的建立创造了新的思想领域，决定了意识和认识方式的改革，那么这种建立也就是一种认识行为，一种哲学行为。"② 正是在这种意义上，葛兰西高度评价列宁对实践哲学发展做出的杰出贡献。这里，看不到唯心主义对葛兰西的所谓强烈影响，更看不到用黑格尔主义改造马克思主义的"雄心"；相反，可以见出葛兰西视野的开阔，认识的独特，肯定了马克思主义的丰富性、实践性、革命性和自主性。

作为无产阶级革命政党领袖，葛兰西敏锐地觉察到马克思主义哲学在新历史条件下受到歪曲和阉割的严重情况。由于马克思主义影响日益扩大，已成为现代文化的重要内容，以致连唯心主义者也不能忽视，他们"不能不多少利用一些实践哲学的成分，以便使自己的软弱无力的主张得以立足，以便用新理论的历史现实主义来美化过分思辨的哲理"。③ 也就是说，他们把马克思主义哲学的某些内容篡改后，吸收到自己的唯心主义哲学体系中。另外，教条主义者——"正统派"从与人民群众中传布最广的宗教先验论的斗争需要出发，认为只要用庸俗唯物主义就能战胜它，从而"他们基本上把实践哲学与传统唯物主义等同起来"。鉴于在20世纪30年代实践哲学受到来自两方面修正的严重局面，葛兰西提出马克思主义者在新形势下哲

① A. Gramsci, *Il materialismo storico e la filosofia di Benedetto Croce* (Roma: Editori Riuniti, 1977), pp. 104 – 105.

② Ibid., p. 47.

③ Ibid., p. 84.

学领域的战斗任务："在现实中依然重现关于费尔巴哈第一个提纲中受到批判的唯物主义和唯心主义彼此片面的立场（虽然我们也达到更高的阶段），必须要在实践哲学发展的更高的阶段上的综合。"①

无疑，这为我们正确理解葛兰西的所谓"实践一元论"提供了一把钥匙，指明了一个方向。只要我们联系他对马克思《关于费尔巴哈提纲》的赞誉，对黑格尔、马赫、克罗齐的唯心主义的批判，对布哈林、波尔迪加庸俗唯物论的批判，就会顺理成章地得出结论：葛兰西同马克思心心相印。葛兰西是在新的历史条件下坚持马克思的实践的、历史的唯物主义，他正是从捍卫马克思主义的完整性，反对任何一种片面倾向上谈唯心主义与唯物主义结合的。正是马克思本人在《1844 年经济学哲学手稿》中首次提出他的哲学"既不同于唯心主义，也不同于唯物主义，同时又是把这二者结合的真理"。②

我们若将葛兰西的《狱中札记》同卢卡奇的《历史和阶级意识》加以比较，就会发现：尽管他们都是出于对十月革命后西欧各国革命失败的理论思考，但方向是相反的：卢卡奇主张恢复马克思主义的"黑格尔传统"，表现出把马克思主义黑格尔化的倾向；而葛兰西强调马克思主义是代表时代精神的独特、完整的新世界观，超越以往传统的思想表达方式。葛兰西看到马克思主义面对的两种危险——机械、形而上学、庸俗唯物主义和新唯心主义的倾向。为此，葛兰西主张写一部《反克罗齐论》，正是要与恢复黑格尔传统的唯心主义倾向做斗争。

（二）葛兰西反对唯物主义吗？

像历史上一切伟大的思想家一样，葛兰西也有着自己的局限性，突出地表现在对"唯物主义"的误解上。葛兰西认为，唯物主义与形而上学相连，"散发着决定论的、宿命论的、机械论的气味"；并且说马克思"从未

---

① A. Gramsci, *Il materialismo storico e la filosofia di Benedetto Croce* (Roma: Editori Riuniti, 1977), pp. 71, 84.

② 马克思：《1844 年经济学哲学手稿》，人民出版社，1985，第 124 页。

把他的世界观称作'唯物主义的'"。① 的确，马克思在《关于费尔巴哈的提纲》和《德意志意识形态》等著作中，对旧唯物主义进行过尖锐批判，但说马克思"从未把他的世界观称作'唯物主义的'"则与事实不符。另外，葛兰西面对着庸俗唯物主义者，批判他们抛弃革命辩证法时，有时在某些概念的把握与理解上有偏失，某些不确切的表述在客观上起了混淆唯物主义和唯心主义界限的作用。葛兰西还把忽视人和实践的直觉唯物主义物质观同宗教创世说相提并论。应当说，他的意图和出发点都是对的，但在批判时没有瞄准靶心。如果我们深入分析，就会发现葛兰西实际要表达的思想是：离开历史和实践活动而迷信客观必然性就类似宗教信仰。因为"可能性还不是现实性"，历史必然性只有通过人们的革命活动才能实现。然而，庸俗决定论扼杀斗争的主动性，宣扬"红旗必胜"，如同"橡子必然长成橡树"，从而导致斗争失败。

历史有着惊人的相似之处。如果说直觉唯物主义者费尔巴哈因耻于与那些唯物主义次货的小贩（毕希纳、福格特、摩莱肖特）为伍，而重复着对唯物主义的偏见；那么实践的唯物主义者（共产主义者）葛兰西则对伯恩施坦、屠拉蒂、布哈林、波尔迪加等宣扬的"唯物主义"嗤之以鼻，从而不同意"唯物主义"这一名称。还请注意：葛兰西对历史唯物主义从未提出异议，反而高度赞扬。由此可见，他不是对唯物主义抱有偏见，而是对旧唯物主义和庸俗（机械、形而上学）唯物主义十分反感。

从本质上整体上看，葛兰西决不反对唯物主义。从自然观上看，葛兰西从未把自然看作精神的产物，而是坚决批判唯心主义自然观。他在强调实践的革命作用时，并未否定外部世界的优先地位："一定的人的社会以一定物的世界为前提，且人的社会只有存在一定物的世界才是可能的。"②

有趣的是，葛兰西在《狱中札记》中提到卢卡奇（另一位所谓"西马"创始人和"黑格尔流派"主要代表）："有待研究卢卡奇教授对实践哲学的立场。卢卡奇似乎认为只能就人类史而不能就自然谈论辩证法……如果他

---

① A. Gramsci, *Passato e presente* (Roma: Editori Riuniti, 1977), p. 196.

② A. Gramsci, *Il materialismo storico e la filosofia di Benedetto Croce* (Roma: Editori Riuniti, 1977), p. 35.

的论断以自然与人的二元论为前提，那就错了。因为他坠入一种纯粹宗教的、希腊－基督教哲学及真正唯心主义的自然观。这种自然观实际上而不是口头上尚未能将人和自然统一和联系起来。但人类历史若被视为自然史（也通过科学史），又怎么能使辩证法脱离自然呢？可能卢卡奇因反对《通俗教材》① 的怪论，才陷入相反的错误，陷入某种形式的唯心主义。"② 显然，同马克思主义经典作家一样，葛兰西坚持把人类历史看作自然历史过程的唯物史观。同时，他也批判了克罗齐把自然消融在人类史的唯心主义观点。从历史观上看，其更为彻底的唯物主义路线，在他对"精神教皇"——克罗齐的"绝对历史主义"的批判中凸显。从葛兰西的全部理论和实践看，他实际上奉行的是唯物主义的思想路线。正是从对意大利等西方国家的社会结构分析出发，并总结十月革命后西欧国家无产阶级革命失败教训，葛兰西才形成了领导权理论。葛兰西还从意大利特定的历史环境出发，不是"一般地"考察农民和土地问题，而是"具体地"考察南方问题和梵蒂冈问题。应当说，葛兰西坚持实事求是的思想路线，他是把马克思主义理论同意大利革命实际相结合的典范。

（三）葛兰西反对经济基础的首要性和决定论吗？

葛兰西敏锐地发现"克罗齐的历史理论著作为当时（指 19 世纪末）两大'修正主义'运动——德国的伯恩施坦和法国的索列尔提供了思想武器"。③ 在新的历史条件下，克罗齐为适应资产阶级需要，反对马克思的历史唯物论，鼓吹社会思想是历史发展的动力的唯心史观。因此，葛兰西认为，为了捍卫历史唯物主义，为了确立无产阶级在思想领域的领导权，必须清算克罗齐的"绝对历史主义"。

像马克思一样，葛兰西抓住"以'水果'概念代替具体水果"的要害问题，一针见血地指出，克罗齐用从具体历史活动中抽象出的概念否定活

---

① 指布哈林的《历史唯物主义理论》。

② A. Gramsci, *Il materialismo storico e la filosofia di Benedetto Croce* (Roma：Editori Riuniti, 1977), p. 179.

③ 葛兰西：《狱中书简》，田时纲译，人民出版社，2007，428 页。

动本身，就割裂了思维与存在的同一性，就使主观脱离客观。从而，克罗齐的历史哲学是"以头立地"的哲学，因为"在恩格斯看来，历史是实践；对于克罗齐来说，历史还只是思辨的概念"。① "克罗齐的历史观只能被称作'思辨的'和'哲学的'而不是伦理 - 政治的，这种历史观同历史唯物主义相对立，不在于它是伦理 - 政治的，而在于它是'思辨的'和'哲学的'。历史唯物主义并不排除伦理 - 政治史，因为伦理 - 政治史是'领导权'环节的历史，相反排除'思辨的'历史，就像排除任何'思辨的'哲学一样"。②

进而，葛兰西从经济基础和上层建筑的关系上揭露"绝对历史主义"的思辨性。他指出，克罗齐把意识形态的历史机械地、随意地实体化，从而脱离了它的经济基础。克罗齐使上层建筑独立存在，用上层建筑的历史代替了实际的经济关系和阶级关系。这样，在这个思辨的历史观中，出现了形而上学和神学的观念，精神成了现代上帝的代称，"实践哲学是实在的历史观，没有超验和神学的残余……而克罗齐唯心主义的历史主义还停滞在神学 - 思辨的阶段"。③

克罗齐硬说马克思主义的"经济"范畴是"隐匿的上帝"，是新的形而上学——用经济解释一切。葛兰西指出，"结构（指经济结构）作为现实的人在其中活动的社会关系的整体，作为客观条件的整体，可以用并应当用语言学的而不是思辨的方法来研究"。④ 葛兰西认为，经济结构本身就是历史过程，而不是置于历史之上的抽象的、僵死的东西。

克罗齐批判马克思主义割裂了经济结构同上层建筑的关系，是神学二元论。葛兰西指出，克罗齐的指责毫无根据，因为马克思主义是从它们内在的联系、必然的相互作用来考察它们的关系的。马克思主义强调经济结构在历史发展中的决定作用，但并不忽视和排斥上层建筑对经济基础的反作用——"实践哲学并不排除伦理 - 政治的历史，它批判只把历史归结为

① A. Gamsci, *Il materialismo storico e la filosofia di Benedetto Croce* (Roma: Editori Riuniti, 1977), p. 287.

② 葛兰西：《狱中书简》，田时纲译，人民出版社，2007，第434页。

③ A. Gramsci, *Il materialismo storico e la filosofia di Benedetto Croce* (Roma: Editori Riuniti, 1977), p. 238.

④ Ibid., p. 235.

伦理－政治史的做法，认为这是不合法的和随意的"。① 葛兰西一针见血地指出克罗齐的《十九世纪欧洲史》"忽视斗争阶段、经济的阶段，以便证明它是纯粹的伦理－政治阶段的历史，仿佛这个阶段是从天上掉下来的"。②

从葛兰西对克罗齐的"绝对历史主义"的批判可以见出，硬说葛兰西强调上层建筑对经济基础的优先地位是缺乏事实根据的。早在 1918 年他就认识到，理想、精神的"本质在经济、实践活动中，在生产与交换的制度及关系中"，"理想得以实现，并不因为它逻辑地与纯粹真理、纯粹的人道相一致，而是由于它在经济现实中找到自己存在的根据及成功的工具"。③实际上，葛兰西并没有否定经济基础的决定作用，但他反对对此作庸俗的、机械的、形而上学的理解。他是在庸俗决定论泛滥的特殊历史条件下，强调上层建筑的反作用。

五 葛兰西被打成（或被错认为）"西马"的原因初探

既然葛兰西不是极左派，又从未反对列宁主义，更未用唯心主义改造马克思主义，那么为什么个别西方学者硬说葛兰西是"西马"创始人，甚至是"黑格尔主义流派"的主要代表呢？笔者以为，主要由他们的政治立场所决定。譬如，"第四国际"新左派佩里·安德森，这从他对托洛茨基的赞扬可以见出。再如，丹布拉诺（Giuseppe Tamburrano）这位意大利社会党的"理论家"，他对葛兰西的评价，他对"西马"的解释，都受意大利社会党反对意共的政治路线制约。还如，科莱蒂从 20 世纪 70 年代中期就宣称"马克思主义危机"，开始批判马克思主义。80 年代科莱蒂接近康德，贬斥黑格尔，宣扬无矛盾原理。90 年代初他沦为右翼政党议员，后"痛惜追随

① A. Gramsci, *Il materialismo storico e la filosofia di Benedetto Croce* (Roma：Editori Riuniti, 1977), p. 235.

② 葛兰西：《狱中书简》，田时纲译，人民出版社，2007，第 435 页。

③ A. Gramsci, *Scritti giovanili* (Torino：Einaudi editore, 1975), p. 219.

马克思时间太长"。

总之，安德森和科莱蒂把葛兰西打成"西马"是出于他们的政治需要：否定传统马克思主义，反对列宁主义（有时公开反对，有时打着反斯大林主义的旗号）。由此可见，"西马"不是一个严格意义上的学术概念。

实事求是地说，认为葛兰西是"西马"的我国个别学者不同程度地受到安德森和科莱蒂的影响；但主要因研究对象的复杂、研究材料的匮乏和研究方法论的缺陷所致。

我们在阅读《狱中札记》时，一定要考虑到葛兰西写作的特殊条件：环境恶劣——监狱（全部札记都要经法西斯监狱当局检查；研究资料严重匮乏）；时间漫长（从1929年至1935年，时断时续，长达7年）；体弱多病（经常失眠、发烧，头昏脑涨）。

《狱中札记》是20世纪最富独创性的马克思主义理论著作之一，因其篇幅巨大、内容丰富、思想深邃、概念新颖、语言隐晦和笔记性质（若孤立、表面地看，有相互矛盾之处），又是马克思主义文献中颇为费解的作品。这在客观上为具有不同政治色彩和不同理论修养的人们对它的不同解释与评价提供了条件；以致有人说"只要有多少不同的社会主义流派，差不多就有多少打出葛兰西旗号的办法"。

葛兰西的著作颇丰：《狱中札记》六卷本（联合出版社1977年版），包括《历史唯物主义和克罗齐哲学》、《知识分子和文化组织》、《民族复兴运动》、《关于马基雅维利、政治与现代国家的笔记》、《文学和民族生活》和《过去和现在》，长达2000页；而中译本篇幅不足原著的六分之一。20世纪80年代和90年代由埃诺迪出版社陆续出版的葛兰西前期著作集（1914～1926）新八卷本，计有《都灵纪事》《未来城》《我们的马克思》《新秩序1919～1920》《新秩序1921～1922》《共产党的建设》《社会主义和法西斯主义》《书信集1908～1926》，长达5000多页，至今没有中译本。若再加上《狱中书简》，在意大利出版的葛兰西著作多达15卷，总计8000多页。可见，若根据中译本研究葛兰西，视野将非常狭窄。因此，我国学者大多根据英译本研究葛兰西。但英译本同样有局限，因为只占原文版的一小部分。让我们聆听埃科（意大利著名符号学家）的教诲："如果你没有读过一位外国作家的原著的话，则不可以写一篇论该作者的论文。如果涉及的是一位诗人，那么这个问题不言自明，但许多人认为对于一篇有关康德、弗洛伊德或亚当·斯密的论文来说，这种小心谨慎就没有必要了吧。相反，其原因有三：首先这些作者的全部作品并不都有译文，而有时由于不了解一篇小文章，就可能妨碍人们对其思想及思想形成的理解；其次鉴于有关一位作者的大部分参考读物往往都是用该作者写作的语言写成的，而且即使该作者的作品被翻译了过来，但翻译的不一定就是其代表作；最后，译文也不能完全忠实于作者的思想，与此同时，写一篇论文则意味着重新发现那被以译文或各种传播方式歪曲了的原始思想。"①

鉴于上述客观原因，再由于个别学者研究方法论上的缺陷，从而对葛兰西的理论，尤其对其哲学思想的评价出现失误。譬如，在《狱中札记》中不难发现带有唯心主义色彩的论述，若忽视它针对的具体问题、写作的时代背景，又不看其唯物主义的论述，再不联系其全部理论和实践，而是抓住只言片语或零碎论述，就会以偏概全，犯"盲人摸象"或"管中窥豹"性质的错误。葛兰西本人启示我们，一个政治家的真正哲学思想应到其政治著作中寻找。的确，政治家的哲学立场决不取决于对于"物质"和"意识"的简单表态，而要看他全部理论和实践活动以什么哲学思想指导，这对于确定葛兰西哲学思想的性质至关重要。笔者以为研究葛兰西理论遗产的正确方法是：将完整理论文本同全部革命实践（葛兰西首先是无产阶级革命家）相结合；将理论的独特性同时代的特殊性相结合；将哲学思想（实践哲学）同政治学说（领导权理论）相结合；将《狱中札记》及《狱中书简》同前期著作相结合。只有研究材料充实、完整，研究方法正确，治学态度严谨，才能对研究对象做出准确判断和公正评价。

（刊于《教学与研究》2008 年第 11 期）

---

① 埃科：《大学生如何写毕业论文》，华龄出版社，高俊方等译，2003，第 42 页。

葛兰西研究的歧途与正道

在苏联解体、东欧剧变、国际共运处于低潮的严峻形势下，葛兰西不仅被左翼学者盛赞为反教条主义的典范，其提出的理论、使用的范畴也日益受到当代学术界的重视。而葛兰西研究的方法论，本身也是一个值得重视的问题。

遭苏联贬低的葛兰西理论遗产

葛兰西命途多舛，作为意大利共产党总书记，他不仅被墨索里尼投入监狱，而且在苏联长期遭到贬低。这是由于早在 1926 年他为意共中央起草致联共中央的信中，呼吁斯大林不要对反对派"采取过激措施"，以免造成布尔什维克党分裂，令斯大林不快。而葛兰西对苏联官方哲学和政治制度进行批判，也令直至勃列日涅夫的苏共领导不快。长期以来，苏联只承认葛兰西是反法西斯英雄、国际共运活动家，但不承认他是马克思主义理论家。

此后，葛兰西作为马克思主义理论家的身份虽得到承认，但其理论遗产中的革命性、批判性却遭到了阉割。苏联 1959 年版的《葛兰西文集》第 3 卷《狱中札记》选本中，哲学部分删去批判布哈林和克罗齐的笔记，在政治思想部分删去"阵地战"。然而，在 20 世纪 20～30 年代，葛兰西在哲学战线上既批判历史唯心论，又批判庸俗决定论和机械唯物论，删去对克罗齐和布哈林的批判，就反映不出葛兰西哲学思想的光辉。同期，葛兰西从意大利和西欧国家的具体国情出发，并同俄国社会结构进行比较，才提出有别于十月革命（"运动战"）的"阵地战"革命战略。删去"阵地战"，葛兰西还是"西方革命的战略家"吗？但是，1983 年人民出版社出版的《狱中札记》中译本，就是根据 1959 年的俄文版翻译的。可见，注意研究材料的完整性、准确性，对当前深入、丰富葛兰西研究非常重要。

误入 "西马" 歧途的葛兰西研究

20 世纪 80 年代，中意两党关系正常化后，中国开始葛兰西研究。30 年来取得一定成绩，但值得重视的是，从一开始，部分学者就被英国新左派佩里·安德森引上歧路——将葛兰西定性为"西方马克思主义创始人"。"西方马克思主义"不是严格意义上的科学概念，从未得到西方主流学界承认，但却在中国走红：部分学者在"思潮"说、创始人、各个流派和代表人物上基本接受安德森的安排。现在到了抛弃"拿来主义"，进行独立思考的时候了！

安德森把葛兰西打成"西马"是出于政治需要——否定传统马克思主义，反对列宁主义。这是对伟人的贬损和对英雄的亵渎，应当让葛兰西摆脱极左派和资产阶级教授的纠缠，回归国际共产主义运动，和列宁、毛泽东、卢森堡等共产党领袖为伍，还其本来面目：伟大的无产阶级革命家、杰出的国际共运活动家、20 世纪最富独创性的马克思主义理论家之一。总之，必须联系国际共产主义运动，才能准确把握和深刻理解葛兰西的理论遗产。

回归国际共产主义运动把握葛兰西

列宁主义和十月革命对葛兰西产生决定性影响。1919 年 9 月，葛兰西领导的工厂委员会运动，就是以列宁和布尔什维克党为榜样，进行的一次无产阶级革命运动尝试。葛兰西的国家学说是对列宁国家学说的继承和发展：从列宁的"政治社会"（镇压机器）到葛兰西的"政治社会＋市民社会"。葛兰西的"领导权"范畴是对列宁"领导权"范畴的继承和发展：列宁强调政治领导权，葛兰西强调意识形态领导权；列宁强调爆发革命时期的领导权，葛兰西强调贯穿资本主义整个时代的领导权；列宁强调创建无产阶级国家的领导权，葛兰西强调创建和巩固无产阶级国家的领导权。

20 世纪 20 年代和 30 年代，在城市暴动接连失败之后，毛泽东探索异于十月革命的中国革命道路，形成"工农武装割据，农村包围城市，最后夺取城市"的革命战略。在同一时期，葛兰西总结十月革命后西欧各国革命接连失败的教训，提出"阵地战"战略。可以说，葛兰西和毛泽东都在进行马克思主义民族化的探索。

葛兰西研究不能脱离意大利

理论不是无源之水、无本之木。研究葛兰西不能脱离意大利的社会状况、独特历史和文化传统。不了解马基雅维利，很难理解葛兰西的"现代君主"；不了解帕累托，难以理解"认同"和"市民社会"；不理解拉布里奥拉的"实践哲学"和克罗齐的"绝对历史主义"，就难以理解葛兰西对庸俗决定论和机械唯物论的批判。正是帕累托最早提出"在全部历史中，作为统治手段，认同和暴力总交织在一起。"葛兰西把作为统治手段的"认同"提升到国家本质的高度，将"暴力－认同比例说"提升到"政治社会－市民社会强弱说"。进而，强调在当代资本主义世界，意识形态领导权的重要性、知识分子的重要性。

此外，在研究葛兰西思想时，应当注意参阅意大利学者的研究成果。比如，巴达洛尼的《葛兰西的马克思主义》、戈鲁比的《葛兰西的领导权概念》、瓦卡的《葛兰西与陶里亚蒂》、洛苏尔多的《葛兰西：从自由主义到"批判共产主义"》、波尔泰利的《葛兰西与历史集团》，葛兰西研究所编辑的《葛兰西论政治与历史》《葛兰西与当代文化》《葛兰西在世界》《解读葛兰西》，等等。

葛兰西研究要注重现实意义

今天，左翼学者盛赞葛兰西的"实践哲学"是反教条主义的典范，批判把马克思主义庸俗化和机械化的倾向，从而回归本质意义上的马克思主义，使它更具开放性、革命性，更能适应时代要求和当代资产阶级思潮挑战。葛兰西的领导权理论被誉为是对马克思主义政治学说的重大贡献。不仅如此，葛兰西使用的范畴（如实践哲学、意识形态领导权、积极认同、被动革命、集体意志、福特主义）成为当代学术话语的重要组成部分，并被用来广泛分析当代的哲学、政治、文化、宗教、经济和国际关系的诸多问题。

葛兰西的理论对分析、解决中国的现实问题具有指导意义。比如，葛兰西关于提高工农群众生活水平和巩固无产阶级专政的关系的论述，关于无产阶级国家应当不断扩大市民社会、增强"积极认同"因素、建设社会主义民主的论述都值得重视和阐发。

翻译意大利文版 《狱中札记》 是当务之急

《狱中札记》是20世纪最富独创性的马克思主义理论著作之一，因其篇幅巨大、内容丰富、思想深邃、概念新颖、语言隐晦，又是马克思主义文献中颇为费解的作品。这在客观上为具有不同政治色彩和理论背景的人们对它的不同评价提供了条件；以致有人说"只要有多少不同的社会主义流派，差不多就有多少打出葛兰西旗号的办法"。对于《狱中札记》中有时出现前后观点不一致的情况，若忽视针对的具体问题、写作的时代背景，再不联系其全部理论和实践，只是抓住只言片语或零碎论述，在理解和判断时就会以偏概全，犯"盲人摸象"的错误。

《狱中札记》专题本共分六卷，分别是：《历史唯物主义和克罗齐哲学》《知识分子和文化组织》《民族复兴运动》《关于马基雅维利、政治与现代国家的笔记》《文学和民族生活》《过去和现在》，长达 2000 页。现有中译本都是转译本（或从俄文，或从英文），而且篇幅约为原著的六分之一。因此，当务之急要从意大利文译出《狱中札记》六卷本。进而，从意大利文译出葛兰西前期（被捕以前）著作八卷本。

综上所述，研究葛兰西理论遗产的正确方法是：将完整、准确的理论文本和全部革命实践相结合；将理论的独创性和时代的特殊性相结合；将哲学思想和政治学说相结合；将《狱中札记》和《狱中书简》及前期著作相结合；将葛兰西的理论和意大利的社会、历史、文化相结合；将葛兰西的理论论述和当代国际、国内的现实问题相结合。

（刊于 2012 年 9 月 26 日《中国社会科学报》）

葛兰西：意识形态领导权与
无产阶级专政

意共创始人和总书记

安东尼奥·葛兰西（Antonio Gramsci，1891~1937）是意大利共产党创始人和总书记，是国际工人运动的杰出活动家、英勇无畏的反法西斯战士，又是20世纪最富独创性的马克思主义理论家之一。

1891年1月22日，葛兰西出生在撒丁岛阿莱斯镇一个小资产阶级家庭。他从小生活在屈辱、贫困之中，12岁辍学，干了两年繁重的体力活，亲身体验到社会的不平等。在高中的一篇作文中，他满怀对中华民族的深切同情，有力地谴责了帝国主义侵华战争，并表达了对社会革命的渴望。

1911年11月，葛兰西以优异成绩获都灵大学奖学金，在语言系学习。由于营养不良、劳累过度，时常病魔缠身、头疼欲裂，但他战胜贫病，顽强刻苦学习，成绩优异，受到教授器重。

1913年葛兰西加入意大利社会党。在第一次世界大战爆发时，他对社会党中立主义多数派持批判态度，一年后他站在齐美尔瓦尔德左派的反战立场上。1915年4月在通过大学最后一门考试后，开始职业革命家生涯。1916年至1918年，他为《前进报》《人民呼声》撰写文章。在此期间，葛兰西最终认识到第一次世界大战和俄国"十月革命"的时代意义，成为马克思主义者。

葛兰西对俄国革命的最初思考涉及"二月革命"，他把这场革命解释成无产阶级革命，因此不是"雅各宾派"的革命。早在"十月革命"以前，葛兰西就赞同列宁主义关于在落后的俄国可以进行社会主义革命的思想。因此，当布尔什维克夺取政权之后，葛兰西（1917 年 12 月 1 日）撰写了一篇著名文章——《反对〈资本论〉的革命》。他在这篇文章中，根据对马克思的理解，对这一历史事件做出解释，批判第二国际的庸俗决定论，反对教条主义的"马克思主义"。在社会主义运动中，葛兰西不仅同改良主义思潮决裂，而且开始脱离意大利社会党的"不妥协"多数派。

根据俄国革命的榜样，葛兰西认为苏维埃是社会主义变革的机关。在这一点上，他同意大利社会党最高纲领派决裂。从而他开始把布尔什维主义翻译成"民族的、历史的语言"的工作，这一工作标志着他的马克思主义观的彻底树立。

1919 年 5 月，葛兰西和陶里亚蒂（Palmiro Togliatti, 1893~1964）等人创办《新秩序》周刊，直至 1920 年圣诞节按期发行；从 1921 年 1 月 1 日起，改为《新秩序报》（日报），成为意大利共产党（1921 年 1 月 21 日，由葛兰西、陶里亚蒂等人创建）机关报。这期间，葛兰西主要致力于对列宁和布尔什维主义代表著作的传播。在短时间内，俄国革命似乎成为"世界革命"的真正先兆。十月革命的神话征服了都灵的工人和社会主义者，而《新秩序》的宗旨是研究意大利无产阶级革命的具体条件。新秩序派领导了都灵工厂委员会运动，进行了一场无产阶级革命运动的尝试。都灵工厂委员会运动对德国、奥地利和匈牙利的工人运动产生了深远影响。

葛兰西在《新秩序》的活动中，形成其无产阶级革命观。他进一步思考其核心本质，从而使其思想在马克思主义发展史上具有独特性。在他看来，"革命现实性"源于第一次世界大战造成的特别动荡和充满活力的世界形势：在旧的自由秩序终结后，在英美资本主义的强大压力下，战前的经济平衡被打破了。葛兰西认为，只有在无产阶级领导下，才能重新实现世界经济的统一，自然这种统一是建立在由"国际"事件决定的新基础之上。葛兰西同党内"左"、右倾机会主义的斗争中，形成列宁主义革命纲领，受到列宁的高度赞扬。

直至 1922 年 5 月，葛兰西一直领导《新秩序报》，随后他被派往莫斯科任意共驻共产国际代表。8 月，他在莫斯科"银色森林"疗养院邂逅并爱上年轻的音乐教师朱丽娅（他未来的妻子）。朱丽娅在联共党内（"契卡"）的任职，葛兰西对共产国际、联共和斯大林的独特看法，必然影响他们的感情。

1923 年 5 月，法西斯在意大利已经掌权六个月，葛兰西同陶里亚蒂等人通信，主张在"新秩序派"原有核心周围形成新领导集团。从而，葛兰西开始从事政治领导工作，并最终取代波尔迪加。葛兰西开始在苏俄"一国实现社会主义"和各国共产党"布尔什维克化"的总形势下，清算波尔迪加的极"左"路线。葛兰西在完成这一任务后，集中分析俄国革命和意大利革命的差异，进而在更开阔的视野内反思东方和西方社会结构的差异。1923 年 9 月，葛兰西开始创办意共新机关报——《团结报》（"工人和农民的日报"），主张北方工人同南方农民联盟反抗法西斯暴政。

在 1924 年 4 月 6 日大选中，葛兰西在威尼托大区当选众议员。5 月，从维也纳返回意大利。8 月，葛兰西当选意共总书记。1925 年，筹备意共第三次代表大会并起草决议，清算波尔迪加机会主义路线。

1926 年 1 月，他在里昂主持召开意共"三大"。里昂纲领的独特性在于把南方问题作为党的纲领的核心。从而，工人阶级的"民族作用"被确定为有能力解决南方问题。1923 ~ 1924 年间在布尔什维克领导集团内部争论的核心范畴——"无产阶级领导权"，被葛兰西用来推进党的布尔什维克化，并促使葛兰西深化对"复杂上层建筑"问题的研究。"复杂上层建筑"成为东、西方及资本主义国家间的主要差异。从而知识分子问题凸显就顺理成章。1926 年 10 月，葛兰西撰写了《关于南方问题的几个论题》，首次研究"意识形态领导权"和知识分子问题。

由意大利共产党政治局授命，1926 年 10 月 14 日葛兰西给联共中央写了一封公开信，既表示同意多数派观点，又对事态表示担忧。葛兰西敏锐地察觉到联共党内危机加剧并存在分裂的危险，将影响列宁创建的党的团结和威信，从而对国际共运产生严重后果。为此，他向以斯大林为首的多数派大声疾呼："你们正在摧毁你们的事业，你们在倒退"；他呼吁多数派不要"采取过激措施"。应当说，历史证明葛兰西的担心是有根据的，他的看法颇具前瞻性。

葛兰西在这封信中还精辟地分析了新生工人国家面临的困难和危险："在历史上从未见过一个统治阶级整体上生活条件低于被统治阶级和从属阶级的某些分子和阶层。历史把这种前所未闻的矛盾留给了无产阶级；无产阶级专政的巨大危险恰恰在于这种矛盾，尤其在那些资本主义没有充分发展、不能统一生产力的国家内更是如此"；"然而，如果无产阶级不以牺牲行会利益来克服这种矛盾的话，就不能成为统治阶级，即使成为统治阶级，如果不能为了阶级的普遍与长远利益而牺牲那些直接利益的话，也不可能坚持无产阶级领导权和无产阶级专政。"[1]

葛兰西的信件在联共领导层中引起对意共的怀疑：意共可能转向支持托洛茨基的立场。那一封信也成为共产国际不止一次地指责意共"左右摇摆"、葛兰西"民族主义"立场的口实。

1926年11月1～3日，在热那亚郊区秘密举行意共执委会会议，但葛兰西未能出席会议，因为他在前往开会地点时，被警察阻止，被迫返回罗马。11月8日葛兰西被捕，在乌斯蒂卡岛流放一个多月后被押赴米兰。1928年6月4日，被法西斯特别法庭判处二十年监禁。7月，被解往巴里省的杜里监狱服刑。

在狱中，葛兰西时刻关注外面的斗争。他决心把监狱当作特殊战场，继续战斗。在狱中，他热爱生活，热爱生命。他写信让亲人寄来花卉种子，种在四平方米的土地上，看它们生根、开花。受伤的麻雀飞到他的窗前，他小心翼翼地替它包扎，精心护理，使其痊愈。康复的麻雀在他手上跳来跳去，成了他的狱中伙伴。

在流放地和狱中，他从未以领袖自居，积极参加难友们成立的公共食堂的劳动：切削土豆，择生菜，做兵豆汤。他把监狱当作课堂，组织政治犯文化补习学校，亲自教授历史、地理；他自己参加德语班学习德语。

---

[1] 葛兰西：《火与玫瑰》，田时纲译，人民出版社，2008，第327页。

葛兰西没有忘记法西斯检察长气急败坏地狂吼："我们要使这个头脑二十年不能工作!"1929年2月,当条件刚刚允许他工作时,他立即拟定了理论研究计划,向亲友索要所需的书籍和报刊资料。他要总结十几年的斗争经验与教训,探索马克思主义革新之路,使敌人的妄想彻底破产。

敌人的残酷迫害,狱中阴暗潮湿的环境,使他本来就很虚弱的体质更加恶化:有时他彻夜不眠,有时大口吐血,有时高烧不退。惨无人道的法西斯为了达到"慢性杀害"的目的,又不给以及时治疗。不仅如此,敌人还阴谋利用病痛引诱其变节;说只要向墨索里尼递交请求宽恕的申请书,就可获释并充任高官。葛兰西的回答是:"这是建议我自杀,然而我没有任何自杀的念头。"但他从不做无谓的牺牲,无损于革命气节又有权要求的条件从不放弃。他申请订书订报;拥有笔、纸、墨水和单人牢房,从而在物质上保障了理论研究的进行。

像刀剑一样坚韧的葛兰西战胜了难以想象的困难,从1929年至1935年写就一部《狱中札记》。这部用鲜血和生命写成的《狱中札记》共计33本笔记本,长达2848页。内容丰富,思想独特,是他为自己建造的非人工所为的纪念碑。

1937年4月27日,身受法西斯残酷迫害的葛兰西突发脑出血逝世,年仅46岁。

实践哲学

1. 马克思主义观

在《狱中札记》中,葛兰西把马克思主义称作实践哲学,着意强调马克思主义是无产阶级改造世界、争取解放的强大思想武器,是无产阶级的革命的世界观和科学的方法论。葛兰西反对把马克思主义视为几位伟大学者思想的综合的肤浅看法,认为马克思是新的世界观的创造者。这种新世界观独特而完整,它代表了一个时代的精神。只要这个时代没有完结,只要尚未在全世界彻底消灭资本主义和实现共产主义,马克思主义就不会过时。葛兰西认为，这个时代要延续几个世纪。这里不难发现，葛兰西对共产主义革命的长期性和艰巨性有着充分、清醒的认识，可以看出葛兰西与鼓吹"马克思主义危机""马克思主义过时"的伯恩施坦、阿德勒等修正主义者针锋相对。对公开背叛革命、投入资产阶级怀抱和隐藏在革命队伍中阉割马克思主义革命灵魂的"马克思主义者"，葛兰西表示强烈义愤和极大蔑视，并且分析了他们背叛的阶级根源："他们是传统的中间阶级的代言人"。

葛兰西在捍卫马克思主义的纯洁性的同时，坚决反对对马克思主义采取教条主义态度。葛兰西把握住马克思主义的革命的、批判的精神，明确指出既然马克思主义对现存一切事物采取革命的、批判的态度，那么它对自己也不例外。它从未把自己看作终极真理体系、绝对封闭体系，它是开放的、与时俱进的。葛兰西精辟地提出马克思主义历史性的命题，指出马克思主义要随着时代的发展不断丰富，否则就不能接受资产阶级现代思潮的挑战；但他同时注意坚持、宣传马克思主义对于无产阶级革命的至关重要的意义。他写道："如果实践哲学在理论上断言，任何认作永恒和绝对的真理都具有实践的来源，并代表着暂时的价值（任何世界观和人生观的历史性），那么，在实践上很难理解这种观点不适用于实践哲学本身。"① 葛兰西以理论家和政治家的慧眼敏锐地觉察到理论与实践、发展与坚持、理论研究与政治鼓动的辩证关系，对今日马克思主义的理论家、宣传家和革命家仍具有巨大现实指导意义。

葛兰西还探讨了马克思主义的来源问题。他一反 20 世纪 20 ~ 30 年代将黑格尔哲学视为对法国资产阶级革命的"贵族式的反动"的"权威"看法，深刻指出德国哲学语言和法国大革命的政治语言在本质上具有同一性。他主张应当认真研究德国哲学、法国大革命和英国政治经济学之间的关系。葛兰西的看法颇有见地："可以说实践哲学等于黑格尔加大卫·李嘉图。"他没有沿用列宁的观点，大卫·李嘉图的政治经济学是马克思主义政治经济学的来源，而是在更大的视野里，在唯物史观和新世界观的形成上估价李嘉图的贡献。他写道："据我看，正是实践哲学把李嘉图的学说变成了

① A. Gramsci, *Il materialismo storico e la filosofia di Benedetto Croce* (Roma: Editori Riuniti, 1977), p. 115.

哲学的语言，因为实践哲学赋予他的发现一种通用的性质，并且适当地把这些发现推广到全部历史，从而自己在创造新的世界观的时候，首先利用了它们。"① 凡是读过《〈政治经济学批判〉序言》的人们都会记得马克思本人承认，正是通过在巴黎和布鲁塞尔对政治经济学的研究，总结出唯物史观的基本法则。

总之，葛兰西不同意对马克思主义的三个来源和三个组成部分形而上学地、一一对应地进行研究，而应考察它们之间的联系及对形成马克思主义过程中的全面影响。葛兰西写道："有人断言，实践哲学是在 19 世纪前半叶文化的最大限度发展的基础上产生的，而这种文化是由德国古典哲学、英国古典政治经济学和法国政治著作及实践所代表的，断言这三种文化因素是实践哲学的来源。应该从怎样的意义上去理解这种论断呢？这些运动中的每一种对应地促进了哲学、经济学和实践哲学的政治学的形成？或者是实践哲学综合地改造了所有这三种运动，即是说改造了时代的全部文化，而且在这种新的综合中，我们考察实践哲学，就会发现其中任何一种因素——理论的、经济的、政治的，都以三种运动中的每一种运动作为准备'要素'。"② 不仅如此，葛兰西进而指出，当我们说德国古典哲学、英国古典政治经济学和法国空想社会主义是马克思主义的三个来源时，不应绝对化。从历史长河看，"实践哲学是以过去的一切文化为前提的：文艺复兴和宗教改革，德国哲学和法国大革命，加尔文教和英国古典政治经济学，世俗的自由主义和作为整个现代人生观的历史主义。……实践哲学与下面这种结合相符：新教改革加法国大革命——这是哲学也是政治，这是政治也是哲学。"③ 在葛兰西看来，以往的哲学只是以各种方式解释世界，而实践哲学强调改变世界，也就是说马克思主义在人类思想史上首次将解释世界与改变世界统一起来，将理论与实践、哲学与政治（历史）、先进的思想与人民群众的利益、需要、意愿统一起来。正是在这种意义上，葛兰西强调

① A. Gramsci, *Il materialismo storico e la filosofia di Benedetto Croce* (Roma: Editori Riuniti, 1977), p. 112.

② Ibid., p. 111.

③ Ibid., pp. 104 – 105.

实践哲学是新型的独立自主的哲学。因为先进的思想一旦武装了群众，就会变成改造世界的巨大物质力量，从而促使政治形势的变化，所以"哲学也就是政治"。另外，政治理论和实践也具有认识意义："既然领导权机构的建立创造了新的思想领域，决定了意识和认识方式的改革，那么这种建立也就是一种认识行为，一种哲学行为。"① 葛兰西启示我们，应当在这方面探寻列宁对实践哲学做出的伟大理论贡献：由于列宁向前推进了政治理论与实践，事实上他就向前推进了哲学本身，为此，葛兰西把十月革命称作"伟大的形而上学事件"。

葛兰西还从理论与实践、哲学与政治统一的原则出发，论述了实践哲学的两项根本任务。他写道："实践哲学有两项任务：战胜精致形式的现代思想意识，以便能够形成自己的知识分子集团，并教育具有中世纪文化的人民群众"；② 鉴于马克思主义的实践性与阶级性，就要求不能把真理束之高阁，而应使它们"社会化"，成为革命实践活动的基础，成为人民群众思想、道德统一和行动一致的要素，从而加速历史的进程。

2. 批判苏联官方哲学

1933～1934 年，葛兰西认真研读了布哈林的《历史唯物主义理论——马克思主义社会学通俗教材》，撰写了一系列笔记和评论，全面、深刻地批判了布哈林的机械论和把马克思主义哲学庸俗化的倾向。从某种意义上讲，这也是对斯大林和苏联官方哲学的批判。葛兰西坚决反对把马克思主义哲学分为辩证唯物主义和历史唯物主义两个独立的、相互封闭的概念体系。他一针见血地指出，在《历史唯物主义理论》中，"缺乏对辩证法的任何论述……首要的原因在于他认为实践哲学分为两部分，即政治历史理论——他认为这是社会学，即根据自然科学（实证论意义上的实践科学）方法构建的理论和本义上的哲学，即哲学唯物主义，形而上学、机械（庸俗）唯物主义。在批判机械论的大讨论之后，……他继续坚持说实践哲学一分为二：历史、政治理论和哲学，不过他不再用哲学唯物主义的老字眼

---

① A. Gramsci, *Il materialismo storico e la filosofia di Benedetto Croce* (Roma: Editori Riuniti, 1977), p. 47.

② Ibid., p. 102.

而是用辩证唯物主义称呼它了"；① 布哈林"企图把实践哲学分为两部分，一是'社会学'，二是系统哲学；离开政治历史理论的哲学只能是形而上学"。② 十分奇怪的是，就在布哈林被处决的 1938 年，斯大林在《论辩证唯物主义和历史唯物主义》一书中却沿用了布哈林的体系安排。斯大林认为，"辩证唯物主义是马克思列宁主义党的世界观"，但仅限于对自然现象的解释、研究方法是辩证的又是唯物的。而历史唯物主义就是把辩证唯物主义原理推广去研究社会与历史。这样，斯大林就把辩证唯物主义提到首位，而历史唯物主义作为马克思主义哲学的本质和无产阶级的世界观的伟大意义就被一笔抹杀。

葛兰西同布哈林、斯大林相反，他认为，以马克思主义哲学为代表的现代思想史上的伟大成果恰恰是哲学的具体历史化及哲学与历史的同一；"只有在历史唯物主义这一领域，才能消除任何机械论和一切迷信'奇迹'的痕迹"。③ 这里。葛兰西强调唯物辩证法和历史唯物论的紧密结合，是把辩证的、历史的唯物主义，即实践唯物主义作为统一的马克思主义世界观来把握的。

同把辩证法仅看作方法论的肤浅看法相反，葛兰西认为"辩证法是新的思维方式，一种新的哲学"。当他肯定辩证法是新的思维方式，尤其是新的哲学时，是同马克思、恩格斯心心相印的。正是马克思和恩格斯指出，辩证法是黑格尔哲学的革命方面，标志着哲学史上的飞跃。葛兰西在批判布哈林时，强调马克思主义哲学完成了辩证法和革命哲学的结合。他写道："只有把实践哲学理解为一种完整的和独创的哲学——它开创了历史和世界思想发展史的新阶段，它超越（超越的同时汲取富有生命力的因素）唯物主义和唯心主义这些旧社会的传统表达方式——才能从根本上认识辩证法的重要性和意义。"④ 相反，布哈林把辩证法与政治历史理论分开，"就再不能认识辩证法的重要性与意义，就把认识论、历史学与政治学的精髓贬低

① A. Gramsci, *Il materialismo storico e la filosofia di Benedetto Croce* (Roma: Editori Riuniti, 1977), pp. 165 – 166.
② Ibid. , p. 167.
③ Ibid. , p. 163.
④ Ibid. , p. 132.

为形式逻辑的一个分支和一种入门的经院哲学"。① 葛兰西认为，在辩证法（即认识论）中，历史、政治和经济的一般概念融为有机整体。因此，它不能仅作为方法论而同运用它对历史、经济及政治问题的解释分开。由此可见，葛兰西不仅反对把唯物辩证法同历史唯物论截然分开，不能容忍把辩证法视为某种形式逻辑同马克思主义哲学体系截然分开，甚至不赞成把马克思主义机械地、孤立地划分为哲学、经济学和政治学（科学社会主义学说）三个独立的组成部分。葛兰西反复强调辩证法是逻辑学和认识论，这就赋予辩证法根本的意义，从而与列宁的"辩证法、逻辑学和认识论三者同一"的观点完全一致。难能可贵的是，葛兰西在狱中不可能读到列宁的《哲学笔记》，他是通过独立思考得出这一结论的。

葛兰西注意从历史唯物主义研究意识和认识过程，坚决反对布哈林脱离人的实践活动和具体的社会历史条件，仅把意识看作是对物质的机械反映的形而上学观点。首先，他反对把那种"开天辟地"的原始自然界看作认识的对象。他认为，实践不仅是人们认识的手段和检验认识的真理性标准，而且它为自己"创造"认识对象："只有当实在与人发生关系时，我们才能认识实在"。其次，葛兰西强调主体在认识过程中的能动作用，将主体选择、需要、价值、实践结合起来考察。他认为，现象是人依靠实践和实际利益而区分的质，即根据探索世界秩序及事物分类的必要性而区分的质，不是自在自为地存在的客观的东西。总之，葛兰西反对 20 世纪 20 ~ 30 年代盛行的被动的、直观的、照镜子式的反映论。他强调自然现象并非自动闯入人的感官，人是在变革自然时才与其发生关系，而实践又与人的需要、利益密切相关。从某种意义上说，现象是由主体翻译的客观实在。诚然，他在表述时某些概念把握不准，给人以"矫枉过正"的印象。某些西方学者甚至据此硬说葛兰西反对列宁的反映论。但只要联系葛兰西对马赫主义的批判，就会得出他是用选择论充实并完善反映论的正确结论。

葛兰西还敏锐地觉察到马克思主义哲学在新的历史条件下受到歪曲和阉割的严重情况："在现实中依然重现关于费尔巴哈第一个提纲中受到批判

① A. Gramsci, *Il materialismo storico e la filosofia di Benedetto Croce* (Roma: Editori Riuniti, 1977), pp. 128 – 129.

的唯物主义和唯心主义彼此片面的立场，而且也和当时一样（虽然我们也达到更高的阶段），必须要在实践哲学发展的更高的阶段上的综合。"① 为了肯定主观能动性又避免唯我论，也为了避免抹杀主观能动性的机械论、庸俗唯物论，就必须"历史地"考察问题，并把实践作为哲学的基础。正是在这种意义上，葛兰西才说："'一元论'这一术语表达什么意义呢？当然不是唯物主义的，也不是唯心主义的，而是意味着在具体的历史行动中的对立面的同一性，即与某种组织起来的（历史化了的）'物质'，与人所改变了的自然不可分割地联系在一起的具体意义上的人的活动（历史——精神）。"② 在这里，葛兰西并非主张一般意义上的唯物主义与唯心主义的综合。只要我们联系他对黑格尔、克罗齐的唯心主义的批判，对布哈林、波尔迪加的庸俗唯物主义的批判，就会顺理成章地认为，他是在新的历史条件下，坚持马克思的实践的、历史的唯物主义，正是从捍卫马克思主义哲学的完整性，反对任何一种片面倾向上谈唯心主义与唯物主义结合的。要知道马克思本人在《1844年经济学哲学手稿》中首次提出他的哲学"既不同于唯心主义，也不同于唯物主义，同时又是把这二者结合的真理"。从本质上看，实践哲学是一种具有意大利传统的马克思主义观（是安东尼奥·拉布里奥拉最早使用"实践哲学"概念的）；在20世纪30年代特殊历史条件下，葛兰西把握马克思主义实质，强调"回归马克思"的必要性和紧迫性。

像历史上一切伟大的思想家一样，葛兰西也有着自己的局限性，突出地表现在他对"唯物主义"的误解上。他认为，"唯物主义"散发着决定论、宿命论、机械论的气味。另外，他在批判庸俗唯物主义时，对某些概念的理解和把握有偏颇，某些不确切的表述易造成模糊唯物论和唯心论界限的印象。

领导权理论

俄国十月革命的胜利和列宁主义，对葛兰西政治思想的形成产生过决

---

① A. Gramsci, *Il materialismo storico e la filosofia di Benedetto Croce* (Roma: Editori Riuniti, 1977), p. 113.

② Ibid., pp. 53 – 54

定性影响。十月革命胜利后，他也曾憧憬过在意大利迅速取得革命成功的美好前景。但意大利法西斯的崛起，德、奥等国社会主义革命的失败，使他不得不思考这一问题：为什么西欧工业先进国家没有继十月革命之后取得胜利？

在《狱中札记》中，他联系意大利和西欧的历史和现状，对这一问题做了全面深入的探索，形成了领导权理论。围绕这一理论，葛兰西形成"市民社会"概念，提出新的革命战略——"阵地战"，强调知识分子作用，突出社会主义民主的意义。

1. 市民社会

葛兰西首先考察国家的本质。他从阶级观点出发，也认为国家是一定社会集团（阶级）的统治工具。这表明葛兰西在狭义上理解的国家同列宁完全一致。但他根据西欧的特殊社会结构和新的历史条件，对列宁的国家范畴做了补充。他指出："国家的一般概念中有应该属于市民社会的某些成分（在此意义上可以说：国家＝政治社会＋市民社会，换言之：国家是配备有强制装甲的领导权）。"[①] 显然，葛兰西扩大了国家概念的外延。在他看来，国家不仅仅是强制机关——政治社会，还是"教育"机关——市民社会。

和马克思稍有不同，葛兰西没有单从经济关系上理解市民社会，还从上层建筑上理解市民社会。葛兰西从西方社会现实出发，注意到教会、工会、社团、学校等"非政府"机构在对民众的教育和精神统一方面发挥的巨大威力，把它们称作市民社会，并同政治社会一起置于上层建筑领域。

葛兰西指出，统治阶级要维持对敌对阶级的统治，就不仅依靠暴力和强制性的国家机器，而且要行使对被统治阶级的文化和意识形态的领导权。换言之，统治阶级通过学校教育、宗教、文学艺术、风俗习惯等手段，将其世界观灌输给被统治阶级，并使它成为公众遵守的道德规范，从而获得后者对"合法"统治的认同。显然，葛兰西扩大了国家概念的内涵，他把认同提升到国家本质的高度。而当"市民社会与政治社会脱离"时，就提

---

① A. Gramsci, *Note sul Machiavelli, sulla politica e sulluo Stato moderno* (Roma: Editori Riuniti, 1977), p. 163.

出了新的领导权问题，即"国家的历史基础位移了"。

需要指出的是，在具体的历史中，政治社会和市民社会是统一的，市民社会是统治阶级用非暴力手段扩大和强化其权力的领域。有人强调在市民社会中出现的领导权关系的非暴力、非强制特点，却忽视了它们仍是不平等的权力关系，是强化和延续统治阶级对国家控制的关系。

还请注意，把葛兰西的"领导权"仅仅归结为"文化领导权"是片面的和武断的。不言而喻，文化领导权是领导权的重要内容，尤其对于西方资本主义国家和当代社会而言。但是，领导权还包括更加丰富的内容：文化、经济、政治各个领域的领导权。1932 年 5 月 2 日，葛兰西在致塔尼娅的信中写道："实践哲学的大理论家（指列宁）也按同一方向构建理论，'领导权'和文化领导权环节被系统地重新评价，以反对经济主义的机械论和宿命论的观念。"①

2. 阵地战

葛兰西具体考察了东、西方社会结构的差异："在东方，国家就是一切，而市民社会是原始和胶状的。在西方，国家与市民社会之间有一种正确的关系。当国家动摇时，立即出现一个强大的市民社会结构；国家仅是前沿战壕，在它后面有一系列坚固的堡垒和工事。"② 接着，他用形象生动的语言描述了这种特殊结构的作用："至于最先进国家，这里市民社会呈现非常复杂的结构，这种结构抵抗得住直接经济因素灾难性的'侵入'：危机、萧条等，即存在对经济周期干预的手段，这里市民社会的上层建筑就如同现代战争的战壕体系。就像在战壕体系中发生的一样：疯狂的炮击仿佛摧毁了敌军的整个防御体系，但仅仅破坏了外层，在冲锋时就会发现面临着还非常有效的防线。在大的经济危机时期，政治上也有类似情况。进攻部队不会由于危机而在空中闪电般地组织起来，更不会具有进攻精神。同时，守卫部队并没有士气低落或丢弃防线，即使在瓦砾之中，对自己的

---

① 葛兰西：《狱中书简》，田时纲译，人民出版社，2007，第 433 页。

② A. Gramsci, *Note sul Machiavelli, sulla politica e sullo Stato moderno*（Roma：Editori Riuniti, 1977），p. 163.

力量与前途也没有失去信心。"①

在葛兰西看来，像俄国这样的东方国家，其市民社会是流动的、少层次的；工人阶级集中于少数大城市，大量的小农群众分散在农村；而沙皇国家就是一切，官僚机构庞杂，权力集中。一旦反动政权被砸烂，资产阶级政权土崩瓦解，无产阶级就可以立即成为领导和统治阶级。同东方国家相比，西方资产阶级强大得多，它们不仅拥有"前沿阵地"——反动政权，而且拥有众多的、坚固的"堡垒和战壕"——思想、文化的优势，以及学校、教会、道德观念、习惯势力等。因此，"进攻"与"防御"的关系十分复杂。所以，西方无产阶级仅仅夺取政权是不够的，而且需要攻占市民社会的一切阵地。西方社会主义革命更艰巨，所需时间更长。结论是：在西方只能打"稳扎稳打"的"阵地战"，而不能打"速战速决"的"运动战"。葛兰西借用"阵地战"和"运动战"这些军事术语，形象生动地说明两种不同的社会结构决定两种不同的革命战略。"阵地战"战略是领导权理论的深化与发展，它们之间有着紧密的内在联系：阵地战就是首先粉碎资产阶级领导权，确立无产阶级领导权，然后才有条件夺取国家政权。葛兰西告诫西方无产阶级，更要注意开展文化和意识形态的斗争；在成为统治者之前，首先做领导者。这是葛兰西从西欧革命失败的血的教训中总结出的经验。

3. 知识分子

葛兰西从领导权理论出发，对知识分子问题特别关注，试图从全新的角度探讨知识分子及其职能问题，被英国社会学家艾伦·斯温哥伍德赞誉"对现代社会的社会学做出了一个最有意义的贡献"。

葛兰西没有拘泥于传统的知识分子概念，而是根据他们特殊的社会职能来探讨。为此，他对划分知识分子和非知识分子的通常标准提出异议。他指出："在我看来，最通行的方法论错误，在于在智力活动内部，而不是相反，在各种社会关系体系的总合中寻找区分的标准。因为这些活动（以及它们所代表的集团）处于各种社会关系的一般总体之中。譬如，工人阶

---

① A. Gramsci, *Note sul Machiavelli*, *sulla politica e sullo Stato moderno* (Roma: Editori Riuniti, 1977), p. 66.

级的显著特点，并不在于它从事手工劳动，而在于它是在一定的条件下，一定的社会关系中从事这种活动。"① 最后，他得出结论："可以说，一切人都是知识分子，但并不是一切人都在社会中执行知识分子的职能。"②

在葛兰西看来，体力劳动与脑力劳动的分离不是绝对的。除了分工的界限外，实际上每个人都在发展某种智力活动，都具有一定的世界观和艺术鉴赏力。任何人类劳动都不可能排除"智力干预"。正是在此种意义上，葛兰西才说"一切人都是知识分子"。他似乎觉得这样表述不够准确，举例加以修正："同样，每个人随时可能煎两个鸡蛋，或缝一件上衣，但不能说大家都是厨师和裁缝。"③ 因此，真正的知识分子是那些其"特殊职业活动重心方向"为"智力劳作"，并在上层建筑中执行"领导权"的人。这样，葛兰西就把知识分子概念扩大到社会的一切领域，指在生产、政治和文化领域发挥组织者职能的人：不仅包括哲学家、艺术家、作家和新闻记者，也包括科学家、工程师、政府官员和政治领袖。

葛兰西进而考察知识分子的形成过程，指出知识分子并不构成独立自主的阶级，而是分别隶属于不同阶级。但他们一经形成，就具有相对独立性，并起着特殊的社会职能。知识分子使整个阶级不仅在经济领域，而且在社会政治领域具有同质性；他们是市民社会和政治社会的活细胞，他们构建本阶级的意识形态，并使后者认识自己的使命，进而让这种意识形态成为渗透到整个社会的世界观。在意识形态的传播方面，知识分子不仅掌握宣传工具，而且肩负着在市民社会建立"意识形态结构"（如教会、教育体系、工会、政党等）的重任。同样，在政治社会中，知识分子负责管理国家机器和军队。总之，知识分子是上层建筑的"官员"。

葛兰西在"有机"知识分子和传统知识分子之间做了区分。所谓"有机"知识分子，就是新生阶级的知识分子；而传统知识分子是指与旧的经济基础相联系的知识分子。先进阶级为实现自己的战略总目标，就必须"同化"并在意识形态上战胜传统知识分子。传统知识分子又分为两类：一

---

① A. Gramsci, *Gli intellettuali e l'organizzazione dela cultura* (Roma: Editori Riuniti, 1977), p. 6.
② Ibid., p. 7.
③ Ibid., p. 7.

是在旧政治社会中充当官吏，行使"强制"职能的少数人，二是在旧市民社会中活动的广大知识分子。对于前者，施之以暴力或合法的"消除"；对于后者，只能在思想上征服、组织上同化，尤其是对那些无组织的知识分子的同化更为容易。应当说，葛兰西的这一思想在社会主义革命实践中有着现实指导意义。无产阶级对于绝大多数传统知识分子只能采取团结、教育的方针，任何粗暴的、简单的、过激的政策都会损害革命事业。至于自己培养造就的知识分子，不仅应视为本阶级的力量，而且是最积极、最先进的力量。

葛兰西还从政党角度考察知识分子作用，"政党仅是建立自己的有机知识分子的方式"，"政党恰是市民社会中，即在更综合更广泛的范围内执行的功能——促成统治的社会集团的有机知识分子与传统知识分子的融合"，政党"使其作为经济因素产生、发展的成员，直至成为合格的政治知识分子、组织者，各种活动及整个市民、政治社会有机发展固有功能的组织者"。① 这里，葛兰西从党建的高度看到文化建设和知识分子的重要性。的确，离开先进思想的指导，先进文化的巨大吸引力，就难以发挥领导核心作用；如果党员文化水准不高，也很难发挥模范作用。

葛兰西分析了联共（布）在十月革命成功后的衰退的原因，他指出在夺取政权之后，联共（布）未能形成新知识分子阶层，并确立无产阶级在意识形态领域的领导权，从而也就不能保证无产阶级政权巩固，并信心百倍地建设新社会。

总之，葛兰西摒弃了依据所谓"知识分子活动本质"界定知识分子的方法，而从"社会关系的总和"，即知识分子的社会功能来考察知识分子的地位。他既肯定知识分子的阶级性，又强调知识分子的相对独立性和中介性。他认为真正的知识分子不仅应是具有专业知识和专业技能的人，而且应是具有崇高理想、社会良知、高尚情操和优雅趣味的人。

4. 社会主义民主

作为共产党领袖，葛兰西高度重视社会主义民主问题。他认为，国家

---

① A. Gramsci, *Gli intellettuali e l'organizzazione della cultura* (Roma: Editori Riuniti, 1977), p. 13.

具有历史性，自然有形成、发展、消亡的过程。如果说国家创建初期主要作为"政治社会"存在的话，那么随着自身的发展，"市民社会"会越来越强大。由此看来，在社会主义制度下，国家的暴力和强制的因素呈逐渐减弱的趋势，而领导权和积极认同的因素逐步增强。也就是说，随着时代前进，社会主义民主建设变得日益重要。

葛兰西并不反对无产阶级国家对少数人的专政，也不反对在无产阶级专政创始时期实行"中央集权制"，但他不赞成将专政绝对化、扩大化，忽视了领导权和积极认同，从而没有真正实行民主集中制，没有抓紧社会主义民主建设。在葛兰西看来，中央集权制不是目的，而是产生国家生活新形式的手段；它并不是社会主义政治制度的理想模式和唯一模式，而是像俄国那样"市民社会"不发达国家在一定历史阶段的特殊模式。中央集权制对于"市民社会"发达的西方国家就不适合。正是由于葛兰西洞察了苏联中央集权制有压制民主、扼杀人民群众积极性和创造性的严重弊病，才强调它的暂时性和可批判性。社会主义政治制度的理想模式应建立在民主集中制原则之上，"个人和集团"的积极性同社会主义制度的协调一致；但这是"发自内心"的积极认同，而不是靠"官员政府"强制和行政命令形成的表面的一致。葛兰西强调"至关重要的问题不是被动和间接的认同，而是积极的、直接的认同"。

同时，葛兰西并不否定法律、纪律的重要作用，但他反对用纪律取消个性、扼杀自由。他一针见血地指出："个性与自由问题的提出并不是由于纪律的事实（否则，将会陷入无政府主义和独裁主义的泥坑中），而是由于支配纪律权力的存在。如果这种存在是'民主的'……那么纪律就是民主秩序和自由的必要因素了。"①

应当说葛兰西的这一思想相当深刻，并为社会主义国家的实践所证实。这里触及社会主义权力性质有可能改变的问题。如果执行纪律的权威代表人民的利益，纪律就是对公民自由与民主权力的保障。相反，当权威只代表少数人利益，法律和纪律就会践踏民主、扼杀自由。

---

① A. Gramsci, *Passato e presente*（Roma: Editori Riuniti, 1977），p. 165.

葛兰西告诫执政的共产党千万不要压制历史上的新生力量："如果一个政党努力使被剥夺权力的反动势力受到法制的约束，并把落后的群众提高到新法制的水平，那么这个党的作用就是进步的。相反，如果它企图压制历史上的有生力量，它的作用就是退步的……当党是进步的政党时，它的行动是民主的（民主集中制意义上的民主）；当党是退步的政党时，它的行动是'官僚式'的（官僚主义集中制意义上的官僚）。"①

值得注意的是，在苏东剧变后，有的西方学者乐于把葛兰西说成社会民主主义者或民主社会主义者。实际上葛兰西严格区分资产阶级民主和社会主义民主。他一贯批判资产阶级民主的不平等性、排他性与局限性；认为资产阶级民主国家也要由无产阶级国家取代。更重要的是，葛兰西强调社会主义与民主的密不可分的关系：没有社会主义，就不会有真正的民主；没有民主，也不会有真正的社会主义。在他看来，民主不仅是手段，更是目的，是社会主义的本质所在。

光辉的有文化的马克思主义者

在葛兰西逝世后十年的 1947 年，《狱中书简》在都灵出版，立即引起轰动。此书收集葛兰西自 1926 年 11 月至 1937 年 1 月，从流放地和监狱写给亲友的 456 封书信（初版为 218 封）。该书以其朴实无华的文风、真挚热烈的情感、深邃的思想、高尚的情操，受到广大读者的欢迎。克罗齐赞誉《狱中书简》是意大利现代文学的杰作，属于整个意大利民族。它当年荣获"维阿雷焦"文学奖。

同年，葛兰西的主要理论著作《狱中札记》开始按内容分六卷陆续出版：《历史唯物主义和克罗齐哲学》《知识分子和文化组织》《关于马基雅维利、政治与现代国家的笔记》《文学和民族生活》《民族复兴运动》《过去和现在》，立即引起强烈反响。

---

① 朱塞佩·费里奥：《葛兰西传》，吴高译，人民出版社，1983，第 4 页。

从 1954 年开始，葛兰西的前期著作陆续出版：《青年时期著作集（1914 ～ 1918)》《防波堤下（1916 ～ 1920)》《新秩序（1919 ～ 1920)》《社会主义与法西斯主义（1921 ～ 1922)》《共产党的建设（1923 ～ 1926)》。1992 年，《火与玫瑰》出版，该书收集葛兰西自 1908 年至 1926 年被捕前写给亲人和战友的 189 封书信。

在 20 世纪 60 年代，随着葛兰西著作的出版和广泛介绍，他作为思想家的形象才得以确立。在意大利从 1958 年开始，分别于 1967 年、1977 年、1987 年、1989 年、1997 年、2007 年召开葛兰西国际学术研讨会。各国学者高度评价葛兰西对马克思主义理论的杰出贡献。

前南斯拉夫著名学者弗兰尼茨基在《马克思主义史》（1978）中称"葛兰西是一个光辉的有文化的马克思主义者，同时又是无产阶级的政治领袖"。[1] 英国著名学者麦克莱伦在《马克思以后的马克思主义》（1979）中写道："除俄国革命家之外，葛兰西是最近五十年最有独创性的马克思主义理论家。他的贡献……涉及马克思主义政治学的整个领域。"[2]

赛义德受葛兰西文化领导权理论的启示，批判西方对东方的文化领导权，形成后殖民理论。

葛兰西的领导权理论深刻影响后马克思主义者拉克劳、墨菲，促使他们形成话语领导权理论。

今天，葛兰西的理论遗产不仅受到马克思主义学者和进步文化界的欢迎，而且越来越受到当代学术界的重视。葛兰西使用的诸多范畴，诸如实践哲学、市民社会、认同、领导权、阵地战、被动革命、知识分子、历史集团、现代君主、集体意志、福特主义，被广泛应用分析哲学、政治、宗教、经济、文化和国际关系诸多问题，并成为当代学术话语的重要组成部分。

（原载陈占彪编《思想药石：域外文化二十家》，上海辞书出版社，2013）

---

① 弗兰尼茨基：《马克思主义史》第 2 卷，胡文建等译，人民出版社，1988，第 191 页。
② 麦克莱伦：《马克思以后的马克思主义》，余其铨等译，中国社会科学出版社，1987，第 262 页。

史学家克罗齐与中国史学

—— 《克罗齐史学名著译丛》总序

一

贝内德托·克罗齐（Benedetto Croce，1866～1952）是20世纪意大利著名哲学家、美学家、文学批评家、政治家，更是享誉西方的历史学家和史学理论家。

1866年2月25日，克罗齐出生在阿奎拉的贝斯卡塞罗里的名门望族，从祖父那代起家族迁居那不勒斯。早在少年时代，克罗齐就显露出对历史书籍的兴趣。17岁时，突发的地震夺去其双亲和姐姐的生命，他受了重伤；后移居罗马寄养在叔父、著名自由派政治家斯帕文塔家中。到罗马的最初数月，因失去亲人、病痛折磨、前途未卜，他常常夜晚蒙头大睡，清晨不起，甚至萌生自杀的念头。但他很快克服精神危机，到罗马大学法律系注册，他并不专注听课，也不参加考试，而是去图书馆博览群书，研究自己喜欢的题目。

20岁时，克罗齐离开罗马重返那不勒斯并在那里定居，立即开始历史研究。26岁时已完成《1799年的那不勒斯革命》《那不勒斯的历史与传说》《巴罗克时代的意大利》等历史学著作。但勇于探索的克罗齐对取得的成绩并不满足，他通过对维科《新科学》的研读，眼界开阔了、认识深化了，对当时学术界盛行的实证主义思潮特别反感，决心粉碎"实证主义坚冰"。

27 岁时，他在彭塔亚纳学院宣读《艺术普遍概念下的历史》的论文，这标志其历史理论研究的开始。

从此，克罗齐对历史和史学的研究从未中断。他历史研究的领域十分广泛，既有本国史（那不勒斯王国史、意大利史），又有外国史（西班牙史、欧洲史）；既有当代史，又有近代史（文艺复兴、巴罗克、19 世纪）；既有政治－伦理史，又有史学史、美学史、文学史、戏剧史。他广泛深入研究了历史和史学的许多重大问题，诸如历史的当代性，历史著作的历史性、真实性、统一性，史学同哲学、文学、政治、道德的关系。克罗齐在史学理论和历史研究的两个领域均做出独特贡献。

正是在法西斯统治时期，随着将哲学思想同政治史、文学史的不断结合，克罗齐极大地丰富了哲学思想；尤其深化对历史理论问题的认识，他逐渐认清它们就是哲学问题。起初克罗齐把历史学作为其精神哲学的终点，继而把自己的哲学称作历史方法论、绝对历史主义。虽然克罗齐是个书斋学者，但他有着强烈的社会责任感和使命感，在历史的紧要关头从不退缩。1925 年 5 月 1 日，由克罗齐撰写的《反法西斯知识分子宣言》在《世界报》上发表。这令墨索里尼大为恼火，先是对克罗齐进行诬蔑，继而游说拉拢，最后派匪徒捣乱并监视、跟踪，并把克罗齐排除在学术团体和公众活动之外。但在将近 20 年中克罗齐始终未向墨索里尼低头，他成为意大利知识界反法西斯的精神领袖，他用自己的历史著作及哲学著作同法西斯作战。在法西斯倒台后，他积极参与意大利共和国创建和宪法起草等政治活动。1947 年后，克罗齐把主要精力转向学术研究。他先是在那不勒斯创建意大利历史研究所，后辞去自由党主席职务。1950 年 2 月，他右半边身子麻痹。他预感到所剩时日不多，于是加紧整理未发表的文稿，并决定将他的私人图书馆（意大利藏书最丰富的私人图书馆）捐赠给意大利历史研究所。1952 年 11 月 20 日，克罗齐与世长辞，享年 86 岁。

二

在克罗齐的众多历史理论和史学的著作中，以《历史学的理论和历史》

《作为思想和行动的历史》《那不勒斯王国史》《1871－1915年意大利史》《十九世纪欧洲史》最为著名。

《历史学的理论和历史》是克罗齐历史理论的力作。它最早于1915年用德文在图宾根出版。之后，1916年、1919年、1927年、1941年连出四版意大利文版。其中，1941年版为最终修订版。第三版除对文字进行修改外，还在"卷末附上涉及书中讨论的理论要点的札记和评论"，共分23个专题。此卷分上下两编。上编探讨史学理论。首先他严格区分历史和编年史：历史是活历史，编年史是死历史；历史是当代史，编年史是过去史；历史主要是思想行动，编年史主要是意志行动；历史中有紧密联系，编年史中无联系；历史有逻辑顺序，编年史有编年顺序；历史深入事件核心，编年史停留事件表面；历史有活文献和深刻思想，编年史有抽象词语记录和空洞叙述；先有历史（先有活人），后有编年史（后有死尸）。进而他划清真历史同形形色色伪历史（语文性历史、诗性历史、演说性历史、实用性历史、倾向性历史）的界限，提出"一切历史都是当代史"的著名论断。他说："当生活的发展逐渐需要时，死历史就会复活，过去史就变成现在的。罗马人和希腊人躺在墓穴中，直到文艺复兴欧洲精神重新成熟时，才把他们唤醒"；"因此，现在被我们视为编年史的大部分历史，现在对我们沉默不语的文献，将依次被新生活的光辉照耀，将重新开口说话"。这里，克罗齐首先强调历史学家从现实需要出发，应用批判精神从死材料中选择感兴趣的东西；其次，"语文学联合哲学去创造历史"——用具有时代精神的思维去理解和把握过去的文献。因此，克罗齐反对历史学家的所谓"客观性"价值，认为其思想幼稚可笑：似乎事物在述说，而历史学家在洗耳恭听，并记录下它们的声音。在肯定"一切历史都是当代史"之后，就清除"历史－哲学同一论"的最大障碍："但当把编年史降低到其实际的记忆功能，把历史提高到对永恒的现在的认识时，历史就凸显出同哲学一体，而哲学不过是永恒的现在的思想"。这样，历史与哲学就不是两种形式，而是一种形式；它们并不互为条件，而是合为一体。既不是历史在哲学之前，也不是哲学在历史之前，而是共生共存。显然，这是超越观念与事实、理性真理与事实真理、"历史本义是知道，哲学本义是理解"的二元论的结果。界说判断与个别判断的同一成为历史 – 哲学同一论的逻辑根据：历史学将哲学吸纳于身，哲学作为历史学方法论融合到历史中去。此外，克罗齐还深入探讨历史的积极性质、人性、分期等问题。下编回顾史学史，从希腊罗马、中世纪、文艺复兴、启蒙运动、浪漫主义、实证主义史学，直至 19 世纪"新史学"。

1938 年 1 月，《作为思想和行动的历史》在意大利巴里出版，立即引起轰动。第二年再版两次；后被译成十几种文字出版，并重印至今。此书的出版曾受到巴里警察局的阻挠，只因克罗齐强烈抗议，墨索里尼慑于其国际威望，才不得不放行。当克罗齐被问是否应感谢领袖时，他坚决地回答："我有直言不讳、书其所思的权利，谁要阻止我这样做，就不能期待我感谢。"

《作为思想和行动的历史》可视为《历史学的理论和历史》的续篇，克罗齐按内在逻辑联系，将系列论文重新排序编辑，结合 20 世纪 20 ~ 30 年代特殊历史条件，深化并完善其历史观和史学理论。此书共分八部分：作为思想和作为行动的历史；历史主义及其历史；没有历史问题的历史学；历史的确定性与真实性；历史学与政治；历史学与道德；历史学前景；结论。克罗齐否定历史哲学的超验必然性和因果必然性，但肯定历史学的逻辑必然性。克罗齐对历史著作的特性进行分析。历史著作的历史性可界定为由实际生活需求激起的理解和领悟行动；实际生活需求的多样性（道德、经济、审美等需求）赋予历史性必要前提。历史著作的真实性在于历史叙述的充实，即在其深层存在实际需求，此种需求将历史叙述同实际生活的多样性相联系；在于历史叙述中进行历史判断。历史著作的统一性寓于历史判断形成的并在形成时解决的问题。历史著作的逻辑统一性存在于一个问题中，而不存在于一个事物和一个形象中。克罗齐认为历史不是"牧歌"，历史也不是"恐怖的悲剧"，历史是一部戏剧：所有时代、一切民族、全体成员登台表演，它们集无罪与有罪、善与恶于一身，但历史的主导思想是善，最终恶促使向善。尤其难能可贵的是，在德意日法西斯横行无忌、第二次世界大战即将全面爆发之际，克罗齐大声疾呼：历史是自由的历史！这不啻是声讨法西斯的战斗檄文。克罗齐指出，自由既是历史发展的永恒动力，又是一切历史的主题；自由既是历史进程的解释原则，又是人类追求的道德理想。克罗齐还强调实际生活同历史学的关系。他说，全部历史文化，都同维护并扩展人类社会积极的文明生活的普遍需求相联系：当缺乏这种推动力时，历史文化就极渺小；当文明进程突然中断或停滞时，历史学近乎完全沉默。为此，尽管承认德国历史学家兰克和瑞士文化史家布克哈特的贡献，但批评前者缺乏普遍性观念和历史问题，后者割裂生活同思想的联系、用静止眼光观察历史。应当说，如果在《历史学的理论和历史》中，克罗齐特别强调历史的精神性和当代性，那么在《作为思想和行动的历史》中，他尤其强调历史的整体性，他指出当说到思想史和哲学史时，是指全部历史整体，也包括文明史、政治史、经济史和道德史，它们既向思想史与哲学史提供养分，又从思想史与哲学史中汲取养分。

1925 年，克罗齐把在《批判》杂志上发表的有关那不勒斯王国史的论文汇集成册，冠以书名《那不勒斯王国史》出版，它是西方少有的研究那不勒斯王国历史的力作。那不勒斯王国是指从 12 世纪初至 1860 年在意大利南部（包括西西里）建立的国家，这个王国历时 800 多年，先后由诺曼人、日耳曼霍亨斯陶芬家族、西班牙阿拉贡王室、奥地利哈布斯堡王朝、西班牙波旁王朝统治。

作为那不勒斯人，克罗齐对南部意大利有着特殊的感情。作为生活在那不勒斯的历史学家，克罗齐对南部意大利在政治史和文化史上的地位把握准确。他指出，南部意大利和西西里注定成为世界历史中主要冲突地点：在古代是迦太基人和罗马人的，在中世纪是伊斯兰、拜占庭和神圣罗马帝国的。在意大利历史中，如果说佛罗伦萨代表艺术和诗的话，那么那不勒斯则代表思想和哲学：这里产生了托马斯·阿奎那、布鲁诺、康帕内拉和维科。克罗齐尤其高度评价 1799 年那不勒斯革命点燃意大利民族复兴运动的火焰：那不勒斯进步知识分子受法国大革命的影响，把自由理想引入意大利。与此同时，克罗齐对镇压 1799 年那不勒斯革命的反革命恐怖的残酷性进行无情揭露。正是出于对 1799 年那不勒斯革命的赞颂，在这本著作中对法国大革命和雅各宾党人做了正面评价（而在其他著作中更多的是批评）。可以毫不夸大地说，《那不勒斯王国史》不仅对于研究欧洲中世纪史、近代史，而且对于研究"南方问题"（欧洲的和意大利的）都具有重要参考价值。

三年后，1928 年，克罗齐的《1871～1915 年意大利史》出版，获巨大成功，当年就印行三版（在墨索里尼统治时期共发行七版）。这绝非偶然。克罗齐从意大利民族统一写起，至第一次世界大战前夕为止，对于显赫一时的法西斯运动不屑一顾，以示蔑视与抗议，自然会受到对法西斯暴政不满的广大读者的欢迎。与此同时，也受到法西斯分子的仇视，他们极力主张查禁此书。墨索里尼慑于克罗齐的国际声望，未敢查禁，只命令新闻界对此书不予评论，但法西斯报纸还是怒不可遏地发起了攻击——什么"没有历史的历史""不合时令的果实""一本糟透了的书"等毒焰向克罗齐袭来。

在这一著作中，克罗齐尖锐地指出，英美帝国主义对意大利民族主义和法西斯主义的影响。但他错误地批评，意大利社会主义者在第一次世界大战前夕，把理想置于祖国之上，从而在思想上脱离人民。

在克罗齐的史学著作中最著名的当数《十九世纪欧洲史》。

《十九世纪欧洲史》成书于 1931 年，题献给他的德国挚友、著名文学家托马斯·曼，卷首献词引用但丁《神曲·地狱篇》第 23 歌"此时你的思想进入我的思想，带有同样的行动和同样的面貌，使得我把二者构成同一个决定"。《十九世纪欧洲史》叙述并分析了从 1815 年（拿破仑滑铁卢战败后）至 1914 年（第一次世界大战爆发前）的欧洲（主要是西欧）百年历史。全书共分 10 章，前 3 章可视为导言——"自由的宗教"，"对立的宗教信仰"，"浪漫主义"；在后 7 章，克罗齐把百年历史分成 5 个历史时期——1815～1830 年，1830～1847 年，1848～1851 年，1851～1870 年，1871～1914 年。

时隔 70 多年，今天的读者仍会饶有兴趣地阅读此书，这不仅因为其行文流畅、语言生动（克罗齐是继伽利略之后的另一位意大利科学散文大师），而且更由于某些精辟见解仍能发人深省。诸如：他把浪漫主义区分为理论与思辨的浪漫主义和实践领域的浪漫主义——情感与道德的浪漫主义，前者闪烁真理光芒，后者表现为"世纪病"。他对共产主义的看法同资产阶级政客相比判若云泥——只要共产主义同私人经济利益做斗争并有利于公共利益，只要它能使排除在政治之外的社会阶级的任何政治理想活跃，唤醒它们并用纪律约束它们，还进行共产主义教育，它就仍能证明自己的优越性，从而摒弃它或希望它在世界上不存在都是愚不可及的。他对罗马天主教会反动本质认识入木三分——文艺复兴和宗教改革标志作为精神力量的罗马天主教的内在衰落，反宗教改革，尤其是 19 世纪自由主义运动加速这种衰落。即使罗马天主教会肉体得救，灵魂也未得救，它从事的是政治事业而不再是宗教事业。在支持保守和反动政权方面政治天主教起着举足轻重的作用，对平民，尤其对乡村平民它能煽动起暴动。他对自由主义同民主主义的相似性与差异性的独特分析——它们共同反对教权主义和专制主义，共同要求个人自由、公民平等、政治平等和人民主权；但在相似性中隐藏着差异性，自由派和民主派对个人、平等、主权、人民的理解完全不同。他对"自由体制国家"间分歧的看法颇具现实性——它们的分歧是次要的，是策略和方式上的，在根本利益上没有原则分歧。他对建立国家联合体的预见颇具前瞻性——由于更宽泛的民族意识形成，譬如欧洲意识，各个民族国家将建立多民族国家或国家联合体。

作为自由主义思想家，克罗齐对欧洲"自由体制国家"对非洲和亚洲的殖民扩张轻描淡写，一笔带过，因为这是个难以解释的矛盾（以自由标榜的欧洲国家用暴力剥夺非洲和亚洲民族的自由）。但他毕竟承认扩张过程极端残酷，征服者和传教士紧密勾结，征服者惯于用未来福祉进行辩解。而当他称非洲和亚洲被侵略被压迫民族为野蛮或处于低级文明民族时，显现出其阶级局限性。

毋庸讳言，克罗齐的历史观是唯心主义的，他认为归根结底历史是精神的运动、发展过程。他甚至说过"历史是历史判断"，历史的主词是文化、自由、进步等概念。葛兰西正确指出，克罗齐用从具体历史事件中抽象出来的概念代替具体历史事件，就用观念否定了历史，"在恩格斯看来，历史是实践；对于克罗齐来说，历史还只是思辨的概念"（但克罗齐在探讨史学理论时，最终肯定"实际过去"与"认识过去"的区别、理论与实践的区别）。正是从唯心史观出发，克罗齐批评历史唯物主义"经济"范畴是

"隐匿的上帝"、新形而上学（用经济解释一切）；历史唯物主义割裂经济基础和上层建筑的关系，是神学二元论。葛兰西一针见血地指出，经济结构本身就是历史过程，不是置于历史之上的抽象、僵死的东西；历史唯物主义强调经济结构在历史发展中的决定作用，但并不排除伦理－政治的历史，它只批判把全部历史归结为伦理－政治史的做法。

然而，作为历史学家，克罗齐毕竟为后人留下了大量的社会史、文化史著作。克罗齐以其深刻的思想、渊博的知识、清新自然的文体以及提供的翔实可靠的史料，为西方史学的发展做出贡献。作为哲学家和史学理论家，克罗齐对传统史学种种弊端的敏锐洞察，对历史研究中"客观性""文献性""诗性""实用性""倾向性"的有力批判，对历史编纂学自身规律及其历史的关注，在西方史学界产生过深远影响。英国历史学家柯林武德受到克罗齐的明显影响，他的"一切历史都是思想史"可视为对克罗齐的"一切历史都是当代史"的引申。美国历史学家帕尔默和科尔顿将19世纪浪漫主义思潮划分为文学艺术的浪漫主义和政治的浪漫主义显然受到克罗齐的启发；他们对19世纪共产主义的认识与评价也同克罗齐的大同小异。20世纪90年代出版的《新编剑桥世界近代史》一再引述克罗齐的观点，比如"克罗齐把1871年到1914年这个时期称作'自由主义时代'。从这个时期的公众生活以及政治和社会制度充满着自由主义思想这个意义来说，'自由主义时代'一词是适用的……"

三

他山之石，可以攻玉。中国拥有5000多年悠久的文明史，又有着丰富的历史典籍；但缺乏历史方法论的传统。只是到清代乾嘉年间，微观历史方法论才呈现发展的局面。而真正意义的宏观历史方法论，在马克思主义历史唯物论传入中国之前，尚未具有充分发展的理论形态。在20世纪40年代，马克思主义史学在中国已经硕果累累，队伍壮大，成为史坛主流。但毋庸讳言，在随后的年代（尤其在新中国成立至"文革"结束）中国史学受苏联庸俗决定论和机械唯物论影响，有时偏离历史科学的道路，产生一些伪历史的东西（如"影射史学"）。在历史理论方面，片面强调阶级斗争史，忽视文明史等其他历史形态；片面强调"奴隶"创造历史，忽视全人类创造历史，诸如此类，不一而足。在 20 世纪 80 年代，随着解放思想、实事求是、改革开放的深入人心，在史学界就历史的重大理论问题展开热烈讨论，也包括对"一切历史都是当代史"的讨论，从而引起史学界对克罗齐的历史理论的兴趣，1996 年何兆武等主编的《当代西方史学理论》辟专章介绍克罗齐的史学理论，1999 年关于克罗齐历史理论的第一部专著《精神、自由与历史》问世。

列宁说过，聪明的唯心主义比愚蠢的唯物主义更接近聪明的唯物主义。19 世纪中叶，马克思和恩格斯未因黑格尔哲学的客观唯心主义外壳而拒绝其辩证法的合理内核。20 世纪 30 年代，杰出的马克思主义理论家葛兰西，在批判克罗齐对历史唯物主义曲解的同时，发现克罗齐历史主义中的闪光东西可帮助认识苏联官方哲学的庸俗唯物论和机械唯物论的本质。若认真研究，不难发现克罗齐对某些历史问题的精辟分析，像是针对我们所发。请看，形形色色的伪历史：语文性历史——用空洞的传说和死文献观察的历史；诗性历史——"让美者更美，丑者更丑"；演说性历史——因实际目的而被朗诵的诗性历史；实用性历史——激励自己或驱使他人行动的历史；倾向性历史——介于诗性历史和实用性历史之间的直觉形态的历史。克罗齐还对"谁创造历史"这一问题做出自己的回答。一位思想家在文明史上的地位，不仅看他是否揭示真理，而且看他能否在历史新条件下，发现新问题并提出新问题（即使他对问题的回答不够完美）。克罗齐剖析得是否准确，回答得是否正确，姑且不提；即使错误，也能从反面启发我们开阔思路，从而不断求索，使认识更接近真理。

2004 年 11 月于那不勒斯

（原载克罗齐《历史学的理论和历史》，田时纲译，中国社会科学出版社，2005）

马基雅维利：正义，还是邪恶？

从世界各地来到佛罗伦萨的人们，尤其是知识分子（包括汝信、邢贲思、李泽厚诸教授）不会忘记到该城东南部的圣十字教堂，拜谒马基雅维利纪念陵墓。这座建于 1787 年的白色大理石建筑，从下向上垂直、三位一体：底座、墓碑和石棺，一位象征佛罗伦萨的优雅女性庄重地坐在石棺上，右手持着马基雅维利的椭圆形浮雕头像，墓碑上用大写字母镌刻三行拉丁文：第一行，TANTO NOMINI NULLUN PAR ELOGIUM（任何赞美之词都配不上此墓志铭）；第二行，NICOLAUS MACHIAVELLI；第三行，卒于1527 年。

正如恩格斯所言，马基雅维利是文艺复兴产生的巨人。他是政治家、外交家，又是诗人、剧作家、历史学家、军事理论家，更是历史哲学的鼻祖和现代政治思想的先驱。他的政治思想主要反映在两部杰作《君主论》和《李维史论》中。

1513 年，佛罗伦萨政治风云突变，梅迪奇家族复辟掌权，马基雅维利被解除公职，回乡务农。马基雅维利白天劳动，过着穷困潦倒的生活；晚上，"进入古代殿堂"，同古人促膝谈心，总结 15 年的从政经验，奋笔疾书《君主论》（从 1513 年 3 月至 12 月）和《李维史论》（从 1513 年夏至 1517年）。

这两部书，尤其是《君主论》给作者带来了巨大的声誉，在 20 世纪 80年代曾被西方学术界列入影响世界的十大杰作；但自问世以来，长期被人误读，让作者蒙受"不道德"的罪名。"马基雅维利主义"（machiavellismo）、"马基雅维利式的"（machiavellico）在各种语言中成为贬义词。

给马基雅维利抹黑运动，最早由罗马教廷发起。1559 年教廷把《君主论》《李维史论》等著作列为禁书；同年耶稣会士在广场上焚烧马基雅维利的画像，称他是"魔鬼的帮凶"；直至 16 世纪末新教教徒也在攻击马基雅维利。值得一提的是，连莎士比亚都说"凶残的马基雅维利"；1740 年伏尔泰仍为普鲁士国王腓特烈二世捉刀，撰写"反马"檄文。

至 18 世纪下半叶，马基雅维利的作品才得到较为公正的评价，但几百年的阴影并未完全消逝：1936 年 8 月，老布尔什维克加米涅夫，在斯大林发动的"清洗"运动中被枪杀，检察长维辛斯基指控加米涅夫阴谋刺杀斯大林，其罪证之一竟然是他在任苏联驻意大利大使时，热衷阅读马基雅维利的著作，并为俄文版《君主论》作序。

罗马教廷恶毒攻击马基雅维利并不奇怪，因为他是天主教会的死敌。正如帕累托指出，马基雅维利认为"由于教廷的邪恶榜样"，意大利已"丧失任何虔诚和任何宗教，这引起数不胜数的骚乱"，使意大利"处于分裂状态"，"造成我们毁灭"。马基雅维利在《李维史论》中断言"共和国应是一个世俗社会"，在理论上把欧洲人从神权至上的政治桎梏中解放出来。马基雅维利的榜样是：彻底的共和主义者应当是坚定反教权主义者，为此，从波科克（J. G. A. Pocock）、斯金纳（Q. Skinner）等当代共和主义的代表人物，到曼斯菲尔德这位现代行政权力的鼓吹者都称马基雅维利是自己的理论先驱。

再如作为坚定反法西斯主义者的自由主义思想家克罗齐，也受到马基雅维利的有益影响，他在《十九世纪欧洲史》中指出，罗马天主教会从事的是政治事业而不是宗教事业，在支持保守和反动政权方面，政治天主教起着举足轻重的作用。对平民尤其对乡村平民它能煽动起暴动。

对《君主论》的误读，主要源于对该书第 15 章至第 19 章中某些论述的断章取义的诠释和理解。例如，"若没有那些恶行，难以拯救国家的话，就不必顾忌那些恶行招致的骂名"；"君主必须善于使用野兽的手段，他应当同时效法狐狸和狮子"。①

---

① N. Machiavelli, *Il principe* (Roma: Editori Riuniti, 1998), p.79.

必须指出，这些论述不是全章，更不是全书，不应脱离全书阅读那几章。正确的方法是，从《君主论》全书，甚至结合《李维史论》来诠释和理解那些貌似"邪说"的句子。

《君主论》全书的中心议题是，产生一个正确的政治机构，或如第16章所说，只有通过引入"新秩序"才能实现政治机构的"解救"。"新秩序"不仅指"强大的武装"，和"完善的法律"，而且包括社会的新价值和新道德。

我们不要离开马基雅维利所处时代，抽象地理解那些仿佛"大逆不道"的说法。马基雅维利用"狮子"和"狐狸"的比喻，把暴力和计谋理论化，以鼓舞市民阶级，反对天主教会、封建贵族和外国入侵者，让祖国摆脱割据、分裂、教廷干政、列强入侵的危机，以实现民族统一的伟大理想。在他看来，政治具有自己的规律，不可能源于传统道德，相反新政治产生新道德，为实现伟大目的的新政治家和领导集团（正如葛兰西所说，"君主"不是个人）不应受旧道德的羁绊。从这个角度看，马基雅维利肯定了政治的独立性，政治学的自主性。这也是包括克罗齐在内的思想家认为马基雅维利对政治学的最大贡献。

英国哲学家和史学家伯林（S. I. Berlin）认为，马基雅维利并非强调政治和道德的对立，而是两种截然不同的人类行为方式的对立，更是两种不同世界观的对立，马基雅维利实际要表达的是两种"宗教"的对立。最终，是两种价值体系的对立，即中世纪的、基督教的、传统价值体系和文艺复兴的、"世俗"价值体系的对立。我以为，这一观点和克罗齐的观点并非矛盾，只是考察角度和侧重点不同。

帕累托指出，某些当代人的愚昧无知简直让人难以置信，他们根本不理解马基雅维利研究过的问题的重要性，用伦理的空谈和毫无意义的情感反对他。应当说，帕累托对马基雅维利反对者的分析入木三分。

马克思肯定马基雅维利"已经用人的眼光来观察国家"，"从理性和经验中而不是从神学中引出国家的自然规律"。

马基雅维利在《君主论》第15章写道："我的目的是给能理解的人写些有用的东西，我认为最好论述事物的实际真相，而不是其幻象。许多人曾幻想那些无人见过、无人认为真正存在过的共和国和君主国；因为人们实际怎样生活和应当怎样生活相距甚远。"①

由此可见，马基雅维利强调自己思想的独特性和实在性，这一点在《李维史论》中更加突出。他指出《李维史论》是"长期实践和世界事物不断教诲"的结果，他以过去历史和当代历史的丰富材料为基础，努力探寻"很少失败"的规律、让共和国（或君主国）长期稳定并繁荣昌盛的法则。他认为，政治机构如同人的器官，也有自己的结构和内部调节机制，从而也可以治愈疾患和保持健康。

伯林指出，生活在伽利略和培根 100 多年前的马基雅维利，应用的方法是实验规则、观察、历史认识、抽象反思的混合方法，类似于前科学阶段的实用医学。因此，不能牵强附会地说马基雅维利主张科学政治观，更确切地说，是自然政治观。如果说他的方法尚未完善、成形，离伽利略的科学方法还有距离的话，似乎可以说他更接近他的同代人列奥纳多·达·芬奇及其实验方法。如果说，列奥纳多·达·芬奇的直觉和实验是现代科学思想的渊源；那么同样可以说，现代政治思想源于马基雅维利的《君主论》和《李维史论》，源于他一贯坚持的"实际真相"的原则。

综上所述，马基雅维利是当之无愧的西方现代政治思想的先驱。

（刊于《书评增刊》2011 年 7 月号）

---

① N. Machiavelli, *Il principe*（Roma：Editori Riuniti, 1998），p. 69.

论布鲁诺自然哲学的唯物主义倾向

乔尔达诺·布鲁诺（Giordano Bruno, 1548~1600）是意大利文艺复兴时期著名哲学家，是现代文化的先驱者和西方思想史上的重要人物。[①] 他一生颠沛流离，追求真理，受到罗马教廷和反动势力的迫害。1600 年 2 月 17 日，布鲁诺因拒绝放弃所谓"异端邪说"，在罗马鲜花广场被活活烧死，成为为真理献身的英雄。为纪念他的英雄壮举，月球上一座环形山被命名为 Giordano Bruno。

布鲁诺著作颇丰（有意大利语的，也有拉丁语的），但六部意大利语对话集最为著名，其中自然哲学三部曲为其代表作，它们于 1584 年在伦敦完成，分别是《圣灰晚餐》《论原因、本原和太一》《论无限、宇宙和诸世界》。本文主要以自然哲学三部曲探究布鲁诺哲学思想的唯物主义倾向。

一

1543 年，哥白尼的《天体运行论》出版，首次以严密的数学方法论证地球围绕太阳旋转，推翻亚里士多德主义和经院哲学的地球中心说，引起天主教会的极大恐慌，罗马教皇污蔑说：断言太阳不动地处在宇宙中央，地球不是处在宇宙中央，甚至还能每天自转，这在哲学上是荒谬之论，而

[①] 2016 年 5 月 17 日，习近平总书记在哲学社会科学工作座谈会上说："文艺复兴时期，产生了但丁……布鲁诺……康帕内拉等一批文化和思想大家。他们中很多人是文艺巨匠，但他们的作品深刻反映了他们对社会建构的思想认识。"

且，由于直接与《圣经》相矛盾，因而也是十足的异端邪说。但这一革命性学说并未引起学界的普遍重视和广泛讨论。不少学者甚至称它只是哥白尼对天体运动的数学假说，根本不是想要建构宇宙学说。

布鲁诺高度赞扬哥白尼是伟大天才，哥白尼是古代真正哲学太阳升起之前的晨曦，而那一太阳被埋藏于傲慢、妒忌的无知女巫的黑暗洞穴中长达数百年。在《圣灰晚餐》中，布鲁诺捍卫哥白尼的太阳中心说，批驳经院哲学家和亚里士多德派的责难。与此同时，他也发现太阳中心说的不足：因为哥白尼认为"太阳位于宇宙的中心"，太阳静止不动，所以仍然是封闭、有限宇宙论。和布鲁诺同时代的丹麦著名天文学家第谷（B. Tycho，1546~1601），虽说有许多重要的天文发现，但对哥白尼的太阳中心说的修改却是一种倒退：地球静止不动，行星绕太阳旋转，而太阳率诸行星绕地球旋转。为此，布鲁诺称自己不是以哥白尼的眼光，也不是以托勒密的眼光观察宇宙，而是以自己的眼光进行判断，即是说仅靠数学论证和天文观察还不够，还需借助古代唯物主义哲学，应用逻辑手段，通过缜密哲学思维，甚至"以毒攻毒"——运用神学来批判亚里士多德的封闭、等级、有限宇宙论。

《圣灰晚餐》实现对宇宙论的革新：布鲁诺断言，所有天体都置于流质（纯空气或以太中，而亚里士多德的载着星球的固定天际是想象的产物），它们受到自己理智灵魂的推动而运动，从而对太阳中心说进行独创性的阐发，朝着无限、同质的宇宙论方向迈进。

在《论无限、宇宙和诸世界》中，布鲁诺进一步深化在《圣灰晚餐》中提出的宇宙论问题。他选择亚里士多德的《论天》作为批判的靶子，批判亚里士多德的有限、等级宇宙论，因为亚里士多德"败坏了全部自然哲学"。

布鲁诺的批判是从认识论开始的，布鲁诺指出："并非感觉发现无限；不能要求从感觉中得出这个结论，因为无限不能成为感觉的对象；因此，谁要说凭借感官感觉认识无限，就类似于想要用眼睛看到实体和本质，这无异于因未感觉到、未看到就否定事物，等于否定其实体和存在。"[1]

---

① 布鲁诺：《论无限、宇宙和诸世界》，田时纲译，吉林出版集团，2013，第42页。

布鲁诺首先从逻辑上批判亚里士多德的地点概念。亚里士多德认为，空间只是有形实体的一种偶性，或者空间不是独立的存在，而只存在于物体得以存在的限界。正如布鲁诺所说，亚里士多德的"地点只是包容体的表面和末端"，从而导致"世界不存在于任何地方，一切存在于无"的荒谬结论。① 布鲁诺用自己的空间观进行批驳，他认为空间具有独立存在性和无差异、同质的接纳能力，他把空间理解为绝对容纳处，并在逻辑上先在于天体。总之，空间具有三维无限广延性。由此可见，"在这个世界规模相同的这个空间里，存在这个世界；在另一个空间里，可以存在另一个世界"。② 布鲁诺从充盈原则出发，采用类推法，从而得出整个宇宙具有无限广延性的结论。

布鲁诺接着从神学角度论证宇宙的无限性，他用斐洛泰奥的话说出："在断言宇宙应当是无限的之后，现在必须从作用者的情况证明他应当创造这个结果，或（更确切地说）他应当永远创造这种结果，这必须从我们理解方式的条件证明。"③ 中世纪和文艺复兴时期经院哲学、基督教化的亚里士多德主义认为，上帝是行动的自由创造者。虽然上帝用绝对潜能能够创造无数世界，但他不愿这样做，他只用通常潜能创造亚里士多德的唯一（有限）世界。布鲁诺指出，由于神的德行在本质上是广施的，必然自由地创造最好的东西。他反问道："为什么我们要说，可以传递给无限事物并无限地传布的神的德行想要枯竭并强使自己无为呢？为什么你们希望可以无限扩展于一个无限区域的神性中心，缩小其传布范围或（更确切地说）不让它传布？就像一位令人羡慕的、威武英俊、生殖力强的父亲，你们非要他不能生育而不传宗接代，而根据却是值得赞美的上帝力量及其存在？"④ 这就在实际上否定上帝的绝对潜能和通常潜能之分，还将上帝的意志和力量视同一律——上帝想做自己能做的一切。这里有必要指出，布鲁诺所说的神性和神学家所说的神性截然不同，布鲁诺的神性等于内在原动力——"一切运动都源于内在灵魂"。

---

① 布鲁诺：《论无限、宇宙和诸世界》，田时纲译，吉林出版集团，2013，第43页。
② 同上书，第45页。
③ 同上书，第50页。
④ 同上书，第50~51页。

按亚里士多德和托勒密的地心说，世界是唯一的、有限的，这个世界就是地球和周围的天空。地球处在中央，静止不动；围绕它旋转的是七层天域，各层天域上镶嵌着日、月和五大行星。第八层天域上则是不动的恒星。

在哥白尼让地球绕太阳运动之后，布鲁诺是肯定复数世界实际存在的第一人。不仅如此，他还肯定宇宙中存在无数的世界：在无限空间中，存在数不胜数的星球，正如存在我们在其中生活和生长的地球，在空间中存在同地球相似的无限个世界，它们的性质和地球没有差异，"从而，最终得出自然同质性的结论，肯定所谓尊贵星球的虚假，肯定所有星球的原动力灵魂和内在行动本性的美德、宇宙的广阔无垠空间的同质性，肯定宇宙边缘及外在形象的非理性"。① 布鲁诺用宇宙同质说摧毁了亚里士多德的宇宙等级论，不再是亚里士多德所说的月下世界和月上世界的分离，而是一个统一、同质、无数世界的宇宙。宇宙万物遵循相同法则，并由相同元素构成。不仅如此，布鲁诺在肯定宇宙"整体无限"的同时，认为宇宙不是"整个无限"的存在，"因为我们可以把握的宇宙的各个部分是有限的，宇宙包容的无数世界中的每个世界是有限的"。②

亚里士多德和托勒密认为地球是宇宙的中心，哥白尼推翻了地球中心说，但仍认为宇宙有中心——太阳，布鲁诺不同意他们的宇宙有中心说，他指出："宇宙中既不存在中心，也不存在圆周。然而，中心存在于一切之中，并且同其他中心相比，每个点都可视为某些圆周的部分。"③ "所有天体在各个不同方向是相同的，它们是中心、圆周上各点、极、天顶和其他什么。"④ 这也就是说，在无限宇宙中，绝对中心和最外圆周没有任何意义。布鲁诺指出，如果我们居住的地球是宇宙的中心，那么，居住在其他天体上的居民也同样有理由说他们居于宇宙的中心。

布鲁诺的宇宙论贯穿"对立面吻合"原理。布鲁诺把火元素居于统治地位的世界同土元素居于统治地位的世界加以区分：前者是恒星或太阳，

① 布鲁诺：《论无限、宇宙和诸世界》，田时纲译，吉林出版集团，2013，第140页。
② 同上书，第51页。
③ 同上书，第143页。
④ 同上书，第67页。

自己发光；后者是行星（甚至是彗星），反射恒星（太阳）的光。恒星和行星都不能独立存在，而是一个以恒星（太阳）为中心、诸行星（甚至彗星）围绕此中心旋转的诸世界集合。他在以后的拉丁语著作中采用"世界集会"来表述"行星系"。布鲁诺认为，宇宙的基础结构是由一个太阳及其行星组成的星系。无论是恒星还是行星都需要其对立面，旨在持续存在和再造拥抱于怀的动物生命。于是，行星（如地球）需要太阳，以接受后者的光和热；太阳也需要行星，以在它们之中散发潮气，更新自己的火。

丹麦天文学家第谷对彗星性质的揭示，对其轨道的探测启示了布鲁诺，后者利用彗星经过不同天域的客观事实，证明亚里士多德的"葱头式"的有限天域论的荒谬性。

总之，布鲁诺是 16 世纪唯一拥护哥白尼学说的哲学家。他从太阳中心说出发，吸收当时天文学的最新成果，进行缜密哲学思考，把太阳中心说提高并发展为宇宙无中心说——无限宇宙论。布鲁诺的宇宙同质说终结了亚里士多德的等级宇宙论，成为现代宇宙学的宇宙结构均匀分布和各向同性理论的先导。由于布鲁诺的宇宙论具有科学性和反亚里士多德、反经院哲学的革命性，17 世纪和 18 世纪大部分天文学家和科学家接受了他的无限、同质的宇宙观。

二

布鲁诺在《论原因、本原和太一》中，着重批判亚里士多德的唯心主义物质观（亚里士多德"基于想象并远离自然"[①]）。布鲁诺首先指出，亚里士多德派和经院哲学家"没有认识事物实体；显然，在自然万物中，他们称作的实体不是物质，全是纯粹偶性"。[②] 他们认为，"物质存在于潜能中"，"当它具有形式时"才存在于现实中。[③] 布鲁诺针锋相对地指出："物

---

① 布鲁诺：《论原因、本原和太一》，田时纲译，北京师范大学出版社，2014，第 104 页。
② 同上书，第 6 页。
③ 同上书，第 139 页。

质是现实性的源泉"，"天下万物源于物质"。①

亚里士多德在现实物质和潜在物质之间修筑了"长城"，布鲁诺将它摧毁："物质不是存在的潜能，或者可能存在的东西；因为物质总是物质并不变化，与其说它自身在变化，不如说属于它并在它之中的东西在变化。那变化的、增加的、减少的、位置改变的、腐败的东西（按你们亚里士多德的说法）是复合物，从来不是物质；然而，你们为什么说物质时而是潜在的、时而是现实的呢？"②

布鲁诺先用有形体物质和无形体物质说明潜在物质和现实物质没有区别。他指出："一种物质降格为有形体存在，另一种则没有降格；一种接受可感知的性质，而另一种却没有。然而，前种物质和后种物质毕竟是同一物质；并且它们的全部差异取决于收缩的有形体存在和未收缩的无形体存在。正如在动物存在中，每一有感觉的物种都是统一的；但把这种物种收缩为一定类时，人的存在就与狮子的存在格格不入，这种动物的存在就与那种动物的存在格格不入。"③

进而他用自然物质和技艺物质具体说明潜在物质和现实物质都是物质。他指出："在技艺上形式可以无限地变化（若可能的话），但在这些形式下总保持相同物质，正如树木形式之后，先是树干形式，后是圆木形式，再后是木板形式，进而是桌子、凳子、箱子、梳子等形式；然而总保持的是木头，在自然界也是如此，虽然形式变化无穷、彼此不同，但物质总是相同的。"④

布鲁诺天才地概括出物质不灭原理，在某种意义上，可以说是物质不灭和能量守恒定律的雏形。他指出："任何东西都不会被消灭，并且不会丧失存在，丧失的只是偶然的、外在的和物质的形式。从而，无论是物质，还是自然物的实体形式（灵魂），都是不可消解和不可消灭的，在整体上不会丧失存在。"⑤

---

① 布鲁诺：《论原因、本原和太一》，田时纲译，北京师范大学出版社，2014，第139、137页。
② 同上书，第140页。
③ 同上书，第129页。
④ 同上书，第94页。
⑤ 同上书，第97页。

从字面上看，后半句对二元论做出让步。况且，布鲁诺也明确地写道："必须认识自然界存在两种实体，一种是形式，另一种是物质。"① 但是，若从整体、实质看，布鲁诺仍坚持物质一元论，因为他认为物质是本原，形式是原因；"本原是内在地促使事物形成并留存在结果中的东西"，"原因，是外在地促使事物产生并存在于构成之外的东西"。② 然而，亚里士多德在大多数情况下将本原和原因混用，他认为"一切原因都是本原"。至少，布鲁诺实际认为，物质和形式不是两个实体，而是唯一实体——自然——的两个方面。

关于物质与形式的关系，布鲁诺旗帜鲜明地指出："鉴于物质不从形式中接受任何东西，那么你为什么希望物质渴望形式呢？如果物质从自身发散出诸多形式，从而自身拥有诸多形式，你怎么还能认为物质渴望形式呢？"；"物质保存形式，从而这种形式为了永存更应当渴望物质，因为形式和物质分离，就丧失自己的存在。相反，物质不应渴望形式，因为它在遇到那些形式之前就拥有一切，并且还能拥有其他形式"；③ 由此可见，"应当说物质包含并容纳形式，而不应认为物质没有形式并排除形式"。④

亚里士多德竭力贬损物质，他把物质时而称作"混沌"，时而称作"自身不存在的本体"，时而称作"只同形式比较才认识的东西"，时而称作"消极主体"，时而同女人相提并论，他甚至认为物质"几乎是无"。布鲁诺针锋相对地指出，物质是"神圣的东西，并且是自然万物的卓越先祖、生育者和母亲；甚至，就是整个大自然的实体"⑤。显然，布鲁诺恢复了物质理应享有的尊严，他肯定了物质的实体性、积极性和创造性。

三

布鲁诺把物质产生形式的内在能力称作世界灵魂，而"普遍理智是世

---

① 布鲁诺：《论原因、本原和太一》，田时纲译，北京师范大学出版社，2014，第91页。
② 同上书，第61页。
③ 同上书，第140～141页。
④ 同上书，第137页。
⑤ 同上书，第137页。

界灵魂最内在、最实在、最特有的能力，是其富有潜力的部分。这是唯一同一，充满一切，照耀宇宙，并指导自然产生适合的万物"，是"宇宙的原动力和推动者"，是"世界铁匠"。①

布鲁诺特别强调，普遍理智是"内在创造者，因为它从内部形成物质的形式，就像从种子和根的内部长出并长成树干，从树干内部长出主枝，从主枝内部长出分枝，从分枝内部长出萌芽，从萌芽内部就像神经一样，形成、长出并长成叶、花和果；并且在一定时间，又从内部将汁液从叶和果重新吸收至分枝，再从分枝至主枝，从主枝至树干，从树干至树根。"②

由此可见，布鲁诺认为，形式不是由外部强加的，而是有其内部根源，来自物质自身内部。布鲁诺出于同亚里士多德主义和经院哲学斗争的需要，努力在自然内部探寻其运动、发展的根本原因，从而形成其独特的万物有灵论（自然神论）。他写道："天下万物自身具有灵魂，并具有生命"，③"天下万物不是具有生命的，就是生机勃勃的"，④ 换言之，宇宙中不存在没有灵魂，或没有生命本原的东西。⑤

亚里士多德派和经院哲学家认为，上帝是世界的直接原因，没有世界灵魂的载体。布鲁诺反对这一观点，坚持宇宙万物皆有灵。他认为，否定自然万物有灵，其实就贬损上帝的神圣美德和至高无上。布鲁诺承认上帝的存在，反映其时代的局限性。但他主张真正哲学家要在无限世界和无限事物之内探寻神性，而虔诚神学家却在无限世界和无限事物之外探寻神性，⑥ 这说明他同神学家在上帝观上划清了界限，他所说的神性就是自然运动、发展的规律性，实际上否定了基督的神性。因此，当时的经院哲学家、加拉塞神父（Padre Garasse）称布鲁诺的六部《意大利语对话集》是"近百年来出现的最恶毒的无神论著作"。⑦

① 布鲁诺：《论原因、本原和太一》，田时纲译，北京师范大学出版社，2014，第 62~63 页。
② 同上书，第 63~64 页。
③ 同上书，第 72 页。
④ 同上书，第 72 页。
⑤ 同上书，第 72 页。
⑥ 同上书，第 134 页。
⑦ 参见 Ludovico Geymonat, *Storia del Pensiero Filosofico e Scientifico*, secondo volume（Milano: Garzanti Editore, 1977）。

布鲁诺的局限性还表现在对巫术和占星术的肯定："我不赞成指摘那些借助贴树根、悬石头、念谶语的魔法疗法"，①他认为巫术方法有益无害。这是由于他认为事物间通过其灵魂产生作用，于是，他讲"巫师们希望利用死者尸骨做许多事情并非没有道理"②，就不足为怪了。

然而，能够根据他对巫术和占星术的肯定，就得出如下结论：布鲁诺"主要是一个'魔法师'或'妖人'"，一生探索"古代神秘主义哲学和玄秘法术里的自然哲学传统"，甚至并不"代表着近代科学的新精神，反对亚里士多德主义和经院哲学的自然观"。③

做出上述判断的学者（2005 年凤凰出版社版《西方哲学史》布鲁诺部分的撰稿人），脱离布鲁诺自然哲学形成的两大历史背景（哥白尼的革命和宗教改革运动），对自然哲学三部曲（意大利语对话集：《圣灰晚餐》《论原因、本原和太一》及《论无限、宇宙和诸世界》）和自然哲学三诗集（拉丁语诗集：《论最小》《论单子》及《论无尽和无数》）只字不提，对西方学术界的正面评价视而不见，对国内学术界的赞誉之声充耳不闻，为了得出上述否定的结论，只片面选用布鲁诺的巫术著作做靶子，还将一位英国女学者的一家之言做论据。

毋庸讳言，布鲁诺著作颇丰，思想既丰富又复杂，涉及内容广泛，除自然哲学、逻辑学、伦理学、数学、文学外，还有记忆学和巫术。主要巫术著作写于 1589 年，计有《论巫术》《论数学巫术》《巫术的论题》和《卢尔的医学》。但是，在第二年，1590 年，他就撰写了著名的自然哲学三诗集（更不用提他在 1584、1585 年间完成的六部意大利语对话集）。这说明巫术仅占布鲁诺全部著作的极少部分。此外，布鲁诺在自然哲学三部曲中极少提及巫术（在论述万物有灵论时提及），这说明巫术不能作为评价其自然哲学倾向性的主要根据。

相反，在自然哲学三部曲中，布鲁诺推崇真正古典哲学——唯物主义哲学，他明确写道："在各种哲学学派中，最好的学派能便利地高尚地实现

①　布鲁诺：《论原因、本原和太一》，田时纲译，北京师范大学出版社，2014，第 102 页。
②　同上书，第 73 页。
③　黄裕生主编《西方哲学史》（第 3 卷），凤凰出版社，2005，第 737～738 页。

人类理智的完善，并尽可能成为自然的合作者，或者推测出或整理出规律并革新风尚，或治愈弊病，或深化认识，并且过一种更快乐更神圣的生活。"①

人们不难发现，布鲁诺的自然哲学受意大利唯物主义哲学家特莱西奥（B. Telesio，1509～1588）的广泛影响：反对经院哲学、批判亚里士多德的倾向性，肯定物质的永恒性、世界的统一性。

阿威罗伊（Averroe，1126～1198）是中世纪阿拉伯哲学家、自然科学家，布鲁诺在《论原因、本原和太一》中盛赞其思想。阿威罗伊认为，物质是运动的"基质"，形式和物质不可分离，普遍理性是永恒的。应当说，阿威罗伊的上述思想启发并影响了布鲁诺。

布鲁诺还主要通过德国哲学家库萨的尼古拉（Cusano，1401～1464）受到新柏拉图主义影响，形成万物有灵论。布鲁诺的宇宙无中心说、对立面吻合原理和太一说也受到库萨的尼古拉的启发。库萨的尼古拉认为"世界机器上面到处是中心，圆周存在于任何地方"。对库萨的尼古拉而言，对立面的吻合存在于上帝之中；对布鲁诺来说，对立面的吻合存在于自然之中。库萨的尼古拉说"宇宙是太一和无限"。在上帝观上，布鲁诺比库萨的尼古拉离真理更近：库萨的尼古拉认为，上帝是超越世界的存在；布鲁诺认为，上帝是世界的内在创造者。

在自然哲学三诗集中，布鲁诺受毕达哥拉斯和德谟克利特的启示，在原子或"单子"的无限性中探究自然现象的基础。他在用原子或"单子"解释世界时，坚持对立面吻合原则，认为在原子或"单子"中，实现无限小和无限大、最小和最大的紧密结合。

综上所述，布鲁诺的自然哲学建立在对欧洲和阿拉伯哲学的深刻认识基础之上，继承并发扬了欧洲和阿拉伯唯物主义哲学的优良传统，受所谓巫术、神秘主义的影响极小。

然而，那位撰稿人如何得出布鲁诺"主要是一个'魔法师'或'妖人'"的错误结论呢？据他本人讲，原来"直到20世纪，英国出了个专门

---

① 布鲁诺：《论原因、本原和太一》，田时纲译，北京师范大学出版社，2014，第103～104页。

研究文艺复兴历史、文艺和哲学的大家耶茨（通译叶慈）女士，换了一个角度，专从布鲁诺与古代神秘主义和法术的关系上来研究，原来难以讲通的地方，才一一有了比较合理的解释"。①

1964 年，耶茨女士（Frances Yates, 1899~1981）在伦敦出版了一本专著《乔尔达诺·布鲁诺和神秘主义传统》（*Giordano Bruno and the Hermitic Tradition*），此书在西方影响长达 20 年。然而，就在该书出版的第二年（1965 年），意大利著名学者、新世纪版的布鲁诺《意大利语作品集》主编乔万尼·阿奎莱基亚（Giovanni Aquilecchia, 1923~2002）就告诫研究布鲁诺的学者，耶茨的观点过于偏颇，过分夸大布鲁诺思想中的神秘主义成分，她将布鲁诺的思想完全按巫术—神秘主义进行解读，必然难以把握布鲁诺思想中的唯物主义和自然主义的本质。② 从 20 世纪 90 年代开始，在西方出现从本质上把握和理解布鲁诺自然哲学的新趋势，尤其在意大利、法国、西班牙和美国，从某种意义上讲，这是对耶茨研究方法论（只见树木，不见森林；只见现象，不见本质）的批判和纠正。③ 由此可见，被那位撰稿人尊为学术大家的耶茨已成明日黄花。

2005 年，凤凰出版社版的《西方哲学史》出版，受到学术界的好评，但涉及布鲁诺的章节是其中的败笔。该撰稿人对布鲁诺的评价同国内外主流学界大相径庭，对布鲁诺的理论贡献一笔抹杀，全然否定布鲁诺为真理献身的大无畏精神。这反映出该撰稿人学术视野狭窄，对学界动态不明，研究方法错误，研究材料匮乏。

---

① 黄裕生主编《西方哲学史》（第 3 卷），凤凰出版社，2005，第 738 页。
② 参见意大利驻华使馆文化处编《纪念布鲁诺诞辰 450 周年暨逝世 400 周年研讨会论文集》（北京，1999）第 5 页。
③ 参见上书第 4~5 页，乔万尼·阿奎莱基亚教授的学术报告《布鲁诺作品中的哲学、戏剧和诗歌》，他写道："在最近 10 年来出现按本来面目解释布鲁诺自然主义的倾向，这是对以往完全按巫术—神秘主义解释的反动。"

蒙台梭利教育体系与中国儿童教育

——《蒙台梭利文集》中译者序

一

马利亚·蒙台梭利（Maria Montessori，1870～1952）是 20 世纪杰出的儿童教育家。1870 年 8 月 31 日，蒙台梭利出生于意大利安科纳省基亚拉瓦莱（Chiaravalle）市。她的父亲亚历山德罗（Alessandro）出身于博洛尼亚贵族家庭，1875 年赴罗马在王国财政部任要职。她的母亲蕾尼尔德（Renilde）是个酷爱读书又笃信宗教的女性。她的舅父安东尼奥（Antonio）是一位具有科学、自由精神的神父，其将科学与宗教融合的倾向，其行云流水的写作风格，对年轻的蒙台梭利均有影响。

蒙台梭利自幼受到良好教育，父母对她要求严格。13 岁，蒙台梭利入罗马皇家米开朗琪罗技术学校。16 岁以优异成绩从技校毕业后，蒙台梭利到皇家列奥纳多·达·芬奇技术学院学习。该校只有两名女生，为免遭男生骚扰，课余时间她不得不待在室内。天资聪慧的蒙台梭利，勤奋刻苦地学习数学和自然科学，均取得优异成绩。临近毕业时，蒙台梭利对生物学产生强烈兴趣，从而下定决心改学医学。

1890 年秋，蒙台梭利到罗马大学注册；1892 年转入该校医学院学习。当时学医的女生凤毛麟角，颇受歧视，她常等男生就座后，才走进大教室。

当男生冲她吹口哨以示轻蔑时，她说："你们越使劲吹，我越要努力攀登！"1894 年，蒙台梭利荣获罗利基金会奖，该奖每年只授予一位优秀医科大学生。1896 年夏，蒙台梭利的毕业论文以 105 分的高分通过，成为意大利首位女医科大学毕业生。良好的医学训练使蒙台梭利具有了临床分析和科学观察的能力。

从医学与外科学系毕业后，蒙台梭利到罗马大学医学院附属医院任精神病临床助理医生，在诊断、治疗患精神疾病儿童时，开始对弱智儿童的治疗产生兴趣。她广泛阅读美国精神病医生塞甘（Séguin）和法国医学家伊塔尔（Itard）的著作。

在该医院，蒙台梭利和同为助理医生的蒙台萨诺（Montessano）相爱了。1898 年 3 月 31 日，他们的儿子马里奥出生。但蒙台萨诺拒绝迎娶蒙台梭利，后与别的女人结婚。蒙台梭利的母亲为了维护女儿的名誉，把马里奥送到农村的远亲家秘密抚养。蒙台梭利定期去乡间探望儿子；但直至马里奥长到 15 岁，母子才相认。蒙台梭利终身未嫁，和儿子相依为命，厮守一生，儿子成为母亲事业的有力助手。应当说，这段痛苦的情感经历对蒙台梭利献身儿童教育事业不无影响。

1897～1898 年，蒙台梭利到罗马大学旁听教育学课程，其间她认真研读了卢梭、裴斯泰洛齐、福禄培尔的教育理论著作。此外，她还对意大利犯罪学家隆布罗索（Lombroso）和意大利人类学家塞尔吉（Sergi）的思想产生兴趣。

1898 年 9 月，在都灵召开的全国教育大会上，蒙台梭利首次提出"智障儿童问题主要是教育问题而不是医学问题"的观点，在医学界和教育界引起强烈反响。

从 1899 年起，蒙台梭利到罗马女子高等师范学院教授卫生学和人类学（直至 1917 年）。1900～1902 年，蒙台梭利在弱智儿童教育师范学校任校长。离开校长职务后，她到罗马大学哲学系学习哲学、教育学和实验心理学，此时开始探索应用人类学原理教育正常儿童的方法。1904 年，蒙台梭利由塞尔吉推荐，任罗马大学特聘教授，在医学与自然科学系讲授人类学（直至 1908 年）。

蒙台梭利的儿童教育家生涯是从创办"儿童之家"开始的。1907 年 1 月，应罗马不动产协会会长之邀，她到罗马圣洛伦佐贫民区创办第一所"儿童之家"。"儿童之家"主要招收 3~6 岁儿童，通过特制教具等新手段，对学童进行系统、独特的感觉、日常生活及智力训练，获得极大成功，受到社会各界的普遍关注和好评。俄国大文豪托尔斯泰的爱女称，她在"儿童之家"看到实现父亲伟大梦想的希望之光。至 1909 年，在罗马和米兰已创办多所"儿童之家"。

1909 年，蒙台梭利的《应用于"儿童之家"幼儿教育的科学教育学方法》（以下简称《科学教育学方法》）出版，立即在全意大利引起轰动。数年内，各种语言的译本如雨后春笋般涌现。1912 年 4 月，在美国出版第一个英译本，4 天内售完，不得不加印，至年末共售出 17410 册。同年，法译本面世。1913 年，德语、波兰语、俄语等三种译本出版。1914~1915 年，日语、罗马尼亚语、爱尔兰语、西班牙语和荷兰语的译本面世。1917 年丹麦语译本出版。这些译本有助于蒙台梭利教育理论在世界范围内的传播，来自各国的参观者纷纷到罗马考察"儿童之家"。为适应形势需要，1913 年在罗马创办第一个蒙台梭利教师培训班，来自 17 个国家的学员由蒙台梭利亲自授课。这一年，蒙台梭利应邀到美国讲学，历时三周，受到普遍欢迎；哲学家杜威、发明家爱迪生给予高度评价，威尔逊总统亲自接见并宴请。为了推动蒙台梭利运动的发展，直至第二次世界大战爆发前，她多次去美国、英国、法国、德国、荷兰、西班牙、奥地利等国开办培训班，培养蒙台梭利学校教师，尤其是在伦敦隔年开办的为期 6 个月的国际培训班最为成功。

1929 年 8 月，在弗洛伊德、马可尼、皮亚杰、泰戈尔等文化名人支持下，国际蒙台梭利协会（AMI）在荷兰成立，蒙台梭利担任协会主席。随后在一些国家成立分会。

在法西斯掌权初期，墨索里尼曾想利用蒙台梭利的国际声望为自己服务。她尤其得到教育大臣金蒂莱（G. Gentile）的支持，至 1927 年在全意大利兴办 70 多所蒙台梭利学校，出版儿童教育学月刊《蒙台梭利理念》。但由于蒙台梭利的教育思想和墨索里尼的"信仰、服从、战斗"的奴化教育方针水火不容，蒙台梭利的和平主义鲜明立场和墨索里尼的军国主义、侵略扩张政策针锋相对，导致蒙台梭利和法西斯政权最终决裂。1933 年最初的两个月，蒙台梭利辞去所有公职。1934 年 4 月，法西斯当局下令关闭所有蒙台梭利学校。她被迫离开祖国去西班牙。在西班牙内战爆发后，又去荷兰继续自己的事业。在纳粹统治下的德、奥等国，蒙台梭利著作被禁止阅读，蒙台梭利学校被关闭。蒙台梭利运动在欧洲遭受严重挫折。

1939 年，受印度神智学会邀请，并得到甘地和泰戈尔的支持，蒙台梭利到印度各地开办教师培训班，创办蒙台梭利儿童学校，获得巨大成功。1944 年，她还去锡兰办学。1946 年，蒙台梭利从印度返回荷兰。两年后，又去印度。1949 年，还去巴基斯坦指导培训蒙台梭利学校教师和兴办蒙台梭利儿童学校。

1947 年，蒙台梭利重返意大利，在罗马出席"儿童之家"创办 40 周年纪念活动。在她的晚年，各种荣誉纷至沓来：苏格兰教育学院"荣誉院士"，阿姆斯特丹大学"荣誉博士"、裴斯泰洛齐世界奖、国际妇女博览会金质奖章……她因对世界和平事业的贡献，三次被提名为"诺贝尔和平奖"候选人。

在她生命的最后几年，仍在勤奋工作。她每天 7 点半起床，工作至深夜 1 点。加纳邀请她讲学和办学，家人和朋友鉴于她已 82 岁高岭，建议她不要去；但她坚持要去，说非洲的孩子们需要她。1952 年 5 月 6 日，蒙台梭利在诺德韦克（荷兰）的朋友家花园中休息。她让马里奥去买非洲地图，当儿子买回时，发现母亲的心脏已停止跳动。

二

蒙台梭利在近半个世纪的儿童教育实践中，不断总结经验，撰写出一部又一部理论著作。在其众多儿童教育理论著作中，选出一部多卷本《蒙台梭利文集》并非易事。中文版《蒙台梭利文集》，根据国际蒙台梭利协会推荐书目，以意大利语权威版本为蓝本，涵盖蒙台梭利的八部主要著作。

按写作时间、内容和篇幅，中文版《蒙台梭利文集》分为五卷。

第一卷，《发现儿童》，是蒙台梭利1909年发表的成名作《科学教育学方法》的第5版，于1950年出版。《发现儿童》回顾蒙台梭利教育体系的理论渊源及形成历程，总结"儿童之家"的办学经验，主要论述3～6岁幼儿教育理念及方法，是幼儿园建设和儿童早期教育不可或缺的指南。同《科学教育学方法》相比，《发现儿童》在结构布局、内容增删、文字润色上下了很大功夫。从某种意义上讲，它是对成名作的再创作。比如《科学教育学方法》设22章，《发现儿童》设26章。中文版删去"宗教教育"一章，因为既不符合国情（在幼儿园设祭坛），又显然过时（西方国家小学均取消宗教课）。

第二卷，《小学内自我教育》，其副标题是"科学教育学方法续篇"，是蒙台梭利1916年的著作。蒙台梭利主要论述6～12岁儿童的教育理论及方法；她着重阐述其整体教育观，强调对儿童的注意力、意志力、想象力、智力及道德感进行全面训练和培养。此外，对学校环境和教师素质提出新要求。中文版删去第二部分"教材"，因为近一半内容涉及意大利语言和文学。

第三卷，《家庭中的儿童》和《童年的秘密》。

《家庭中的儿童》是蒙台梭利1923年在布鲁塞尔举办的系列研讨会上的报告汇编，1936年意大利文版出版。这是一本"父母必读"，是作为教育者的父母的思想和行动的指南。它有助于避免父母和子女之间形成代沟，从而避免彼此间的不理解、不和谐和冲突。

《童年的秘密》在1938年出版意大利文版。它主要研究幼儿（尤其是3岁内幼儿）的生理、心理的发展及其特征；以实例分析幼儿心理畸变各种表现、成人与幼儿的冲突；阐述幼儿教育理念及方法、儿童的权利和父母的使命。

第四卷，《为新世界而教育》和《如何教育潜在成人》。两本书是蒙台梭利于1943年在印度戈代加讷尔（Kodaikanal）举办的学术研讨会上所做报告汇编，分别于1946年和1948年出版。它们是蒙台梭利儿童教育理论在第二次世界大战期间的深化和发展。

《为新世界而教育》对儿童的个性进行科学分析，阐述儿童心理及智力发展的可能性及巨大潜力。《如何教育潜在成人》先是揭示蒙台梭利教育体系成功的秘密；接着通过介绍地球史和古代文明发展史，阐述宇宙整体观教育方案，最后论述蒙台梭利式教师的培训。

第五卷，《儿童的心智》和《教育与和平》。

《儿童的心智》是蒙台梭利于 1949 年撰写的一部力作，1952 年意大利文版出版。她深入探索构成儿童心智的"胚胎"期，界定儿童心智最初形态的特征、局限和巨大潜力。她认为儿童的心智具有吸收力，正如他们能吸收身体发育所需所有营养一样，也能吸收心智发展所需的所有养分。她指出 3~6 岁是儿童形成智力及性格的关键时期。

《教育与和平》是 20 世纪 30 年代蒙台梭利在瑞士、比利时、丹麦、荷兰、英国召开的欧洲和平大会、国际蒙台梭利代表大会等会议上所做报告汇编，1949 年在米兰出版。在战争危险濒临欧洲时，蒙台梭利敏锐地提出教育与和平的关系问题；在战争爆发前后，她进一步强调教育的首要目的是人格的完善和人类的进步，只有培养教育出热爱和平的个体，才能实现世界和平。

蒙台梭利教育体系在世界范围内产生广泛影响，进入 21 世纪仍然兴盛不衰，深受孩子们的喜爱。蒙台梭利的著作被翻译成 37 种文字，在 110 多个国家发行，受到儿童教育工作者和孩子家长的普遍欢迎。蒙台梭利儿童学校遍布全球。美国教育家对蒙台梭利赞赏有加：若离开蒙台梭利体系，在当代不可能讨论幼儿教育问题。她得到德国教育家的高度评价：在教育史上，像蒙台梭利这样影响深远的教育家寥若晨星。意大利历史学家认为：蒙台梭利是 20 世纪的代表人物之一，她不仅是伟大的教育家，还是杰出的社会改革家、真正的人道主义者和和平主义者。

蒙台梭利教育体系内容丰富，包括教育理论和教学方法，受到高度评价和特别关注的要点如下。

（一）"吸收性"心智

蒙台梭利通过大量实验、观察和研究，独具慧眼地指出，6 岁以下幼童具有和成人截然不同的"心智形式"，她称作"吸收性"心智。年龄越小，这种差异就越大，从而新生儿最大。这种形式首先涉及无意识心智，其次涉及潜意识心智，同时有意识观念不断显现，表明儿童具有从环境中吸收形象的能力。当心智迷宫收集那些形象时，虽然儿童不具有学习所必需的心智能力（自觉注意力、记忆、推理），但他们能够吸收"母语"的一切，包括所有语音和语法的特征。不仅如此，儿童在无意识年龄段所吸收的东西，由于天生的力量，将会持续存在并和个性同一，以至母语成为人类个体的独特属性。幼童在人生的头两年，用其吸收性心智为个体的所有特征奠定基础，虽然他们对此毫无察觉。年幼的儿童（2岁和2岁多一点儿）即使不活动，也能取得惊人成绩。3岁幼童的运动性活动凸显，他们通过这类活动积淀经验，从而确定"意识心智"。于是，运动器官促成本质的变化。随着年龄的增长，儿童的吸收性心智能力逐渐减弱，意识心智组织逐渐发展。蒙台梭利认为，无论如何，在整个童年时期，吸收性心智能力都存在；在吸收期获取的东西，不是铭记在心的东西，而是在活机体中深深扎根的东西。

蒙台梭利指出，口语是在2～5岁这个年龄段发展的。在此时期幼童的注意力自发地转向外物，他们既好动，记忆力又很强。在此时期，他们所有心理－运动通道畅通，肌肉运动机制确立。在生命的这一时期，由于口语的听觉通道和运动通道的神秘联系，听觉似乎能够引起口语的复杂运动，在接受刺激后口语复杂运动本能地发生。大约从3岁半到4岁，幼童的话语像弹簧很不连贯；在更晚些时候（4岁多几个月），他们通过以前练习善于清晰感知词语的语音；至5岁，他们已记忆并理解不少词语。众所周知，在此时期才能获得语音的所有声调特征，以后若想获得徒劳无益。同样，在童年形成的语言缺陷，比如方言缺陷或由坏习惯造成的缺陷，成年后难以改变。事实上，某些成人尽管文化修养不低，但口语却不完美，从而妨碍他们优雅地表达自己的思想，大都是童年形成的缺陷。

（二）感觉教育

蒙台梭利认为，3～6岁是感觉形成期，也是敏感期。从教育的生物目的和社会目的看，前者在于帮助个体自然发展，后者在于培养个体适应环境，对幼童进行感觉教育至关重要：因为感觉发展先于高级智力活动的发展。因此，恰恰应当在幼儿期帮助感觉发展。感觉教育不仅拓宽了感觉的领域，而且还为智力发展提供了日益牢固和丰富的基础。感觉教育促使儿童与环境接触并考察环境，把其智力提升到积极有效的观念的高度，否则其智力的抽象功能缺少感觉根据、精确性和灵感。

通过感觉教育，可以提高幼童的注意力和观察力，并为积极向上的精神状态打下坚实基础。

此外，通过感觉教育，可以发现并纠正幼童可能的缺陷，否则到某个时期缺陷凸显并无法弥补，造成终身不能适应环境（耳聋、近视眼）。

感觉教育若在成年期进行，将会十分困难并事倍功半。培训一种手艺的秘诀就在于利用 3～6 岁幼儿期，因为幼童自然地倾向完善感觉和运动。这一原则不仅适用于手工劳动，而且也适用于智力实践活动。比如，一位厨师了解菜肴的配料及烹调时间，也知晓制作菜肴的操作规程；但当他要用鼻子闻味以掌握烹饪时间，或用眼观察并用手操作以适时加入作料时，他若没有接受充分的感觉教育，就不会烹饪出可口菜肴。同样，一位年轻医生因没有系统地掌握触诊、叩诊、听诊的技能，分辨不清房颤、共鸣、心音、气息和杂音，从而在确诊时迟疑不决，也因为缺乏感觉教育和行医实践。众所周知，成人为成为钢琴家进行手部训练几乎不可能，就在于已经错过感觉教育的最佳时期。

由此可见，幼儿教育的重点是感觉教育，而不是掌握书本知识。对幼童绝对不应忽视"机不可失"的感觉教育，甚至在小学和整个学习阶段，都不应忽视感觉教育；否则，只能培养出纸上谈兵的书呆子、"傻博士"，而不会造就从事人类各种活动的实践家。

蒙台梭利主张，感觉教育，按触觉、视觉、听觉、嗅觉和味觉的顺序进行，为孩子提供的教具从简到繁，让他们自主地、反复地应用这些教具做练习，以提高辨别物体大小、轻重、冷热、形状、颜色等性质的能力，初步培养鉴赏力和审美情趣。不仅如此，蒙台梭利还把感觉教育和画、写、读、算的教学有机结合，注意手（眼、耳、舌……）脑并用，促使感官和大脑的协调，让学童兴趣盎然地、自发地进入画、写、读、算的学习阶段。

（三）纪律教育

在蒙台梭利教育体系中，纪律应当是积极的。一个人守纪律，并不像哑人那样人为地沉默寡言，或像瘫痪者那样不活动。那不是一位守纪律者，而是一个受压抑的碌碌无为者。真正的守纪律者，是自己的主人，因此当需要遵循生活准则时，他能自觉地掌控自己。

为了获得纪律，指望责备、说教完全无用，起初这些手段给人以有效的假象；但很快，当真正纪律出现时，那座"沙塔"轰然坍塌。真正纪律的最初曙光源于工作：在一个确定时刻，学童对一件工作产生浓厚兴趣，他们注意力高度集中，持之以恒地做自己的练习。学童一旦专注于一种工作，我们就应当小心翼翼地保护。

幼童不守纪律，实际上是肌肉不守"纪律"。他们不停地无序地活动：躺倒在地，摆出奇怪的姿势，大声呼叫。说到底，幼童存在一种潜在倾向，旨在探寻动作的协调，晚些时候将会实现这种协调。面对乱动的幼童，成人往往命令他们："像我这样，不要动！"却没有作具体说明。对于正在生长发育的个体来说，仅靠一个命令不可能调整心理－肌肉的复杂系统。

旧式教育认为，儿童应当摧毁自己的意志以服从命令。然而，这不合逻辑，因为他们不能摧毁不拥有的东西。我们这样做，就会犯下滥用权力的大错，我们就会阻止他们形成自己的意志，造成严重后果——他们变得唯唯诺诺、胆小怕事。

儿童和成人截然不同。成人由于坏刺激而喜欢混乱，并在其可能的限度内服从一个强有力的命令而让意志转向，在其可能的限度内朝着公认的秩序发展。相反，我们主要应帮助幼童自愿运动，并逐步提高运动水平。这样守纪律的幼童不像从前只知道要乖，而是实现了飞跃，成为能够自我完善的"小大人"，为此他们感到欢欣鼓舞。实际上，"不要动，要乖"混淆了两个截然不同的观念。美德不可能通过惰性获得，儿童的美德通过运动来体现。在幼儿教育中，外在活动是实现内在发展的手段，内在发展又需要外在手段：工作使幼童实现内在完善，而自我完善的幼童能够更好地工作，更好的工作吸引他们，从而他们能继续完善。由此可见，纪律不是一个事实，而是一种途径，沿着这一途径，儿童能准确地，甚至可以说科学地确立美德的概念。

幼儿的自由，不仅限于学校（社会环境）提供利于他们心灵成长，而且利于整个生命体，从生理到机体活动发展的"最佳条件"。

幼儿的自由，不应理解为放任自流，进行外在、无序、无目的的活动，而是将其生命从阻碍正常发展的障碍中解放出来。自由应当以集体利益作为其限度，教育者应当制止任何冒犯或伤害他人的行为和不得体、不礼貌的行为，教师和家长必须及时制止这些无益或有害的活动。我们可以命令孩子们各就各位、遵守秩序，但首先要他们学习、领会集体秩序原则，这是纪律教育中至关重要的。在"儿童之家"，通过不断重复作"肃静课"练习，来培养学童的组织性、纪律性。教育者应当铭记：我们要的是促进积极、工作和向善的纪律，而不是趋向惰性、被动、消极、奴性的纪律。

（四）独立性教育

蒙台梭利认为，幼儿教育应培养独立性。众所周知，谁若不能独立，谁就不可能有自由；因此，为了实现独立，应当从幼年开始引导个人自由的积极表现。对幼儿的任何有效的教育活动，都应帮助他们在独立的道路上前进，要让他们凭借自己的力量完成最初形式的活动。我们要帮助他们自己走和跑，上下楼梯，拣拾落地的物品，穿衣脱衣，洗脸洗澡，说话流畅，清楚表达自己的需求，努力尝试实现自己的意愿。

我们若服侍孩子们，就会阻碍他们进行自发的有益的活动。我们给他们洗脸、喂饭……就像他们对待自己的洋娃娃，把他们视为没有灵魂的玩偶。我们从未想过，孩子们不干，不是不会干，但以后必须干，而且天生具有学习干的所有手段。一位年轻母亲给自己孩子喂饭，或年轻母亲吃饭时没有让孩子观察、模仿。这样的母亲不是好母亲，她冒犯了孩子的人的尊严。众所周知，教孩子吃饭、洗脸、穿衣，比给他喂饭、洗脸、穿衣更加困难，更需要耐心，所费时间更长。前一种是教育者的工作，后一种是"仆人"的工作。不仅如此，后种工作十分危险、有害，除为孩子的生命发展设置了障碍，还产生更严重的长远后果——他将变得懒惰消极，心智衰竭萎缩，长大后碌碌无为。

实际上，成人不理解幼童。幼童缓慢地、持之以恒地完成自己喜爱的运动，例如穿衣脱衣、打扫卫生、洗脸洗澡等。他们做这些事很有耐心，努力克服因机体发育而产生的各种困难。当我们看到他们那么艰难、那么费时，而我们轻而易举地瞬间就可完成，就代替他们做了。我们给幼儿穿衣、洗脸，我们从他们手中夺下他们爱不释手的东西，我们把菜汤盛在碗里，再用勺子喂食。在为他们服务后，我们以极不公正的态度判断他们，说他们笨拙无能。我们往往认为他们缺乏耐心，恰恰由于我们没有耐心等待他们行动。我们说他们"蛮横"，恰恰由于我们对他们专横跋扈。当我们冒犯他们的心灵，他们就奋起反抗，大声哭叫，甚至乱踢乱打，以捍卫自己的生存权利。

其实，成人按自己的情况判断儿童，认为儿童预先确定外在目的，从而竭力帮助他们实现目的。相反，儿童具有未意识到的、发展自身的目的。因此，他们酷爱有待实现的东西，比如喜欢自己穿衣、洗脸、玩泥巴、玩沙土，他们真正的享乐是成长。然而，成人竭力促成实现主观认定的儿童的目的，结果妨碍他们成长，剥夺他们的欢乐，会令他们伤心、烦恼，甚至火冒三丈。成人的类似错误还有，将自己的爱好强加给儿童，孩子天生爱画画，非让他学弹钢琴；孩子爱跳舞，非让他学唱歌，诸如此类，不一而足。

在"儿童之家"，学童参加实际生活——"劳动"训练，他们自己洗脸洗澡、穿衣脱衣，进而打扫卫生、摆放餐具……通过这种训练，学童强化了肌肉，能准确地使用器具，还能使注意力高度集中，纪律性加强，尤其是通过"劳动"培养了一种真正的"社会情感"：在喜爱的环境中，在一个集体中，互帮互助，完成一项有益活动，既增进了友谊，又培养了爱劳动的精神。

（五）新型教师

蒙台梭利眼中的新型教师，没有师道尊严，决不认为自己永远正确，而是谦虚谨慎，甘当儿童的"小学生"，不断地完善自己。教师要有爱心，对自己的学生要像母亲一样。教师不是发号施令的指挥官，而是孩子们和蔼可亲、睿智、开放的向导。为此，教师要做耐心的观察家，兼具科学家的精准和贤哲的洞见。教师要激发生命，让生命自由发展，给予孩子们阳光，指引他们继续前进。幼儿教师的一堂近乎完美的授课应当"惜话如金"，应当精心考虑并选择那些不可或缺的词语。教师的语言要通俗易懂，杜绝一切空话和假话。换言之，深思熟虑的话语应最大限度的简单并表达准确的真理。教师少讲授，多观察，多思考，尤其要发挥指导学童心理活动和生理发育的作用。

综上所述，蒙台梭利教育体系强调，儿童是积极的主体，蕴藏着创造力和志趣爱好，却受到成人制定的旧教育制度的"压迫"。因此，首要的任务是解放儿童。教育者（教师和家长）的基本目标应是创造必要条件，让儿童的创造力与志趣爱好充分展现。因此，幼儿园（包括小学）的办园宗旨是促使儿童的自我发展和自我教育。教育者要为儿童创造一个适应他们生理和心理成长的美好环境。教育者要尊重儿童的人格和自发性，让他们自由选择和从事自己的活动。强调儿童早期教育，尤其是感觉教育的重要性，让儿童通过使用系列发展教具，持之以恒地练习，以促进健康人格的形成和智力的发展、提高。

蒙台梭利教育体系，继承了西方教育理论的人文主义传统，吸收了她那个时代的教育学、心理学、人类学、生理学、生物学、哲学的最新成果，总结了她的智障儿童特殊教育、"儿童之家"教学改革、儿童教育实验与研究的长期经验，具有科学性、现实性和人道主义精神。毋庸讳言，蒙台梭利受过神智学的影响，其某些理论观点具有神秘主义色彩，其某些方法具有片面性。

三

他山之石，可以攻玉。早在 1916 年，一位中国女士就给蒙台梭利写过一封热情洋溢的书信，盛赞她"尊重儿童，关爱儿童，让儿童自己做事情"的教育理念。然而，在民族独立、人民解放成为时代主题的旧中国，人们不可能关注幼儿教育问题，更不可能理解蒙台梭利教育体系的意义。20世纪30年代初，蒙台梭利曾致函中国教育部长，邀请中国派人员参加罗马举办的国际培训班，却遭到拒绝。

新中国成立后，儿童教育向"苏联老大哥"学习，"全盘苏化"，蒙台梭利教育体系受到批判，被扣上"资产阶级""唯心主义""自然主义"等"大帽子"。

1978年后，改革开放的春风也吹到儿童教育"园地"。从20世纪90年代初，蒙台梭利著作中译本陆续出版。从90年代中期，蒙台梭利幼儿园从东到西、从大城市到中等城市，在全国遍地开花。然而，不少人对蒙台梭利教育体系理解偏颇，把它仅视为一种教学法。其实，教学法仅仅是其教育体系的一部分，如果脱离其理论体系，只学其教学法，无异于只学皮毛、不学根本。甚至，某些方法会随着时代前进而过时。此外，不少"蒙氏"幼儿园背离蒙台梭利精神，它们强调其贵族性和天才性，并据此高收费。那些"蒙氏"幼儿园园长不知道，蒙台梭利教育体系是在对智障儿童的教育实践中构思的，是在创办"儿童之家"（罗马贫民区工人子女幼儿园）的实践活动中形成的。蒙台梭利儿童教育学，从本质上看，是大众的（平民化的）和普通的（非天才的）。

杰出科学家钱学森提出一个严肃问题：为什么我们的学校总是培养不出杰出人才？

著名数学家丘成桐指出一个严酷的现实：中国缺乏年轻、有创造力的人才。

国人都知道：中国本土科学家至今无缘诺贝尔自然科学奖，（我们的邻国日本、印度、巴基斯坦却有缘；请注意，在亚洲，它们是开展蒙台梭利运动较早的国家）；在影响人类20世纪生活的20项重大发明中，没有一项是中国人发明的。

为什么？中国缺乏一流教育。因为只有一流教育，才能培养一流人才，建设一流国家。国力较量始于教育，人才竞争始于幼儿。近期，有一项研究，在全球 21 个受调查国家中，中国孩子的想象力排名倒数第一，创造力倒数第五。这一事实反映出中国儿童教育体制的僵化和滞后。让我们应用蒙台梭利教育理念，尝试剖析一下中国儿童教育的现状。

（一）儿童未获彻底解放

蒙台梭利讲，科学教育学首要的任务是解放儿童。鲁迅在五四运动前夜，大声疾呼"救救孩子"。在 21 世纪，我们的孩子在社会、学校、家庭等诸方面仍有待解救。

在社会，由成人主宰，作为弱势群体的儿童的权利常常受到侵害。在社会转型期，农村中 4000 多万留守儿童，城市里"低保户"和农民工的子女，其权利更易受到侵害。比如，江苏乡镇私人幼儿园一辆七座校车硬塞入二三十个孩子，造成一个 4 岁女童窒息身亡。

在学校，有些教师对孩子缺乏爱心，用体罚来维护师道尊严。比如，深圳一位六年级班主任，连续扇了一个犯错不服软男孩 23 个耳光。甘肃通渭一小学校长，一怒之下揪下未完成作业男孩的耳郭。

在学校，在应试教育的"统治"下，孩子们受到压制，不能自发地表现其个性，如蒙台梭利所言，他们像死人一样被固定在自己座位上，就如同被大头针钉住的蝴蝶，同时他们张开获得贫乏知识的翅膀，但这样的翅膀已不能振翅高飞。

在家庭，具有传统观念的家长，把孩子视为"奴隶"，自己具有绝对统治权与支配权，孩子丧失自己选择人生道路和自由发展的权利。一旦孩子未按家长意志办，轻者讽刺挖苦，重者连骂带打。在浙江嘉善，一个 3 岁女童因背不对"床前明月光"的诗句，被母亲失手打死。在广州顺德区，一个 9 岁女童因玩耍不上英语班，被其父当街暴打而亡。

在家庭，望子成龙的家长，为实现自己的理想，把自己制定的目标强加于孩子。比如，家长逼着不喜爱弹钢琴的孩子苦练，孩子因压力过大、郁郁寡欢，甚至发生自残、自杀的悲剧。

在城市家庭，儿童多为"独二代"，他们成为三个家庭的"核心"和"宝贝"，这种特殊地位极易使他们沦为溺爱对象。家长不是帮助他们开展自发的有益的活动，而是"大包大揽""越俎代庖"，阻碍他们健康成长。

蒙台梭利深刻批判道："面对这种对生命的遗忘和冷漠，要知道那些都是我们的孩子和后代啊！我们难道不该感到脸红，感到困惑和羞愧吗？"

教师和家长，我们不要做"暴君"，不要打骂孩子，不要讽刺和贬低孩子，拴住他们的手脚。我们要做耐心的观察家，发现儿童的天赋和潜力；要做热忱的向导，指导并促进他们愉快地、自发地"工作"，向着个体的自由、和谐、全面发展的理想目标迈进。我们要尊重孩子，他们在人格上和我们平等；我们要关爱、保护、帮助孩子，他们在社会中处于弱势。

（二）儿童教育忽视综合素质培养

在21世纪，教育者和家长普遍重视儿童早期教育，但存在"提前""过度"和"片面"等弊端，影响儿童身心的健康发展。

有的幼儿园把小学的教学内容，如算术和写字提前进行；小学低年级把高年级课程提前教授；这不仅是事倍功半，而且是贻误良机（错过"敏感期"）。

不少小学采用"题海"战术，给学生留大量作业，这是"过度"（量的过度）；家长让孩子既学钢琴、画画，又学"奥数"、英语，这也是"过度"（质的过度）。过犹不及，儿童早期教育应当把握好"度"，要符合儿童生理、心理和智力发展的规律。

"片面"反映在重智轻德、体，重书本知识而轻实际操作，重死记硬背而轻举一反三。比如，幼儿园里大背唐诗；小学校里大背"三字经""弟子规"，甚至要求孩子背《新华字典》。

其实，儿童早期教育并不着眼于学习知识，而应关注全面培养儿童的综合素质。

儿童要有健康的体魄，要让他们参加户外运动，多做富有童趣的传统游戏，防止看电视过多，不应过早玩"网络游戏"。要让3岁以下幼儿玩好、玩够、玩愉快，不要让他们接触"电脑"和手机。在3~6岁的敏感期，主要应引导儿童动手触摸、用眼观察、用耳倾听、用舌尝味，通过跟自然环境的接触，借助使用发展教具和实际物品，提高儿童感官的辨识能力，增强探索自然的兴趣。在反复的感觉练习中，增强注意力，产生成就感，确立自觉纪律性和集体观念。

教师和家长要鼓励儿童参加力所能及的家务劳动和各种有益活动，培养他们独立自主、积极进取、团结互助、热爱劳动、勤于思索的良好品质。

教师和家长不应要求儿童"乖""听话""顺从"，要鼓励他们独立思考、"异想天开"，挑战"书本"和"权威"，坚持不懈地开发并提高他们的想象力和创造力。

（三）评选"三好生"伤害幼小心灵

在中国小学实行评选"三好生"制度，初衷是树立榜样，鼓励先进，带动后进，促进孩子"德智体"全面发展。然而，其积极作用不大，其负面影响深远。众所周知，儿童的生理、心理和智力正处于发展和未成熟阶段，因此首先应培养他们人人平等、互帮互爱的人道主义精神，而不是有点儿"残酷"的竞争精神；应发掘每个孩子的潜力，让他们自由、愉快地成长，而不是突出个别"尖子生"；应让他们树立集体荣誉感，而不是个人优越感。我们知道，"三好生"有名额限制，评上的少数孩子容易滋生优越感；未评上的孩子占多数，他们感受到一定心理压力，自尊心、自信心受到伤害，有的孩子听到班主任没有念到自己名字时，立即痛哭流涕，这种对幼小心灵的伤害会让他们抱恨终身。

"三好"标准往往很难把握，好动、好说话、好思考、不听话的男孩被视为坏学生，而考试成绩好、循规蹈矩、唯唯诺诺、甚至爱打小报告的女孩易被"评为""三好"。从而，影响儿童树立正确道德观，阻碍形成健康的人格，破坏学生的团结……

在应试教育一统天下的今天，"三好生"具有诸多功利价值，如加分、当班干部、择校、保送等"附加值"。从而，使"三好生"评选沦为功利的竞争，为评上"三好"，有权有钱的学生家长"八仙过海，各显其能"，"强势"孩子大搞"公关"，结果从小学刮起腐败之风，儿童遭到社会病毒的侵扰，既破坏教育公平的原则，又造就了官气十足的"五道杠"（一位大城市的少先队副总队长）……

在蒙台梭利学校，学童没有任何竞争压力，不参加任何强制性的竞赛活动；也不采用外在性奖励及虚假刺激手段。在现代文明国家的小学，也不评"N好"。鉴于"评三好"弊大利小，教育界有识之士一再强烈呼吁废止小学评选"三好生"制度。

（四）"神童班"扼杀潜在天才

杰出人才匮乏的中国，对"神童"特别瞩目，急功近利的教育者把兴办"神童班"视为培养杰出人才的捷径，结果只能扼杀潜在的天才。20多年前，某名牌大学首开"少年班"，把智商高、学习成绩超常的少年，单组一班，进行超前、特殊的大学教育。如今，那些昔日的"神童"又怎样呢？有的出家当了和尚，有的得了精神疾病，少数成才者也够不上杰出。据统计，北京高校所办的"少年班"的成才率仅为20%。在大学"少年班"试验基本失败后，中学开始接办"神童班"，除了满足家长的虚荣心，为办班者带来经济利益外，对培养杰出人才也不会有大贡献。这是因为"神童班"违背了儿童发育和成长的客观规律。思想贫乏的教育者没有把"神童"当成"童"，而是当成"神"——不食人间烟火的学习机器，忽视儿童，哪怕是"神童"，其生理、心理和智力必须同步、协调发展。俗语说"十年树木，百年树人"，大教育家孔子说"欲速则不达"。那些办班者为什么没有耐心（如蒙台梭利所言），硬要做"拔苗助长"的蠢事呢？在这样的"神童班"，少数潜在天才得不到健康的发展和循序渐进的提高，将会被扼杀。在"神童班"之外的更多潜在天才（据说，布鲁诺和爱因斯坦4岁时还不会说话），又被"近视眼"或"势利眼"的教育者人为地低估和忽视，极易错失成才的机会。众所周知，杰出人才不是通过儿童的精英教育选拔出的，而是建立在国民普遍接受高质量教育基础之上的，因此我们应努力创造条件，给予所有儿童平等的、高质量的教育机会。

近代以降，中国没有涌现出享誉世界的教育家，没有形成影响深远的教育理论。在中华腾飞的伟大时代，有历史责任感的中国儿童教育工作者，应当结合中国实际，学习国外先进教育思想，包括蒙台梭利教育体系，继承中国优秀文化传统，吸收当代人文、社会、自然科学的最新成果，积极实践，大胆探索，形成适应时代需要、具有中国特色的儿童教育体系，在21世纪教育史上，书写上光辉的一页。

2011 年 5 月 15 日

（原载《蒙台梭利文集》第 1 卷，田时纲译，人民出版社，2014）

《美学的理论》导读

　　1902 年，克罗齐的美学名著《作为表现科学和一般语言学的美学》（Estetica come scienza dell'espressione e linguistica generale，以下简称《美学》）由拉泰尔扎出版社（Editori Laterza）出版。其后，克罗齐对该书作多次修订，1941 年第七版为定版。该书分上下两编，上编为理论（Teoria），下编为历史（Storia）。《作为表现科学和一般语言学的美学的理论》（以下简称《美学的理论》），由田时纲根据 Fabbri Editori 1999 年意大利文版（1941 年定版）上编"理论"译出，于 2007 年 1 月由中国社会科学出版社出版。

　　《美学的理论》共分十八章。克罗齐把《美学》界定为"一本在精神哲学总蓝图的框架内完整却精练的美学理论专著"，其"主干，一方面在于对现象学的、心理学的和自然主义的美学所有形式的批判；另一方面在于对形而上学美学的批判，进而粉碎由它们炮制或强化的伪概念，从而使如下朴素观念获胜：艺术是表现，表现当然不再是直接的和实践的，而是理论的即直觉"。[①] 为了更好地理解克罗齐的美学理论，有必要先简述克罗齐的精神哲学的体系，再考察"直觉""表现""美""艺术"等重要范畴。

一　美学
——精神哲学的"基石"

　　克罗齐用差异的先天综合构建自己的哲学体系。在他看来，精神是既

---

① 克罗齐：《作为表现科学和一般语言学的美学的理论》，田时纲译，中国社会科学出版社，2007，第 3~5 页。以下简称《美学的理论》。

相互区分又相互关联的四种形式（或四度、四阶段、四范畴）的统一体。尽管精神活动的内容千变万化，但这四种形式保持不变。它们是：个别认识、普遍认识、个别意志、普遍意志。与其相对应的四种基本价值是：美、真、益、善。即是说，精神活动分为认识活动和实践活动两阶段，前者不依存后者，后者依存并包括前者；认识又分为直觉和概念两度，实践分为经济和道德两度，高度依存并包括低度，低度不依存高度，并且是高度的前提条件。克罗齐说："在某种意义上，若审美事实是唯一独立的，则其他三个环节或多或少是从属的，逻辑思想从属程度最小，而道德意志从属程度最大。"① 由此可见，美学在精神哲学中居于重要地位，它是精神哲学的基础，是逻辑学、实践哲学（经济学和伦理学）及历史学的"大姐"。而直觉既是美学的起点，也是全部精神哲学的起点。由于克罗齐认为，一切皆精神，一切皆历史；从而，直觉也成为人类全部活动及历史的起点。

二　直觉即表现

首先，克罗齐指出直觉是一种独特的认识形式。克罗齐写道："认识有两种形式：或直觉认识，或逻辑认识；或依靠想象力的认识，或依靠理解力的认识；不是对个体的认识，就是对普遍的认识；不是对个别事物的认识，就是对它们关系的认识。总之，不是产生意象的认识，就是产生概念的认识。"② 从以上论述可见，克罗齐严格区分直觉认识和逻辑认识，肯定直觉的独特性：从直觉的产生看，它依靠想象力；从直觉的内容看，它是对个别事物的；从直觉的结果看，它只产生特殊的个别的具体事物的意象。

其次，克罗齐强调直觉的自主性和首要性。他指出，直觉认识不需要主人，也无必要依靠他人。因为，直觉是认识的起点，概念离不开直觉，而直觉可以不依靠概念。这就不仅肯定直觉的自主性，同时肯定直觉的首

---

① 克罗齐：《美学的理论》，田时纲译，中国社会科学出版社，2007，第88页。
② 同上书，第11页。

要性。

克罗齐认为，"融合在直觉中的概念，鉴于它们被真正地融合，就不再是概念，因为丧失所有独立性和自主性。它们曾经是概念，但现在变成直觉的单纯要素。置于悲剧或喜剧的一个角色口中的哲学格言，在那儿并不起概念的作用，而只起反映人物特性的作用；同理，绘画形象上的红色，在那里不是作为物理学家的红色概念，而是作为确定那个形象特性的要素。总体决定部分的性质。一件艺术作品可能充满哲学概念……反过来一部哲学著作可能充溢描写和直觉"，① 但那件艺术品的结果却是一个直觉，那部哲学著作的结果却是一个概念。它们之间的差异在于结果，在于它们致力实现的不同效果，这决定并制约各个部分，而不在于抽象地孤立地考察分开的自为的各个部分。譬如，在曼佐尼的历史小说《约婚夫妇》中包含大量伦理议论和评价，但它在整体上并未丧失单纯叙述或直觉的特性。相反，在叔本华的哲学著作中不缺少趣闻轶事和冷嘲热讽，但它并未丧失论说文的特性。

再次，直觉不辨实在与非实在，直觉是内容与形式的同一。克罗齐指出，"人们经常把直觉理解为感知，也就是当成对已有实在的认识"② 是一种错误。当然，感知是直觉（如感知我在其中写作的房间），但形象同样是直觉（在脑海里浮现我在另一座城市另一个房间写作的形象）。这说明实在与非实在的区分同直觉的本性无关。从而，那些不辨实在与非实在的直觉，才是纯直觉。"在直觉中，我们不是作为经验本体同实在相对立，而无疑是把我们的印象对象化，不管印象是什么"③。

同样，直觉不是感觉，因为感觉是被动的、接受性的。感觉是"无定型的物质，由于是纯粹的物质，精神永远不能把握物质自身。精神只能运用形式并在形式中把握物质……在抽象中的物质，是机械、被动的东西，是人类精神蒙受的东西，而不是人类精神创造的东西。……是物质，是内容，使我们的一个直觉区别于另一个直觉：形式是经久不变的，是精神活

---

① 克罗齐：《美学的理论》，田时纲译，中国社会科学出版社，2007，第13页。
② 同上书，第14页。
③ 克罗齐：《美学的理论》，田时纲译，中国社会科学出版社，2007，第15页。

动；物质是瞬息万变的；没有物质，精神活动就不能摆脱其抽象性，从而变为具体与实际活动，这一和那一精神内容，这个和那个确定直觉"。① 请注意：克罗齐这里所说的"物质"主要指"印象材料"；但有时也指"事物"，这就显出"物自体"的影子。他本人承认"《美学》第一版中还保留某种自然主义的残余，主要是康德主义"②，并为此感到羞愧。

直觉也不是感觉的联想。联想，若妄图把未被精神所直觉、区分并以某种方式把握的和未被意识产生的要素在记忆中结合，似乎不可思议；或把联想理解为无意识要素的联合，则仍未脱离感觉和自然性。

直觉也不是设想为符合感觉的表象，因为仍会重返粗糙感觉，没有改变性质。如果表象被理解为从诸多感觉的心理基础脱颖而出的东西，那么它就是直觉。

最后，直觉与表现密不可分。未在表现中对象化的东西就不是直觉，而是感觉和自然性。精神只在创造、构形和表现时才是直觉。人们越能直觉，就越会表现。克罗齐指出，表现不仅限于语言形式，也包括线条、色彩、音调等非语言形式；"无论绘画的、言语的、音乐的或其他任何形式的表现，都是直觉所不可或缺的，直觉必须以某一种方式表现，表现与直觉密不可分"。③ 他举例说，如果我们没有真正直觉西西里岛的轮廓，就不能把该岛的所有蜿蜒曲折描画出来。每个人当能将自己的印象和感受构建，就能做到心明眼亮。"于是，感受和印象凭借言语从心灵暗淡区过渡到精神沉思清晰区。在这个认识过程中，直觉不可能同表现区分开。前者和后者同时出现，因为它们不是二物而是一体。"④ 克罗齐指出，有人以为能像画家那样直觉并想象乡村、人物，像雕刻家那样直觉并想象人体；只是画家和雕刻家善于描画并雕刻那些形象，而我们只让它们留在头脑中不表现。似乎米开朗琪罗只因其绘画机械技能才创作出天顶画《创世纪》；但米开朗琪罗却说"用脑画而不用手画"。列奥纳多·达·芬奇也说"最伟大的天

---

① 同上书，第17~18页。
② 克罗齐：《自我评论》，田时纲译，中国社会科学出版社，2007，第45页。
③ 克罗齐：《美学的理论》，田时纲译，中国社会科学出版社，2007，第20页。
④ 克罗齐：《美学的理论》，田时纲译，中国社会科学出版社，2007，第21页。

才……尝试用头脑进行创造"。"画家之为画家，因为他看到他人只感觉或隐约瞥见但未看见的东西。我们认为看到一丝微笑，其实只拥有微笑的某些模糊印象，并未发现微笑包含的全部性格特征，而画家在对微笑建构之后，揭示了它们，因此能在画布上将微笑完整地固定"。① 虽说画家、雕刻家、音乐家、诗人拥有人性最普通的倾向和能力，但却达到了极高的程度。常人同艺术家相比，其直觉－表现的能力简直微不足道。

直觉是表现并且只是表现（既不多又不少）。克罗齐用"表现"来理解、规定"直觉"，使"直觉－表现"的范畴成为西方现代美学的核心范畴。

三　表现即美

克罗齐分析了审美创造的四阶段："a. 诸多印象；b. 表现或精神的审美综合；c. 愉悦的陪伴或美的愉悦（审美愉悦）；d. 审美事实被翻译成物理现象（音响、音调、运动、线条与色彩组合）……至关重要的是第二阶段 b，它才是真正审美的和真正实在的，这正是自然主义的表现或建构所没有的。"② 他又说："审美考察只关注表现的恰如其分，也就是美。"③ 他举例说，但丁笔下的法利纳塔是美的并仅是美的。克罗齐承认审美活动确实具有物理层面，但那是审美的次要的非本质的层面，他断言自然美不是物理存在："从科学角度看，提出如下问题荒谬绝伦：狗美吗？鸭嘴兽丑吗？百合花美吗？百叶菜丑吗？"④ 对于用艺术家的眼光去静观自然的人来说，自然才是美的；动物学家和植物学家并不认识美的动物和花卉；自然美是被发现的，若没有想象力的合作，自然的任何部分都不会美。正如意大利著名诗人莱奥帕尔迪所说，自然美是"罕见的、短缺的和瞬间即逝

---

① 同上书，第 23 页。
② 同上书，第 132 页。
③ 同上书，第 129 页。
④ 克罗齐：《美学的理论》，田时纲译，中国社会科学出版社，2007，第 145 页。

的"——它是不完美的、含糊的和易变的。每个人都把自然事实同自己心中的表现联系起来。从而,一位艺术家面对乡村美景而陶醉;另一位艺术家面对都市风光而痴迷。自然事实根据艺术家的观点和心态,时而美时而丑。即使迷人的那不勒斯海湾也遭人中伤,有些艺术家声称它不具有表现性,表示更喜欢北方海湾的"幽暗的冷杉"和"雾霭及常刮的强劲北风"。克罗齐的这一真知灼见得到艺术史的确证。瑞士的湖光山色直至斯塔尔夫人时代还令人反感。同样,空旷凄凉的罗马乡村风光,在浪漫主义出现之前从未受人赞赏,直至普桑-前期柯罗时代,独特的树木,广袤高远的空气,水平如镜的湖泊,水道废墟及神庙,才构成罗马乡村的美。

一个物品的美,也具有相对性,并同人有关。比如,一个粗糙的黄色信封用来装情书有点丑,却非常适合装法官签发的传票。克罗齐反对所谓"不自由美"的观念,认为外在目的并不必然限制和妨碍审美目的。而且,艺术家总要想方设法克服这种矛盾,把实用物品的目的性作为质料,纳入艺术家的直觉或审美中。从而,建筑师建成美的宫殿和教堂、博物馆和住宅,不因它们被美化和装饰,而因它们表现其目的。一件衣服美,恰恰因为它适合确定条件下的确定人物。由此可见,采用贵重材料或过度美化却不实用的物品并不美。

克罗齐在论述人体美时,反对抽象和绝对的人体美:人是各式各样确定的个体,是性别、种族、民族、地域、年龄、性格各异的个体,是有人用手指认的"这里的这个人"。他认为人体美具有具体性和相对性,因为人体是形形色色暗示的源泉。同自然美一样,人体美也需要发现,也受艺术家的趣味及心态左右。一位艺术家面对貌美的少女而陶醉;另一位艺术家面对卑鄙的老流氓而痴迷。前者说老流氓索然无味;后者说美少女平淡无奇。不同时代不同修养的艺术家对人体美的理解和表现千差万别:波蒂切利的维纳斯秀美纤细,拉斐尔的圣母健康优雅,提香的维纳斯美艳肉感。

四 美即艺术

正是从表现即美出发,克罗齐以全新角度考察艺术,提出具有时代感的艺术理论。其主要内容为：艺术的独立性、创造性、抒情性、整一性，艺术与语言的同一性，艺术创造与艺术鉴赏的统一性。

1. 艺术的独立性

克罗齐从否定判断出发，从而确立艺术的独立自主性。

首先，艺术不是"物理事实"。克罗齐把艺术构思视为全部艺术活动，而把艺术品的完成看作实践活动。他写道，"审美事实在对印象的表现建构中全部耗尽。当我们已有一部腹稿，构思一个清晰、生动的形象或雕像，找到一个音乐主题，表现就已产生并完成。其后，我们开口或想开口说话，放开或想放开喉咙唱歌，就是用大声或高声述说已向自己低声地说过或唱过的东西；伸出或想伸出双手去触及钢琴的键盘或拿起画笔及凿子，可以说把我们小规模并快捷地完成的运动，再大规模地重复，把已完成的运动转化为一种保留其持久（或长或短）痕迹的材料；这是一种附加事实"，[①]即物理事实，它是对艺术品的生产，但遵循和审美事实截然不同的规律。因此，克罗齐反对把艺术作品分为内在的和外在的两种。他认为所有艺术作品都是内在的（直觉即表现，艺术是认识活动），审美事实就是艺术事实，而不是艺术事实是对审美事实的接续。

其次，艺术不是功利的或经济的活动。虽然艺术有经济价值，但艺术不以追求效用和功利为目的。克罗齐说，即使过去有宫廷雇用的诗人，现在也有靠卖诗文贴补家用的诗人，但不能认为诗是经济的产物。因为这同艺术事实没有丝毫的关系。艺术也产生快乐，但不能把艺术说成快乐，就如不能把供鱼游息的水说成鱼一样。快乐不是艺术的功能和本质。真正的精神愉悦只在审美事实中。比如，一位艺术家在完成自己的作品后，满怀喜悦地静观作品，除审美愉悦外，他还感到一种截然不同的快乐，当他想到自尊心得到满足，甚至想到作品带来的经济利益时。又如，一位工人劳动之余去剧场看喜剧，伴随因戏剧家和演员们的艺术而获得的真正审美愉悦外，也得以休息和娱乐。克罗齐认为，源于外在事实的快乐仅仅偶然地同审美愉悦相连，强化审美愉悦或使之复杂化。"谁要想象审美事实是悦目

---

① 克罗齐：《美学的理论》，田时纲译，中国社会科学出版社，2007，第 73 ~ 74 页。

悦耳的东西"，就会"把美同一般快乐混为一谈"①。

再次，艺术不是道德行为。艺术是"无关道德的"，既不是"道德的"，也不是"不道德的"。既然艺术不是功利活动，更不会是道德活动，因为道德活动是一种更高级的实践活动，它由道德原则产生的意志来实现一个合理性目的。因此，艺术题材或内容不能从实践和道德的角度加以赞誉或诋毁。当艺术批评家指出题材选择不当，如若那种观察有正确根据，则真正斥责的不是题材的选择，而是艺术家处理题材的方式，是因内在矛盾而造成的表现失败。只要丑恶和卑鄙仍存在，并强加于艺术家，就不能阻止相关的表现产生，如薄伽丘笔下的夏佩莱托，莎士比亚笔下的亚果，歌德笔下的梅菲斯特；但可以采取措施阻止其传播和普及（但这同艺术无关）。克罗齐还从艺术"无关道德"的观点出发，批判"文如其人"的格言。因为，艺术家不仅简单地认识并沉思（直觉），他还具有意志（道德意志），而意志也包括认识环节；从而，当把风格理解为具有风格的人格，即只限于表现的人格，"文如其人"就空洞无物；当奢望从此人所见及所表现的东西中推演出他所做所想，即肯定在认识与意志之间有逻辑结果的联系，则是错误的。许多艺术家的传记中充斥这种错误，"似乎谁要表现了高尚情感，在实际生活中就不可能不高尚，或者谁在其戏剧中展示不少杀人越货的景象，在现实生活中就不能不至少分配给他点凶杀行径"②。克罗齐进一步指出，一般道德意义上的真诚同艺术家毫不相干。艺术上的真诚是指艺术表现的充分性与真实性。应当指出，克罗齐虽然强调艺术与道德的区别，但同时主张艺术家应具有道德责任感和健康的审美趣味。

最后，艺术既非哲学，也非科学。克罗齐在《美学的理论》第三章专论艺术与哲学、艺术与科学的关系。他从分析两种不同认识形式出发："概念认识是什么呢？它是对事物关系的认识，而事物就是直觉。没有直觉不可能有概念，正如没有印象材料就不可能有直觉本身一样。直觉是：这条河，这个湖，这小溪，这场雨，这杯水；而概念是：水，不是这样或那样显现的个别状态的水，而是一般的水，无论在何时何地显现；它是单一、

---

① 克罗齐：《美学的理论》，田时纲译，中国社会科学出版社，2007，第 115 页。
② 克罗齐：《美学的理论》，田时纲译，中国社会科学出版社，2007，第 77 页。

稳定概念，却以无数直觉作材料。"① 由于哲学和科学，不是直觉而是概念，不是个别性而是普遍性；从而，艺术属于直觉领域，哲学与科学属于概念领域；"直觉给予我们世界，即现象；概念给予我们本体，即精神。"② 多年后，克罗齐以艺术家的自身矛盾为例形象地加以说明。他指出，西班牙大戏剧家维加的理论声明同艺术作品大相径庭，因为"艺术是想象的产物，一定要同艺术理论区分开，艺术理论是反思的产物。艺术天才创造艺术作品，思辨才智产生艺术理论，在艺术家身上思辨才智往往要向艺术天才学习，以致他们干一件事，而说是另一件事；或说一件事，而干另一件事。在此种情况下，不能指责他们在逻辑上不一致，因为不一致存在于两个不一致的思想之间，而从不存在于思想和想象之间"③。

众所周知，西方传统艺术理论的鼻祖是柏拉图。他最早提出艺术是政治或宗教教化的工具或附庸。传统艺术理论关注的基本问题是艺术如何为政治、宗教服务及其程度。在中世纪，哲学是神学的婢女，艺术是解读宗教教义的符号。只是到了文艺复兴，艺术形象才超越神学的寓意，充分展示艺术的创造力，为艺术的独立性奠定了基础。克罗齐从康德的审美无功利说出发，通过对艺术纯粹性的阐述，清除给艺术附加的不纯粹东西，正本清源地确立艺术的独立性。正是克罗齐不止一次地批判哲学家只关注艺术的逻辑和道德问题，把艺术转换为逻辑和道德，从而否定艺术的理论问题。可以说，克罗齐的四个否定判断是 20 世纪现代主义艺术的独立宣言。

2. 艺术的创造性

克罗齐批判自然主义美学和形而上学美学，反对把艺术功能沦为消极的或接受性的功能，把艺术活动理解为对物或观念的简单再生产。克罗齐既反对把艺术看作对自然的模仿，也反对把艺术视为对"美的理念"的再现。他强调艺术不是被动的感受，而是"独立自主"的精神的创造活动。他把这种艺术观看作革命，是向前迈出的一大步。应当说，克罗齐准确把握了 20 世纪初艺术的主体性走向，若不了解克罗齐的艺术观，就很难理解

---

① 同上书，第 37 页。
② 同上书，第 49 页。
③ 克罗齐：《历史学的理论和历史》，田时纲译，中国社会科学出版社，2005，第 120 页。

现代主义艺术的巨大变革。比如，被尊为"现代绘画之父"的塞尚，把主观想象作为创作的基本原则，为使形象具有深度感和坚实感，不惜牺牲传统轮廓的"准确性"，其静物画中的苹果比真实苹果要扁些。野兽派大师马蒂斯根据形式需要将画中女人外形夸张变形。克罗齐批判缺乏创造性的作品依靠外在手段"壮胆"并"吓人"："谁若没有任何特有的东西要表现，就妄图用大量堆砌的词汇、朗朗上口的诗句、震耳欲聋的复调音响、光怪陆离的刺目图画、排列令人惊异却毫无意义的建筑巨作来掩盖内在空虚"。①

3. 艺术的抒情性

克罗齐强调艺术是内容和形式的统一，即情感内容和直觉形式的先天综合。后来，克罗齐更直接地认为：艺术的直觉总是抒情的直觉；艺术的内容，是人的情感，即艺术在其想象中表达的人的情感。

克罗齐指出，情感是产生艺术不可或缺的条件，但情感直接宣泄，那就不是艺术，而是非艺术的实际倾诉。克罗齐举例说："某人因震怒而引发所有自然表现，同另一人从审美上表现震怒，有着天壤之别。某人因痛失亲人而声泪俱下，其后，同一人用语言或歌描绘了自己的痛苦；某人因情绪做个鬼脸，一位演员因剧情做个怪相；同样判若云泥。达尔文论人与动物的情感表现的著作不属于美学。"② 情感在艺术中的作用，是为艺术提供材料；而艺术是精神的纯粹独创性的活动。这种精神在形式中消耗材料；在消耗材料的过程中，艺术形成了。艺术总是从不鲜明的情感过渡到清晰的表现。应该说，克罗齐抓住艺术创造的本质特征，也为艺术史上的无数事实证明。唐代著名书法家张旭嗜酒如命，常在醉中作书，有时甚至以头濡墨，达到艺术创造的癫狂状态。但这种创造激情及要表达的情感必须形式化，其狂草才能具有强烈动感和鲜明节奏感。19世纪荷兰画家凡·高处于创作狂热中，他笔下的向日葵成为画家旺盛生命力的写照，桀骜不驯性格的象征。但那是形式化的情感：变化丰富的黄色，有力的笔触，飞动的花朵，饱满厚重的葵籽，淡蓝色的背景，汇成一曲生命的交响曲。一位歌唱家也说过，他不是用嗓子唱，而是用"心"唱，情是歌唱的"魂"，声

① 克罗齐：《美学的理论》，田时纲译，中国社会科学出版社，2007，第134～135页。
② 克罗齐：《美学的理论》，田时纲译，中国社会科学出版社，2007，第131页。

音、语言、风格、手势都要与情感表现统一。

4. 艺术的整一性

在欧洲文化传统中，自古希腊至 18 世纪中期以前，没有统一的艺术观念，只有绘画、雕塑、建筑、音乐、诗歌等观念。只有在确立艺术的独立性、创造性之后，才能洞见艺术的整一性。克罗齐强调艺术的整一性，是对艺术理论现代化的一大贡献。克罗齐正确地认为，不论是诗和音乐，还是绘画和雕塑，都具有其成为艺术的共性。我们不能不承认莎士比亚和柴可夫斯基的《罗密欧与朱丽叶》都是艺术瑰宝，尽管前者为诗剧，后者为幻想序曲。不同艺术形式的相互转换的基础就在于艺术的整一性。

5. 艺术与语言的同一性

从"直觉即表现"出发，克罗齐认为语言是艺术，语言学即美学。因为，语言与艺术都是精神活动的产物，它们的本质是表现。这就不难理解为什么克罗齐把美学称作表现科学和一般语言学了。克罗齐的这一看法发人深省：为什么文学（语言的艺术）可以转化为其他艺术形式？各种艺术语言——线条色彩、舞姿舞步、音程音符、蒙太奇等，同语言有着明显区别外，也有着共性——表现性。克罗齐关于直觉—表现—语言的公式，对现代西方美学产生深远影响："语言"作为"表现"与"语言"作为"传达"工具的两种理论的对立，使克罗齐的美学在新语言学派中得到呼应，已成为现代西方美学的重要问题之一。

6. 艺术创造与艺术鉴赏的统一性

克罗齐把艺术活动看作尽人皆有的一种最基本、最普遍的活动。"人生来是诗人"，大诗人同常人只有量的差异，没有本质区别。如果天才与我们截然不同，那天才就不会被我们理解和欣赏。在此基础上，他强调天才与鉴赏力、审美创造和审美再造的统一。"一次是审美创造，另一次是审美再造。判断的活动称作趣味；创造的活动称作天才：由此可见，天才与趣味在本质上是同一的。"① 要想判断但丁，我们就必须把自己提升到但丁的水平。即是说把我们放到但丁所处的历史环境中，才能理解但丁。不仅如此，

---

① 克罗齐：《美学的理论》，田时纲译，中国社会科学出版社，2007，第 165 页。

当时的历史环境还要结合现在的条件才起作用。克罗齐问道:"契马布埃的《圣母像》总画在马利亚新教堂的墙上,但它对今日游客和13世纪佛罗伦萨人,所述意义相同吗?甚至同一位诗人,当他老年时阅读青年时的诗作,其心理完全改变,还能产生青年时代的印象吗?"① 不同时代、不同阶层、不同文化层次、不同审美取向的人们,为什么对同一艺术作品做出不同判断?要理解艺术作品,需要一定的生活阅历、知识准备、文化素养和审美体验。应该说,克罗齐的这一思想为现代接受美学指明了方向。

从这一思想出发,克罗齐肯定了艺术批评家和艺术史家的重要性。他认为,艺术家并非能永远准确认识其心灵中所发生的一切,并非总能正确判断自己作品的价值。因此,需要艺术批评家的鉴赏和判断,进行审美再造。如果艺术批评家受到非审美动因的困扰,也不能真实地感受到作品的价值。因此,艺术批评家要努力剔除非审美因素的干扰,并在提高自己的鉴赏力的同时,提高自己的创造力。同样,若没有传统和历史批判,几乎所有艺术作品的鉴赏都将不可能,因此艺术鉴赏中的历史批判或历史方法同样不可或缺。克罗齐认为,优秀的艺术史家不仅善于感受艺术作品,而且善于反思艺术作品。一个从未看过并欣赏过绘画作品的人,不可能批判地说明它们的来龙去脉并写出一部出色的绘画史。

综上所述,克罗齐的《美学的理论》是现代西方美学的开山之作,它使克罗齐成为西方古典美学的集大成者,现代西方美学的开拓者。克罗齐的美学理论不仅影响了意大利,而且对整个世界的美学发展产生了广泛影响(直接影响鲍桑葵、开瑞特、柯林伍德、里德等,并形成在现代西方美学中实力颇强的表现主义美学学派),被韦勒克称作是20世纪产生的最有影响的理论。克罗齐的美学理论,在现代物欲横流的情势下,实际上是对人的精神与心灵的张扬,是对人性的维护,带有明显的人道主义特征。正如他所说,艺术是个解放者,它使精神得到解放,人性得到净化。在此意义上,克罗齐的艺术理论具有进步性。

毋庸讳言,克罗齐美学理论的哲学基础是主观唯心主义。从文化社会

---

① 同上书,第170页。

学角度看，艺术源于生活。克罗齐根本不承认客观世界的存在，则是错误的。这也是造成其美学理论的内在矛盾和局限性的重要原因。但列宁指出，聪明的唯心主义比愚蠢的唯物主义更接近聪明的唯物主义。把艺术活动说成生产劳动，把美感说成美的反映、美的摹写，与真正马克思主义美学相去甚远。因此，在批判庸俗唯物主义和机械唯物主义的美学理论时，克罗齐美学理论在今天仍能给人以有益启示。

克罗齐美学理论既丰富又复杂，既有闪光的东西又有局限性。

第一，其直觉范畴存在内在矛盾。一方面他强调直觉对概念的首要性、先在性，另一方面又不得不承认直觉（艺术品）中有概念要素。

第二，他强调审美普遍性，忽视艺术品的独特性，从而反对艺术分类（"艺术分类是美学的最大悲剧"）。他不仅反对艺术体裁（诗歌、绘画、音乐等）和艺术风格（古典、浪漫、写实等）的区分，也拒绝对同一艺术作品各个部分（各章、各乐章、各幕各场）做结构分析。

第三，他强调想象、构思在艺术创造中的作用，但否定艺术技巧、手段在艺术创造中的作用。这也不符合艺术史的实际。众所周知，从凡·高开始纯色压过线条，接着马蒂斯和布拉克把色彩视为绘画语言的精华，更不用说毕加索的反透视法的线条了：这些绘画技巧的变化反映现代西方绘画流派的演变。其实，艺术技巧和手段正是克罗齐所说的内容的形式化的具体体现。

第四，克罗齐认为，"美是成功的表现"。但由于不成功的表现不是表现，美就仅是表现本身。于是，解释否定价值变得非常困难。如果不成功的表现不是表现，那么就不存在不美的表现：结果就没有给丑留下任何空间。

然而，判定克罗齐美学具有反理性特征有失偏颇。实际上，克罗齐的"直觉"不同于弗洛伊德的"无意识"。克罗齐反对有人"把'无意识'作为艺术天才的本质属性"，他断言"直觉的或艺术的天才，像任何形式的人类活动一样，永远是有意识的；否则将成为盲目的机械性活动"①。其次，克罗齐并不反对理性、概念对艺术的作用，他仅仅反对把理性、概念视为艺术的本质要素。不仅如此，克罗齐还严正声明，由于"汹涌的非理性主

---

① 克罗齐：《美学的理论》，田时纲译，中国社会科学出版社，2007，第29页。

义的潮流是如此的迅猛","他不仅以他的理论的力量谴责它们,而且全身心地厌恶它们"①。克罗齐认为,非理性主义是一种"世纪病":"都是反常倒错,因为是用个别代替普遍,用偶然代替永恒,用被造物代替造物主";"不仅是夸夸其谈和欺世盗名,而且是各种价值的颠倒:色欲与淫荡,津津乐道的残酷与恐怖,乱伦、性虐待狂、撒旦主义及类似乐趣,都被置于理想性的位置。"②

还有,不能简单化地断言克罗齐否定艺术来源于生活。因为他坚决反对那种只重形式缺乏内容的(如唯美主义)艺术,并且强调艺术批评要同整个社会生活相联系。只不过他对生活的理解不同,认为最终那是精神的活动。

克罗齐美学的理论渊源是什么呢?

不难看出,克罗齐的"直觉"范畴是对德国古典哲学"理性直觉"范畴的继承和发展,又汲取意大利思想家的研究成果。

康德最早区分感性直觉和理性直觉。他认为感性直觉具有被动性和易接受性,是对客体的直接把握,这是概念的起源;而理性直觉恰为神的理智的直觉,没有感觉中介,它不接受客体,而是创造客体。后来,费希特和谢林又发展了理性直觉范畴,他们不仅将它归于神智,而且归于行动中的自我(精神),在行动中自我认识并展现自己。

我们不难发现,克罗齐的"直觉"源于康德的"理性直觉"。它无须感觉的中介,没有被动性和接受性,具有创造性和自我表现性。但他不同意康德关于直觉依赖理性的观点(无内容的思想是空洞的,无概念的直觉是盲目的)。克罗齐认为直觉无须概念相助,自身充分独立;不仅如此,直觉对于概念具有首要性。

克罗齐自己承认是美学上的德·桑克蒂斯主义者。德·桑克蒂斯是意大利著名批评家,他认为艺术的本质是生活,是"形式",但内容与形式不可分离。艺术作为生活,其自身逻辑完全不同于科学思想的逻辑。因为科学趋于抽象,艺术趋于具体。

1901 年克罗齐发表论文《维科——美学的第一发现者》,次年出版《美

---

① 克罗齐:《1871～1915 年意大利史》,王天清译,中国社会科学出版社,2005,第 209 页。
② 克罗齐:《十九世纪欧洲史》,田时纲译,中国社会科学出版社,2005,第 36 页。

学》。不难看出，直觉是认识的起点，语言与艺术本质上同一（二者皆表现、精神活动的创造），艺术创造与审美欣赏统一等思想，都源于维科。

还应注意：为了全面准确把握克罗齐美学理论发展轨迹和丰富内涵，仅仅阅读《美学的理论》是不够的。因为在长达半个世纪的时间内，克罗齐又完成两部美学论文集：《美学问题》和《美学新论文集》。尤其是《美学新论文集》（此书收录《美学纲要》），克罗齐认为是对《美学》的重写。两书的主要发展是：证明纯粹直觉的抒情性；证明其普遍性和世界性。此外，克罗齐的美学思想还渗透于其文学理论和文学批评著作中。因此，还必须阅读《诗歌》《古代诗与现代诗》《但丁的诗》《阿里奥斯托·莎士比亚·高乃依》等著作。因为，正是在这类著作中，他深入研究了艺术哲学和语言哲学、艺术史和语言史的同一等问题。最后，集哲学家、美学家、史学家于一身的克罗齐，在其哲学和史学著作中也不乏对美学和艺术的精辟见解，如在《十九世纪欧洲史》中对浪漫主义的剖析。这一切表明，要研究克罗齐的美学思想，就需要研究他的所有著作。

（原载王柯平主编《历史上最具影响力的美学名著25种》，陕西人民出版社，2011）

朱光潜的误译

"spirito" 的考察

本文主要谈一个范畴——"spirito"，朱光潜先生译作"心灵"，笔者改译作"精神"（严格地说，是我从国内多数学者的译法）。理由如下。

语义考察（静态）

在《意汉词典》（商务印书馆 2003 年版）中，"spirito"词条下，有"精神"和"心灵"的释义，但"精神"在先，"心灵"在后。

在《简明汉意词典》（上海外语教育出版社 1996 年版）中，"精神"词条下，是"spirito"；"心灵"词条下，是"cuore""animo"和"spirito"。

在《现代意汉汉意词典》（外研社 2000 年版）中，"精神"词条下，是"spirito"；"心灵"词条下是"cuore"和"anima"。

综上所述，在意大利语中，spirito 确实具有多义，也包括"心灵"一义，但不是主要含义，主要含义是"精神"。与汉语"心灵"对应的应是"cuore""anima""animo"等词。在《美学》中，克罗齐在"精神"和"心灵"之间作了严格区分，前者用"spirito"，后者用"anima""animo"和"psiche"。令人遗憾的是，朱光潜先生在翻译时未作区分，这表明他对克罗齐的理解不够全面。至于张敏先生所说的"精神"的复数形式（见《"心灵哲学"，还是"精神哲学"》一文，刊于 2006 年 6 月 15 日《社会科学报》）

其实是不存在的，因为在《美学》中克罗齐只使用单数形式——spirito。

词源考察（动态）

意大利语词汇 spirito 源于德语 Geist，克罗齐使用的 spirito 直接源于黑格尔。因此，spirito 的译名应参照 Geist 的译名。1906 年，克罗齐根据德文版翻译了黑格尔的《哲学全书》。在意文版《哲学全书》第 28 页（Laterza 出版社，1980 年版），克罗齐把哲学科学的三个部分分别译成："Ⅰ. Logica，Ⅱ. Filosofia della Natura，Ⅲ. Filosofia dello Spirito"；梁志学研究员的译法是："Ⅰ. 逻辑学，Ⅱ. 自然哲学，Ⅲ. 精神哲学。"①

在意大利文版的《哲学百科词典》（Garzanti 出版社，1999 年版）中，spirito 条目下写道："从康德的批判主义产生了黑格尔关于精神（Geist）概念的最初含义，这是他于 1807 年在《精神现象学》中建构的，其后他在《哲学全书》中扩展为完整的体系，把精神区分为主观精神、客观精神和绝对精神。克罗齐的'精神哲学'把精神划分为四种差异范畴，实现了对黑格尔哲学的改造"。

我们再看克罗齐谈他同黑格尔哲学的关系："我所构思的《作为精神科学的哲学》，不是对黑格尔的继续，而是对黑格尔的推翻。因为，事实上它否定了现象学和逻辑学的区分：不仅否定了自然和历史的哲学的辩证结构，而且否定逻辑学本身的结构：否定逻各斯、自然和精神的三合一，而将精神作为唯一实在，在精神中自然仅为精神辩证法本身的一个方面。"②

试问：如果我们将上文中的"spirito"和"filosofia dello spirito"分别译成"心灵"和"心灵哲学"，将会造成多大的混乱？

"登山唱山歌，泛舟唱船歌"

显然，spirito 是个重要的哲学范畴，在"爱智山"上只能唱哲学歌，

---

① 黑格尔：《逻辑学〈哲学全书·第一部分〉》，梁志学译，人民出版社，2002，第 51 页。
② 克罗齐：《自我评论》，田时纲译，中国社会科学出版社，2007，第 47 页。

"心灵"承载不了哲学的重负,"spirito"只能译成"精神"。

恩格斯说过,"思维对存在、精神对自然界的关系问题",是哲学的基本问题,"全部哲学的最高问题"。作为哲学家,克罗齐对该问题必然做出回答,并因此加入唯心主义者阵营。克罗齐正是从哲学基本问题出发,探究美学问题的哲学根据。

克罗齐在谈到对美学问题的思考历程时说:"事实上我刚刚抓住德·桑克蒂斯的某些特征,尤其是相当肤浅地把握这一主导思想:艺术不是深思和逻辑的产物,也不是技巧的成果,而是自发的幻想的形式。这一思想的哲学根据,它必要的补充,它与之相连的世界观……这一切对我来说漆黑一团、杂乱无章;以后我逐渐理出头绪";[①] "我超越了自然主义先验论,几乎直接涉及'自然'、人的精神本身产物潜入艺术的纯粹精神世界……最终,我超越了后来被我称之为价值二元论并同精神与自然二元论区分开的东西。"[②]

试问,如果用"心灵"置换上文中的"精神",那么哲学基本问题还能阐述准确吗?克罗齐的思想演进的脉络还能清楚吗?

正是鉴于克罗齐与黑格尔的关系,克罗齐的美学问题同哲学基本问题的关系,国内多数学者没有盲从朱光潜先生,而是将"spirito"译成"精神"。

朱辉军先生在《美学百科全书》(李泽厚、汝信名誉主编,社会科学文献出版社1990年版)的"克罗齐"条目中提到"精神"与"精神哲学"。彭刚博士在《精神、自由与历史》(清华大学出版社1999年版)一书中写道:"克罗齐哲学的基本出发点,是认为精神乃是唯一的实在,一切存在都只不过是精神及其表现。"王天清教授和黄文捷先生分别从意大利文译出克罗齐的美学名著《作为表现科学和一般语言学的美学的历史》和《美学或艺术和语言哲学》,他们也无一例外地将"spirito"译成"精神"。

梁存秀研究员(中国社会科学院荣誉学部委员)在《中国大百科全书·哲学卷》的"克罗齐"条目中写道:"克罗齐称他的哲学为精神哲学。

① 克罗齐:《自我评论》,田时纲译,中国社会科学出版社,2007,第36页。
② 同上书,第44页。

除了精神哲学，就没有任何其他哲学。克罗齐把精神分为理论活动和实践活动两个相互对立的方面，它们按圆圈方式彼此衔接起来。"

叶秀山研究员（中国社会科学院学部委员）在《需要重新研究克罗齐》一文中写道："但克罗齐这个'精神体系'没有'感觉（官）'世界的地位，他的'直觉'不是'感觉'。这样，'精神'在克罗齐哲学体系里就永远保持着主动性、创造性，保持着自由，而不像黑格尔那样，'精神'要先受感觉世界的'制约'，经过艰苦奋斗，然后才回到'自身'——黑格尔的《精神现象学》。"①

我以为，"一词之改"，决不"意味着认识上的倒退"，也不"表明对克罗齐学说及其学术语境缺乏深入了解"（像张敏先生所说那样），相反表明上述学者和译者没有原地踏步，而是向前迈进。正是由于张敏先生对克罗齐学说及其学术语境缺乏深入了解，又对国内学术界的研究成果认识不足，才相信了权威，在原地不动。

"吾爱吾师， 更爱真理"

朱光潜先生在介绍和研究克罗齐的美学思想上做出了奠基性贡献，我们应当永远铭记他的历史性功绩。但对权威不应迷信，"狮子也有打盹时"——不因是狮子就不打盹，不因打盹就不是狮子。朱光潜先生在《美学原理》中，将"spirito"译成"心灵"，不似张敏先生所说，"直至1983年推出正式译本，朱光潜才最终选择了'心灵'这一译法"。

朱光潜先生早在1947年2月撰写的《美学原理》"第一版译者序"中就使用了"心灵的哲学"的译法；在1956年7月撰写的"修正版译者序"中继续使用"心灵综合作用""心灵活动"。② 这只能说明直至1983年朱光潜先生仍然沿用1947年的旧译。

朱光潜先生在1947年撰写的《克罗齐哲学述评》中写道："心灵是真

---

① 叶秀山：《哲学作为创造性的智慧》，江苏人民出版社，2003，第21页。
② 《朱光潜全集》第11卷，安徽教育出版社，1989，第127～130页。

实界的全体", "心灵共分 '四阶段'", "克罗齐把他的全部哲学称作《心灵的哲学》（Filosofia dello spirito）"。①

正如上文所说，克罗齐在《美学》中，既使用了"spirito"，又使用了"anima" "animo"（及它们的复数形式——anime 和 animi）和"psiche"。有时甚至在一个句子中同时使用，这说明它们的含义截然不同。

例一：

ma, in quel momento della contemplazione e del giudizio, il nostro spirito è tutt'uno con quel del poeta, e in quel momento noi e lui siamo una cosa sola. Soltanto in questa identità è la possibilità che le nostre piccole anime risuonino con le grandi, e s'aggrandiscono con esse nella universalità dello spirito. ②

这里，请注意：nostro spirito（我们的精神）是单数；quel del poeta（诗人的精神）也是单数；universalità dello spirito（精神的普遍性）仍是单数。相反，le nostre piccole anime（我们渺小的心灵）是复数；le grandi（伟大的心灵）也是复数。

译文：

但在沉思和判断的时刻，我们的精神同那位诗人的精神水乳交融，在那一时刻我们和他融为一体。只在这种同一中，我们渺小的心灵才能同伟大的心灵产生共鸣，并和伟大的心灵一同升华为精神的普遍性。③

朱光潜先生译文：

但是在观照和判断那一顷刻，我们的心灵和那位诗人的心灵就必须一致，就在那一顷刻，我们和他就是二而一。我们的渺小的心灵能应和伟大的心灵的回声，在心灵的普照之下，能随着伟大的心灵逐渐伸展，这个可能性就全靠天才与鉴赏力的统一。④

---

① 《朱光潜全集》第 4 卷，安徽教育出版社，1989，第 327 ~ 330 页。
② Croce, *Estetica 1*（Milano：Fabbri Editori, 1999），p. 153 - 154.
③ 克罗齐：《美学的理论》，田时纲译，中国社会科学出版社，2007，第 166 页。
④ 《朱光潜全集》第 11 卷，安徽教育出版社，1989，第 260 页。

例二：

Sentimenti e impressioni passano allora, per virtù della parola dall'oscura regione della psiche alla chiarezza dello spitrito contemplatore. [1]

这里，请注意：spirito（精神）是单数；psiche（心灵）也是单数。

译文：

> 于是，感受和印象凭借言语从心灵暗淡区过渡到精神沉思清晰区。[2]

朱光潜先生译文：

所以感觉或印象，借文字的助力，从心灵的浑暗地带提升到凝神观照界的明朗。[3]

通过上述两例，可以看出：在克罗齐那里，同 anima、animo、psiche 相比，spirito 是更高层次的哲学范畴。如果说 anime、animi 具有个性，那么 spirito 具有普遍性；如果说前者是被动和承受，后者就是主动和创造；前者暗淡，后者明朗。克罗齐说过，"从心理过渡到精神，从动物感觉过渡到人类活动，是通过语言（应当说一般直觉或表现）实现的"。由此可见，张敏先生所说的"心情、情绪、心境、兴致"，在克罗齐看来，有待提高到"精神"并在"精神"中得到净化。

朱光潜先生的两处译文没有把 spirito 译作"精神"，也译作"心灵"，从而造成混乱，没能准确表达克罗齐的思想。

原因初探

朱光潜先生为什么会出现失误呢？

---

[1] Croce, *Estetica 1*,（Milano：Fabbri Editori, 1999），p. 13.

[2] 克罗齐：《美学的理论》，田时纲译，中国社会科学出版社，2007，第21页。

[3] 《朱光潜全集》第11卷，安徽教育出版社，1989，第139页。

首先，因为朱光潜先生作为蓝本的英译本不是个好译本。正如朱光潜先生本人所说，"英译本常有错误或不妥处，原因是译者的哲学训练不太够"。① 朱先生所用的 1922 年英译本是根据 1909 年意大利文版译出的，而1941 年意大利文第七版才是最终修订版。笔者曾特请王柯平研究员查阅过那个英译本，他确实发现朱译本的不少错误是由英译本造成：例如，parte del leone（狮子的角色），因英译者把 parte 错译成"部分"，从而朱译本也错译成"最大的份儿"。② 我想，朱译本中出现的所谓翻译硬伤大多受英译本牵连：例如，columnae（石柱），错译成"书贾"；granatieri（掷弹兵），错译成"炮兵"；messapiche（梅萨比文的），错译成"墨西哥的"；corpi semplici（单质），错译成"原子"；fonografo（留声机），错译成"录音机"；citazione（传票），错译成"印刷传单"。

其次，朱光潜先生对克罗齐的介绍发生心理学偏差。他本人说："我在《文艺心理学》里，一方面依据了克罗齐纯粹从哲学出发所建立的理论，另一方面又掺杂了一些心理学派的学说。如果单从介绍克罗齐来说，我对他有些歪曲。"③ 我想，朱光潜先生在翻译克罗齐的《美学》时也会受到这种倾向的影响。例如，克罗齐的哲学体系是从哲学认识论开始的，《美学》（精神哲学的基石）从认识的两种形式讲起：La conoscenza ha due forme：è o conoscenza intuitiva o conoscenza logica（认识有两种形式：或直觉认识，或逻辑认识）。而朱光潜先生把 conoscenza（认识），译成"知识"。Spiritualisti（唯灵论者），译成"精神派"；cattolici（天主教徒），译成"正统派"。更加明显的误译是：piacere estetico（审美愉悦）译成"审美快感"。因为在克罗齐看来，只有艺术表象（审美事实）才引起真正的精神的愉悦，而不是感官的快乐。克罗齐说，"甚至有人试图从感官快乐的共鸣中推演出艺术的快乐"，"谁要想象审美事实是悦目悦耳的东西"，就会"把美同一般快乐混为一谈"。④

---

① 《朱光潜全集》第 11 卷，安徽教育出版社，1989，第 130 页。
② 同上书，第 132 页。
③ 同上书，第 128 页。
④ 克罗齐：《美学的理论》，田时纲译，中国社会科学出版社，2007，第 115 页。

最后，朱光潜先生太忙，无暇修订译文。朱光潜先生说，"我已年近八十，还是下定决心，动手来译"维科的《新科学》，[①] 而他完稿时已八十有七。在《新科学》完稿的同一年——1983 年，《美学原理》新版本由外国文学出版社出版。颇为奇怪的是：在新版的《美学原理》中，维科的《新科学》（La scienza nuova）被错译成《新知》。由此可以推断，由于朱光潜先生全力以赴地投入《新科学》的翻译工作，无暇校改《美学原理》的旧译文。此外，像立维、契玛布、琪奥托、蒂香、居佐、蒂埃尔、冉克、冒姆生，这些带有 20 世纪 40 年代色彩的译名未改动；其实，只需一小时，查阅一下《辞海》或其他百科全书，就可改为 80 年代的通译：李维、契马布埃、乔托、提香、基佐、梯也尔、兰克、蒙森（然而，在 1989 年出版的《朱光潜全集》第 11 卷中，朱光潜先生将上述明显错译加以纠正）。

更令人欣喜的是：朱光潜先生在翻译《新科学》时，终于发现"精神"同"心灵"的区别，他将"spiritualezzata"[②] 译成"精神化"。[③] 因此，我们有理由相信：如果朱光潜先生的生命再延续几年，他定会发现并纠正《美学原理》译文中的其他错译（包括 spirito 的译名）。

最后，我想以著名翻译家蓝英年的话作为本文结尾：世上只有不朽的名著，没有不朽的译本。随着时代的前进，语言也在发生变化，从而新译文必将代替旧译文。我衷心希望更好的中译本早日问世，代替《美学的理论》。

（刊于 2007 年 1 月 25 日《社会科学报》）

① 《朱光潜全集》第 19 卷，安徽教育出版社，1989，第 267 页。
② Vico, La scienza nuova (Roma-Bari: Editori Laterza, 1978), p. 174.
③ 《朱光潜全集》第 18 卷，安徽教育出版社，1989，第 221 页。

为何重译《美学的理论》

2004 年 11 月，我到意大利哲学研究所从事短期研究工作，当该所秘书长加尔加诺（Antonio Gargano）教授知悉，克罗齐的美学名著《作为表现科学和一般语言学的美学》的理论编，尚无根据意大利文版译出的中文版，建议我承担这一任务。

在完成《克罗齐史学名著译丛》第 5 卷《十九世纪欧洲史》译稿后，我立即投入《作为表现科学和一般语言学的美学》理论编的翻译工作，至 2005 年 10 月下旬完成初稿。2005 年 10 月 29 日，在那不勒斯出席《克罗齐史学名著译丛》发布会后，我又在意大利哲学研究所研究两周。其间，我同克罗齐美学研究专家埃尔内斯托·保罗齐（Ernesto Paolozzi）教授，就译稿中的疑难问题专门讨论了两次。此后，又就《作为表现科学和一般语言学的美学》理论编中的重要范畴的译法，征求过意大利汉学家、那不勒斯东方大学教授焦尔焦·卡萨齐（Giorgio Casacchia）的意见。

在翻译过程中，我还参阅了朱光潜先生的译本《美学原理》。应该说，没有美学前辈的开创性工作，就不会有现在的新译本。朱光潜先生早在 1947 年就译出《美学原理》，他在介绍和研究克罗齐的美学思想上做出了不可磨灭的贡献，我们要永远铭记他的历史性功绩。

然而，实事求是地说，朱译本受时代的局限，也存在一些不足和错误。

一　关于书名

意大利文为 *Estetica come scienza dell'espressione e linguistica generale*，应译

作《作为表现科学和一般语言学的美学》（以下简称《美学》）。此书分上下两编：上编，理论；下编，历史。外国文学出版社 1983 年出版的朱光潜译《美学理论》即该书上编，中国社会科学出版社 1984 年出版的王天清译《作为表现科学和一般语言学的美学的历史》即该书下编。该书上编新译本书名定为《作为表现科学和一般语言学的美学的理论》（2007 年 1 月已由中国社会科学出版社出版，以下简称《美学的理论》）。

朱光潜先生译成《美学原理》是不够准确的。因为意文是 teoria，即理论，不是 principio，即原理。况且克罗齐一贯反对把美学实证主义化、自然科学化；美学只能有理论，不能有类似于物理学、化学那样的原理。

二 关于版本

《美学原理》是朱光潜先生根据 1922 年英译本译出的，而且他还发现"英译本常有错误或不妥处，原因是译者的哲学训练不太够"。

新译本《美学的理论》根据 1941 年意大利文第七版翻译；1941 年第七版才是最终修订版。

三 关于完整性

朱译本缺少献词和原序。新译本恢复献词和四个序言（1901 年、1907 年、1921 年、1941 年）。

卷首献词是："纪念我的双亲帕斯夸莱和路易莎·希帕莉及我的姐姐马利亚"。请注意，这不是一般意义上的献词，而是在地震灾难中幸存的克罗齐用自己创造性劳动成果告慰九泉之下的父母和姐姐。

1883 年 7 月 28 日，正值克罗齐同家人在伊斯基亚岛上度假，突发的地震夺去了双亲和姐姐的生命，17 岁的克罗齐成为孤儿，移居罗马寄养在堂叔西尔维奥·斯帕文塔（著名自由派政治家）家。在罗马居住前期，由于失去亲人、前途未卜、郁郁寡欢，使他对生活失去信心，常常夜晚蒙头大睡，清晨不起，甚至萌生自杀的念头。其后，他克服了精神危机，到罗马大学法律系注册学习，但他并不专注听课，而是到图书馆博览群书。3 年后，移居那不勒斯。在 10 余年内，他出入文艺沙龙，出国考察，研究历史、文学和马克思主义。但真正奠定其学术地位的是《精神哲学》第 1 卷——《作为表现科学和一般语言学的美学》（当时克罗齐年仅 36 岁）。这部杰作成为现代西方美学的开山之作。

如果说恢复献词是必要的，那么恢复四个序言更不可或缺。

（一）全面、准确认识《美学》的价值和局限

1941 年克罗齐写道："在逝去的 40 年里，我从未因这种研究而忽视对艺术理论的研究，从我获得的这些丰硕成果，往后看我 1901 年的著作，我真是百感交集，既对在今天看来的缺陷感到羞愧，又因当时自己的发现，作为我在思想世界的首个目标而倍感亲切。"[①]

克罗齐把《美学》界定为"一本在精神哲学总蓝图的框架内完整却精练的美学理论专著"。其主干既是对物理学的、心理学的和自然主义的美学的批判，又是对形而上学美学的批判，强调美是直觉，是表现。其富有生命力的思想是，审美活动是一切精神活动的基础，"当对精神生活第一个及最简单形式的理解暧昧不明、支离破碎并严重扭曲时，则不能希望更好地理解精神生活以后的和更复杂的形式。从审美活动更精确的概念，人们应当期待对其他哲学概念的纠正和对某些问题的解决"[②]。

克罗齐本人指出《美学》的缺陷：仍存在"自然主义"残余；对逻辑学的简述不够清晰、准确（在《精神哲学》第 2 卷——《作为纯概念科学的逻辑学》里加以阐明、纠正）；纯粹直觉的抒情性与普遍性仅仅呈现为"萌芽"状态，没有充分展开和阐明。由此可见，在评价克罗齐的美学思想时，上述情况不容忽视。

---

① 克罗齐：《美学的理论》，田时纲译，中国社会科学出版社，2007，第 10 页。
② 同上书，第 2 页。

（二）全面、准确把握克罗齐美学思想发展轨迹和丰富内涵

1902 年《美学》出版，1952 年克罗齐逝世。在长达半个世纪的时间内，克罗齐又完成了两部美学专著。一本是 1911 年出版的《美学问题》，另一本是 1926 年（修订版）的《美学新论文集》。两本书的篇幅不小，都长达 400 多页。尤其第二本，克罗齐认为是对早期《美学》的重写（著名的《美学纲要》就收录在此书中）。两书的主要发展是：证明纯粹直接的抒情性（1908）；证明其普遍性或世界性（1918）。克罗齐写道："可以说第一个发展旨在反对模仿说的或现实主义的形形色色的伪艺术，第二个发展旨在反对同样虚假的艺术——放纵情欲的艺术，或如人们所说的'浪漫主义的'艺术。"[1]

此外，克罗齐的美学思想还渗透到其文学理论和文学批评著作中。要准确把握克罗齐的美学思想，不阅读《诗歌》《阿里奥斯托·莎士比亚·高乃依》《但丁的诗》《古代诗与现代诗》等著作不行。因为，正是在这些著作中，克罗齐探讨美学和艺术问题，深化了艺术抒情性范畴，深入研究艺术哲学与语言哲学、艺术史与语言史的同一。

集哲学家、美学家、史学家于一身的克罗齐，在其哲学和史学著作中也不乏对美学的论述。譬如，在《十九世纪欧洲史》中对浪漫主义的精辟见解；在《历史学的理论和历史》中对艺术家自身矛盾的深刻分析。克罗齐指出：西班牙大戏剧家维加的理论声明同其艺术作品大相径庭，因为"艺术是想象的产物，一定要与艺术理论区分开，艺术理论是反思的产物。艺术天才创造艺术作品，思辨才智产生艺术理论，在艺术家身上思辨才智往往要向艺术天才学习，以致他们干一件事，而说是另一件事；或说一件事，而干另一件事。在此种情况下，不能指责他们在逻辑上不一致，因为不一致存在于两个不一致的思想之间，而从不存在于思想和想象之间。"[2]

综上所述，要研究和把握克罗齐的美学理论，仅仅阅读《美学》是不够的，还要阅读《美学问题》和《美学新论文集》等美学专著。这还不够，

---

① 克罗齐：《美学的理论》，田时纲译，中国社会科学出版社，2007，第 5~6 页。
② 克罗齐：《历史学的理论和历史》，田时纲译，中国社会科学出版社，2005，第 120 页。

还须阅读其文学理论和文学批评的著作乃至史学和哲学著作。

四 关于准确性

应当说朱光潜先生关于多数美学范畴的译法，对后人来说是奠基性的。新译本就继承朱先生的译名而言，主要有：intuizione（直觉）、espressione（表现）、rappresentazione（表象）、immaginazione（想象）、immagine（意象），以及各种错误美学术语的译名。

（一）我改进的译名有：

1. estrinsecazione，原译"外射"，现译"外现"。因为此范畴是与表现相连的，在意大利权威词典《津卡雷利意大利语词典》（*Vocabolario della lingua italiana di Nicola Zingarelli*）里，此词条的解释就有"espressione"和"magnifestazione"，即"表现"。

2. riproduzione estetica，原译"审美再造"，现译"审美再现"和"审美再造"。审美再现指审美外现（艺术家活动）；而审美再造指审美判断（批评家活动）。克罗齐使用同一词组表达两个不同概念，应根据不同语境加以区分。

3. sintesi a priori，原译"先经验综合"，现译"先天综合"

4. edonismo，原译"快感主义"，现译"快乐主义"。此词通译"享乐主义"，也有译作"快乐主义"的，这两个译名都是哲学范畴；而快感主义属心理学范畴。克罗齐认为，心理学范畴属于伪审美概念。故在翻译克罗齐的美学范畴时，切忌按心理学概念来理解。

（二）我修正的译名有：

1. conoscenza，原译"知识"，现译"认识"。因为克罗齐美学是从哲学认识论开始的，他认为人类认识分直觉认识（conoscenza intuitiva）和逻辑认识（conoscenza logica）或理性认识（conoscenza intellettiva）。

2. piacere estetico，原译"审美快感"，现译"审美愉悦"。因为，在克罗齐看来，只有艺术表象（审美事实）才引起真正的精神的愉悦，而不是感官的快乐。他说"甚至有人试图从感官快乐的共鸣中推演出艺术的快乐","谁要想象审美事实是悦目悦耳的东西",就会"把美同一般快乐混为一谈"。① 罗丹也强调艺术引起"精神的愉快",他说"在自然中一般人所谓的'丑',在艺术中能变成非常的美";② 他还写道:"美丽的风景所以使人感动,不是由于它给人或多或少的舒适的感觉"。③

3. teorico,原译"认识的",现译"理论的"。

4. piacere,原译"快感",现译"快乐"或"愉悦"。

5. verosimile,原译"合理的",现译"似真"。此概念最早由意大利著名文学家曼佐尼提出,旨在强调艺术的真实,即审美连贯律。

6. parole,原译"文字",现译"话语"。克罗齐认为美学与语言学同一,他多用"话语""述说""词语",未用"文字"。

7. omnimode determinatum(拉丁文),原译"毫无定性的",现译"各式各样确定的"。

8. parte del leone,原译"最大的份儿",现译"狮子的角色"。

朱光潜先生译文:"逻辑的知识占据了很大的份儿,如果逻辑没有完全把她的伙伴宰杀吞噬,也只是悭吝地让她处于伺婢或守门人的卑位。"④ 这里,显然"最大的份儿"和"吞噬"没有丝毫逻辑联系。

新译文:"逻辑认识扮演了狮子的角色:如果它尚未直接地吞噬其伙伴的话,也只是刚刚赐予后者一个婢女或门房的卑职。"⑤

9. columnae(拉丁文),原译"书贾",现译"石柱"。

10. spiritualisti,原译"精神派",现译"唯灵论者"。

11. cattolici,原译"正统派",现译"天主教徒"。

12. scuole,原译"经院派",现译"学院派"。

13. granatieri,原译"炮兵",现译"掷弹兵"。在意大利语中,炮兵是artiglieria。掷弹兵指18世纪欧洲陆军的一个兵种,在步兵团中挑选身材高

① 克罗齐:《美学的理论》,田时纲译,中国社会科学出版社,2007,第115页。
② 《罗丹艺术论》,人民美术出版社,1978,第23页。
③ 同上书,第90页。
④ 《朱光潜全集》第11卷,安徽教育出版社,1989,第132页。
⑤ 克罗齐:《美学的理论》,田时纲译,中国社会科学出版社,2007,第12页。

大、英勇善战的士兵，在战斗中充任先锋，负责向敌军投掷手榴弹。

14. messapiche，原译"墨西哥的"，现译"梅萨比文的"。梅萨比文，是意大利半岛东南部（现卡拉布里亚和普利亚）古代民族梅萨比人使用的文字。梅萨比文碑铭溯源至公元前 6 世纪到公元前 1 世纪。"梅萨比文的"同"墨西哥的"风马牛不相及。在意大利语中，墨西哥的是 messicane。

15. corpi semplici，原译"原子"，现译"单质"。在意大利语中，原子是 atomi。此外，单质和原子的含义不同：单质指由同种元素的原子组成的纯净物，如氢、氧、铁、铜等；原子指组成单质或化合物分子的基本单位。请看朱光潜先生的译文："与化学中原子与化合物的分别相近。原子的形成是不能指出的，如能指出，它就不是原子而是化合物。"① 显然，由于错把单质译成原子，这段译文离原文太远，变成令人费解的"化学原理"。

新译文："就如同在化学中单质与化合物的差异。单质的多元素分子式写不出，否则就不能称作单质，若能写出就不是单质而是化合物。"②

16. fonografo，原译"录音机"，现译"留声机"。不应忘记，在克罗齐撰写《美学》的 1901 年还没有发明录音机。在意大利语中，录音机是 registratore。

17. Risorgimento，原译"复兴时期"，现译"民族复兴运动"。请注意，原文单词第一个字母大写，说明这是专有名词，指从 18 世纪末至 1870 年的历史时期，在此时期意大利实现了民族统一和民族国家的建立。

18. ragionatore，原译"理论家"，现译"推理者"。在意大利语中，理论家是 teorico。

19. citazione，原译"印刷传单"，现译"传票"。在意大利语中，传单是 volante。

（刊于《汕头大学学报》2009 年第 4 期）

---

① 《朱光潜全集》第 11 卷，安徽教育出版社，1989，第 271 页。
② 克罗齐：《美学的理论》，田时纲译，中国社会科学出版社，2007，第 180 页。

为何重译《美学纲要》

　　《美学纲要》（*Breviario di estetica*）是克罗齐继《作为表现科学和普通语言学的美学》（中译本《美学的理论》是该书理论部分，以下简称《美学的理论》）之后又一部美学理论力作。克罗齐受赖斯学院（美国得克萨斯州新大学）院长奥德尔教授之邀，为该院落成典礼所写的讲演稿，1913 年用意大利语发表。同 1902 年的《美学的理论》相比，克罗齐对美学诸多概念的陈述更加明晰，使得它们之间联系更加紧密。可以说，《美学纲要》是对《美学的理论》中探讨的美学问题的扩展和深化，充分论述抒情直觉及艺术创造的理论，批评及文学艺术史的方法论。

一　关于版本

　　韩邦凯、罗芄两位学界前辈早在 1983 年就译出《美学纲要》（外国文学出版社）功不可没。然而，实事求是地说，韩、罗译本根据 1921 年道格拉斯·昂斯勒的英译本移译，也存在一些错漏之处。为此，笔者决定根据 1991 年 "克罗齐著作国家版"（Edizione nazionale delle opere di Benedetto Croce）的《美学新论文集》（*Nuovi saggi di estetica*，Napoli，Bibliopolis，1991）翻译。意文版《美学纲要》共分四讲：（一）"什么是艺术？"；（二）关于艺术的偏见；（三）艺术在精神中及人类社会中的位置；（四）批评及文艺史。韩、罗译本设六章，是按法译本的安排。其中，最后两章是《美学新论文集》中独立成篇的论文：《美学史的起源、时期及特征》和《艺术表现的整一性》。新译本根据意文版恢复其原貌，将这两篇论文放在附编。

这里仅就第一讲——"什么是艺术？"看韩、罗译本的缺陷。

二 关于美学范畴的译法

（一）我改进的译名

1. rapprentazione，原译"再现"，现译"表现"。因为此概念和 espressione（表现）是同义词。克罗齐使用 riproduzione 表示"再现"或"再造"。比如，riproduzione estetica，若指艺术家的活动（审美外现），译作"审美再现"；若指批评家的活动（审美判断），译作"审美再造"。

2. edonismo，原译"快感主义"，现译"快乐主义"。快乐主义属哲学范畴，而快感主义属心理学范畴。克罗齐认为，心理学范畴属于伪审美概念，故在翻译克罗齐的美学范畴时，切忌按心理学范畴理解。

3. sietesi a priori，原译"先验综合"，现译"先天综合"。

4. piacere，原译"快感"，现译"快乐"。因为快感只指感官的快乐，没有精神的愉悦。克罗齐认为，艺术引起真正的精神愉悦，而不是感官快乐。罗丹也强调艺术引起"精神的愉快"。

5. idealità，原译"意象性"，现译"理想性"。克罗齐写道："意象就其纯粹意象价值而言，是意象的纯粹理想性。"克罗齐也提及"自然的理想化"（idealizzamento della natura）。

（二）我纠正的译名

1. spirito，原译"心灵"，现译"精神"。因为克罗齐使用的 spirito 源于黑格尔的 Geist，因此，spirito 的译名应参照 Geist 的译名。在意大利文版《哲学百科全书》"Spirito"条目下写道："从康德的批判主义产生了黑格尔关于精神（Geist）概念的最初含义，这是他于 1807 年在《精神现象学》中建构的，其后他在《哲学全书》中扩展为完整的哲学体系，把精神区分为主观精神、客观精神和绝对精神。克罗齐的'精神哲学'把精神划分为四种差异范畴，实现了对黑格尔哲学的改造。"① 显然，"精神"是个重要的哲学范畴，"心灵"承载不了哲学的重负。克罗齐在"精神"和"心灵"之间做了严格区分：前者用"spirito"，后者用"anima""animo""psiche"等词。韩邦凯和罗芃两位先生未作区分，可能受到朱光潜先生的影响。

2. conoscenza，原译"知识"，现译"认识"。从而 conoscenza concettuale，不能译作"概念知识"，只能译作"概念认识"。因为克罗齐美学是从哲学认识论开始的。克罗齐在《美学的理论》开头写道："认识有两种形式：或直觉认识，或逻辑认识；或依靠想象力的认识，或依靠理解力的认识；不是对个体的认识，就是对普遍的认识；不是对个别事物的认识，就是对它们关系的认识。总之，不是产生意象的认识，就是产生概念的认识。"②

3. poetica，原译"诗人"，现译"诗学"。因为在意大利语中"诗人"是 poeta。

诗人，指写诗的作家；诗学，这里指阐述文艺理论的著作。

4. allegoria，原译"寓言"，现译"寓意"。因为克罗齐在此讲中对两个概念做了区分："寓言"，他使用 favola。

三　其他错漏

1. bisogno utilitario，不是"实用主义的需要"，而是"功利的需要"，因为在意大利语中"实用主义的"是 pragmatistico，而不是 utilitario。

2. per cosi dire，不是"据说"，而是"可以这样说"。

3. a guisa di rampollo，不是"像幼苗似的"，而是"如泉水般"。

原译：然而，怀疑仍在真理的脚下涌出，"像幼苗似的"——正如但丁老人的三行诗所描写的那样——怀疑，正是它，驾驭着人的理智"从这山

---

① *Enciclopedia Garzanti di Filosofia*（Milano：Garzanti Editore，1999），p.1098.

② 克罗齐：《美学的理论》，田时纲译，中国人民大学出版社，2014，第1页。

到那山"。①

现译：然而，在真理脚下，怀疑，"如泉水般"（如前辈但丁在三行诗中所说）涌出，其后正是怀疑驱使人的理智跨越"座座山丘"。

4. palagio della scienza，不是"科学的海洋"，而是"科学的殿堂"。

5. 意文：i nostri interessi pratici, coi correlativi piaceri e dolori, si mescolano, si confondono talvolta, lo perturbano, ma non si fondono mai col nostro interesse estetco. ②

现译：我们的实际利益同相应的快乐及痛苦相混，有时甚至混为一谈，它们扰乱我们的审美兴趣，但从未同我们的审美兴趣相提并论。

原译：我们的实际兴趣及其有关的快感与痛感和艺术掺在一起，有时和艺术混淆起来，干扰了我们的审美兴趣，但却决不等于我们的审美兴趣。③

这里，姑且不提"快感""痛感"的错译，原文中从未出现"arte"，根据什么译出"艺术"一词？

6. 意文：E poiché ogni errore ha il suo motivo di vero, la dottrina edonistica ha il suo eterno motivo di vero. ④

现译：由于每种错误都有其真实动因，快乐主义学说也有其永恒真实动因。

原译：由于每一种错误都含有正确的因素，而快感主义学说中一直正确的因素在于……⑤

这里，姑且不提"快感主义"的错译，motivo 是动因、动机，不是因素（elemento）；vero 是真实，不是正确（giusto）。况且，真实不一定正确。可见，韩、罗译文偏离了原文的思想。

7. 意文：Per altro, la teoria moralistica dell'arte è anch'essa rappresentata nella storia delle dottrine estetiche, e non è morta del tutto neppure oggi, sebbene

---

① 克罗齐：《美学纲要》，韩邦凯、罗芃译，外国文学出版社，1983，第 221 页。
② Croce, *Nuovi saggi di estetica* (Napoli：Bibliopolis, 1991), p. 19.
③ 克罗齐：《美学纲要》，韩邦凯、罗芃译，外国文学出版社，1983，第 212 页。
④ Croce, *Nuovi saggi di estetica* (Napoli：Bibliopolis, 1991), p. 20.
⑤ 克罗齐：《美学纲要》，韩邦凯、罗芃译，外国文学出版社，1983，第 213 页。

sia nella comune opinione assai screditata. ①

现译：此外，道德主义艺术理论在美学学说史上也有表现，时至今日仍未完全灭绝，虽然人们普遍认为它已声名狼藉。

原译：此外，关于艺术的道德学说在美学流派史上也有反映，不过我们时代的一般看法对这套理论已经很不以为然。②

这里，少译"灭绝"一句，"声名狼藉"（screditata）不是"不以为然"（ripugnante）。

8. 意文：Tutte cose che l'arte non può fare, come non può farle la geometria, la quale, tuttavia, per codesta impotenza non perde punto la rispettabilità, e non si vede poi perché dovrebbe perdere la l'arte. ③

现译：艺术不能做所有这些事情，正如几何学不能做一样，但几何学未因有该弱点而丧失丝毫尊严，其后人们不理解，为什么艺术就应丧失尊严。

原译：这些事情是艺术所做不到的，正像几何学也做不到一样。可是几何学并不因为做不到这些事情而丧失其重要性的一丝一毫，人们就不懂，为什么艺术就非得做这些事不可。④

这里，问题出在第二句。impotenza 是弱点、虚弱、无力，不是重要性（importanza）。"丧失"（perde）的宾语是"尊严"（la rispettabilità）。原文中根本没有"艺术就非得做这些事情不可"，这是由于对原文语法的错误分析和意义的错误理解造成的。最后一句 dovrebbe perdere la l'arte，主语是艺术（l'arte），谓语是"应丧失"（dovrebbe perdere），宾语是"尊严"（la，单数阴性人称代词，la = la rispettabilità），而不是"那些事情"（le，复数阴性人称代词，le = tutte cose，所有这些事情）。

9. 意文：se l'arte è di là dalla morale, non è né di là né di qua, ma sotto l'impero di lei l'artista, in quanto uomo, che ai doveri dell'uomo non può sottrar-

---

① Croce, *Nuovi saggi di estetica* (Napoli: Bibliopolis, 1991), p. 21.
② 克罗齐：《美学纲要》，韩邦凯、罗芃译，外国文学出版社，1983，第214页。
③ Croce, *Nuovi saggi di estetica* (Napoli: Bibliopolis, 1991), p. 21.
④ 克罗齐：《美学纲要》，韩邦凯、罗芃译，外国文学出版社，1983，第214页。

si, e l'arte stessa ——l'arte che non è e non sarà mai la morale ——deve considerare come una missione, esercitare come un sacerdozio. ①

现译：若艺术处于道德之外，艺术不偏不倚；但艺术家却置身道德王国，由于他是人，不能逃避人的责任，就应当把艺术本身（艺术从未是道德）视为要履行的使命、神圣的职责。

原译：因为，从艺术在道德范畴之外这点来看，艺术家当然是既不在道德的这一面也不在那一面；然而艺术家既是在道德王国里，那么他只要是人，就不能逃避做人的责任，就必须把艺术本身——现在和将来都不是道德——看作是一项要执行的使命，一个教士的职责。②

这里，主要的问题是前后矛盾：前面说艺术家在道德之外，后面说艺术家在道德王国里。

10. 意文：Perché il mito, a colui che crede in esso, si presenta quale rivelazione e conoscenza della realtà contro l'irrealtà, discacciante da sé le diverse credenze come illusorie e false. ③

现译：因为神话对相信它的人们而言，就是对实在的揭示和认识，并同非实在相对立，从而他们从自身驱逐视为虚幻及骗人的其他信仰。

原译：因为，对于相信神话的人来说，神话本身就是对现实界（它是与非现实界相对的）的揭示和认识——这个现实界把其他信仰当做虚幻加以排斥。④

这里，同非实在相对立的是"神话"（相信它的人们认为它是实在的），不是"现实界"；此外，"现实界"如何排斥其他信仰，因为信仰只能被人们所信奉或摒弃。

11. 意文：tanto più numerosi ed efficaci quanto più energico era lo spirito del filosofo che le professava. ⑤

现译：信奉它们的哲学家的精神越强有力，解体因素数目就越多并越

---

① Croce, *Nuovi saggi di estetica* (Napoli：Bibliopolis, 1991), p. 22.
② 克罗齐：《美学纲要》，韩邦凯、罗芃译，外国文学出版社，1983，第215页。
③ Croce, *Nuovi saggi di estetica* (Napoli：Bibliopolis, 1991), p. 23.
④ 克罗齐：《美学纲要》，韩邦凯、罗芃译，外国文学出版社，1983，第217页。
⑤ Croce, *Nuovi saggi di estetica* (Napoli：Bibliopolis, 1991), p. 25.

有效。

原译：而这些瓦解的因素越多，信仰这些学说的哲学家的精神就越有活力。①

这里，把因果关系颠倒了：quanto più 后是原因，tanto più 后是结果。比如：Quanto più lo interrompevano, tanto più lui si innervosiva. 越打断他，他越恼火。

12. 意文：e la fantasia è produttrice, laddove l'immaginazione è parassita. ②

现译：幻想是生产者，而想象是寄生虫。

原译：幻想是创造者，而想象则不是。③

13. 意文：E questo bisogno di risoluzione del dualismo allegoristico conduce, infatti, ad affinare la teoria dell'intuizione in quanto allegoria dell'idea, nell'altra dell'iutuizione come simbolo. ④

现译：事实上，消解寓意二元论的需要，导致作为理念寓意的直觉理论，在作为象征的直觉理论中实现完善。

原译：寓言二元论的需要导致了作为理念寓言的直觉理论的改进，即把直觉看成象征的另一种学说。⑤

这里，因遗漏一个词 risoluzione——消解，导致同原文"南辕北辙"。

14. 意文：perché nel simbolo l'idea non sta più da sé, pensabile separatamente dalla rappresentazione simpoleggiangte, né questa sta da sé, rappresentabile in modo vivo senza l'ideasimboleggiata. ⑥

现译：脱离象征性表现而独立存在的理念不可思议，而没有被象征的理念，象征性表现也不可能栩栩如生。

原译：因为在象征中，离开象征的再现而不独立存在的理念是不可思

① 克罗齐：《美学纲要》，韩邦凯、罗芃译，外国文学出版社，1983，第 219 页。
② Croce, *Nuovi saggi di estetica* (Napoli: Bibliopolis, 1991), p. 29.
③ 克罗齐：《美学纲要》，韩邦凯、罗芃译，外国文学出版社，1983，第 222 页。
④ Croce, *Nuovi saggi di estetica* (Napoli: Bibliopolis, 1991), p. 30.
⑤ 克罗齐：《美学纲要》，韩邦凯、罗芃译，外国文学出版社，1983，第 224 页。
⑥ Croce, *Nuovi saggi di estetica* (Napoli: Bibliopolis, 1991), p. 30.

议的；而没有象征化了的理念，象征本身也不可能生动地被再现出来。①

这里，克罗齐所要表达的思想是：在艺术意象中，理念和表现融为一体，在表现中理念全部消解，正如在糖水中方糖全部溶解，若方糖没有溶解于水，水就不会甜（即表现不可能栩栩如生）。而原译文肯定"理念独立存在"，如同肯定在糖水中方糖"独立存在"，就同克罗齐的思想大相径庭。

15. 意文：il romanticismo chiede all'arte, soprattutto, l'effusione spontanea e violenta degli affetti, degli amori e degli odi, delle angosce e dei giubili, delle disperazioni e degli elevamenti. ②

现译：浪漫主义首先要求艺术自发并强烈地抒发情感——爱、憎、忧伤、欢欣、绝望、振奋。

原译：浪漫主义首先要求艺术自发而强烈地迸发出爱憎及喜怒哀乐的激情。③

这里，主要遗漏两个词：disperazioni，绝望；elevamenti，振奋。

16. 意文：Codeste esprerienze e codesti giudizi critici si possono compendiare teoricamente nella formola. ④

现译：这些经验和这些批判性判断在理论上可以概括为公式。

原译：从理论上还是能在下列公式中继续使用这些经验及这些批判性判断。⑤

这里，错将 compendiare（概括）译成"继续使用"。

17. 意文：e in essa l'aspirazione sta solo per la rapprentazione e la rappresentazione solo per l'aspirazione. ⑥

现译：在艺术中渴望仅为了表现，而表现仅为了渴望。

原译：在艺术中，灵感不仅通过再现，再现也不只通过灵感。⑦

---

① 克罗齐：《美学纲要》，韩邦凯、罗芃译，外国文学出版社，1983，第 224~225 页。
② Croce, *Nuovi saggi di estetica* (Napoli: Bibliopolis, 1991), p. 31.
③ 克罗齐：《美学纲要》，韩邦凯、罗芃译，外国文学出版社，1983，第 225 页。
④ Croce, *Nuovi saggi di estetica* (Napoli: Bibliopolis, 1991), p. 33.
⑤ 克罗齐：《美学纲要》，韩邦凯、罗芃译，外国文学出版社，1983，第 227 页。
⑥ Croce, *Nuovi saggi di estetica* (Napoli: Bibliopolis, 1991), p. 33.
⑦ 克罗齐：《美学纲要》，韩邦凯、罗芃译，外国文学出版社，1983，第 227 页。

这里，除"灵感""再现"不够准确外，全句意思背离原文。因为，克罗齐强调"直觉（表现）只源于情感、基于情感"，表现（直觉）仅为了表达情感。

18. 意文：ma è l'universo tutto guardato *sub specie intuitionis*.[1]

现译：而是用直觉目光观察的整个宇宙。

原译：而是用直觉范畴所看到的整个世界。[2]

查《拉丁语汉语词典》（商务印书馆，1988）第 513 页：

species　　1）视力，目光，神色：speciem aliquo vertere 将目光投向别处；

　　　　　　8）概念，认识。

这说明 species 确有"概念"（"范畴"）的含义，但在这句话的具体语境中其含义是"目光"。

况且，"直觉目光"的提法符合克罗齐的一贯思想。在《美学的理论》中，他写道："直觉认识不需要主义，也无必要依靠他人；不应向别人借眼睛，因为自己头上就长着火眼金睛。"[3]

综上所述，韩邦凯、罗芃两位先生的《美学纲要》中译本存在一些错漏，我以为主要受英译本牵连，因为朱光潜先生的《美学原理》中译本就是如此。这也说明转译本犯错的概率通常大于直译本。以往，受历史条件所限，不少非英语外国学术名著都通过英译本转译，我们首先应当肯定这些转译本在介绍外国学术名著方面做出的贡献，但也要承认它们的缺陷和局限。在中华民族实现复兴的伟大时代，学术界和出版界应有更高的要求，应当通力合作，最终实现从原文直接移译外国学术经典的目标。

（原载克罗齐《美学纲要·美学精要》，田时纲译，社会科学文献出版社，2016）

---

[1]　Croce, Nuovi saggi di estetica, Bibliopolis, Napoli, 1991, p. 40.

[2]　克罗齐：《美学纲要》，韩邦凯、罗芃译，外国文学出版社，1983，第 235 页。

[3]　克罗齐：《美学的理论》，田时纲译，中国人民大学出版社，2014，第 2 页。

为何重译《美学精要》

　　《美学精要》（*Aesthetica in nuce*）是克罗齐于 1928 年为《不列颠百科全书》第四版撰写的"美学"条目，是克罗齐继《作为表现科学和普通语言学的美学》（1902）和《美学纲要》（1913）后又一部美学理论力作。《美学精要》是对克罗齐美学思想的简明、全面的重述，是对其美学理论和文艺批评及文艺史方法论的发展及深化。艺术作为独立的精神形式，美学作为哲学学科，艺术与语言、艺术与修辞学、艺术与哲学、诗人与社会及历史的诸多关系、美学简史，克罗齐对这些美学问题全都做了清晰、透彻的阐述。黄文捷先生首译《美学精要》功不可没，（他译作《美学核心》，收入《美学或艺术和语言哲学》，中国社会科学出版社 1992 年版，以下简称黄译本），但因种种原因，出现一些误译，因此有必要重译，笔者所依蓝本为意大利 Editori Laterza 1979 年版（以下简称意文版）。

　　黄文捷先生译文的主要错误如下。

　　1. 意文版第 1 页：immagini。

　　黄译本第 1 页：形象。

　　现译：意象。

　　朱光潜先生最早将 immagini 译成意象，作为美学范畴，意象比形象更贴切，因为意象的含义是意境。此外，在意大利语中，形象用 figure。

　　2. 意文版第 11 页：（拉丁文）*delphinus in silvis*, *aper in fluctibus*。

　　黄译本第 5 页：树木郁郁葱葱，果园繁花似锦。

　　现译：森林中的海豚，海洋里的野猪。

　　3. 意文版第 14 页：Anche da questa differenza deriva l'altro carattere（che

è poi sinonimo, al pari del precedente, dell'espressione poetica）, la sua "infinità", contrapposta al la "finità" del sentimento o della passione immediata：il che si chiama anche il carattere "universale" o "cosmico" della poesia.

黄译本第 7 页：从上述差别中也可以引申出另一个特征（这一特征和前者一样，也是诗的表现的同义语），亦即表达直接情感或激情的"无限性"，这一"无限性"同表现的"有效性"恰恰是对立的，这也就是人们所说的诗的"普遍性"或"宇宙性"。

现译：另一特性也源于该差异（该特性和前者一样，也是诗的表现的同义词），即诗的表现的"无限性"，同直接情感或激情的"有限性"相对立，这种特性也被称作诗的"普遍性"或"世界性"。

这里，克罗齐做出对比：诗的表现的"无限性"（la sua "infinità"），诗的"普遍性"或"世界性"（il carattere "universale" o "cosmico" della poesia）；直接情感或激情的"有限性"（la "finità" del sentimento o della passione immediata）。黄文捷先生的译文同克罗齐的原文"南辕北辙"：表达直接情感或激情的"无限性"；表现的"有限性"。

4. 意文版第 20 页：il quale non è il linguaggio, ma non è mai senza linguaggio, e adopera il linguaggio che la poesia ha essa creato.

黄译本第 10 页：这种思维不是语言，但是从来不能没有语言，这种逻辑思维采用创造诗的语言。

现译：思维逻辑不是语言，但从来不能没有语言，并且使用诗创造的语言。

这里，原文（从句）中明确写道：主语 la poesia（诗），为了强调，还添加代词 essa（它 = 诗，因为数和性同 poesia 一致）；谓语 ha creato（创造）。

黄译本所说"创造诗的语言"是什么语言？该语言又是谁创造的（主语是谁）？

参见克罗齐的《美学的理论》（中国人民大学出版社 2014 年版）第 21 页："诗是情感的语言，散文是理智的语言；但由于理智在其具体性与实在性上也是情感，因此所有散文都有诗的层面"；"没有散文，诗可存在；但没有诗，散文却不可存在。诗是'人类的母语'，原始人'天生是卓越诗人'。"

由此可见，克罗齐的美学思想是一以贯之的：诗是人类的母语，散文离不开诗，逻辑思维使用诗创造的语言。

5. 意文版第 20 页：（拉丁文）il *famulus* di Faust。

黄译本第 11 页：浮士德的法姆路斯。

现译：俯首听命的浮士德。

6. 意文版第 20 页：（德文）*grillenhafte Stunden*。

黄译本第 11 页：怪癖的念头。

现译：忧郁时光。

7. 意文版第 22 页：Ora, l'*apriori* non sta mai per sé。

黄译本第 11 页：这种先验性的东西从来是本身就具备的。

现译：其实，这种先天性从未自己存在。

这里，黄文捷先生遗漏了一个词 "non"（不），从而同原文 "南辕北辙"。

8. 意文版第 23 页：così l'*apriori* logico dell'arte non esiste altrove che nei particolari giudizi che esso ha formati e forma。

黄译本第 11 页：因此，艺术的逻辑先验性不存在于任何别的地方，它只存在于艺术本身所形成的具体判断。

现译：艺术的逻辑先天性不存在于其他地方，只存在于它形成的特殊判断中。

黄译本的错误在于将代词 esso（它）译成艺术，esso ≠ arte（艺术）= essa，因为 esso 是阳性、单数代词，而 arte 是阴性、单数名词，只能用 essa（阴性、单数代词）替代。由此可见，它只能是（艺术的）逻辑先天性。

9. 意文版第 25 页：E chi reputi fallaci e oltrepassate coteste concezioni filosofiche del positivismo…non si attarderà a confutare …non considererà…

黄译本第 13 页：那种认为上述实证主义……的哲学概念是虚假的人，也会毫不迟疑地批驳……，这种理论将不会认为……

现译：而认为实证主义……的哲学观念虚假、过时的人们，却毫不迟疑地批驳……，他们不认为……

这个复句的主语是 chi（人们），两个谓语是 non si attarderà a confutare（毫不迟疑地批驳）和 non considererà（不认为）。原文中没有第二个主语——这种理论。

10. 意文版第 32 页：I trattati di tecnica non sono trattati di Estetica。

黄译本第 17 页：技术条件不是美学条件。

现译：技术著作不是美学著作。

在意大利语中，条件是 condizioni。

11. 意文版第 34 页：gli oggetti artistici。

黄译本第 17 页：艺术客体。

现译：艺术载体。

因为，艺术客体相对于艺术主体而言，那么，谁是艺术主体呢？

克罗齐写道："因此，交流工作，即对艺术意象的保存和传播，受技术指导，产生物质载体，也就是人们打比方说的'艺术品'或'艺术作品'。"由此可见，克罗齐所说的"艺术载体"就是人们通常所说的"艺术品"或"艺术作品"。

12. 意文版第 36～37 页：ma varia non già secondo i concetti tecnici delle arti, sibbene secondo l'infinita varietà delle personalità artistiche e dei loro stati d'animo。

黄译本第 19 页：但是，艺术的变化不是根据艺术的技术观念，而是根据艺术个性和艺术精神状态的千变万化。

现译：但艺术的变化无穷不是根据各种艺术的技术概念，而是根据艺术家的变化无穷的个性及其精神状态。

这里，误译的关键是将 artistiche 译成"艺术的"，而实际含义是"艺术家的"。形容词 artistiche 具有两个含义：艺术的、艺术家的，这要根据具体语境"二者选一"。

13. 意文版第 41 页：dunque, non si distinguono dalla prima se non in cose estrinseche。

黄译本第 22 页：因此，史诗和悲剧同抒情诗是没有区别的，除非是在美学问题方面。

现译：由此可见，史诗和悲剧同抒情诗别无二致，除非在外在方面。

黄译本自相矛盾：先说没有区别，又说在美学问题方面有区别（这才是本质性区别）。犯错的原因在于将形容词 estrinseche（外在的）看成 estetiche（美学的）。

14. 意文版第 50 页：Ma ciò non toglie che……，e che……

黄译本第 27 页：这并不等于否认……，也不是说……

现译：然而，这一切并未否定……，也未否定……

黄译本的错误在于"也不是说"，等于否定；实际上是肯定（也未否定）。这个复句有一个主句：Ma ciò non toglie（这一切并未否定）；两个从句用连词 che 相连。

15. 意文版第 57 页：Cartesio。

黄译本第 30 页：卡尔泰西奥。

现译：笛卡尔（法国著名哲学家和数学家）。

16. 意文版第 58 页：né sistematici nell'estrinseco。

黄译本第 31 页：这些书籍也不能归属到其本体以外的系统中去。

现译：这些著作外在地看不成体系。

黄译本不知所云，主要是对 estrinseco（外在方面）的含义没有把握。

17. 意文版第 64 页：fantasia，è tanto più forte quanto più è libera di raziocinio，suo nemico e dissolvitore。

黄译本第 35 页：而幻想越是强大，推理也就越是自由，而推理正是诗的逻辑的对头和溶化剂。

现译：幻想越是摆脱推理，其力量就越强大，因为推理是幻想的敌人和摧毁者。

黄译本的错误有三：（一）因果关系颠倒，quanto più……是因，tanto più……是果。如 quanto più lo interrompevano，tanto più si innervosiva. 越打断他，他越恼火。（二）libera（自由的）是阴性、单数形容词，不能修饰 raziocinio（推理），因为它是阳性、单数名词，只能修饰 fantasia（幻想），这个阴性、单数名词。（三）诗的逻辑，是译者添加，因为前面有 fantasia（幻想），后面的物主代词 suo（它的）只能是"幻想的"。由于上述三个错误，致使译文同原文大相径庭，不合逻辑。

18. 意文版第 67 页：Ma egli stesso riaprivale porte al "concetto confuso", quando attribuva al genio la virtù di combinare intelletto e immaginazione, e distingueva l'arte dalla "pura bellezza", definendola "bellezza aderente"。

黄译本第 37 页：但是，当维科认为把智力和想象力结合起来的才能是天才，并把"纯粹的美"的艺术加以突出，称之为"符合人们口味的美"时，他自己却又为"模糊概念"敞开了大门。

现译：然而，康德本人把智力和想象力相结合的能力归于天才，并把艺术同"纯粹美"相区分，当他把艺术界定为"依存美"时，就为"混乱概念"打开了大门。

首先，黄译本把这段话的主语搞错，因为原文中没有名词：Kant, Vico（康德、维科），只有人称代词 egli（他），这就需要根据具体语境确定"他"指谁。

上述复句处于该自然段的结尾，前面出现"康德"三次，没有出现"维科"，只出现形容词"维科的"（la teoria vichina，维科的理论），因此"他"不可能指维科，只能指康德。此外，将艺术同"纯粹美"相区分，把艺术界定为"依存美"，都是康德的美学思想，与维科的理论风马牛不相及。这也反映出译者对康德和维科的美学思想缺乏深入了解。

19. 意文版第 68 页：e si beatifica nel pensiero di Dio o dell'Idea。

黄译本第 37 页：满足于上帝的思维或思想。

现译：乐于思考上帝或理念。

20. 意文版第 68 页：la dialettica delle categorie。

黄译本第 38 页：种种类别的辩证。

现译：诸多范畴的辩证法。

21. 意文版第 70 页：Essi solo veramente consolano delle trivialità estetiche dei filosofi positivistici e della faticosa vacuità dei cosiddetti idealisti。

黄译本第 39 页：只有他们才是真正能够摆脱实证主义哲学家们的美学三位一体论，真正能够摆脱所谓唯心主义者的吃力不讨好的做法。

现译：只有他们才减轻了实证主义哲学家的粗俗美学和所谓唯心主义者的费力空谈造成的痛苦。

黄译本的主要错误是将 trivialità（粗俗、庸俗）译成"三位一体论"。在意大利语中，"三位一体"是 trinità。

黄文捷先生是我敬重的一位资深意大利语翻译家，他为读者奉献出不少优秀的意大利文学译著（如《神曲》《泽诺的意识》《苦难情侣》）。出现上述错误，主要由于其哲学知识不足。正如克罗齐所说，美学是哲学学科；因此，要想译好克罗齐的美学著作，光靠意大利语和汉语的高深造诣是不够的。

（原载克罗齐《美学纲要·美学精要》，田时纲译，社会科学文献出版社，2016）

对《狱中札记》中译本的几点意见

安东尼奥·葛兰西是意大利共产党的创始人和领袖，国际工人运动的杰出战士，勇于探索的马克思主义理论家。他的主要理论著作《狱中札记》从1948年开始陆续出版后，在意大利立即引起强烈反响。从20世纪50年代起，《狱中札记》又先后被译成法、德、英、俄、日五种文字。20世纪70年代，国际范围内掀起了研究葛兰西的热潮。今天，人们越来越认识到葛兰西思想的价值。

1983年3月，人民出版社出版了《狱中札记》中文版。它必将促进我国理论界对葛兰西思想遗产的认识与研究，是值得庆贺的事情。然而，也不能不指出，这个译本存在一些问题，应该提出来，供读者在研究参考时注意。

首先，中译本所依据的俄译本是一个陈旧的并有严重缺陷的本子。

目前，《狱中札记》权威、完备的原文版本有两个。一是1975年都灵埃诺迪（Einaudi editore）出版社的四卷本。它是葛兰西研究所在杰拉塔纳（V. Gerratana）教授领导下多年辛勤工作的成果。它的主要特点是：（一）忠实可靠——全部文字对照手稿校订，甚至连葛兰西删掉的文字也都一一列出，并加以说明；（二）按笔记本与书写时间顺序编排，更便于人们把握葛兰西思想发展的脉络。另一个是1977年罗马联合出版社（Editori Riuniti）出版的新专题六卷本。它以埃诺迪出版社的四卷本为蓝本，文字与四卷本完全吻合。这个版本的优点是便于人们进行专题研究。六卷分别为：（一）《历史唯物主义和克罗齐哲学》；（二）《知识分子和文化组织》；（三）《民族复兴运动》；（四）《关于马基雅维利、政治与现代国家的笔记》；（五）《文学和民族生活》；（六）《过去和现在》。

显然，中译本所依据的蓝本不是源于上述两个版本。中译本是根据莫斯科外国书籍出版社 1959 年出版的《葛兰西选集》第三卷译出的。而俄译本在当时只能根据埃诺迪出版社 1948 年的旧专题六卷本翻译，那就难免有疏漏。

不仅如此，俄译本是选本，从篇幅上大约仅为意文版的五分之一。从量上看，也很难反映《狱中札记》的全貌。

最主要的是：苏联编译者不是根据文章的内在价值进行客观地选择，而是以自己的好恶主观地进行取舍，这就不仅是内容残缺不全，甚至有舍本逐末的偏差。请看实例。

《狱中札记》意文版第一卷——《历史唯物主义和克罗齐哲学》共有六个部分。俄译本只节选了两部分，尤其是删掉了此卷的核心部分——"Ⅲ. 对《社会学通俗教材》① 企图的批判札记"和"Ⅳ. 贝内德托·克罗齐的哲学。"从量上看，这两部分共计一百多页，约占该卷的一半；从质上看，应该说最能反映葛兰西哲学的本质特征——既批判历史唯心论，又批判机械（庸俗、形而上学）唯物主义：特别是第三部分，这些札记不仅是对布哈林机械论的批判，而且是对把马克思主义庸俗化、简单化的批判，对国际工人运动中泛滥一时的庸俗决定论的清算。通过这两部分，既能了解葛兰西对马克思主义哲学的贡献，又能找到他某些失误的症结。苏联编译者在当时的形势下，可能是对与苏联官方哲学有关的部分特别敏感，而有意作了回避。

再如第四卷《关于马基雅维利、政治与现代国家的笔记》，意文版共计498 页，分为六个部分。而俄译本只取了"现代君主"这一部分，其余五部分全都舍去。尤其不能理解的是：将葛兰西对马克思政治思想最大贡献的"阵地战"思想也排除在外。要知道，葛兰西正是从意大利和西方国家的具体国情出发，同俄国社会结构作了比较与区分后，才提出了有别于十月革命（"运动战"）的"阵地战"的新的无产阶级革命战略思想的。即是说，西

---

① 即布哈林 1921 年的《历史唯物主义理论——马克思主义社会学通俗教材》，葛兰西在狱中读的是 1927 年的法译本。

方资产阶级要比俄国资产阶级强大得多，他们不仅拥有前沿阵地——反动政权，而且拥有众多坚固的"堡垒和战壕"——思想文化的领导权，如学校、教会、道德观念、习惯势力等。因此，西方无产阶级仅仅夺取政权是不够的，还必须攻占市民社会的一切阵地，这只能打"稳扎稳打"的"阵地战"，而不能打"速战速决"的"运动战"。苏联编译者显然对这种独特的见解存有异议。但是，如果把"阵地战"思想抛弃了，葛兰西又何以称为"西方革命的战略家"呢？

窥一斑而知全豹，其他各卷就不一一列举。

其次，有的译文不够准确，把本来就费解的文字弄得更加晦涩。这里有三种可能：一是俄译的错，二是汉译的错，三是"错中错"。

笔者在研究知识分子问题时，读了《狱中札记》中译本第 423 页的一段文字："成为新的知识分子的可能性，并不是更加依赖于娓娓动听——外表上活跃一时的激奋与热情的媒介物，而是依赖于'不停地坚信事业'的——不仅是夸夸其谈的，而且是提高到抽象—数学精神的作为建设者、组织者和实践生活积极的融合；必须从劳动活动形式上的实践，推进到科学活动的实践以及历史的人道主义的世界观……"

我读了一遍又一遍，仍如堕五里雾中。对照原文一看，才恍然大悟：短短的五行文字错译多达五六处。有的属于词义不对，有的意思截然相反，有的将原来的句子结构打乱，故出现了逻辑矛盾。现将原文和笔者译文附上，供读者比较参考。

原文抄自 1977 年联合出版社的《知识分子和文化组织》第 22 页。

"Il modo di essere del nuovo intellettuale non può più consistere nella eloquenza, *motrice* esteriore e momentanea degli affetti e delle passioni, ma nel mescolarsi attivamente alla Vita pratica, come costruttore, organizzatore, *persuasore permanentemente* perche *non puro oratore* —e tuttavia *superiore allo* spirito astratto matematico; dalla tecnica-lovoro giunge alla tecnica-scienza e alla concezione umanistica storica..."

笔者译文：

要做新的知识分子，再不能在于善于辞令——外在的和暂时的情感与热情的动力，而要做为建设者、组织者、"坚持不懈的劝说者"（由于不是纯粹的演说家）——但要超越抽象的数学精神，积极投身到实践生活中去；从技术—劳动到技术—科学以及历史的人道主义观念……

这里，《狱中札记》中译本此段文字的小错暂且不提，择其主要的有：

（1）motrice——是"动力"，不是"媒介物"。

（2）persuasore——是"劝说者"（词），而不是"坚信事业"（词组）。

（3）non puro oratore——为"不是纯粹的演说家"，并非"不仅是夸夸其谈"。

（4）superiore a～——是"超越～"，而不是"提高到～"。

（5）由于（3）、（4）的错误，严重歪曲了原义，似乎葛兰西赞同"夸夸其谈"，主张"抽象—数学精神"，从而与"不是……娓娓动听"及"和实践生活积极的融合"相矛盾。

（6）句子结构搞乱了。把对"劝说者"的补充说明放置到"建设者、组织者"的前面作定语用。

在中译本 418～428 页的短短十页里，错译段还有不少。

如第 418 页："所有社会集团，即产生于历来经济生产基础之上，也就同时有机地给自己造成一个或几个知识界阶层，这种阶层使知识界不仅在经济上，而且也在社会政治领域具有其自身作用的同一性和意识。"

显然，"知识界阶层"使"知识界"具有同一性，从逻辑上说不通，这是同语反复。如果说，知识界阶层是部分，知识界是整体，那也与实际不符，因为整个知识界并不同一，而是从属于不同阶级（社会集团）。查对了原文，根本没有"知识界"这个词，只有代词"gli"，译成汉语为"给它"，从上下文看，它≠知识分子阶层，否则，应用"a sé"，"给自己"；这样，"它"只指社会集团。即是说，每一社会集团的"有机"知识分子阶层使此社会集团具有同质性（omogeneità）。

再如第 419 页："每个新阶级随自身以创造并在自己逐步发展中形成的'有机的'知识界代表人物大部分是新阶级使之出现的新社会型基本活动各方面领域中的'专家'。"

这里"大部分"实际上是"通常"（"per lo piú"）。"专家"应为"专门化"（"specializzazioni"），"代表人物"纯系译者添加的。笔者译文是：
"每个新阶级随自身创造并在自己逐步发展中形成的'有机'知识分子，通
常是新阶级使之出现的新社会型基本活动各个方面的'专门化'。"（参看
《知识分子和文化组织》意文版第 4 页）

还如第 428 页："'政党的全体党员应当看作知识分子'……应当要做
各种程度的划分：党能够具有多数的成员，具备比较高尚的品格……"

这里，并没有做各种程度的划分，冒号后面只提一种程度。怎么回事呢？
译错了。原文是："un partito potrà avere una maggiore o minore composizione del
grado piú alto o di quello piú basso,"在"o"（或者）的前后有"maggiore"
（多）、"minore"（少）和"alto"（高）、"basso"（低）两组对应的形容词：
应该译成："……一个党可能有或多或少的成员，具备或高或低的素质……"

还须指出的是：由于译者的哲学功底不够或一时疏忽，有时将哲学范
畴混同于一般概念，譬如质 = 质量，量 = 数量。

要知道，量与质作为哲学范畴有着特定的含义：质是一事物区别于他
事物的一种内部规定性，是由事物内部的特殊矛盾规定。量是事物存在的
规模和发展的程度，是一种可以用数量来表示的规定性，包括大小、高低、
长短、粗细、深浅、轻重、快慢等。

质量与数量作为一般概念、日常用语，其含义大相径庭，前者通常指
产品或工作的优劣程度，后者仅指多少。

从原文看，它们没有任何区别，都是 quantità（量、数量）和 qualità
（质、质量）。这就须视具体的语言环境而定。

请看实例：

其一，原文：

L'economia studia queste leggi di tendenza in quanto espressioni quantitative
dei fenomeni；nel passaggio dalla economia alla storia generale il concetto di
quantità. è integrato da quello di qualità e dalla dialettica quantità che diventa
qualità *quantità* = *necessità*；*qualità* = *libertà*. [1]

---

[1] A. Gramsci, Il materialismo storico e la filosofia di Benedetto Croce（Roma：Editori Riuniti,
1977），p. 112.

中译本译文：

〔政治〕经济学作为现象的量的表现来研究这些倾向率；在从〔政治〕经济学转为普遍的历史的时候，量的概念补充以质的概念和变为质的辩证的量的概念。① 数量＝必然性，质量＝自由。"数量—质量"的辩证法（辩证的相互联系）与"必然性—自由"的辩证法同一。②

笔者译文：

经济学把这些倾向律作为现象的量的表现来研究；当从经济学转到普遍的历史时，量的概念由质的及变为质的辩证的量的概念补充，量＝必然，质＝自由。量—质辩证法与必然—自由辩证法同一。

这里，可以看出：译者起初译成哲学范畴，但后来没有坚持下去。另外第一句把"作为现象的量的表现"的修饰对象搞错了。不是"经济学"，而是"倾向律"。

其二，原文：

Cosa sono i fenomeni? Sono qualcosa di oggettivo, che esistono in sé e per sé, o sono qualità cha l'uomo ha distinto in conseguenza dei suoi interessi pratici (la costruzione della sua vita economica) e dei suoi interessi scientific, cioè della necessità di trovare un ordine nel mondo e di descrivere e classificare le cose (necessità che e anch'essa legata a interessi pratici mediati e futuri)?③

中译本译文：

现象是什么呢？现象是不是一种存在于自身之中和为自己而存在的客观的东西，或者这就是人由于争取自己实际的（建设自己的经济生活）和科学的利益，也就是由于在世界中去寻找一种程序，描述我们周围的事物并分类的必要性（这种必要性也与实际利益，与未来利益间接联系）所选出来的一种质量？④

---

① 葛兰西：《狱中札记》，葆煦译，人民出版社，1983，第83页。

② 同上书，第83页。

③ A. Gramsci, *Il materialismo storico e la filosofia di Benedetto Croce* (Roma: Editori Riuniti, 1977), p. 49.

④ 葛兰西：《狱中札记》，葆煦译，人民出版社，1983，第52～53页。

笔者译文：

现象是什么？它们是某种自在自为地存在的客观的东西，还是人由于其实际利益（建设自己的经济生活）和科学利益，即由于在世界中寻找一种秩序和对事物进行描述及分类的必然性（这种必然性也与间接的或未来的实际利益相联系）而区分的质？

实事求是地说，这段译文并没有大毛病。小错有：

（1）"in sé e per sé"通译为"自在自为"，这里译得累赘些；

（2）添加原文没有的词或词组，如"争取""我们周围"；

（3）"mediati"（间接的）修饰"剥益"，而不是"联系"；

（4）较大的错是将"qualità"译为"一种质量"：其一，不是"质量"，而是"质"，其二，不是"一种"，原文中没有"una"（不定冠词——"一种"），实际上省略了部分冠词"della"（泛指多种质）。

限于时间与篇幅，不可能将译文中的所有问题一一指出，仅举几种典型误译。

鉴于上述原因，笔者认为有必要从原文直接翻译《狱中札记》，最好根据 1975 年的四卷本或 1977 年的专题六卷本，在新的译本问世之前，理论工作者最好阅读原文版或其他文种的较好译本，这个以俄译本为蓝本的中译本仅供参阅。

在此篇短文的结尾，再说些题外话。这也可说是准备拙文时的副产品。笔者一向认为（也是相当一部分国外葛兰西研究者的意见）：葛兰西的"实践哲学"（filosofia della praxis），是在法西斯监狱这一特殊条件下对马克思主义的称谓。要知道，他在狱中写的每一行字，包括书信、笔记，都要经由法西斯当局检查。葛兰西为了避免引起敌人的注意，不用（也不可能使用）"马克思主义"，而用"实践哲学"代替。其根据之一是用实践哲学的创始人"（"il fondatore della filosofia della praxis"）称呼马克思。现发现更直接、更有说服力的证据是：他把罗莎·卢森堡发表在 1903 年 3 月 14 日《前进报》上的《马克思主义中的停滞与进步》（"stillstand und Fortschritt im Marxismus"）一文称作"实践哲学发展中的停滞与进步"（Progressi e arresti nello sviluppo della filosofia della praxis"）结论是清清楚楚的：实践哲学 = 马克思主义。而且，据我所知，在《狱中札记》中，葛兰西只在引述索列尔原话时，抄录了"马克思"，而"马克思主义"从没有出现过，至少没有在使用"实践哲学"时，又提到"马克思主义"。

因此，我们不应再在"实践哲学"这一概念上耗费过多的笔墨，尤其不要将它看作葛兰西标新立异的哲学路线，从而与马克思主义相区别。葛兰西围绕"实践哲学"所写的文字中可能出现的失误是一回事，像柯尔施、卢卡齐等人所要建构的有别于传统马克思主义的思潮是另一回事。葛兰西与柯尔施、卢卡齐不同，这不仅表现在他对共产主义事业的无限忠诚，对十月革命和列宁主义的坚决拥护，也表现在他对发展和丰富马克思主义理论宝库所做的贡献。重要的是，我们应当联系 20 世纪 20~30 年代意大利和国际共产主义运动的斗争实际，尤其是是在庸俗决定论和机械论盛行的特殊历史条件下，看待葛兰西坚持历史辩证法，反对歪曲马克思主义、阉割其革命灵魂所作历史功绩。总之，按历史的本来面目评价葛兰西，他不是什么"西方马克思主义者"，而是伟大的马克思列宁主义者。非常有趣的是，从意大利到苏联、东欧乃至中国的共产党人对此做出肯定回答，而个别西方学者（从佩里·安德森到卢齐亚诺·科莱蒂）出于政治目的都喜欢把他同卢卡齐、柯尔施相提并论。

（原载现代外国哲学编辑组编《现代外国哲学》（10），人民出版社，1987）

《美的历史》中译本错漏百出
——从"序言"和"导论"看对艾柯的偏离

意大利著名学者、作家艾柯谈"美的观念"的力作《美的历史》中译本2007年2月由中央编译出版社出版发行。该书封底的"自我鉴定"有三项成立:"豪华印刷""图文阐释""大师灼见",但称"名家译笔忠实典雅"则言过其实。

该中译本版权页上注明:"本书中文简体字版由意大利RCS Libri S. p. A. 授权,中央编译出版社独家出版发行。译自:History of Beauty (Translated from the Italian by Alastair McEwen);据意大利文版校订";所据意大利文版为米兰Bompiani出版社2004年版——STORIA DELLA BELLEZZA。

正巧,笔者2004年10月在乌尔比诺大学哲学系从事短期研究时,购得的意文版《美的历史》也是米兰Bompiani出版社2004年版。意文版《美的历史》版权页上明确写道:"I testi sono stati scritti da Umberto Eco (Introduzione e capp. 3, 4, 5, 6, 11, 13, 15, 16, 17) e da Girolamo de Michele (capp. 1, 2, 7, 8, 9, 10, 12, 14)",其译文为:"本书正文由翁贝托·艾柯(导论及第3、4、5、6、11、13、15、16、17各章)和哲罗姆·德·米凯莱(第1、2、7、8、9、10、12、14各章)撰写。"

中译本注明"翁贝托·艾柯编著",没有错;但还不够。因为,另一位意大利学者哲罗姆·德·米凯莱撰写全书的八个章节(占全书九分之四篇幅),中译本却只字未提,这有失公允。此外,这样做对读者也不负责,造成全书都由艾柯撰写的错觉。

这本书是由一位台湾译者所译。中译本"译者简介"写道："彭淮栋，生于 1953 年，台湾新竹县竹东镇人，东海大学外文系毕业，台湾大学外文研究所肄业，曾任出版公司编辑，现任报纸编译，译文以典雅著称。"

"译笔忠实典雅"吗？事实胜于雄辩。窥一斑而知全豹，笔者对照意文版的《美的历史》，只读了彭淮栋先生译的"目录"和"导论"（连图 14 页，译文不足 4000 字），就发现大错十余处，漏译一段。具体情况如下。

一 "目录" 部分

1. 第三章第 5 节："I trattati sull'arte"，不是"其他艺术"，而是"关于艺术的论著"。这从文本的内容可知："所有具象艺术论，从艾索山修道僧所写的拜占庭时期作品，到 15 世纪塞尼尼（Cennini，拟译作切尼尼）的《画论》……我们应当看看维拉·德·奥内库尔的《画像论》……"①这里，"具象艺术论"、"所写作品"、《画论》、《画像书》，都不能称作"其他艺术"（同何种艺术相比而言），而是"艺术论"著作，或是论艺术的作品。

2. 第五章第 1 节："una bella rappresentazione del brutto"，不是"以美丽刻画怪物"，而是"用美表现丑"。此节正文提到"所有文化皆有其美的观念，亦有其丑的观念"，"表现丑（康德）"、"表现痛苦（黑格尔）"。②显然，"丑的观念"、康德的"表现丑"和黑格尔的"表现痛苦"不是所谓"刻画怪物"。

3. 第十四章第 5 节："serialità"不能译作"大量生产"，而是"系列化"（或序列化）。此节译文"这么说来，大量生产是不是美在'艺术可用技术复制的时代'的命运？"③不够准确，恰恰由于对"serialità"理解错误，此概念不是强调量的增长（虽然与它有关），而是强调相互关联、成组成

① 艾柯：《美的历史》，彭淮栋译，中央编译出版社，2007，第 86 页。
② 同上书，第 131~135 页。
③ 同上书，第 376 页。

套——质的充实、丰富。

4. 第十六章第 4 节："Dalla materia riprodotta a quella industriale, al profondo della materia"不是"从复制到工业材料到物质的深度"，而是"从被复制材料到工业材料，到物质的深层"。意文中的 riprodotta 是及物动词 riprodurre（复制）的过去分词，修饰 materia（材料）。同样，"materia allo stato brado"，拟译作"原始状态材料"，而不是"素材状态的材料"；比如，泥土，路面等，经艺术家的审美创造，就成了艺术品。况且，工业材料也能成为艺术家创作的素材，从而"素材状态的材料"同"工业材料"的界限不清。

二　"导论"部分

5. "我们旁观，带着某种超脱，虽然也怀着某种情感，而且不无思齐之欲。"（《美的历史》，第 8 页，以下只标页码）不无是（双重否定）就是有（肯定）；而意文是"e senza essere trascinati dal desiderio"，拟译作："又没有被欲望所累"；显然，彭淮栋的译文同艾柯的原文"南辕北辙"。

"而不起思齐置地之心"

《辞海》设"思齐"条目，指《诗·大雅》篇名。其实，意文"desiderio"的含义非常明确，就是"欲望"。译者似有故弄玄虚之嫌。

6. "我们悦赏烘焙店橱窗里一个结婚蛋糕"。（第 8 页）

拟译作"甚至我们欣赏糕点铺（pasticcere）橱窗里精心制作的（ben confezionata）结婚蛋糕"。这里，烘焙店是错译，因为《现代汉语词典》中没有此词，另"烘焙"的含义是"用火烘干（茶叶、烟叶等）"，意大利式结婚蛋糕是软质的，上有奶油、樱桃、巧克力等辅料。如经烘焙，就不再是蛋糕，而变成一种新式"饼干"。此外，漏译两个单词（ben confezionata）——意为"精心制作"。

7. "认为美是自然界的特质（月光、精美的水果、美丽的颜色）"。（第 10 页）

原文："La Bellezza era una qualità che potevano avere le cose della natura（come un bel chiaro di luna，un bel frutto，un bel colore）"，拟译作"美曾是自然物能具有的一种性质（比如皎洁月光、秀美水果、漂亮色彩）"。这里，是"自然物"（cose della natura），不是"自然界"（natura）；"皎洁"（bel）必须译出，从而同"秀美""漂亮"一起构成"一种性质"。

8."到相当后来，为了将绘画、雕刻及建筑区别于工艺，才有现代意义的'艺术'一词。不过，美与艺术的关系往往暧昧分层……"（第 10 页）

原文："Soltanto tardi，per distinguere pittura，scultura，architettura da quello che oggi chiameremmo artigianato，si è elaborata la nozione di Belle Arti. Tuttavia，vedremo che il rapporto tra Bellezza e Arte si è spesso posto in mo-do ambiguo"．（意文版第 12 页）

笔者试译："只是很晚，为了将绘画、雕刻及建筑同我们今天称作（oggi chiameremmo）的手工艺相区别，才形成了美术的概念（la nozione di Belle Arti）。然而，我们发现（vedremo）美和艺术的关系（il rapporto tra Bellezza e Arte）往往被暧昧不明地提出"。

彭淮栋将原文中的"la nozione di Belle Arti"的"美"（Belle）去掉，只保留"艺术"（Arti），再添加原文中不存在的修饰语"现代意义的"，又把"概念"（la nozione）换成"一词"，只能表明译者不是在翻译，而是在编译。

问题的关键是"la nozione di Belle Arti"能否译成"现代意义的'艺术'一词"，答案是否定的。《意汉词典》（商务印书馆 2003 年版）、《现代汉意意汉词典》（外研社 2001 年版）和《简明汉意词典》（上海外语教育出版社 1996 年版）中，"Belle Arti"对应"美术"，"美术"对应"Belle Arti"。

《简明不列颠百科全书》的"美术 fine arts"条目的释义是"绘画、雕刻和建筑。"

《现代汉语词典》（第 5 版）"美术"条目的释义是"造型艺术"，即"占有一定空间、构成有美感的形象、使人通过视觉来欣赏的艺术，包括绘画、雕塑、建筑等"。由此可见，将"Belle Arti"译作"美术"是同艾柯的思想相通的。因为，在文艺复兴时期以前，造型艺术家与手工业者几乎没有区别。只是到了 18 世纪中叶（即艾柯所说的"只是很晚"）才将画家、雕刻家、建筑家同手工艺者区分开，从而形成"美术"的概念。

那么，"美术"概念能理解成"现代意义的'艺术'一词"吗？绝对不能。美术是特殊艺术——造型艺术的概念，专指绘画、雕塑和建筑，从而西文用复数形式：Arti（意大利文）、Arts（英文）。相反，在现代汉语语境中，现代一般意义上的"艺术"概念"包括文学、绘画、雕刻、建筑、音乐、舞蹈、戏剧、电影等"（见《现代汉语词典》第 5 版"艺术"词条）；意大利著名美学家克罗齐在《美学的理论》（1902 年）一书中，使用arte（单数）表示现代一般意义上的艺术。比如，艺术史——storia dell'arte，艺术的抒情性——carattere lirico dell'arte，艺术的解放与净化功能——funzione liberatrice e purificazione dell'arte。在该书第 2 章"直觉与艺术"中，克罗齐列举了"民间情歌""风景画""悲剧""莫里哀喜剧""演员舞台表演"等，表明同现代汉语的"艺术"概念是一致的，即包括造型艺术在内的广义、一般的艺术。20 世纪意大利另一位著名哲学家金蒂莱（Giovanni Gentile）在《艺术哲学》（1931）一书中也是这样使用的：problema dell'arte——艺术问题，carattere pratico dell'arte——艺术的实践性，moralità dell'arte——艺术的道德性。艾柯严格遵从现代意大利美学的学术规范，在《美的历史》中，也用单数——Arte 表示现代意义的"艺术"概念，比如"il rapporto tra Bellezza e Arte"（"美和艺术的关系"）。

9. "我们一路看美的历史"。（第 10 页）

原文是"si citeranno le idée via via espresse sull'arte"，拟译作"我们将引述被逐渐表达的艺术观念"。这里，via via 不是"一路"，更不修饰不存在的"看"。

10. "但我们有圣伯纳的文字"。（第 12 页）

原文是"tuttavia esiste un testo di San Bernardo"，拟译作"但存在圣伯尔纳的文本"。稍有美学知识者都会知道"文本"和"文字"有着天壤之别。况且，原文明明写着"testo"（文本），而不是"lettera"（文字）。

11. 原文为"si ispiravano alla moda del loro tempo"，拟译作"其灵感来自他们所处时代的时尚"，彭淮栋译作"又从当下身处时代的服装汲取灵感"不够准确。

12. 原文："Spesso, di fronte a un reperto dell'arte o dell'artigianato antico, saremo aiutati da testi letterali e filosofici dell'epoca",拟译作"当我们面对古代艺术品或手工艺品时,往往会得到当时哲学的或文学的文本的帮助",而彭淮栋的译文"思考古代艺术家或匠人之作,当时的文学或哲学文字往往可以借助"(第 12 页)不够准确。

13. 一个难以置信的错误。在"我们说过"之前,有一段漏译。

原文见 STORIA DELLA BELLEZZA (2004 RCS Libri S. p. A., Bompiani, Milano) 第 12 页:

Per queste ragioni questo libro si occupa solo dell'idea di Bellezza nella cultura occidentale. Per i popoli detti primitivi abbiamo reperti artistici come maschere, graffiti, sculture, ma non disponiamo di testi teorici che ci dicano se queste fossero destinate alla contemplazione, alla celebrazione rituale o semplicemente all'uso quotidiano. Per altre culture, ricche di testi poetici e filosofici (come ad esempio quella indiana o quella cinese), è quasi sempre difficile stabilire sino a qual punto certi concetti possano essere identificati con i nostri, anche se la tradizione ci ha indotto a tradurli in termini occidentali come "bello" o "giusto". In ogni caso sarebbe impresa che ci potrebbe oltre i limiti di questo libro.

笔者试译:

由于上述原因,本书只关注在西方文化中的美的观念。我们拥有所谓原始民族的艺术品,比如面具、粗糙雕刻、雕刻,但我们没有理论文本,以便告诉我们它们是用作静观、葬礼或单纯日常应用。至于其他文化,虽说诗歌与哲学的典籍浩如烟海(比如印度文化或中国文化),但几乎很难确定在哪点上某些概念同我们的同一,即使传统引导我们把它们译成西方文字,比如"美"或"正义"。无论如何,很难让我们超越本书的局限。

造成这段漏译的可能原因是:

一、英译本漏译,从而与台湾译者和出版者关系不大;但同中央编译出版社有关:(一)在根据米兰 Bompiani 出版社 2004 年版校订时,编者不

负责任，没有发现英译本（中译本）同意大利文本的差异；（二）或许"据
意大利文版校订"只是"纸上谈兵"或"走走过场"。

二、英译本没有漏译，是台湾译者漏译：（一）责任心不强，看花
眼——情有可原（但仍有疑问："导论"共 16 个自然段，为什么偏偏这一
段漏译，漏译的概率为 6.25%）；（二）有意为之（或台湾出版者删去），
以适应台湾"去中国化"的政治大气候——不能原谅。

14. 原文："c'è un passo celebre di Senofane di Colofone, uno dei filosofi
presocratici, che recita:'Ma se i bovi e i cavalli e i leoni avessero le mani, o
potessero disegnare con le mani, e fare opere come quelle degli uomini, e simili
ai cavalli il cavallo raffigurerebbe gli dei, e simili ai bovi il bove, e farebbero loro
dei corpi come quelli che ha ciascuno di coloro.'"（意文版第 12~14 页）

彭淮栋译文："苏格拉底学派哲学家色诺芬尼有一段著名的话：'假若
牛或狮子有手，能如人一般作画，假使禽兽画神，则马画之神将似马，牛
画之神将似牛，神之状貌各如它们自己。'"（第 12 页）

笔者试译："一位前苏格拉底哲学家色诺芬尼在一段名言里写道：'如
果牛、马（cavalli）或狮子有手，能像人那样作画并创作作品（fare opere），
则马画的神像马，牛画的神像牛，它们按自身描画各自的神的体貌（dei
corpi）。'"

其中，"filosofi presocratici"不是"苏格拉底学派哲学家"，而是"前苏
格拉底哲学家"。前缀"pre"，在拉丁文、意大利文、英文中都有"前"的
含义，presocratici 中的"pre"必须译出，不能省略。前苏格拉底哲学家指
生活在苏格拉底时代之前的希腊哲学家。色诺芬尼生于公元前 570 年，卒于
公元前 470 年，是爱利亚学派先驱。而苏格拉底生于公元前 469 年，卒于公
元前 399 年。一位在苏格拉底出生前就逝世的哲学家怎么能从属苏格拉底学
派呢？这比说黑格尔是马克思主义哲学家还要荒谬，因为黑格尔离世
（1831 年）时，马克思（生于 1818 年）毕竟已经 13 岁了。

15. 原文："Questo libro parte dal principio che la Bellezza non è mai stata
qualcosa di assoluto e immutabile, ma ha assunto volti diversi a seconda del perio-
do storico e del paese：questo non solo per quanto riguarda la bellezza fisica

（dell'uomo，della donna，del paesaggio），ma anche per quanto riguarda la Bellezza di Dio，o dei santi，o delle idee."（意文版第 14 页）

彭淮栋译文："本书谋篇命意的原则是，美向来并非绝对、颠扑不破，而是随历史时期与国家之异，非仅身体之美如此（包括男、女、风景），神、圣徒、观念之美亦然。"（第 12 页）

笔者试译："本书从如下原则出发：美从来不是绝对、一成不变的东西（qualcosa），美随历史时期和国家而呈现不同面貌（volti diversi），这不仅涉及物理美（男性美、女性美、风景美），还涉及上帝、圣徒、观念的美。"

显然，"身体之美"不能概括"风景美"。形容词 fisico 有"身体的"和"物理的"两种含义。根据上下文，这里应取后种含义。此外，"物理美"是克罗齐使用的美学概念；艾柯借用克罗齐的这一概念。

16. 原文："mentre in un medesimo periodo storico le immagini dei pittori e degli scultori sembravano celebrale un certo modello di Bellezza（degli esseri umani，della natura，o delle idee），la letteratura ne celebrava un altro."（意文版第 14 页）

彭淮栋译文："同一时期，画家与雕刻家歌颂一种美的模范（人、自然、观念），而文学家却歌颂另一种模范。"（第 12 页）

笔者试译："在同一历史（storico）时期，画家和雕刻家的意象（le immagini）似乎（sembravano）赞美一种美的模式（人的、自然的、观念的），而文学作品（la letteratura）却颂扬另一种模式。"

显然，将"modello di Bellezza"译作"美的模范"是不准确的。因为，在现代汉语语境中，模范一般指人（如劳动模范、识字模范），不指物，更不指抽象概念。有时，彭淮栋译作"美的模型"，也不准确。因为，在现代汉语语境中，模型一般指具体物（如飞机模型、舰艇模型），不指抽象概念。

总之，从"导论"的译文看，不能说忠实，更谈不上典雅。克罗齐指出："翻译的相对可能性就基于这样的相似性；不是作为对相同原创表现的复制（徒劳无益），而是作为对相似的并或多或少接近原创的表现的生产。通常所说的好翻译是一种近似，它具有艺术品的原创价值并能独立存在。"① 克罗齐所说的"近似",不仅指思想,而且指风格,甚至指形式。艾柯使用的是一种通俗化的学术语言,这就要求译者把握好分寸:译文既不能口语化,又不能艰涩。而"导论"的译文似有半文半白的痕迹,同原文语言风格不太相符,缺少时代感(艾柯的文本是 21 世纪的,读者也是 21 世纪的)。还由于译者的哲学、美学和西方文化的知识不足,致使一些译名出错——如身体之美、文字;一些译名不专业——服装、模范;许多译名不规范——如阿奎那。

此外,译者在专名的翻译方面也比较混乱。

(一)人名。因对意大利人名的构成不清楚,译名不规范。

如 Leonardo da Vinci,应译作"列奥纳多·达·芬奇",而不是"达·芬奇"。让我们听听已故著名翻译家吕同六的教诲:"其实,da Vinci 并不是姓。在意大利语中,前置词 da 表示'来自……',而 Vinci(芬奇)是个地名。芬奇是位于佛罗伦萨与比萨之间的一个市镇,现今人口近 15000 人。我们这位艺术大师就诞生在这里。所以,不难明白,Leonardo da Vinci,是指'来自芬奇的列奥纳多'。再打个略显夸张的比喻。把 Leonardo da Vinci 译成'达·芬奇',就像外国人把赵子龙的名字译作'常山',把张飞译称'燕人'一样可笑。须知,在文艺复兴时期,'达·芬奇',或者说'芬奇人',有成千上万!"②

再如拉丁文 Thomas Aquinas(意大利文为 Tommaso d'Aquino),应译作托马斯·阿奎那,不能译成阿奎那。因为,拉丁文 Aquinas(意大利文 d'Aquino)的含义是阿奎诺人,不是姓氏。阿奎诺(Aquino)是托马斯祖先封地,它是位于罗马和那不勒斯之间的一座市镇,面积近 20 平方公里,现有居民 5000 人。从而,其理论被称作托马斯主义(tomismo),而不称作"阿奎那主义"。

(二)作品名。托马斯·阿奎那的代表作 *Summa theologiae*,国内通译《神学大全》,而不是《神学总论》。意大利文艺复兴时期大诗人塔索的杰作、长篇叙事诗 *Gerusalemme liberata*,国内通译《被解放的耶路撒冷》,而

① 克罗齐:《美学的理论》,田时纲译,中国社会科学出版社,2007,第 103～104 页。
② 吕同六:《寂寞是一座桥》,湖北教育出版社,2002,第 98～99 页。

不是《自由的耶路撒冷》。因为 liberata 是及物动词 liberare（解放）的过去分词，而"自由的"是形容词——libera。

综上所述，《美的历史》中译本是个错漏百出的残品（全书 440 页，计 16 万字，差错允许值为 16 个；但前 14 页就已"达标"）。然而，颇为滑稽的是：它却受到出版方的"重磅推荐"，堂而皇之地登上"2007 年社科人文译著经典"榜（刊于 2007 年 12 月 27 日《社会科学报》第 8 版）。

（刊于《文艺研究》2008 年第 3 期）

随　笔

史学家克罗齐与中国

　　长期以来，在中国，克罗齐以哲学家和美学家著称，其实，他还是文学批评家和政治家，更是享誉西方的史学家和史学理论家。

　　早在少年时代，克罗齐就显露出对历史书籍的兴趣。20 岁开始研究历史。26 岁已完成《1799 年的那不勒斯革命》《那不勒斯的历史与传说》等历史著作。通过对维科《新科学》的研读，使其认识深化，开阔了眼界，27 岁完成论文《艺术普遍概念下的历史》，标志其历史理论研究的开始。从此，克罗齐对历史和史学的研究从未中断。他研究的领域十分广泛，既有本国史——那不勒斯王国史、意大利史，又有外国史——西班牙史、欧洲史；既有当代史，又有近代史——文艺复兴史、巴罗克史、19 世纪史；既有伦理-政治史，又有史学史、哲学史、美学史、文学史、戏剧史；与此同时，他还广泛、深入地研究了历史和史学的许多重大问题，诸如历史的当代性，历史著作的历史性、真实性、统一性，史学同哲学、文学、政治、道德的关系，等等。克罗齐以其深刻的思想、渊博的知识、翔实可靠的史料和清新自然的文体，为西方史学的发展做出独特贡献。作为哲学家和史学理论家，克罗齐对传统史学种种弊端的敏锐洞察，对历史研究中的"客观性""文献性""诗性""实用性""倾向性""狭隘爱国主义性"的有力批判，对历史编纂学自身规律及其历史的关注，在西方史学界产生过深远影响。更难能可贵的是，作为历史学家，克罗齐在历史的关键时刻从不退缩，而是勇敢地站在正义与光明一边，1925 年 5 月，克罗齐起草《反法西斯知识分子宣言》。墨索里尼在使用威胁、利诱等手段均遭失败后，加紧对克罗齐的迫害，先是监视、跟踪，后将他排斥在学术团体和公共生活之外，但他从未屈服，在法西斯统治时期始终未停止战斗，成为意大利文化界反法西斯的旗手。

正是为使中国学者和读者充分认识克罗齐的历史学家和史学理论家的形象，2001 年中国社会科学院哲学研究所和意大利哲学研究所决定合作出版中文版《克罗齐史学名著译丛》。丛书共分 5 卷，前两卷为历史理论——《历史学的理论和历史》《作为思想和行动的历史》；后三卷为历史著作——《那不勒斯王国史》、《1871～1915 年意大利史》和《十九世纪欧洲史》，它们在意大利被称作"克罗齐历史三部曲"。作为主编，我发现在这 5 卷中克罗齐提及中国的地方不多，但颇有兴味。

在《历史学的理论和历史》中有三处提及中国。

1. 在"历史与编年史"中，他写道："我作为一个语文学者，对能毫无区分地自由行事感到心旷神怡，近半个世纪的意大利史和中国秦朝的历史对我来说价值一样；我研究这一历史或转向另一历史，无疑受某种兴趣驱使，但却是超历史的兴趣，是在语文学的特殊领域形成的那种兴趣。"

这里，克罗齐说他因受超历史兴趣驱使，即语文学家兴趣驱使，可以把在时间上（近半个世纪与 2100 年前）和空间上（南欧与远东）有巨大差异的历史等量齐观。从中可见，在克罗齐眼中，中国是个具有独特文明和悠久历史的国家。

2. 克罗齐在评述启蒙运动历史学时指出："由于缺乏发展的概念，致使关于远方事物和民族知识的巨大收获无用，虽说把印度和中国纳入世界史功不可没，虽说对'四大王朝'和'圣'史的批判与嘲讽在某些方面正确，但最好记住：它所嘲讽的概念却满足了想把历史同基督教的和欧洲的精神生活相联系的合法需要；若那时未能（那时不可能）形成更丰富的联系，从而未能把阿拉伯、中国、美洲文明及其他所发现的事物都包括进去，则那些东西只能是好奇和想象的对象。因此，一般说来，印度、中国和东方……未按历史实在对待，它们也未获得在精神发展中的位置，却变成渴望的理想、梦想的国家"。

显然，克罗齐既肯定启蒙运动历史学首次把中国和东方纳入世界史的功绩，又指出其局限性——由于仍未冲破西方中心论的樊篱，未能把中国和东方真正纳入世界文明发展史，只是将它们视为好奇和想象的对象。这说明克罗齐反对历史和文明的西方中心论，肯定并承认中国和东方在世界精神发展中的作用，对世界文明做了不可抹杀的贡献。

3. 在"兰克的普遍历史观"的札记中，他写道："总之，国际性不是外在的东西，而是内在的东西，它寄希望于历史学家，即提问并在提问中找到答案的历史学家。但是，若如此，就不能从国际角度并统一地论述这种事实或民族的历史吗？当有必要时，人人都能要求这种论述。中国文明，甚至美洲文明似乎同欧洲文明分离并独立，但当头脑进行研究，譬如宗教的或经济的或道德立场的某种形式，那些历史就相互拥抱并统一起来了"。由此可见，克罗齐主张以世界的眼光、国际的角度，统一地内在地论述中国史、东方史和欧洲史，虽然外在地表面地看，似乎相互分离和独立。这里，克罗齐再次批判欧洲中心论，充分看到各个民族，包括中国对世界历史和文明所起的独特作用。

在《十九世纪欧洲史》中，克罗齐旗帜鲜明地反对八国联军对中国的侵略，表明他是中国人民的朋友。克罗齐坚决批判民族主义历史，即狭隘爱国主义历史，他并没有因为自己是意大利人，就颂扬也有意大利参加的八国联军的侵华战争。他写道："只有某些德国历史学家敢于赞誉'那种以前从未见过的历史'，作为地球上主要国家普遍联合的例证：1900 年列强决定征伐中国，'堪称十九世纪终结史'，因此具有重大的'世界史'意义；威廉二世皇帝对这次征伐进行美化，他用慷慨激昂的演说使它带有阿提拉色彩，其实八国联军烧杀抢掠无恶不作。"

据我所知，以上四处是克罗齐对中国的直接提及，然而，比这更重要的是克罗齐论及西方史学的那些弊病和问题，从世界眼光、国际角度看，同样适用于中国史学。这正如上文提及克罗齐认为，各个民族历史似乎相互分离和独立，但本质上是相互关联和统一的；同样，虽说各个民族的历史学具有独特性，但也具有相似的弊病和有待解决的相同问题。因此，有助于剖析中国史学的某些弊病，从而促进中国史学的发展，这是翻译出版"克罗齐史学名著译丛"中文版的根本目的。

众所周知，中国拥有 5000 年悠久文明史，又有着丰富的历史典籍，但缺乏历史方法论的传统。只是到清代乾嘉年间，微观历史方法论才呈现发展局面。而真正意义的宏观历史方法论，在马克思主义历史唯物论传入中国之前，尚未具有充分发展的理论形态。在 20 世纪 40 年代，马克思主义史学在中国已经硕果累累，队伍壮大，成为史坛主流。但毋庸讳言，在随后年代（尤其在 60 年代至"文革"结束）中国史学受苏联庸俗决定论和机械唯物论影响，有时偏离历史科学的道路，炮制出一些伪历史的东西（如"影射史学"）。在历史理论方面，片面强调阶级斗争史，忽视文明史等其他历史形态；片面强调"奴隶"创造历史，忽视社会其他成员也创造历史，诸如此类，不一而足。在 20 世纪 80 年代，随着解放思想、实事求是、改革开放的深入人心，在史学界就重大理论问题展开讨论，也包括对"一切历史都是当代史"的讨论，并引发对历史认识论中主客体关系问题的热烈讨论。从而引起史学界对克罗齐史学理论的兴趣，1996 年何兆武等主编的《当代西方史学理论》辟专章介绍克罗齐的史学理论，1999 年关于克罗齐史学理论的第一部专著《精神、自由与历史》问世（清华大学彭刚副教授著）。

毋庸讳言，克罗齐的历史观是唯心主义的，他认为归根结底历史是精神的运动、发展的过程。此外，他对历史唯物主义也有误解。为此，受到杰出马克思主义理论家葛兰西的批判。但正如列宁所说：聪明的唯心主义比愚蠢的唯物主义更接近聪明的唯物主义。正如 19 世纪中叶，马克思和恩格斯未因黑格尔哲学的客观唯心主义外壳而拒绝其辩证法的合理内核，20 世纪 30 年代葛兰西也未因克罗齐历史主义的唯心主义性质，就否定其闪光的东西，他发现那些闪光东西可以帮助认识苏联官方哲学的庸俗性与机械性。若认真研究，我们不难发现克罗齐的某些精辟分析，像是针对我们所做的。譬如，形形色色的伪历史：语文学历史、诗性历史、演说性历史、实用性历史、倾向性历史。克罗齐还对"是谁创造历史"这一问题做出回答。克罗齐剖析得是否准确，回答得是否正确，姑且不提；即使错误，也能从反面启示我们开阔思路，从而不断求索，使认识更接近真理。

（刊于 2006 年 9 月 21 日《中国社会科学院报》）

《狱中书简》译序

　　《狱中书简》构成一种独特的文学现象：作者离世后出版并成为传世之作，作者本人不是为出版而写作，更没有想过以后会出版。此外，即使著名作家的书信集也未必成为其重要著作，但葛兰西不同：因为，如果我们不阅读他的《狱中书简》，那么我们对他的认识将苍白、模糊。不仅如此，如果我们不阅读《狱中书简》，则很难理解他在同期完成的杰作《狱中札记》的隐晦、曲折的语言和深邃、独特的思想。从某种意义上讲，《狱中书简》是解读《狱中札记》的指南和导言。

　　首先，正是在《狱中书简》中，葛兰西提及《狱中札记》中研究工作的起源及发展。在1927年3月19日致塔尼娅的信中，他写道"人总应该完成某些'永恒'的东西……我想根据一个预定计划，集中、系统地致力于某些题目的研究，以使我的精神生活充实"。随着阅读这些书信，我们不仅了解葛兰西研究计划的内容，而且了解该计划的变化与发展。

　　其次，《狱中书简》帮助我们认识《狱中札记》中内容各异的题目间的联系。在同一个笔记本中将上百个不同的题目排列，从表面看彼此毫无关系，《狱中札记》的这种零碎、分散的写法极易使缺乏耐心的读者偏离轨道。然而，通过阅读《狱中书简》，所有题目间的关系一目了然。因为从一开始葛兰西就特别强调研究的不同题目贯穿一条红线：人民的创造精神，在其发展的不同阶段，同样是这些题目的基础（见1927年3月19日致塔尼娅的信）。

　　在《狱中札记》中，葛兰西对领导权理论进行了全面深入的研究，但领导权与知识分子、领导权与文化领导权的关系不似《狱中书简》中那样清晰。譬如，在 1932 年 5 月 2 日致塔尼娅的信中，葛兰西写道："可以具体地说，克罗齐在历史－政治活动中，只注重在政治学中被称作'领导权'、认同和文化领导权的环节，从而同暴力、强制、干预（司法、国家或警察的干预）的环节相区分。"不仅如此，葛兰西还充分肯定列宁发展马克思主义的历史性功绩："实践哲学的现代大理论家也按同一方向构建理论，'领导权'和文化领导权被系统地重新评价，以反对经济主义的机械论和宿命论的观念。"由此可见，领导权理论是葛兰西政治思想的核心，如果说在《狱中札记》中系统论述，那么在《狱中书简》中则一语破的。在阅读这封信之后，再坚持说葛兰西的领导权范畴仅指文化领导权就有些牵强。

最后，通过阅读《狱中书简》，可以认识《狱中札记》研究工作的条件与局限。葛兰西对将遇到的困难有清醒的认识，"但我发现实际上在狱中学习不好（同我以前设想得正相反），由于种种原因，技术上与心理上的原因都有"（见 1927 年 5 月 2 日致朱丽娅的信）。技术原因很明显，他为获准在牢房里使用自来水笔就等待近两年。1929 年 2 月 9 日致塔尼娅的信中，他写道"现在我可以在牢房里写作"。2 月 10 日，他在第一个笔记本（《狱中札记》共 33 个笔记本）上写上抬头和有待研究的 16 个题目（而约两年前拟定 4 个题目）。

正是因受监狱条件限制，一般说来，葛兰西一次次做出的个别判断，往往都要重新考察，根据新材料进行修改，甚至完全推翻。葛兰西的这种自觉认识制约着研究的节奏和思想的演进。只有阅读《狱中书简》，才能理解葛兰西某些看法改变，甚至转变的真正意义。譬如，葛兰西在 1931 年 8 月 3 日的信中写道："可以说目前我还没有真正的学习与工作计划，自然我应当有这么一个计划。"初看，是放弃；实际，是实事求是的调整。最初，葛兰西为了深化国家概念和认识意大利民族历史特征，拟定研究意大利知识分子历史。但研究到一定阶段，他发现此题目涉及领域十分广泛，而监狱缺乏必要条件（没有藏书丰富的大图书馆），从而改变了研究的方向。

综上所述，要研究葛兰西的理论思想，仅仅阅读《狱中札记》是不够的，必须同时阅读《狱中书简》。可以说，《狱中书简》同《狱中札记》一脉相承、心心相印。1936 年 11 月 5 日，葛兰西在致妻子的信中说："我一

贯的看法是，真相本身具有疗效。"这里，是就私人关系和情感而言。在
《狱中札记》中，葛兰西强调"在群众的政治中说真话，这也是政治所必
需"。葛兰西认为，无论在私人关系还是政治活动中，不说真话，隐瞒事实
或歪曲真相，都会造成灾难性后果。

《狱中书简》除具有重要文献价值外，还具有重要的文学价值。在葛兰
西逝世 10 年后，1947 年《狱中书简》在都灵出版，立即以其朴实、生动的
语言，动人心魄的真情实感，丰富的内容及深刻的思想引起轰动。意大利
著名哲学家、美学家和文学批评家克罗齐，盛赞《狱中书简》是意大利现
代文学的杰作，不仅属于一个阶级，而且属于整个意大利民族。1948 年，
《狱中书简》荣获在意大利极有影响的"维亚雷焦"文学奖。

《狱中书简》收集葛兰西自 1926 年 11 月被捕后至 1937 年 1 月，从流放
地和法西斯监狱写给妻子（朱丽娅）、妻姐（塔吉娅娜）、儿子（德利奥和
朱利亚诺）、母亲（马恰斯）、姐妹（泰莱西娜和戈拉吉艾塔）、兄弟（卡
尔洛）和朋友（彼埃罗·斯拉法）等人的书信 456 封。

在《狱中书简》中，葛兰西的大部分书信是写给塔吉娅娜的。1925 年，
葛兰西在罗马结识了塔吉娅娜。她在罗马接受高等教育，学习自然科学，
并酷爱医学。在葛兰西被捕和判刑后，她先到米兰，后到杜里、福尔米亚
和罗马经常探视葛兰西，在精神和物质上给予葛兰西巨大的帮助与支持。
塔吉娅娜是位具有自我牺牲精神的知识女性，她说过，一个人应为了另一
个人、需要帮助和救护的人而活着。她是这样说的，也是这样做的。从某
种意义上讲，是她"陪伴"葛兰西度过漫长、苦难的狱中岁月。在葛兰西
逝世两年后，她返回了莫斯科。1943 年，塔吉娅娜在伏龙芝市离开了人世。

葛兰西写给朱丽娅和孩子们的信大多经塔吉娅娜转寄。1922 年 9 月，
葛兰西在莫斯科郊外的"银色森林"疗养院治病，结识了病友杰尼娅的妹
妹朱丽娅。朱丽娅在罗马圣切齐利娅音乐学院小提琴专业毕业，1916 年随
家人返回俄罗斯，后在伊万诺沃音乐学校任教。由于革命工作的需要，葛
兰西同朱丽娅分多聚少。在 1925 年秋，朱丽娅带着德利奥同葛兰西团聚后，
因丈夫的被捕、自己的患病，他们再也没能相见。他们的关系还受到政治
因素的影响，但葛兰西对朱丽娅的爱忠贞不渝。长子德利奥 1924 年在莫斯

科出生，后成长为苏联海军上尉，战后到列宁格勒海军学院教授数学。次子朱利亚诺 1926 年在莫斯科出生，从未见过父亲，他继承了母亲的职业，成为一名音乐家——莫斯科古典乐团单簧管演奏员，后在莫斯科音乐学院任教授。

彼埃罗·斯拉法是葛兰西青年时代的挚友。他是位反法西斯战士，剑桥大学政治经济学教授，他慷慨无私地向葛兰西提供了理论研究不可或缺的书刊，并到米兰、杜里、福尔米亚和罗马探望葛兰西。

正如孙犁所说，"信件较文章更能传达人的真实感情，更能表现本来面目"。《狱中书简》可以说是葛兰西的自画像。虽然一幅幅画面孤立地看，仿佛无形的草图：监狱生活的零碎消息，每况愈下的健康状况，对艰辛但有趣的童年的回忆，索要阅读的书籍和报刊，对不同题目的理论思考，各种心理状态的表现……但如果把一幅幅画面连贯起来，整体地静观，葛兰西的自画像则向我们显现出悲壮的色彩，他那病弱衰竭的形象放射出崇高的光辉，使我们能够深入到他丰富的内心世界……

2006 年 10 月 25 日

（原载葛兰西《狱中书简》，田时纲译，人民出版社，2007）

《火与玫瑰》译序

　　《火与玫瑰》是《狱中书简》的姐妹篇，收录葛兰西自1908年至1926年被捕前，从卡利亚里、都灵、莫斯科、维也纳和罗马写给父母、姐妹、恋人（妻子）和战友的189封书信。主要分为三部分：（一）从1908年11月至1918年11月，从卡利亚里和都灵寄往家乡吉拉扎的父母和其他家人的信，共计53封。当时，葛兰西在卡利亚里市德托利文科高中和都灵大学语言系学习，以后参加《前进报》都灵编辑部的工作。而1919年至1920年在都灵度过的如火如荼的战斗岁月，只收录了致塞拉蒂的一封信（1920年2月21日），可以认为这两年的书信大部分散失了。（二）从1922年8月至1926年11月4日（被捕前4天），葛兰西从莫斯科、维也纳和罗马写给恋人（妻子）朱丽娅·舒赫特的50余封情书。（三）同期，作为意大利共产党领导人和国际共运活动家，从上述三国首都写给联共（布）中央、意共中央和共产国际的80多封信。

　　此外，附录收录葛兰西以意大利共产党驻共产国际执委会代表身份写给意共执委会和共产国际主席的7封信。其中，前4封信是同安布罗吉联合署名的，后3封信是同杰纳里共同签名的。这7封信是寄给意共执委会和共产国际带有情报性质的文件。它们很可能是由葛兰西的合作者起草，后经同葛兰西讨论并达成共识（尤其是前4封信所注日期同葛兰西在莫斯科郊外银色森林疗养院治疗的时间相吻合）。但第7封信的情况有点儿特殊：后半部分是葛兰西的笔迹（故编入第65封信），前半部分打字稿由杰纳里草拟。

　　通过这些书信可以全面、直接地了解葛兰西作为革命家的成长历程：

艰难困苦的学生生活，青年时代的文化背景，同工人运动的最初接触，创办《新秩序》和领导占领工厂运动，清算塞拉蒂、波尔迪加机会主义，同法西斯作艰苦卓绝的斗争。通过这些书信还可生动、具体地认识葛兰西是个真正的人、纯粹的人：对真理的不懈追求，对革命事业的无限忠诚，对亲人的眷恋与关心，对爱人的挚爱与思念……

《火与玫瑰》和《狱中书简》一样，兼备文献性和文学性。如果说葛兰西致朱丽娅的情书更具文学价值的话；那么葛兰西写给联共（布）、意共和共产国际的领导层的信更具文献价值，是研究葛兰西政治立场和思想发展轨迹不可或缺的材料。

窥一斑而知全豹，让我们看看葛兰西受意大利共产党政治局委托于1926年10月14日起草的致联共（布）中央的一封信。

从此信可以看出，葛兰西立场鲜明：季诺维也夫、托洛茨基、加米涅夫为首的左翼反对派应对联共（布）党内的严峻形势负责，因为"反对派的立场是攻击中央委员会的整个政治路线，危害列宁主义学说和联共（布）政治活动的核心。无产阶级领导权的原则和实践被置于讨论之中，工农联盟的根本关系遭到破坏并处于危险之中，即工人国家和革命的中流砥柱遭到破坏并处于危险之中"；"苏联共产党中央委员会多数派的政治路线基本上是正确的"。

与此同时，葛兰西敏锐地察觉联共（布）党内危机加剧并存在分裂危险，必将影响列宁创建的党的团结和威信，从而对国际共运产生严重后果（各兄弟党的发展进程滞后，实现世界劳动者政党的大团结遥遥无期）。葛兰西分析主要由于论战的激烈程度使联共（布）多数派忘记俄国问题的国际性质，忘记俄国革命者应在国际无产阶级的框架内履行职责。为此，他向联共（布）多数派大声疾呼："你们正在摧毁你们的事业，你们在倒退"，他呼吁联共（布）多数派不要"采取过激措施"，不要希望在"斗争中大获全胜"。

应当说，历史证明葛兰西的担心是有根据的，他的看法颇具前瞻性。20世纪20年代后半期联共（布）党内斗争激烈尖锐，斯大林对反对派采取了过激措施，将季诺维也夫、加米涅夫等反对派首领开除出党，后又在30年代的"大清洗"中将季诺维也夫、加米涅夫、布哈林等反对派首领以"叛国罪"处决（1988 年季诺维也夫、加米涅夫、布哈林等人恢复名誉）。这样，斯大林破坏了列宁确立的民主集中制原则，从党内民主缺失到忽视社会主义民主、法制及和谐社会的建设，从而，从某种意义上说，为苏联解体和东欧剧变埋下祸根。请看 1925 年夏至 1940 年春在苏联学习、工作的师哲同志的描述："大清洗"时期的苏联，"人人都感到极大的压抑，人人都顾虑重重、战战兢兢、惶惶不可终日。因为只要被人控告，或被匿名揭发，或仅仅某点被人怀疑，那就不管你的资格多老，哪怕是列宁时代的党员；不管你的职务多高，中央委员也好，苏维埃代表也好……反正随时都可能被逮捕、关押、审判、判刑甚至被枪决"。"肃反扩大化是个人独裁、个人迷信造成的，同时又助长了这个双胞胎"。[①]

葛兰西在这封信中还精辟地分析了新生工人国家面临的困难和危险，"在历史上从未见过一个统治阶级整体上生活条件低于被统治阶级和从属阶级的某些分子和阶层。历史把这种前所未闻的矛盾留给了无产阶级；无产阶级专政的巨大危险恰恰在于这种矛盾，尤其在那些资本主义没有充分发展、不能统一生产力的国家内更是如此"。

"然而，如果无产阶级不以牺牲行会利益来克服这种矛盾的话，就不能成为统治阶级，即使成为统治阶级，如果不能为了阶级的普遍与长远利益而牺牲那些直接利益的话，也不可能坚持无产阶级领导权和无产阶级专政。"

葛兰西的这一席话，不仅适应于 20 世纪 20 年代实行"新经济政策"的俄国无产阶级，同样适用于今天生活在社会主义初级阶段的中国广大工农群众。而作为社会主义国家的领导核心的共产党必须把发展生产力，提高广大劳动群众（尤其是工农群众）的生活水平，努力缩小工农群众同其他社会阶层的收入差距，提高到坚持无产阶级专政和无产阶级领导权、建设社会主义和谐社会的高度来认识。

在《火与玫瑰》中最打动人心的是那些情真意切（初恋的羞怯，热恋

---

① 引自师哲《我的一生》，人民出版社，2001，第 74 ~ 76 页。

的激情，离别的忧伤，企盼团圆的急切）、朴实无华的情书。

1922 年 9 月，葛兰西在莫斯科郊外的银色森林疗养院治病，结识了病友杰尼娅的妹妹朱丽娅。朱丽娅曾在罗马圣切齐利娅音乐学院学习小提琴并毕业，1916 年随家人返回俄罗斯，后在伊万诺沃音乐学校任教。朱丽娅当时 26 岁，身材修长，长发披肩，椭圆的脸庞上，长着一双忧郁的眼睛。她深深地打动了 31 岁的撒丁青年，引起葛兰西的爱慕之情："以前我以为情感园地完全干枯，现在我发现身上有忧郁的小溪（涓涓细流）和皎洁的月光（边缘泛着蔚蓝光）。"但他同时感到羞怯不安，因为身材矮小令他苦恼。葛兰西向心爱的姑娘倾吐衷肠："我喜欢您，并且我确信您也喜欢我。千真万确，多少年来我习惯思考我绝对、几乎命中注定不可能被爱上"；"我的生活总是一团冷焰、一片丛生荆棘"；"当我确信不可能被爱上时，为了成功，为了制约，为了更坚强，就打算依靠所有手段……为我获取爱情的外在表现"。正是由于这种复杂微妙的恋爱心理，他们有时被误解的迷雾所笼罩，甚至令朱丽娅哭泣，为此葛兰西感到内疚，批评自己"坏""自私"。

1923 年 11 月末，葛兰西为执行共产国际的任务，告别朱丽娅去奥地利。他从维也纳给爱人写下动人心弦的"诗篇"。

"亲爱的尤尔卡，你是我的整个生命，正如在爱上你之前我从未感觉到生命本身：这么伟大而美好的情感，使生命的每一时刻和每一流转充实。"

"亲爱的尤尔卡，我紧紧地拥抱你，双手持着你的面庞，注视着你的眼睛，吻过它们，再吻双唇。我感到你是那么爱我，像我爱你一样。对你的爱使我幸福，给予我生活、工作的力量。"

"亲爱的，你应当来，我需要你。我不能没有你。你是我自身的一部分，我不能远离我自身。我仿佛悬在空中，仿佛远离现实。我总是无限惋惜地怀念我们一起度过的时光：我们亲密无间，两心相悦。"

1924 年 7 月 7 日，葛兰西从法西斯白色恐怖下的罗马写信给远在俄罗斯的妻子：

"请告诉我何时我们能见面并重新幸福？何时我才真正感觉你的双唇同我的相连，我的手爱抚你的秀发？亲爱的尤尔卡，当我回想起你的柔情，心间就流淌着一股暖流，使我更沉重地感到忧郁和孤独，甚至使我懒得欣赏罗马的美景。我愿同你一起散步，为了一起观赏美景，为了一起回忆往事；我现在关在屋子里，仿佛变成洞穴里的熊。"

1924 年 9 月，当葛兰西得知儿子德利奥出生的消息后，他通过在莫斯科的朋友送给朱丽娅几十美元，而朱丽娅拒绝接受。葛兰西对她坦诚相告：

我不能同你分享我们孩子幼时的焦虑和欢乐，这将是我一生的缺憾；如果你收下那钱，对我来说是莫大的快乐。我常常想到，对我们、对孩子我无所作为，我愿做点儿事。我觉得，如果我的工作在你们的生活中具有一定意义，或帮助你们克服困难，我将非常幸福。

为什么要这样做呢？我认为这是对我童年生活的回忆，那时同妈妈及其他兄弟一起战胜家境贫困与艰辛，团结及亲情的纽带把我们紧密相连，牢不可破，坚不可摧。你认为理想的共产主义社会能从根本上改变这些个体关系的条件吗？一段时间内肯定不能。我认为这类情感恰恰是被剥削阶级的而不是资产阶级的，是那些阶级的，对它们来说压迫表现为生活的困窘，孩子和老人的面包、衣服、住房的匮乏。

1925 年和 1926 年，政治形势更加严峻，革命工作更加繁重，葛兰西更加感到远离妻儿的孤独和忧郁，但爱情之花从未凋谢，因为它根植于革命理想的沃土。

"但我们的爱情应当有更丰富的内容：为了斗争，事业的合作，力量的结合，除了我们的幸福问题；还有，我们的幸福不恰恰在于这些吗？"

"生活是统一的，各种活动相互巩固；爱情巩固了全部生活，不是这样吗？爱情在其他激情和情感中创造了一种平衡，一种更大的力量。"

"我想当我们在一起生活时，我们将战无不胜，我们甚至找到粉碎法西斯主义的手段；我们希望我们的孩子有个自由、美好的世界，为了实现这一目标，我们将奋力斗争，仿佛以往从未这样斗争过，运用我们从未有过的智谋，不屈不挠，竭尽全力，清除一切障碍。"

2008 年 3 月 15 日

（原载葛兰西《火与玫瑰》，田时纲译，人民出版社，2008）

《作为思想和行动的历史》译后记

伴着岁末之夜清脆的爆竹声，我在"电脑"上敲击完"人名对照表"最后一个人名"左拉"，这标志《作为思想和行动的历史》的译稿完成。

说来凑巧，ZOLA（外文）和 ZUOLA（汉语拼音）都令我从尾溯头（Z是意大利语字母表最后一个字母，A 是第一个字母），回顾过去的一年：年初年迈母亲不慎跌倒骨折，我不时去远在西北郊的医院护理、探望；春季突发的"非典"，使我不得不关注形势的发展；初夏四川教育出版社盛情约稿，任务加重；初冬校对全部译稿时我因操作错误，致使"电脑"内存的译稿顺序大乱。

因上述不可预测的因素，使《作为思想和行动的历史》的完稿时间比原计划晚了一个多月。然而，Meglio tardi che mai，迟做胜过不做；况且在亲友的鼓励和支持下，我才能全身心地投入工作。我难以忘怀：小孙女出生，茁壮成长——咿呀学语、四处乱爬、迈出第一步、哼唱"侗族大歌"（她是侗族娃娃），使我生活充实、精神愉快，工作更有意义。望着她可爱的小脸，我深信他们（21 世纪的孩子们）一定比我们更幸福。

需要提醒读者注意的是：克罗齐写毕和修订此书分别是在 1938 年和1939 年。当时，他对共产主义政治制度的认识仅限于 20 世纪 30 年代斯大林的苏联模式。毋庸讳言：斯大林在列宁逝世后 10 年，大搞个人崇拜，实行个人专断，破坏民主集中制，发动"大清洗"运动，错杀大批党政军干部和无辜群众。如此严酷的社会现实不能不引起克罗齐对苏联政治制度的反感，从而加深对共产主义政治制度的误解。

同样在 20 世纪 30 年代，意大利共产党总书记、杰出马克思主义理论家葛兰西深刻洞察苏联政治制度的弊病，批判苏联中央集权制压制民主、扼杀人民群众积极性和创造性。他明确指出：苏联模式并不是社会主义政治制度的唯一模式和理想模式，而是"市民社会"不发达的俄国在一定历史阶段的特殊模式，因此是暂时的、可批判的。

然而，克罗齐和葛兰西根据苏联模式得出不同结论：克罗齐从其自由主义的立场出发，带着资产阶级的局限性，否定一般共产主义政治制度，这是错误的和站不住脚的；而无产阶级革命家葛兰西坚信共产主义政治制度具有必然性、历史性和民族性。

2003 年 12 月 31 日

（原载克罗齐《作为思想和行动的历史》，田时纲译，商务印书馆，2012）

东鳞西爪

——《文物修复理论》翻译札记

西京邂逅

我"结识"布兰迪已有 10 年。早在 1997 年夏，我受西安文物保护修复中心之邀，为意大利专家的专题讲座做口译。在"备课"之余，我到该中心图书馆阅读，发现了布兰迪的《文物修复理论》，大致浏览一下，立即被书中的精辟见解所折服（他强调文物修复的审美和历史相统一的原则）。当我联想到圆明园内大修激光喷泉——破坏古迹的蠢事时，感觉这块"他山之石"可使我们头脑清醒。因此，我萌生将此书译成中文的意愿。

随后，因当年冬赴意大利工作，接着在罗马又过三秋，于 21 世纪春节回国。回国后，主要投入主编《克罗齐史学名著译丛》五卷本的工作，一直无暇实现多年的夙愿。

2004 年 9 月，正当我加紧翻译丛书末卷《十九世纪欧洲史》时，忽接意大利朋友米凯利教授电话，他恳切地请我务必在年底完成《文物修复理论》的译稿。说实话，若不是考虑到中意"文化遗产培训项目"的紧急需要，我真不敢接这个任务（时间紧，难度大）。为此，我不得不暂时离开克罗齐，而去接近布兰迪。

随着翻译工作的深入，我越来越认识到，恺撒·布兰迪（Cesare Brandi, 1906～1988) 不愧是西方文物修复界的"恺撒大帝"。他早在 20 世纪 30 年代创办意大利中央文物修复研究所并长期担任所长, 1967～1977 年先后在巴勒莫大学和罗马大学任艺术史教授。布兰迪的著作颇丰, 主要有《微笑的佛陀》(1973)、《结构与建筑》(1975)、《批评总论》(1975)、《当代艺术论文集》第一卷 (1976)、《当代艺术论文集》第二卷 (1979)、《非凡的波斯》(1978)、《意大利绘画的图样》(1980)、《意大利建筑的图样》(1985)、《中国日志》(1982)、《十四世纪锡耶纳绘画》(1991)。但其影响最大、译本最多、声誉最高的著作当属《文物修复理论》。《文物修复理论》1963 年出版第一版, 1977 年出版修订版, 其后一直再版, 并被译成英、法、德、西、日等国文字。布兰迪总结几十年文物修复实践的宝贵经验, 又吸收现代西方美学和心理学的最新成果, 撰写出《文物修复理论》。它既是西方文物修复领域的经典, 又是现代西方应用美学的力作。它对于我国文物修复与古迹保护工作者、园林与建筑设计人员、从事美学、艺术史的教研人员都具有重要参考价值及现实意义。2006 年 5 月,《文物修复理论》中译本在罗马由意大利非洲与东方研究院 (ISIAO) 出版。罗马版《文物修复理论》中译本的出版可喜可贺, 因为它是中意两国学者有效合作的成果。

巴别塔下

然而, Ogni medaglia ha il suo rovescio. 勋章都有其背面。实事求是地说, 罗马版《文物修复理论》不是个令人满意的版本, 甚至是一本不合格出版物。它错误百出的真相, 犹如独眼龙照镜子——一目了然。主要因为在罗马缺乏优秀的中文编辑和校对, 另外"主编"也没有听取译者的正确意见。错误主要出现在三个序言、前言、编者按和图片说明上 (这些添加部分的译文不知何人翻译), 表现为专名译法混乱。

例 1. Chiesa di Sant'Adrea della Valle, 被译作"山谷的圣·安德内阿"。首先, 把中心词 Chiesa——教堂漏译。其次, 不知安德内阿何许人也。实际上，Adrea 早有通译，《圣经》和《基督教词典》（商务印书馆，2005 年修订版）均译作"安德烈"。他是耶稣十二大使徒之一，是圣彼得的弟弟。再次，关于"山谷的"也不通。如指教堂修于山谷之中，则与事实不符，因为我曾多次去此教堂（普契尼的歌剧《托斯卡》第二幕发生在此教堂），未见山谷，只见平地。若指圣徒置身于山谷，则应译作"山谷中的"，但《圣经》没有他置身山谷的记载。在此种情况下，不如采用音译。最后，在"圣"字后加间隔号不妥。按规定，外国人名部分之间加间隔号。但 santo（santa）不是人名的一部分，而是个尊称，即由罗马教廷册封的圣徒（圣女），类似"烈士""骑士"。如果"圣"字后应加间隔号，那么巴西大城市圣保罗也不能幸免，因为该城市名源于耶稣另一大使徒——保罗。顺便提一下，该教堂的图片是残缺的，这样的图片不如不要，正如把无头人像送人不如不送。

例 2. San Francesco，译成圣·弗朗西斯科不妥。《基督教词典》译作圣方济各。此人是基督教史上赫赫有名的人物，原是 13 世纪阿西西贵族，后创办方济各修会。人们爱喝的 capuccino 同方济各修士是一词，大概由于这种饮料的颜色同方济各修士袍的颜色相近吧！

例 3. Santa Maria，译作圣玛利娅，没有做到"与时俱进"。《基督教词典》改译为圣马利亚，让圣母成为"无产阶级圣经"——《资本论》作者的本家不是更有意味吗？

例 4. "编者按"中两个人名译法可以"拍案叫绝"：Carmen Prestia，被译作卡尔门·葡勒撕体亚；Vittorio Rubiu，被译作唯多利奥鲁必污。两个人，一个身体被撕裂，一个必被污染，他们还活得成吗？这比台湾有人把野兽派鼻祖 Matisse（马蒂斯）译作"马踢死"还要可笑。

例 5. 地名不按《世界地图册》和权威地名词典译法。如 Bologna，译作波洛尼亚，应为博洛尼亚；Siracusa，译作锡拉库扎，应为锡拉库萨；Siena，译作西耶纳，应为锡耶纳。

例 6. 补充部分的译名同正文的译名不符。如正文是圣吉亚拉教堂，图片说明是圣恰拉教堂。又如正文是塔尔奎尼亚，图片说明是塔齐尼亚。

新娘·伴娘·宾朋

参加过婚礼的人们大都知道，伴娘的风采不能压过新娘，否则会引起新娘的愤怒和宾朋的不满。如果原创文本是新娘，那么补充部分就是伴娘，而广大读者则是宾朋。如果补充部分过多又精彩，那就应当做新娘，可以独立成篇、成书。如果不配做新娘又想表现，就会处于十分尴尬的境地。这就不难理解，为什么名著，无论是文学名著还是学术名著的注释极其简约。名著的编译者大都"惜墨如金"，而不敢贸然采用"泼墨"写法。然而，罗马版《文物修复理论》的"编者按"却反其道而行之。

树干·树枝·树叶

原创文本的范畴（概念）体系似一棵大树，它有树干、树枝、树叶。譬如，克罗齐的《美学的理论》，"直觉"可视为树干，因为它既是克罗齐美学的起点，也是其精神哲学大厦的基石。"表现""审美愉悦"可视为树枝，而"黄金分割""薄伽丘"仅为树叶。同理，在《文物修复理论》中，如果"修复二原则"是树干的话，那么，"外观与结构""锈色""废墟"等为树枝，而"赝品""斯塔尔夫人"等为树叶。当编译者对原创文本的范畴（概念）体系有了清晰认识之后，译注或"编者按"就应根据各个范畴（概念）的地位进行详略得当的撰写。对"树干""树枝"多些笔墨，对"树叶"一笔带过。譬如，《文物修复理论》的读者，不是为了认识斯塔尔夫人的生平来阅读的。对斯塔尔夫人生平感兴趣的读者可以直接阅读她的传记，他们不会想到在一本文物修复理论专著中获取这方面的知识。

试问：如果树叶画得过大，超过树枝，甚至树干，那么这棵树还成其为树吗？喧宾夺主、洋洋万言的"编者按"会破坏原创文本的整一性和读者阅读的连贯性。但愿我们编译者下笔时不要"天马行空"，而要"如履薄冰"！

勿做叛徒

意大利谚语说：Traduttore，traditore，译者即叛徒。

意大利著名美学家克罗齐在论述翻译的不可能性时写道："当翻译奢望把一种表现完全移植到另一种表现，犹如把罐里的水倾注到瓶里"，"每次翻译不是疏漏和错误，就是创造一个新表现，即把原文放入熔炉，再把原文同翻译者个人印象熔为一炉"①。克罗齐在论述翻译的相对可能性时又说："不是作为对相同原创表现的复制（徒劳无益），而是作为对相似的并或多或少接近原创的表现的生产。通常所说的好翻译是一种近似，它具有艺术品的原创价值并能独立存在。"②

我理解，这种近似，不仅指思想内容，而且指文体风格，甚至外在形式。比如，克罗齐爱用长句，就不能切成短句，否则就会丧失原文的节奏。再如，原文中只有罗马数字Ⅰ、Ⅱ、Ⅲ，没有 capitolo 这个单词，译文只能是一、二、三，而不能是第一章、第二章、第三章。还如，译文要反映原文的字体变化。在《文物修复理论》中，布兰迪频繁使用斜体。我认为，其一，为了强调，类似黑体；其二，具有特殊含义。在译稿中斜体用楷体表现（新罗马体用宋体表现），而罗马版《文物修复理论》中译本没有宋体和楷体的区分。

（刊于 2008 年 9 月 16 日《中国社会科学院报》）

---

① 克罗齐：《美学的理论》，田时纲译，中国社会科学出版社，2007，第 97 页。
② 同上书，第 103～104 页。

关于 Thomas Aquinas 的译名问题

Thomas Aquinas（1224～1274）是 13 世纪意大利著名神学家和哲学家，700 多年来其思想在西方产生深远影响，为此有人把他列入"世界十大思想家"。然而，国内出版物中 Thomas Aquinas 的译名五花八门。

（一）一以贯之地译作托马斯·阿奎那。如《辞海》（上海辞书出版社1999 年版）、《基督教词典》（商务印书馆 2005 年版）、《作为思想和行动的历史》和《那不勒斯王国史》（中国社会科学出版社 2005 年版）。

（二）首次出现译作托马斯·阿奎那，其后译成托马斯。如《简明不列颠百科全书》（中国大百科全书出版社 1986 年版）、《西方著名哲学家评传》第 2 卷（山东人民出版社 1984 年版）、《托马斯·阿奎那传》（河北人民出版社 1997 年版）、《欧洲文明史》（上海社会科学院出版社 2004 年版）、《西方哲学史》第 3 卷（江苏人民出版社 2005 年版）。

（三）首次出现译作托马斯·阿奎那，其后译成圣托马斯。如《世界文明史》（商务印书馆 1987 年版）。

（四）首次出现译作托马斯·阿奎那，其后译成阿奎那。如《西欧文明》上卷（中国社会科学出版社 2002 年版）。

（五）一以贯之地译作阿奎那。如《美的历史》（中央编译出版社 2007年版）。

那么，上述五种译法哪些准确，哪些错误呢？让我们先考察拉丁文Thomas Aquinas，前一部分 Thomas 是人名——托马斯，后一部分 Aquinas，《拉丁语汉语词典》（商务印书馆 1988 年版）此词条的释义是"阿奎诺城人"，显然不是姓氏。我们再考察意大利文 Tommaso d'Aquino，前一部分

Tommaso 是人名——托马斯（或托马索），后一部分 d'Aquino，即 da Aquino（因两单词的"尾"和"头"是元音字母，通常省略前一单词的"尾"，再加上省音撇——"'"）。在意大利语中，前置词 da 表示"来自……"，而 Aquino 是地名，Tommaso d'Aquino，是指"来自阿奎诺的托马斯"，或"阿奎诺人托马斯"。

需要说明的是，托马斯·阿奎那并不出生在阿奎诺城，而是出生在罗卡塞卡（Roccasecca）。罗卡塞卡位于拉齐奥大区弗罗西诺内省（Frosinone），现在面积 42.95 平方公里，居民 6600 人。由此可见，说罗卡塞卡是阿奎诺城内的一座古堡是不准确的。阿奎诺在罗卡塞卡东南约 4 公里，是他祖先的封地，现在面积近 20 平方公里，居民 5000 人。托马斯·阿奎那从 5 岁至 14 岁到阿奎诺正东约 12 公里的卡西诺山修道院（Abbazia di Montecassino）接受宗教教育。卡西诺山海拔 516 米，是扼守那不勒斯通向罗马战略要道的制高点。有人将 Montecassino 译作蒙特·卡西诺是不准确的，就如同把 Monte Bianco（勃朗峰）译成蒙特·勃朗一样。因为在意大利语中，monte 的含义是山或山峰。卡西诺山修道院初建于公元 529 年，后多次被毁重建。1944 年德军在此修道院设司令部，阻止英美联军北进。联军猛烈轰炸，使千年"古刹"毁于一旦。笔者在意大利工作时曾到过此修道院，只不过是战后由英美政府出资重建的（英法政府为什么不出资重建圆明园呢？）

正因为托马斯是人名，而阿奎那不是姓氏，托马斯·阿奎那的哲学与神学体系才被称作 toismo——托马斯主义，而不称作"阿奎那主义"；以他为代表的基督教神学的法学学派被称作托马斯主义法学派，而不称作"阿奎那主义法学派"。

由此可见：

第一种译法准确，但常用在辞书或短文中，在鸿篇巨制中使用过于累赘。

第二种译法准确，又避免了累赘，只应注意文本中不能出现另一位托马斯。在意大利文版的《哲学百科词典》（米兰 Garzanti 出版社 1993 年版）中，也是先写 Tommaso d'Aquino，后只写 Tommaso。

第三种译法同样准确，因为托马斯·阿奎那被罗马教廷册封为圣徒，在意大利语中常称 San Tommaso，应译作圣托马斯。

第四种译法前对后错，因为阿奎那不是姓氏。不能如 Benedetto Croce（贝内德托·克罗齐），可以简称 Croce（克罗齐），因为 Croce 是姓氏。

第五种译法完全错误，因为阿奎那的含义是"阿奎诺人"。这里，笔者借用已故著名翻译家吕同六的略显夸张的比喻，把 Thomas Aquinas 译作阿奎那，"就像外国人把赵子龙的名字译作'常山'，把张飞译成'燕人'一样可笑"。须知，在中世纪，阿奎那——阿奎诺人有许许多多。那么，一以贯之地译作托马斯呢？也不规范，因为叫托马斯的人也不少，仅《简明不列颠百科全书》列入的托马斯就达 19 人之多。我国读者熟悉的两位空想社会主义者，《乌托邦》和《太阳城》的作者——莫尔（Thomas More）和康帕内拉（Tommaso Campanella）都叫托马斯。

（刊于 2008 年第 4 期《世界哲学》）

诺拉行

英雄故乡

当我还是个中学生时，就知道布鲁诺是为真理献身的英雄。在 20 世纪 80 年代初我到罗马大学哲学系进修，90 年代在驻罗马使馆工作，常常到鲜花广场拜谒布鲁诺，那时我就想，何时能到布鲁诺的故乡诺拉呢？今年阳春时节，我应国际布鲁诺基金会主席梅扎教授邀请，出席在诺拉举办的国际布鲁诺研讨会，终于实现了多年的夙愿。

诺拉，位于那不勒斯东北 27 公里，是个面积仅为 39 平方公里、人口 3 万多的南方市镇。诺拉的西南方是巍峨的维苏威火山。城东是美丽的奇卡拉山，据说布鲁诺在此地出生。为此基金会特意安排外国学者下榻山上的古堡旅馆。满山遍野的橘树、橄榄树、无花果树、松树和巨大的仙人掌，构成一幅赏心悦目的风景画。

旅店主人对我说，幼童时的布鲁诺并不出众，据说三岁还不会说话。一天清晨，当他醒来，看到一条大蛇从他居住的破屋的墙缝里钻出，并向他的破床铺爬来，便立即大声呼叫父亲的名字（而以前他从未叫过），从而躲过一劫，并从那天开始"滔滔不绝"地说话。

翌日清晨，我就开始探寻布鲁诺的故居。热情但沉稳的诺拉人对我说，布鲁诺的故居无从考证，但我们诺拉人为了纪念他，用他的名字命名一个广场和一个古塔。我从奇卡拉山步行约半小时就到了布鲁诺广场，在广场中央矗立着布鲁诺的全身大理石雕像。它同罗马鲜花广场上那座雕像相比，更符合我心目中英雄的形象：高大挺拔，刚强坚毅，两眼炯炯有神，目视前方。而罗马那座，布鲁诺身着多明我修士袍低头沉思，思想家的角色到位，但英雄气概不足。应当说，诺拉人眼中的布鲁诺形象更准确。一位老教师对我说，布鲁诺14岁离开家乡到那不勒斯，进入了多明我修道院，就再没有回过家。布鲁诺因自由思想、怀疑基督教教义，不断受到迫害，他不得不四处流浪，甚至被迫流亡国外，在法、英、德、瑞士等国讲学、著书立说，传播"自由思想"的火种。

诺拉人不忘布鲁诺，布鲁诺不忘诺拉。他姓名的全称是乔尔达诺·布鲁诺·诺拉诺，诺拉诺的本义就是诺拉人；也就是说，他把"诺拉人"作为自己姓名的不可或缺的组成部分。不仅如此，他还把自己的哲学称作"诺拉诺哲学"，即诺拉人哲学。由此可见，布鲁诺着意强调自己哲学的时代性和独特性，同时也表现出他对家乡的挚爱之深。

不屈斗士

我走遍全城，探寻布鲁诺笔下的那棵老橡树：老橡树啊，你把树枝伸向/天际，而且在土地里扎根，/不论土地如何震颤，严酷的风神从天上/ 发出的力量多大多沉，/也不论冬天是多么猖狂，/你仍旧巍然屹立，昂首挺身；/任何意外打击，你都无动于衷，/你是我的榜样，为我所信奉（钱鸿嘉译）。

我没有找到那棵老橡树。询问几位当地青年，他们也说不知道。我想，历经四百多年的历史沧桑，它可能毁于战火，也可能被天灾摧毁。更可能它就活在布鲁诺的心中，老橡树成为追求真理，不畏强暴、不怕牺牲的斗士的艺术形象。它让我记起《论无限、宇宙和诸世界》"代序"中的名句：

> 如果我扶犁耕地，放牧羊群，种植蔬菜，缝补衣服，没有人会看我，很少有人观察我，更难得受人指责，我能轻而易举地讨大家喜欢。然而，由于我是自然领域的描绘者，急切地奔向心灵的牧场，在天才

文化园地和通往智慧迷宫里漫游，于是就有人窥视并威胁我，有人观察并进攻我，有人追赶并要咬我，有人扣押并吞噬我：他们并非一人，绝非少数，而是人数众多，近乎所有人。原因是我讨厌芸芸众生，我憎恶凡夫俗子，我不喜欢随波逐流，这一原因令我愉快。为此，我特立独行，我乐于受刑，我虽贫穷却富有，我虽牺牲却永生。为此，我并不美慕那些人，他们在自由中受奴役，他们在享乐中受刑罚，他们是富有的穷人，他们是活着的死者。因为他们锁链缠身，他们的精神存在令人沮丧的地狱，他们的心灵存在病态的过失，他们的头脑存在致命的冬眠；因为他们不因胸怀坦荡得以解脱，他们不因忍让宽容而变得高尚，他们不因丰功伟绩而闻名遐迩，他们不因科学滋养而生气勃勃。于是，我不会像个可怜虫在布满荆棘的道路上止步不前，也不会像个懒汉停下手中的工作，更不会像个糊涂虫靠神物悦目养眼。然而，我感到在一般人眼中，我是个研究表面缜密事物而非真实存在的诡辩家；是个处心积虑创立新的伪学派而非确证古老真理的野心家；是个不断提出荒谬绝伦怪论而追逐名利的沽名钓誉者；是个推翻良好纲纪的不安分者；是个倒行逆施的鼻祖。这样，那些不公正地仇视我的人们就让神圣名称离我而去；这样，上帝总让我四面楚歌；这样，我们世界的统治者总一帆风顺；这样，苍天让我做田野中一粟和纳一粟的田野，我唤醒盲人心灵并激发情感，我的工作仿佛有益于世界并无上光荣。我讲述、写作和辩论不是为追求获胜，因为我认为一切名望和胜利皆微不足道、毫无荣耀、绝无真理。（笔者自译）

这是写于1584年的"代序"吗，我觉得它更像当代真正知识分子宣言，今天的读者仍会感到无比亲切。我终于明白了：老橡树就是布鲁诺。

在西欧长期流亡后，1591年8月布鲁诺返回意大利，翌年5月即被罗马教廷逮捕。在历经8年铁牢监禁，严刑拷打，威胁利诱，布鲁诺仍未屈服后，教皇克雷芒八世下令按顽固异端分子处决。1600年2月8日，布鲁诺在接到火刑判决书后，大义凛然地说："你们宣读判决书比我听到它时更胆战心惊！"9天后，他在罗马鲜花广场上被熊熊烈火吞噬，为真理英勇献身。

"预演" 成功

从 2009 年 4 月 15 日到 19 日，国际布鲁诺研讨会开了整整 5 天。

研讨会的报告人来自中国、日本、俄罗斯、法国、德国、西班牙、巴西、罗马尼亚、波兰和意大利各地。然而，令诺拉人自豪的是，大家都说同一种语言——布鲁诺的母语，来讨论布鲁诺的思想。与会者还有来自意大利各地，从米兰到巴勒莫的名校的二百多名学生，他们的参与使研讨会生机勃勃、充满朝气。

俄罗斯联邦科学院哲学研究所年轻的教授安德烈给我留下深刻印象：他金发碧眼，英俊潇洒，学识渊博，和蔼亲和。其拉丁文造诣颇深，国际布鲁诺研究中心委托他编辑布鲁诺拉丁语著作集；同时他还负责布鲁诺意大利语著作集的俄文版的出版工作。他的报告内容充实，引人入胜。他在报告中说：早在 18 世纪，俄国诗人特雷亚柯夫斯基（Tredjakovskij）就开始介绍布鲁诺的无限宇宙观。在 19 世纪，普希金的老师、圣彼得堡大学教授加利希（Galich）因传播布鲁诺的自然哲学思想，而被中止教职。在苏联时期，布鲁诺哲学受到重视。1934 年，出版《驱逐趾高气扬的野兽》和《论原因、本原和太一》。1936 年、1940 年和 1953 年又相继出版《论无限、宇宙和诸世界》、《举烛人》和《论英雄气概》。然而，从版本和学术角度看，上述俄译本都有严重缺陷。

国际布鲁诺研究中心在考察后认为，俄译本的缺陷具有普遍性，从而决定以意大利著名学者乔万尼·阿奎莱基亚（Giovanni Aquilecchia，1923 ~ 2001）教授编辑的布鲁诺《意大利语著作集》（都灵出版公司 2001 年版）为蓝本，资助出版中、日、英、法、德、西、俄、葡、罗、波等文种译本。按合作计划，由我承担的《论无限、宇宙和诸世界》中译本将在年内由人民出版社出版；《论原因、本原和太一》中译本可能在第二年面世。①

---

① 《论无限、宇宙和诸世界》，2010 年由人民出版社出版，2013 年由吉林出版集团再版。《论原因、本原和太一》，2014 年由北京师范大学出版社出版。

在讨论布鲁诺哲学的现代性时，国际布鲁诺基金会学术委员会主任奥尔迪内（Nuccio Ordine）教授指出，布鲁诺肯定了文化、哲学、宗教的多样性和合理性，强调哲学研究与信仰的分离，谴责宗教狂热及其暴力，主张人文精神和科学理性相结合，至今具有现实指导意义。那不勒斯大学教授马苏洛（Aldo Masullo）认为，布鲁诺的宇宙无中心论为民主政治观念提供了思辨基础。因为，宇宙是无限的，任何一点都是中心，即宇宙无中心；而个体作为理性的生命，天生是自由的。在他看来，宇宙中的人类个体，都拥有自己的尊严和责任。布鲁诺是最早批判殖民主义的思想家之一，他一针见血地指出，哥伦布之流不是渴望求知的航海者，他们是一群受低级本能驱使的无耻海盗。在文明的名义下，在天主教的名义下，土著人被虐杀、掠夺、抢劫，被剥夺全部自由、全部财产。

研讨会上也出现了不和谐的杂音。在讨论"理性与宗教"这一专题时，"藏独"分子竟然胡说"达赖是今日的布鲁诺"。我随即进行批驳，针锋相对地说"达赖是1600年的教皇克雷芒八世"。因为达赖既是宗教领袖，又是执掌最高权力的大农奴主。如果布鲁诺生活在1959年前的西藏，早就被达赖扔进蝎子洞了。在达赖统治下的旧西藏，农奴的人身自由都没有，又怎能容忍布鲁诺这位自由思想家和科学理性的先驱呢？我的讲话博得全场三百多与会者的热烈掌声，这说明"藏独"分子别有用心的蛊惑宣传不得人心。

研讨会最后一天上午，安排各国学者和诺拉的师生座谈。我和德国学者到"翁贝尔托·诺比莱"商业与旅游学院。该校学生的热情、好学和勤于思索给我留下深刻印象。一位学生提问，布鲁诺哲学同老子和孔子哲学有什么共同点，这倒不失为一个饶有兴味的研究题目。会后，女校长朱塞比娜送我一张抗议海报。校长介绍说，1992年5月，教皇约翰·保罗二世到诺拉教区巡视，诺拉左派青年将这种海报贴满全城以示抗议。海报以布鲁诺的全身雕像为背景，上方用大号字体写着布鲁诺的豪言壮语："我不应当也不想悔过，我不知道为何要悔过。"接着用中号字体写着："值此教皇——1600年2月17日在罗马鲜花广场杀害布鲁诺的天主教教会的首领——到来之际，我们不应忘记，教会从宗教偏执到今日沉默，持续的暴力以不同形式——屠杀异端分子，扼杀自由神学——表现。它根本不是'拯救灵魂'，而是妄图窒息人类生存和创造生活的无限愿望"。我想，这位把抗议海报珍藏了 17 年干练的女校长，大概就是当年意气风发的左派青年吧？

晚上，诺拉市长纳波利塔诺设晚宴招待与会各国学者，他特意安排当地的特色菜肴——"莫扎莱拉"奶酪拌腌橄榄。盘中的球形奶酪洁白如雪，大似栗子的橄榄如翡翠般碧绿，这盘菜宛如一件精美的艺术品。市长解释说，只有气候湿润、土壤肥沃的诺拉才能长出如此硕大、美观和口感好的橄榄。在市长举杯庆贺研讨会成功时，他请各国学者一年后带着成果再来诺拉聚会，他说此次研讨会是"国际布鲁诺双年研讨会"的"预演"。诺拉人真有创意！以前只听说过军事演习有预演，大型运动会开幕式有彩排，还从未听说学术研讨会也有"预演"呢。

意外收获

国际布鲁诺双年研讨会"预演"成功后，我到索伦托和卡普里岛旅游。

索伦托位于那不勒斯东南 49 公里，面积仅 9.93 平方公里，人口 1.7 万。这座市镇以一首名曲——《重返苏莲托》（苏莲托是那不勒斯地区方言，即索伦托），一位诗人——塔索，而闻名于世。在那不勒斯港乘船渡海，35 分钟就到索伦托，比坐火车更快捷。

从码头步行 5 分钟，再攀登几百级的石头台阶，就直接抵达市中心——塔索广场。

1544 年（比布鲁诺早 4 年），在索伦托诞生了塔索。同布鲁诺一样，塔索离开家乡后，在意大利到处游荡。1575 年，塔索呕心沥血 10 年，写出长篇叙事诗《被解放的耶路撒冷》。这部史诗凡 20 歌，共 15336 行。长诗描写十字军骑士对伊斯兰女战士的爱情，歌颂了爱情对基督教信仰的胜利，洋溢着人文主义和宗教宽容的精神。但这位文艺复兴后期最伟大的诗人，却受到罗马教廷和封建贵族的攻击和迫害。从而诗人内心痛苦，精神苦闷，精神失常，囚禁在疯人院长达 7 年之久。1595 年（布鲁诺殉难前 5 年），年仅 51 岁就溘然长逝。从某种意义上讲，迫害诗人致死的罪人也是教皇克雷芒八世。为了熟悉布鲁诺使用语言的历史形态，我选择同时代（16 世纪）、同地区（那不勒斯省）的诗人的代表作《被解放的耶路撒冷》，对照中译本进行研读，使我受益匪浅。

在拜谒文艺复兴伟大诗人塔索后，我想探寻苏联伟大作家高尔基的故居。我到市旅游问讯处咨询，一位热情的中年妇女送我一张地图，用笔画出高尔基故居的方位。她告诉我，在塔索广场乘 A 线公共汽车，到终点站下车，再往西北那条路上走几分钟，斜对面有座加油站，故居外墙上镶有纪念牌。

我"按图索骥"，终于找到高尔基的故居，它位于索伦托城西的索里托路 41 号，是一幢粉红色的两层楼房。在楼房的外墙上镶着一块大理石纪念牌，用俄语和意大利语写道：

苏维埃社会主义共和国联盟伟大作家马克西姆·高尔基，从 1924 年至 1933 年在此居住并写作。

在索伦托，高尔基完成其代表作之一《阿尔塔莫诺夫家的事业》(1925)；在索伦托，从 1927 年高尔基开始撰写鸿篇巨制《克里姆·萨姆金的一生》，可以说这部多卷本长篇小说的大部分是在这儿完成的。

高尔基的另一故居是在卡普里岛。在那不勒斯港乘船渡海，55 分钟即到卡普里岛。卡普里岛因其独特的地质结构、居高临下的地势、繁茂的地中海植被而成为举世闻名的旅游胜地。以往几次专门探寻高尔基故居，我都没有成功。这次，在返回的路上，我却意外惊喜地发现了纪念牌。在靠近市政府的一幢粉红色小楼侧墙上镶着一块大理石纪念牌，上面用意大利文写道：

俄罗斯作家马克西姆·高尔基，从 1909 年 3 月至 1911 年 2 月在此楼居住并工作。苏维埃国家的奠基人弗拉基米尔·列宁，1910 年在此居住。

世界文化的许多杰出代表到过这里。

卡普里　1988 年 4 月 16 日

正是在卡普里，高尔基接见俄国来的革命者，并进行革命的宣传工作；正是在卡普里，高尔基完成了第一部无产阶级文学作品《母亲》；正是在这里，高尔基多次向列宁讲述自己童年和少年的艰辛生活，而列宁对高尔基说，您应当把这一切都写出来……

在卡普里岛宽阔的观景台上，我望见远处海面上的海鸥，"它们在大海上飞窜"。此时，我仿佛听到"胜利的预言家——勇敢的海燕，在怒吼的大海上，在闪电中间"的叫喊："让暴风雨来得更猛烈些吧！……"

（刊于 2009 年 5 月 14 日《中国社会科学院报》）

奥维德，苏尔莫纳抹不去的记忆

2009 年 7 月 12 日，我前往亚得里亚海滨城市佩斯卡拉，参加在邓南遮露天剧场举行的第 36 届弗拉亚诺国际奖颁奖大会。笔者因译著——葛兰西的《火与玫瑰》荣获意大利学奖。会后，我想在周边旅游，美国加州大学意大利文学教授马格利塔女士建议我先去苏尔莫纳，因为那是古罗马著名诗人奥维德的故乡。

翌日清晨，我在佩斯卡拉乘火车西行，仅用 1 小时就抵达拥有两千多年历史的苏尔莫纳城。

苏尔莫纳，古称苏尔莫，位于阿布鲁佐大区阿奎拉省，在罗马正东（稍微偏北）120 公里处，面积 58.33 平方公里，人口 2.4 万。南北是翡翠般秀丽的山峦，古城东西走向，宛如一条玉带横陈。当天，各街区建筑物上都悬挂着图案各异的五彩旗帜，我询问路人才知，该城 8 月将举行赛马大会，那是参赛各区的区旗。在旅游问询处，我看见苏尔莫纳城徽：王冠下的盾牌，盾牌上有四个拉丁字母——"S. M. P. E"。一位热情的姑娘向我解释：那源于奥维德的《哀歌》第 10 首的诗句 "*Sulmo mihi patria est.*"——"苏尔莫，我的故乡"。此诗表达了诗人在黑海边托弥流放时对家乡的思念之情；而苏尔莫纳人也为诗人感到骄傲与自豪，故把他构成诗句的四个单词的首字母放在城徽里。其实，早在 13 世纪，诗人手持盾牌，盾牌上写有 "S. M. P. E" 的纹章就已出现，在 14 世纪苏尔莫纳造币局也曾铸造过带有诗人形象的硬币。

公元前 43 年（即在恺撒大帝离世的翌年），在苏尔莫的一个骑士家庭里，奥维德出生了。他的父亲很早就派他到罗马最好的学校学习修辞学，其后他又遍游希腊、小亚细亚、埃及和西西里，充实和丰富自己的文化知识。返回罗马后，按家庭意愿，先是从事低微的司法工作，但很快他就投入诗歌创作，并广为结交著名诗人，如贺拉斯、普罗佩提乌斯和维吉尔。早期作品《恋歌》通过科利娜这一美好的女性形象，精细地描绘了女子微妙心理。《爱的艺术》反映罗马当时的社会习俗，迎合贵族的趣味，拓宽了爱情主题的内涵。早期作品为他赢得声誉，但思想深度不够。

在罗马，他在几年内结婚三次，在同富有教养的贵族妇女法比娅结婚后，才真正感受到家庭幸福并育有一女。法比娅同奥古斯都皇帝的妻子利维娅过从甚密，从而奥维德同宫廷交往频繁（好运与风险并存）。公元8年，奥维德已完成杰作《变形记》。《变形记》把约200个古代神话传说，按时间顺序和不同内容，以"变形"为红线，连成一体，熔为一炉，其技巧炉火纯青，被人赞誉达到史诗的高度。此时，他也已开始创作重大历史题材的《岁时记》。然而，正在他的事业和成就达到巅峰之时，天有不测风云，奥古斯都皇帝召见奥维德，命令他立即离开罗马，到黑海边的托弥（今罗马尼亚的康斯坦察）流放。诗人愤然将《变形记》手稿付之一炬（幸有手抄本传世）。

在托弥，奥维德在孤寂和困苦中度日，远离家乡，远离亲人和朋友，语言不通，条件艰苦。在罗马帝国的东北边陲，已过天命之年的诗人甚至不得不拿起武器自卫。但他并未消沉，当地居民待他友善，远方妻子对他忠贞不渝，从而减轻了他心灵的痛苦。他一边修改《变形记》，完成《岁时记》，一边创作《哀歌》和《黑海零简》。在《哀歌》中，诗人作了深刻内省："尽管两项指责毁了我：诗歌和错误，但我仍要对第二项错误保持沉默……我为何看见了那事情，让眼睛犯罪？"这里，诗人明确指出奥古斯都皇帝流放他的两项罪名：（一）"写作淫荡诗歌"——《爱的艺术》；（二）"无意间知道了那罪过"——很可能发现奥古斯都女儿尤利娅的丑行（诗歌译文引自王焕生先生的《古罗马文学史》，人民文学出版社，2006年版）。然而，奥维德到底犯有何种"罪过"成了千古之谜。在《哀歌》中，诗人对家庭、故乡、祖国的思念，对以往幸福时光的眷恋，表现得淋漓尽致。在《黑海零简》中，诗人抱怨命运的不公，恳求奥古斯都宽恕，对妻

子和挚友提供帮助。奥维德重返家乡的期望在漫长的等待中破灭了。公元
14 年，奥古斯都在诺拉辞世，他至死没有赦免奥维德。继任皇帝提比略
（后在权力之争中死于非命）也没有撤销前任的命令。公元 17 年末或 18 年
初，奥维德在流放 9 年后，于绝望中去世，享年 60 岁。

在中世纪，奥维德被尊为维吉尔之后的古罗马最伟大诗人。在文艺复
兴时期，他的作品受到普遍欢迎。在 19 世纪，其影响一度减弱。但在 20 世
纪后半叶"东山再起"，其作品引起结构主义和符号学批评家的关注，并受
到高度评价。奥维德的诗歌想象丰富，语言精致，修辞完美，对人们心灵
的探索深透，对女性心理刻画细致入微；总之，具有永恒的艺术魅力。因
此，受到如乔叟、法国七星诗社诗人、莎士比亚、塞万提斯、席勒、歌德、
普希金、庞德等历代著名诗人（作家）的喜爱。

在苏尔莫纳，流传着许多关于奥维德的传说，对诗人的评价也是毁誉
参半。

在中世纪，诗人家乡的百姓把奥维德神化，因其诗歌的魅力，认为他
具有超自然的力量。当地流传的故事说：一天夜晚，奥维德在莫罗内山上
建造神奇的别墅。别墅非常壮观，有柱廊、晒台、浴室和精美的壁画。由
于在那一瞬间，他先要竖起礁石、开凿洞穴、挖掘沟壑，许多人受好奇心
驱使，偷看并期待奇迹发生。诗人一时气恼，要惩罚那些好奇者。他只说
一句话，就把在场的男子变成飞鸟，姑娘变成一排白杨。

恋人们把奥维德视为医治爱情创伤的神医。传说他让失恋者服用"爱
之甘醇"，他们心中立即重新燃起爱情的火焰。失和夫妻把他视为爱情法庭
的法官，传说他通过对爱情的沉思，对他们情感的审视，决定他们"结合
或分离"。

天主教狂热信徒把奥维德妖魔化，因为他引诱人们鉴赏艺术美和自然
美，拒绝对天上世界的沉思。他们四处散布谣言：奥维德在自己别墅的深
井里同魔鬼对话。他在夜里活动，他时而以黑狗显形，时而以狼人出现，
时而化身为两眼冒火的牛犊，在农民中间制造恐怖和骚乱。

"正人君子"们把奥维德视为"登徒子"。他们说，诗人和奥古斯都的
女儿关系暧昧，奥古斯都本想杀他，因其声名显赫又不敢，就把他流放到

一个小岛，在那儿他很快就死去。也有传说诗人被一个女人背叛，因心碎而亡。

从文化社会学角度看，诗人故乡的这些传说恰恰说明奥维德的诗歌具有强烈感染力和巨大影响力。不同社会阶层的人们，具有不同的价值取向和审美趣味，故对奥维德的理解不同、评价迥异。当然，从一个侧面，也显现奥维德人格的丰富性与复杂性。

近代，奥维德的伟大诗人本色回归，苏尔莫纳人仅视他为杰出艺术家。为了表示家乡人对诗人的怀念与敬意，1447 年在市中心矗立起一座奥维德雕像。直至 1870 年，市民经过雕像前，都要脱帽致敬。每年的 6 月 24 日，雕像都用鲜花和铁线莲花冠装饰一新。今天，这座雕像移至圣阿农奇亚塔宫（现为博物馆）大门处，诗人仿佛在欢迎参观者。雕像高 1.93 米，奥维德身着教士袍，头戴桂冠，立姿，脚踩一本厚书。至今，还有不少苏尔莫纳人传说"奥维德用脚读书"！

1887 年，康斯坦察人为纪念诗人，在该市独立广场建造一座奥维德雕像，这是意大利雕刻家费拉里的作品。后来，费拉里决定赠给苏尔莫纳城一座奥维德青铜雕像。1925 年 4 月 30 日，在九月廿日广场举行雕像揭幕仪式，意大利国王出席。这座雕像塑造了一个沉思的奥维德（其形象比实际的诗人要强壮），象征诗人死后重返日夜思念的故乡。

在当代，奥维德的故乡处处洋溢着诗意。苏尔莫纳以盛产"喜糖"而闻名意大利。喜糖（confetti）为椭圆形、扁平状，有纯白色和五颜六色两种，外为糖衣，内有杏仁、榛子仁。观之晶莹剔透，宛如宝石；食之甘美，耐人回味。在举行婚礼后，当新人走出教堂时分发给亲朋好友，大多装在麻织小袋或精致瓷盒内，一般装 5 至 9 枚（总之是奇数，据说奇数象征永恒），外面饰以白色（纯洁的象征）缎带。在苏尔莫纳到处可见出售喜糖的小店，这不足为奇。但当我看到在意大利独一无二的花店时，我感到十分惊奇：不是鲜花，也不是纸花、绢花或塑料花，而是喜糖花，我把它称作"甜蜜之花"。苏尔莫纳人用色彩斑斓的喜糖制成各式各样的花卉，可买单枝，也可买一束，还可买一盆。当然，售价不菲，单枝不下 1 欧元，一束要十几欧元，一盆要几十欧元。我设想，每当情人节，花前月下的恋人互赠喜糖花；每当结婚纪念日，举案齐眉的恩爱夫妻互赠"甜蜜花"，定会引起他们的向往和回想，寄托他们的理想——终成眷属，白头偕老。

在苏尔莫纳的一家餐馆，当我向女店主询问当地特色菜时，她建议我品尝"阿布鲁佐吉他"（la chitarra abruzzese）。为了留有悬念，我没有问"吉他"的性状。当"吉他"端上餐桌时，我才为苏尔莫纳人的非凡想象力所折服：这是一盘意大利面条，配有蘑菇、豌豆、罗勒和牛肉末。吃过这盘苏尔莫纳面条，我真切地感受到，阿布鲁佐吉他弹奏出的旋律真是妙不可言！

在苏尔莫纳的书店，我见到带着油墨香味的拉丁语－意大利语双语版《爱的艺术》和《变形记》。在北京的书店，我也见过印刷精美的奥维德诗作中译本。我想，各文明国家的图书馆不会缺少奥维德的作品，因为它们业已经受历史考验，成为永恒的经典。在罗马，我曾欣赏根据奥维德诗歌塑造的"阿波罗和达芙涅"雕像。在威尼斯、巴黎、维也纳等名城的美术馆，也不乏表现《变形记》题材的绘画杰作。他，属于过去，属于现在，更属于未来；他，属于苏尔莫纳城，更属于"银河县太阳镇地球村"。

（刊于 2009 年 12 月 24 日《中国社会科学报》）

实用·坚固·美

——意大利建筑札记三则

古罗马著名建筑师维特鲁威在公元 27 年完成传世之作《建筑十书》。此书对古罗马和后世的西方建筑产生了巨大影响，尤其是他倡导的"实用、坚固、美"的建筑三原则至今仍然有效。当然，随着时代的发展，其内涵变得更加丰富，譬如，"坚固"包括材料选用（抗震、防水、阻燃、"绿色"），"实用"包括保护环境、有益健康、节省资源，"美"不仅指建筑物的外观和内部，而且要求同其所处的人文环境及自然环境和谐一致。

一

有人说，没到罗马，等于没到意大利；没到万神庙，等于没到罗马。可见万神庙在古罗马建筑史上的地位之高。万神庙（Pantheon）建于公元 120～124 年，位于纳沃纳广场以南不远处。整座建筑由门廊和神殿两部分组成。门廊由两排 8 根高达 12.5 米的科林斯式石柱支撑着一个三角形额墙，庄严宏伟。穿过铜雕大门，巨大的圆形神殿尽收眼底：地面直径同顶高相等，均为 43.3 米；半球形拱顶似广阔的天穹，正中一个直径近 9 米的"天窗"（此外别无窗户），既让阳光均匀洒满全殿，又具有通风透气的功能。在神殿内，正对天窗的大理石地面从外环向中心逐渐倾斜，并凿出多个均匀分布的孔洞。问过解说员方知，那是为排出从天窗降下的雨水而设计的。

万神庙既是传统的——科林斯石柱（希腊传统），又是"现代的"——圆形拱顶（罗马风格）；二者做到水乳交融，不是建筑符号的机械拼凑。万神庙结构简洁，形体单纯，表现出庄重典雅的古典风格。历时 1800 多年，整体建筑基本保持完好。从某种意义上说，万神庙完美体现"实用、坚固、美"的建筑三原则。

　　现代建筑更加崇尚简洁和单纯，反对烦琐和怪异。由此可见，中央电视台新址"看起来"就不美，难怪被人讥讽为"大裤衩"。意大利美学家克罗齐曾一针见血地指出："谁若没有任何特有的东西要表现，就会妄图用大量堆砌的词汇、朗朗上口的诗句、震耳欲聋的复调音响、光怪陆离的刺目图画、排列令人惊异却毫无意义的建筑巨作来掩盖内在空虚。"此外，央视新址为了炫"美"，采用不少易燃材料。2009 年 2 月 9 日，在一出由贪官和奸商合演的炫富的闹剧 - 丑剧 - 悲剧中，隐患变成灾难（百万元烟花燃放，引起大火，烧毁部分在建工程）。都说外来的和尚会念经，看来也不尽然，他们或许和韩国歌星张娜拉一样，想着"人傻，钱多，快来"，或许放胆做在家乡想做而不敢做的试验。

　　来自世界各地的游客云集万神庙，还为拜谒文艺复兴艺术大师拉斐尔。拉斐尔在弥留之际，表达了长眠万神庙的意愿。1520 年 4 月 6 日拉斐尔病逝后，罗马市民按大师自己选定的位置把他葬在神殿东侧，石棺旁有一座根据其画作用大理石雕刻的怀抱圣婴的圣母立像。具有讽刺意味的是，西侧意大利王国开国国王和王后的陵墓尽管富丽堂皇，却不被人们所关注。

　　万神庙成为文艺复兴时代、巴罗克和新古典主义建筑大师学习的样板。布鲁内莱斯基从万神庙获取灵感，设计出马利亚鲜花大教堂的穹顶。米开朗琪罗从万神庙得到启示，才设计出圣彼得大教堂的穹顶。法国的先贤祠（法文也称 Pantheon），美国的国会大厦，甚至清华大学礼堂，都不难发现万神庙的倩影。

二

　　在花城——佛罗伦萨，阿尔诺河上曾有 10 座桥，现在只剩 6 座，其中

5 座在 1944 年被德军炸毁，战后重建。老桥（Ponte vecchio）是唯一保存下来的古桥。它被称作老桥，还因为建于历史上三座老桥的遗址：一座是古罗马时期的，一座是在 1117 年坍塌的，一座是 1333 年被洪水冲毁的。据当地人说，伟大诗人但丁正是在老桥邂逅并爱上优雅少女贝雅特丽切。这座桥建于 1345 年，是座结构坚固、造型典雅的三拱桥。起初，桥上两侧的房子均为肉铺，下水、垃圾、腐肉把桥上桥下搞得臭气熏天、一塌糊涂。从16 世纪起，佛罗伦萨当局颁布法令，所有肉铺限期搬出老桥，金银首饰店搬入老桥，从而彻底改变老桥和阿尔诺河的环境状况。现在的老桥成为举世闻名的旅游景点。来自四面八方的游客驻足老桥两侧的古老首饰店，或观赏或购买琳琅满目的金银珠宝首饰，那些首饰设计独特、加工工艺精湛，闻名遐迩。为供游客观赏阿尔诺河的迷人风光，老桥中段不设店铺，只有一座文艺复兴时期著名金饰匠、雕刻家切利尼的半身青铜胸像。从某种意义上讲，老桥是内环境（桥体、桥上空地、桥侧首饰店）和外环境（老桥与周边建筑、阿尔诺河）的和谐统一的范例，是公共建筑和环境保护的有机结合。驱逐肉铺，请进首饰店，是化腐朽为神奇的明智之举。

从老桥的成功我想到祖国祭坛和司法大厦的失败。祖国祭坛位于罗马威尼斯广场，历时 26 年，于 1911 年建成。它是意大利独立和统一的象征。它看起来"很美"——宏伟庄重，却不讨罗马人喜欢，被当地人戏称作"打字机"（恰在 1911 年，Olivetti 公司推出 M1 型立式打字机）。起初，我大惑不解。意大利朋友告诉我：祖国祭坛的东侧是著名的罗马市苑废墟，南侧是古老的教堂和宫殿，东北侧是图拉真记功柱，西北侧是威尼斯宫，这座新古典主义建筑，同周边的古罗马、文艺复兴建筑极不和谐，此外，它是白色大理石建筑，同周边建筑的褐红色基调反差太大。听他解释后，我茅塞顿开：这座独体建筑物（其前低后高的整体结构同 M1 型打字机有几分相像）看起来很美，但同周边环境及建筑群体联系起来看就不美。

司法大厦坐落在罗马北城台伯河畔，1910 年竣工，是一座白色三层楼建筑。它建成后，一直受到罗马市民的批评，普遍认为它石材厚重、体量庞大、线条生硬，同周边古建筑（圣天使古堡）不和谐，更主要的是距离台伯河太近，致使地基不牢，建成后不久就开始下沉，危及建筑自身的安全（1976 年不得不进行地基加固和建筑修复工程）。此外，白色大理石受汽车尾气污染，易变成黑色，每 10 年需清洗一次，劳民伤财。

从罗马我想到北京：国家大剧院为西方建筑师设计，同周边人文环境和当地自然环境（包括气候）极不和谐——风格和色调反差大。北京春冬多风沙，银色易变黄（需不断清洗）；庞大建筑物置于水中，存在巨大安全隐患。由此可见，它被业内人士戏称为"山药蛋"不无道理。与之形成鲜明对照的是南京中山陵。那是中国建筑师吕彦直的杰作。中山陵整体布局从低向高，顺着紫金山山势，靠平缓的台阶和大片绿地，把牌坊、墓道、陵门、碑亭、平台、祭台和墓室融为一体。在漫山碧绿、苍松翠柏中的中山陵庄严雄伟、气势磅礴。①

三

条条大路通罗马，罗马中央火车站（Stazione Termini）的位置正是各条古罗马大道的终点。它 1950 年建成，2000 年改建。这座火车站坐东朝西，屋顶采用先进的薄壳结构，正面采用透光好的玻璃材料，主体采用大理石材料。车站分为三个区：站台区，服务区（后厅）和售票区（前厅）。在站台区共设 27 个站台，各个站台同车站建筑物呈垂直方向，这样上下车的旅客都能在平面运动，无须走地下通道或上下天桥就可自由地进站和出站。各个站台均备有休息石凳、饮水笼头和行李小车，免费供旅客享用。后厅和前厅均为长 128 米、宽 32 米、高约 30 米的长廊。后厅设有餐厅、快餐店、药房、报刊亭、烟杂店、礼品店、百货店和外币兑换处。外厅设有十余个售票窗口、自动售票机、电话亭和大型书店。

罗马中央火车站是重要的交通转换枢纽。在第 24 号站台，每 45 分钟一列火车开往罗马国际机场。后厅内有地下通道直通 A、B 两线地铁。中央火车站前是宽敞的五百人广场，几十路市内、郊区和长途汽车的总站汇集这

---

① 参见潘耀昌主编《中国美术名作鉴赏辞典》，浙江文艺出版社，1999，第 880 页。

里，各种公交车辆各行其道，互不相扰。值得一提的是，车站正面薄壳屋顶向外延伸 20 余米，这样即使在雨季，出租车仍可直接开到在外延屋顶下避雨的旅客面前，使他们免受雨淋之苦。

可见，罗马中央火车站体现了现代公共建筑功能相对复杂而艺术要求简洁的建筑新理念。意大利著名建筑理论家布鲁诺·塞维主张，按功能进行设计是现代建筑学的根本原则。2000 年在罗马召开的国际建筑学研讨会的主题是"城市建筑：伦理高于美"。这是现代建筑理论的伦理化、人性化转向。城市建筑，尤其是公共建筑，应以人为本，为人设计，为人服务。真正的建筑师应有平民情结，不要想着取悦权贵和富豪，而应心怀大众，尤其要关注弱势群体（老、弱、病、残、孕、穷）的特殊需要。以罗马中央火车站做一面镜子，不难照出北京站在设计上的缺陷。苏文洋先生发现："北京站外有地铁，但是没有解决从北京站地下通往地铁站的问题，人们提着大包小包，拉着行李车都要从地上走，还要走过街天桥。"

布鲁诺·塞维的思想源于克罗齐，早在 1902 年克罗齐就指出：一座民居首先应拥有为生活舒适所需要的各种房间，并且首先按那种舒适的目的进行设计。克罗齐反对把实用和审美截然对立的观点，他认为实用和审美两个目的并不必然矛盾，艺术家总要想方设法阻止这种矛盾发生，他们努力把为实用服务的事物的目的性作为质料，纳入艺术家的直觉或审美中。农舍和宫殿，教堂和军营都很美，不因它们被美化和装饰，而因它们表现其目的。正如一件衣服美，恰恰因为它适合确定条件下的确定人物。克罗齐和塞维的真知灼见，今天仍能给我们有益的启示。

（刊于 2010 年 3 月 18 日《中国社会科学报》）

难忘《最后的晚餐》

  每当我看到从米兰带来的《最后的晚餐》纪念图片时，两次近距离欣赏这件人类艺术瑰宝的情景就浮现在眼前，不禁回忆起那令人难忘的时刻。

  那是1981年的暑假，我乘火车从罗马来米兰，径直前往圣马利亚恩宠修道院，欣赏列奥纳多·达·芬奇一幅举世闻名的壁画。圣马利亚恩宠修道院受米兰路德维科大公资助，由布拉曼特改建，1495年即将竣工时，大公找来著名画家装饰餐厅内部。餐厅呈长方形，南北走向（南北长，东西短），北墙由伦巴第画家蒙道尔法诺画《基督受难图》（此画毁于二战），南墙交给列奥纳多·达·芬奇绘《最后的晚餐》。

  然而，很不凑巧，当时这幅壁画正在修复。联合国教科文组织和意大利文化遗产部共同拨款10亿里拉，计划用5年完成《最后的晚餐》的修复工程。为了不影响修复，我在远处静观。一位年过半百的女专家（后来得知她是布朗碧拉教授），在两位年轻女助手的协助下，在脚手架上专心致志地工作：模糊不清的画面上，用铅笔打上一个个小方格，她手持红外显微镜，逐格地探寻几百年间修复添加的败笔，再用特殊溶剂清洗掉那些"狗尾"，从而显露原作的风采，然后进行加固和"润色"。由于修复，我虽然未能如愿深切感受《最后的晚餐》的迷人魅力，但意大利修复专家的敬业精神和科学态度给我留下了美好印象。修复工程历时18年，直至1999年才大功告成。

  时隔20年，2001年10月，我和《最后的晚餐》再次见面，才切身感受到它的巨大震撼力和感染力。透过画面上的三个窗户，我仿佛看到了耶路撒冷的蔚蓝天空。列奥纳多·达·芬奇采用透视法加强纵深感，一下子把视野扩大，打破了餐厅空间的局限，从而，我似乎置身于耶路撒冷。不仅如此，我仿佛身临其境——在使徒马可家的楼厅，亲眼看见这一戏剧场面。因为列奥纳多·达·芬奇通过精确计算，使画面造型空间和餐厅实际空间融为一体，从而让人产生心理错觉。

整幅壁画巨大（长 9.1 米，宽 4.1 米）但布局巧妙——简洁、紧凑。基督耶稣居中，12 使徒分为 4 组，分列左右，叛徒犹大被放在基督耶稣右侧第 1 组第 3 位。确实如人所说，若把犹大安排过远，戏剧冲突不强烈，过近又会破坏局部与整体和谐。列奥纳多·达·芬奇说过"绘画是无言的诗歌"，他虽不信仰基督教，却想借用圣经题材创作惩恶扬善的诗章。我发现，犹大的脸和部分身体被置于阴影中，而耶稣和其他使徒被画在阳光下，犹大面目灰暗模糊，耶稣和其他使徒面貌明亮清晰。列奥纳多·达·芬奇还主张，绘画应做到，让人们能轻而易举地从人物形象的动作、表情把握其思想。我看到，《最后的晚餐》画面上，13 个人物姿势、神态各异：当听到"你们中间有一人出卖我"时，犹大右手紧握钱袋，左手伸向盘子，似乎要抓盘子或餐刀以防不测；同犹大的惊慌失措形成强烈对比，耶稣泰然自若，正气凛然；其他 11 个使徒，年龄、性格、身份不同，表现出惊讶、惧怕、疑虑、不信、愤恨等不同表情，但彼此呼应，做到"多样统一"、和谐一致。我还发现，修复后的壁画，人物形象准确了——最西端的西蒙生着短胡（而不是修复前的长胡）；色彩明丽了（相对于修复前）——碟子里盛着的橙子片、玻璃杯上的金边清晰可见。

列奥纳多·达·芬奇从 1495 年至 1498 年，历时 3 年完成《最后的晚餐》。他为画好这幅壁画，做了大量细致入微的准备工作。他在记事本上记下："乔万尼娜，一幅奇妙的面相，住在圣卡泰利娜的医院里；克里斯托法诺·迪·卡斯迪里奥内，住在哀悼耶稣教堂，他的头形好；基督——乔万尼·孔德，莫尔塔罗的枢机主教的随从。"他为找不到犹大的理想形象发愁，就不断地观察形形色色的无赖恶棍，并作大量速写。由于《最后的晚餐》进展缓慢，引起修道院院长不满，列奥纳多·达·芬奇回应说："最伟大的天才有时看似悠闲，却在努力工作，尝试用头脑进行创作。"

修道院院长的侄子是著名小说家班戴洛，莎士比亚的《罗密欧与朱丽叶》、《无事生非》和《第十二夜》全都取材于他的《故事集》。1554 年，班戴洛回忆童年时看到列奥纳多·达·芬奇清晨来到修道院，登上脚手架（约 2 米高）辛勤工作的情景："我说，从太阳升起到夜幕降临，他从未放下手中的画笔，他忘记了进餐饮水，连续不断地作画。其后，两三天，甚至四天，他不着一笔，但有时一天在画前滞留一两个小时，仅仅自己静观、思索和考察，对他的人物形象作出判断。我还看到，他因突发奇想或心血来潮，顶着盛夏酷暑的似火骄阳，离开他在那里塑造神奇陶马的旧王宫，直奔恩宠修道院，登上脚手架，给其中一个人物画上一两笔，就立即离开奔向别处。"

显然，列奥纳多·达·芬奇除《最后的晚餐》和"神奇陶马"外，还在创作其他艺术作品。他为歌剧《达娜厄之恋》制作舞台布景。他为大公夫人制作可拆卸的木质小亭，置于花园里草木迷宫的中央。他负责设计米兰多座贵族别墅和民居，装饰一座富丽堂皇的宫殿。他还受命设计布雷西亚的主教堂大铜门，维琴察的圣方济各教堂大祭坛。在进行艺术创作的同时，列奥纳多·达·芬奇从未中断科学研究和技术发明。正是在 16 世纪 90年代末，他开始严肃认真地思考，人们如何像鸟儿一样在空中自由飞翔，像鱼儿一样在水中自由畅游。他研制出飞行器，绘制出"潜水艇"草图。在此期间，他还研制出织布机、制针机和轧钢机。

在 500 多年的历史长河中，《最后的晚餐》命途多舛。先是列奥纳多·达·芬奇试验不成功：他在作画时先在墙上涂上"预备层"，因该层黏附力弱，画面易开裂，颜色易脱落。米兰气候潮湿，餐厅湿度大，空气中的二氧化硫在画面上凝结为酸雨，极易腐蚀画面。接着 1515 年法国国王弗兰西斯一世率远征军攻占米兰，曾妄图把载有壁画的整面墙切割运到法国。继而在 1796 年壁画又惨遭拿破仑军队的破坏。再有几百年间不当修复不仅"狗尾续貂"，而且"雪上加霜"。但令人敬佩的是，遭受"二战"苦难的米兰民众（他们为了生存，甚至把米兰大教堂广场都种上了庄稼），没有忘记保护艺术珍宝。1943 年，他们对《最后的晚餐》采取了保护措施，在修道院餐厅南墙的四周搭上钢架，堆上沙袋。在飞机的狂轰滥炸下，修道院被夷为平地，只有餐厅南墙屹立不倒。

　　米兰人的文物保护意识很强，他们严格限制进入圣马利亚恩宠修道院的人数。为了观赏《最后的晚餐》，必须提前一星期甚至一个月通过网络或电话预订门票。我是在佛罗伦萨通过电话预订的，售票处工作人员在确定参观时间之后，给购票者一个票号（比如 BF 756）。按要求我在预定参观时间前 15 分钟抵达圣马利亚恩宠修道院，在售票处通报票号，核准后再买票。在"餐厅"入口和出口都设有计数器，以监控参观人数。我进去后，发现只有十余人。讲解员告诉我说，人们呼出的废气会损坏画面，因此室内参观者不能超过 25 人。从《最后的晚餐》前的冷清，我想起在敦煌莫高窟、临潼秦俑馆参观时摩肩接踵的参观者的喧闹。其实，那里更应严格限制参观人数。因为那里有千年壁画和佛像、两千年彩色陶俑，文物年代更久远，所处环境更脆弱；因为那里的壁画、佛像和陶俑同样是不可复制的人类艺术瑰宝。

（刊于 2010 年 5 月 6 日的《中国社会科学报》）

《爱的教育》翻译札记

翻译儿童文学作品的尝试

早在 1964 年，我在北京外国语学院学习意大利语时，就"结识了"亚米契斯和《爱的教育》：精选教材选用了《春天》一篇。然而，在"文革"的动荡年代，我被迫同意大利语"分手"：先到部队农场锻炼两年，后到河北任乡村教师八年。

改革开放的"春风"伴我进入中国社会科学院研究生院大门。20 世纪 80 年代初，我又有幸成为公派留学生，到罗马大学进修。节假日我常去逛书店，尤其到银塔广场附近的半价书店淘书。一天，我发现一本 CUORE，是米兰 Rizzoli 出版社 1965 年版，原价 2500 里拉，现价 1250 里拉（仅够买一张报纸）。我浏览了一下，立即被那些精美插图所吸引。那是 1892 年铜版画插图，是 A. Ferraguti，E. Nadri 和 A. G. Sartorio 三位意大利画家的作品，共 124 幅。我毫不犹豫地买下，并带回国。

2002 年，我"荣升"为爷爷后，决定全面、系统地根据意大利文版翻译《蒙台梭利文集》。在《蒙台梭利文集》翻译工作完成后，我可爱的小孙女已升入五年级，我想让她阅读《爱的教育》（她同恩里科一样，还有一年就要上中学）。现有中译本虽说各有千秋，但总有不尽如人意之处（个人看法，不一定正确），于是我决定自己动手翻译，并将新译本作为 2014 年儿童节送小孙女的礼物。我要感谢北京师范大学出版社的大力支持，使我的美好愿望得以实现。

意大利美学家克罗齐说："通常所说的好的翻译是一种近似，它具有艺术品的原创价值并能独立存在。"

这就是说，文学作品的译本应当具有艺术性、独立性。从而，文学翻译不是技术工作，而是艺术工作。译者笔端涌出的文字不是死的、冷漠的符号，而是渗透其情感倾向、价值判断和审美情趣。

作为儿童文学的翻译，既要让小读者提高道德修养，又要让他们受到美的熏陶，还要提高他们的阅读、写作能力。具体到《爱的教育》，文体为都灵市立小学四年级男生的日记，要求语言简洁、活泼、生动；而文学语言要求比儿童语言更丰富、更美、更有时代感。为适应中国小读者阅读，从整体意境出发，保持审美连贯，译文做个别"微调"。这是我翻译儿童文学作品的一次尝试，是否成功，要由读者判断和经受时间考验。

在翻译《加罗内的母亲》一篇时，我被感动得热泪盈眶。加罗内是火车司机的儿子，他是非分明，疾恶如仇，保护弱者。在他失去母亲五天后重返学校："他穿了一件黑色丧服，令人怜悯。无人大声喘气，大家都注视着他。他刚刚走进，首先看见教室——他母亲几乎每天来这里接他，看见那个课桌——在考试那几天在那儿多次俯身对他做最后叮嘱；在那儿，他不止一次地想到母亲，急不可耐地想要跑出去迎接她……于是，他绝望地号啕大哭起来。老师把他拉到身边，把他抱在怀里，对他说：'哭吧，你哭吧，可怜的孩子；但你要鼓起勇气，你母亲再不能来这里了，但她在看着你，她仍然爱你，她仍活在你身旁，有一天你将和她会面，因为你像她一样，是个善良、正直的人。你要振作起来。'"[1]

译文要讲究修辞，注意句式的节奏感和语言的美感，比如描绘世界小学生大军："你想想：各国数不胜数的孩子几乎都在清晨上学，凭借想象你能看见他们，穿过寂静的乡间小道，通过嘈杂的城市马路，沿着海岸和河岸，走啊，走啊，在炽热阳光照射下，在浓雾中，在运河交错的水乡乘船，在辽阔的大草原骑马，在茫茫雪原坐雪橇，他们越过山谷和丘陵，穿越森

---

[1] 亚米契斯：《爱的教育》，田时纲译，北京师范大学出版社，2014，第232~233页。以下简称北师大译本。

林和激流，攀登山间羊肠小道，或独自一人，或成双成对，或三三两两，或排成长队；所有孩子都夹着书本，身着各式各样的服装，说着形形色色的语言，从俄罗斯冰雪中朦胧的偏僻学校，到阿拉伯棕榈树荫下的边远学校，千百万儿童，大家以千差万别的方式学习相同的东西。"（北师大译本，第 19 页）

还有用诗一般的语言歌颂民族英雄加里波第："当他发出战斗号令，大批勇士从四面八方来投奔他：贵族离开宫殿，工人离开工厂，青年离开学校，在他荣光的普照下去战斗。在战争中，他通常穿红衫。他很强壮，一头金发，十分英俊。在战场上，他是闪电；在情感上，他是孩子；在悲痛时刻，他是一位圣贤。"（北师大译本，第 302 页）

令人欣慰的是：2015 年 12 月，《爱的教育》（北京师范大学出版社插图本）荣获 2015 年冰心儿童图书奖。

《爱的教育》 的现实意义

《爱的教育》是 1886 年的作品，距今已有 130 年，但在今天、在中国仍有现实意义。这首动人心弦的大爱颂歌，仍不失为少儿教育的生动教材，家长、教师的"良师益友"。

作者亚米契斯（Edmondo De Amicis，1848 ~ 1908），是一位社会主义者，《爱的教育》体现他一贯宣传的博爱精神和社会主义思想相结合的倾向。

教育少年儿童要尊重劳动、热爱劳动人民及其子女

今天，追捧明星，羡慕大款，轻视工农及其子女的不良风气对少儿也有影响，小学生比富、"拼爹"的现象并非鲜见。这种腐朽的社会风气和我们的社会主义制度及马克思主义指导思想格格不入。

在《爱的教育》中，工程师博蒂尼教育儿子恩里科："为什么我不让你擦沙发？因为你一擦，你的同学就会看见，这几乎是在责备他弄污沙发。

这非常不好，首先，因为他不是有意为之，其次，因为他穿着父亲的旧衣才会弄污的，而他父亲在干活时沾上了石灰和石膏……千万不要对一位劳动归来的工人说：'真脏！'，你应当说：'在衣服上留有劳动的标志和痕迹。'请你牢记：要爱小瓦匠，首先因为他是你同学，其次因为他是一位工人的儿子。"（北师大译本，第68页）

当恩里科说"五年级毕业后，就再看不见同学了"时，他父亲嘱咐他："请你做好准备，在你们分开后，继续保持友谊，从今以后，优先和他们发展友谊，恰恰因为他们是工人子弟。你看，上层人士是军官，工人是劳动的士兵；但在社会中，正如在军队中，士兵并非不如军官崇高，因为崇高在于工作而不在于收入，在于其价值而不在于其级别；如果存在功劳优势，那么也是在士兵方面、工人方面，但他们从自己的工作中获利最少。因此，在你的同学中，首先要爱那些'劳动士兵'的孩子，尊重他们就是对其父母付出的艰辛和牺牲的尊重，只有卑鄙无耻之徒才根据社会差异决定情感和举止；你想想，祖国拯救我们的神圣血液，几乎全从工场和农田的劳动者的血管涌出。爱加罗内，爱普雷科西，爱科雷蒂，爱你的'小瓦匠'，在他们小工人的胸中有一颗王子的心。"（北师大译本，第230–231页）

教育少年儿童要同情、关爱并帮助弱势群体（盲童、佝偻病童、穷人、不幸者）

《爱的教育》处处闪耀着进步的人道主义思想光辉。

恩里科的老师教育学生说："有一天，一个盲童用难以言喻的悲伤对我说：'我想恢复以前的视力，哪怕只一会儿，为了再看看妈妈的面庞，我已经记不清了！'当妈妈来找他们时，他们就把手放在妈妈的脸上，从额头一直抚摸到下巴和耳朵，为的是感受妈妈的模样，几乎不相信再不能看见妈妈了，他们一遍遍地叫着妈妈的名字……多少人不是哭着离开这里的？就是心硬如铁的人也不能不落泪！啊！我确信无疑，你们从那里走出，无人不愿舍弃一点儿视力，至少给予所有那些可怜的孩子一点儿微光。对于他们而言，太阳没有光芒，母亲没有面庞！"（北师大译本，第159–160页）

母亲带恩里科去佝偻病童学校，但她不让儿子进去。她说明理由："为的是不愿让你，一个健康强壮的男孩，站在那些不幸儿童面前，仿佛在展览和炫耀。他们被置于这种痛苦比较的机会已经不少！这是多么悲痛的事情！当我走进去时，心里就淌泪。共有七十名男孩和女孩……可怜的骨骼在经受痛苦的折磨！可怜的双手，可怜的僵硬、弯曲的小脚！可怜的小小畸形身躯！我立即发现许多优雅的面孔、充满智慧和温情的眼睛。"恩里科母亲表达对佝偻病童的怜爱之情："我真想把那些可怜的脑袋全都抱住，紧紧地贴在胸前；如果我孤单一人，我会对他们说：我不再离开这里，我愿为你们贡献一生，为你们服务，做你们所有孩子的母亲，直至生命的最后一天。"她还高度赞扬献身特殊教育的女教师："这位女教师年轻、热忱，她那张善良的面孔带有某种忧郁的神情，仿佛是她爱抚和安慰的那些不幸的反映。亲爱的姑娘！在所有靠劳动为生的人们当中，无人比你的为生方式更神圣，我的女儿。"（北师大译本，第243－246页）

当恩里科从乞讨的贫困女人身边走过，他的母亲教育他："听着，儿子，当穷人伸手向我们乞讨时，尤其当他们为自己的孩子向我们索要几个小钱时，你千万不要惯于冷漠地走过。你想一想，那个孩子正在挨饿；你想一想，那位可怜的母亲正在受折磨。"（北师大译本，第58页）

弘扬少年儿童勤劳、刻苦、感恩、互爱互助、尊敬和爱戴师长的优良品质

《爱的教育》通过恩里科的笔，塑造出都灵市立小学优秀少年的群体形象。

火车司机之子加罗内，是非分明，疾恶如仇，保护弱者。内利不幸是个驼背，不少孩子都嘲笑他，并用书包碰他那突起的驼背，但他从不反抗……总把额头贴在课桌上默默地哭泣。然而，一天上午，加罗内毅然站起来，厉声说："谁再敢碰内利，我就猛扇他后脑勺，让他连翻三个跟斗！"弗兰蒂把警告当耳旁风，结果他的后脑勺挨了一巴掌，并连跌三个跟斗！从此以后，再无人敢欺负内利了。

退伍军人之子科雷蒂，吃苦耐劳、学习刻苦。他在节假日和上学前都要帮父亲搬运木柴，劳动后筋疲力尽的少年仍然刻苦认真地听课和复习。

为此，恩里科说，科雷蒂你最幸福，因为你刻苦学习，辛勤劳动，因为你对父母有用，因为你更善良，比我好一百倍，比我强一百倍。

铁匠之子普雷科西，瘦小，苍白，长着善良而忧郁的眼睛，有着胆小怕事的神态。他总是病恹恹的，但非常用功。他父亲总喝得烂醉才回家，还无缘无故地打他，他总脸上带伤去上学，双眼哭得通红，但他从不对人说是父亲打的。然而，他在逆境中顽强学习，并取得优异成绩，荣获班级第二名。他获奖不仅由于聪明和勤奋，而且由于他的心灵和勇气，作为儿子的优良品质。正是他教育了父亲，让父亲的心灵复苏——改邪归正，不再酗酒，重新工作。

克罗西长着红头发，一只胳膊残疾，父亲不幸入狱，母亲靠走街串巷卖菜为生。但他人穷志不穷，在空荡荡、灰暗的房间一角（连一盏灯都没有），跪在一把椅子前，纸铺在椅子面上，墨水瓶放在地板上，那样憋屈地做作业。

此外，还有：主人公，工程师之子恩里科，善良，好学，诚恳，友爱，善于自省和向同学学习。商人之子德罗西，高大英俊，笑容满面，意气风发，品学兼优，是善和美的化身。医生之子斯塔迪，外形欠佳，但酷爱读书，自建小图书室，并有惊人的意志力。

歌颂少年儿童爱国爱家、见义勇为、不畏艰险、勇于牺牲的英雄主义气概

《爱的教育》通过九个每月故事，讴歌九个意大利小英雄。

帕多瓦爱国少年斩钉截铁地说："我绝不接受辱骂我祖国的人们的布施。"

伦巴第小哨兵，爬上树顶侦察敌情，被敌军子弹击中，从高处跌落下来，经过的官兵纷纷向他献花，鲜花如雨点般落在他的光脚上。他在那儿的草地上安眠，身上裹着属于他的旗帜，他脸色煞白，却似乎带着笑容，可怜的少年，他仿佛听到人们的致敬，或许他在为自己的伦巴第献出生命而感到欣慰。（北师大译本，第 58 页）

佛罗伦萨小抄写员朱利奥，为了减轻爸爸的负担，为了补贴家用，背着父母，从深夜十二点开始，为出版社抄写封套，因过于劳累影响了学习，

还受到父亲的严厉批评。后被父亲发现，把他带到醒来的母亲床前，让他投入母亲的怀抱，并说："快吻这个天使、爱子，三个月来他没有睡过好觉，替我工作，但我却玷污了他的童心，他在为我们挣面包！"（北师大译本，第81页）

撒丁岛小鼓手，为到自由镇去搬救兵，负伤后仍发疯似地奔跑……援军及时赶到，他却失去了左腿：他是一个非常优秀的孩子，他没有流一滴泪，没有喊一声！他一定出生于英雄世家！（北师大译本，第107页）

那不勒斯少年齐奇洛，在医院错把那不勒斯老农当成自己爸爸精心护理，在知道真相后，他对父亲说："不，爸爸，我不能走。我爱他，我不知道他是谁，但他需要我，让我留在这里吧！"他重新开始做护工，他不再哭了，但一如既往耐心、细心地照料，重新开始给病人喂水喂药。他整理被子，爱抚病人的手，温和地和病人讲话，以便给病人鼓劲打气，直至病人离世。（北师大译本，第140－141页）

罗马涅英雄少年费鲁乔，为保护姥姥而献出生命：凶手向老人扎去一刀。然而，少年发出一声绝望的呼喊，以迅雷不及掩耳的动作扑向姥姥，用自己的身体护住了姥姥……这位小英雄，他姥姥的拯救者，后背上被扎了一刀。（北师大译本，第195页）

见义勇为的波河镇少年平诺特，当他在岸上看见同学在河里挣扎，并且面临死亡威胁，他马上脱下衣服，毫不犹豫地跑去救助。人们对他呼喊："你会淹死！"他不回答；人们抓住他，他挣脱开。他们呼叫着他的名字，他已经跳入水中。河水暴涨……他用瘦小身躯和伟大心灵的全部力量，向死亡挑战；他追上并及时抓住已沉入水中的不幸落水者，把他拖出水面；勇敢无畏地同吞没他们的波涛搏斗；他的同学死命地抱紧他，多次把他拖入水下，但他竭尽全力拼命挣扎又浮出水面，他神圣的意志坚定不移、不可战胜。（北师大译本，第238页）

从意大利到阿根廷寻母的热那亚十三岁少年马尔科，下定决心："我要勇往直前，直到找到我母亲。哪怕生命垂危，我也要到达目的地，就是摔倒在她脚下，死去也心甘！只要我能再见她一面！"（北师大译本，第262页）他远渡重洋、跋山涉水，历时两个月，经历千辛万苦，终于来到母亲身旁，让身患重病的母亲重新获得生活的力量，同意接受手术治疗。英勇的少年，拯救了母亲的生命。

舍生忘死的西西里少年马里奥，在轮船失事的紧急关头，将生的希望让给那不勒斯少女朱列塔："让给你！你有父亲和母亲！我只孤单一人。我把我的位子让给你！下去吧！"男孩直立在大船边上，高昂额头，镇静自若，无比崇高。（北师大译本，第 329 页）

三年级， 还是四年级

《辞海》（2000 年版，第 1810 页）"爱的教育"条目写道："全书以日记的形式，描述了一个小学三年级学生安利柯的学校和家庭生活。"

显然，这一条目是根据夏丏尊先生的译本撰写的，一是夏译本将主人公 Enrico（恩里科）译作安利柯；二是在夏译本"原序"中写道："一个意大利市立小学三年级学生写的一学年之纪事。"（《爱的教育》，华东师范大学出版社，1996，第 1 页；以下简称夏译本）；三是保留夏译本的错误，将原书名 CUORE，错写成 COURE；四是称该书共十卷，这是夏译本的安排，意文版没有分卷，只分十个月。

先从夏译本（第 1 页）看说三年级是否正确："因为我这三年来，每月到教室去，都要穿过这室的。""三年来"，是过去时，说明恩里科已经在都灵市立小校学习了三个学年，新学年第一天应当是四年级学生。

那么，为什么会出现错译呢？我们要在意大利原文中找原因。

意文版（CUORE，Rizzoli Editore，Milano，1965）第 49 页："Mia madre mi condusse questa mattina… a farmi per la terza elementare"，直译为"今天早晨母亲领我到……三年级注册"。后文写道"dove passai per tre anni quasi tutti i giorni"，译文是"三年来，我几乎天天从那里经过"（北师大译本，第 2 页）。从字面上看，意大利文本似乎也有矛盾。但意大利文版有一个重要的注释，解释清这种"矛盾"。在 19 世纪 80 年代，意大利小学实行五年制，因当时都灵教育界将第一学年称作一年级低班（prima inferiore），第二学年称作一年级高班（prima superiore），第三学年称作二年级（seconda classe），第四学年称作三年级（terza classe），第五学年称作四年级（quarta classe），因此，按实际学年和中国的习惯，意大利文的"terza classe"，应当译作"四年级"。

只有不朽的名著，　没有不朽的译本

应当说，夏丏尊先生早在 1924 年就译出《爱的教育》这部世界儿童文学名著，功不可没。1949 年以前再版三十多次，20 世纪 80 年代后又多次再版，产生巨大影响。我们应当永远铭记夏丏尊先生的历史性功绩。然而，"狮子也有打盹时"，况且，夏先生所依蓝本是日译本，出现一些错漏也情有可原。重要的是，我们不应迷信权威译本，不加分析地照搬照抄，否则将会以讹传讹，误导读者。

一位著名翻译家说：只有不朽的名著，没有不朽的译本。我觉得很有道理，因为，随着时代的前进，语言在发展变化，后人会发现更好的蓝本，对文本的理解和诠释会更准确。

实事求是地说，夏译本的译文除有些陈旧（缺乏时代感）外，还有不少错漏。我们对照意大利文版，只挑前三个月的首篇日记就可看出。

十月，十七日　开学第一天

夏译本（第 1 页）：心还一味地想着乡间的情形哩。

意文版（第 49 页）：io pensavo alla campagna, e andavo di mala voglia.

北师大译本（第 1 页）：而我仍想着乡间，很不情愿去（指上学）。

显然，夏译本漏译后半句。

夏译本（第 1 页）：我重新看这大大的待息室的房子。

意文版（第 50 页）：Lo rividi con piacere quel grande camerone a terreno, con le porte delle sette classi.

北师大译本（第 1 ~ 2 页）：我欣喜地又看到一楼大厅，七个班教室的屋门都和它相通。

显然，夏译本前半句不够准确，后半句漏译。

夏译本（第2页）：又记起三年级时候的先生来，那是常常对我们笑着的好先生，是和我们差不多大的先生。

意文版（第51页）：Anche pensavo al mio maestro di seconda, così buono, che rideva sempre con noi, e piccolo, che pareva un nostro compagno.

北师大译本（第29页）：我还想起三年级的老师，他是那么和蔼可亲，总是面带微笑，他是那么瘦小，就像我们的同学。

显然，夏译本容易造成误解——年龄差不多（这显然不可能），因为在汉语语境中，身材用"高矮"来形容，体形用"胖大"和"瘦小"来形容。

十一月，四日　我的朋友加诺内

夏译本（第21页）：卡隆的父亲是铁道的机关司。

意文版（第81页）：Suo padre è macchinista della strada ferrata.

北师大译本（第29页）：加罗内的父亲是火车司机。

夏译本（第22页）：他有一次，因这刀伤了手，几乎把指骨都切断了。他不论人家怎样嘲笑他，都不发怒……

意文版（第83页）：un giorno si tagliò un dito fino all'osso, ma nessuno in iscuola se ne avvide, e a casa non rifiató per non spaventare i parenti. Qualunque cosa si lascia dire per celia, e mai non se ne ha per male…

北师大译本（第31页）：一天这把刀划破了他的指头、伤及骨头，但在学校无人看出他手伤，在家里为了不让父母担惊受怕，他没有吱声。无论同学怎样嘲笑他，他都不生气……

显而易见，夏译本漏译一大句。此外，说"把骨头切断"也和原文不符。

夏译本（第22页）：漏译以下这句话。

意文版（第83页）：sua madre, che spesso viene a prenderlo, ed è alta e grossa come lui, e simpatica.

北师大译本（第31页）：他母亲常来学校接他，和儿子一样，身材高大，和蔼可亲。

十二月，一日　商人

夏译本（第 45 页）：所以，这次星期日预备和那漂亮人物华梯尼去散步。今天卡洛菲来访……

意文版（第 117 页）：Domenica andró a passeggiare con Votini，quello ben vestito，che si lascia sempre，e che ha tanta invidia di Derossi. Oggi intanto è venuto a casa Garoffi...

北师大译本（第 61 页）：星期天，我将要和沃蒂尼一起散步，他穿衣讲究，总爱打扮，特别嫉妒德罗西。今天，加罗菲来我家……

显然，夏译本漏译半句。

夏译本（第 45 页）：他又能储蓄，无论怎样，决不滥用一钱。

意文本（第 117 页）：E rammucchia，ha già un libretto della Cassa scolastica di risparmio. Sfido，non spende mai un soldo.

北师大译本（第 61 页）：他积攒钱，在学校银行有存款。我敢保证，他个人从不花一个钱。

显而易见，夏译本漏译半句话。

意文版（第 117 页）：Fa come le gazze，dice Derossi.

北师大译本（第 61 页）：德罗西说，他像喜鹊那样行事。

夏译本（第 61 页）：漏译上面这句话。

夏译本（第 46 页）：但我的父亲却不信这话。父亲说：“不要那样批评人，那孩子虽然气量不大，但也有亲切的地方哩！”

意文版（第 119 页）：Mio padre non lo crede，“Aspetta ancora a giudicarlo”，mi ha ditto，“egli ha quella passione，ma ha cuore”.

北师大译本（第 62 页）：我父亲不相信这话，他对我说：“还要等等再做判断，他有那种爱好，但他也有心灵。”

显然，夏译本不够准确。在意大利语中，批评是 criticare，气量是 magnanimità 或 tolleranza。原文中的 passione，应译作“爱好”，这里指集邮。

（节选刊于 2016 年 2 月 5 日《中国社会科学报》）

附　录

社会主义不是“畸形学”的历史过程

——多梅尼克·洛苏尔多访谈录

编者按：多梅尼克·洛苏尔多（Domenico Losurdo，1941~）是意大利乌尔比诺大学哲学史教授、国际著名黑格尔研究专家、马克思主义哲学史家、国际黑格尔-马克思辩证思想学会主席。2008 年，他曾发起西方进步学者声援北京主办奥运会签名活动。2011 年 11 月 24 日，是洛苏尔多教授 70 寿辰。此前，《中国社会科学报》特约记者、中国社会科学院哲学研究所田时纲研究员对洛苏尔多教授进行了采访。

田时纲：首先，祝您生日快乐，健康长寿！感谢您邀请我参加为庆祝您七十寿辰举办的国际学术研讨会。我记得，2004 年 11 月，我在贵校从事短期研究时，您送我一本《俄国革命和今日中国革命脱离历史吗？》。您为什么想写这样一部书？

洛苏尔多：该书初版是在 1999 年。当时，冷战结束被说成是建设社会主义社会一切尝试的彻底失败，是资本主义的最终胜利，甚至是“历史的终结”。在西方，左派也受到这种思潮的影响。共产党人声明忠诚于社会主义理想，但立即补充说，他们和苏联历史，甚至和中国历史（他们竟然说那里“资本主义复辟了”）没有丝毫的关系。为了反击这种“脱离历史”的思潮，我以尊重历史的态度，阐明从俄国十月革命到邓小平改革后中国崛起的共产主义运动史。

田时纲：您认为苏联解体的原因是什么？

洛苏尔多：1947 年，美国外交官凯南（Georgio F. Kenan）形成“遏制”

政策理论时，强调必须"加剧紧张状态，让苏联政治承受"，从而"促使那些倾向最终找到出路，或让苏联政权崩溃，或让它变温和"。今天，美国对中国的政策没有实质的不同，只是中国拥有更丰富的政治经验。

除了美国的"遏制"政策外，苏联内部严重衰弱导致其解体。我们应当反思列宁的英明论断："没有革命的理论，就没有革命的运动。"毫无疑问，布尔什维克党拥有夺取政权的理论；然而，若把革命不仅理解为推翻旧制度，而且建设新制度的话，那么从本质上看，布尔什维克党和国际共产主义运动缺少革命的理论。苏联共产党的严重错误在于未做任何实际努力填补这一空白。

田时纲：您认为中国革命的特点和意义是什么？

洛苏尔多：在20世纪初，中国沦为殖民地和半殖民地世界的一部分，受到帝国主义和殖民主义的奴役。十月革命是世界历史上的转折点，它推动在全球范围内掀起反殖民主义浪潮。然而，由德、日法西斯分别发动的侵苏和侵华战争是历史上规模最大的殖民战争。因此，苏联的斯大林格勒保卫战、中国的长征及抗日战争是名垂史册的伟大阶级斗争，粉碎了最野蛮帝国主义重新瓜分世界、让伟大民族沦为所谓"优越"种族贵族的奴隶的罪恶野心。

不过，殖民地和半殖民地民族解放斗争并未随着获得政治独立而终结。早在1949年，毛泽东就鲜明地预见到，反殖民主义、反帝国主义的革命必须要从军事阶段向经济阶段过渡。

今天，面对美国依然妄图维持技术垄断，旨在继续行使霸权，甚至实行新殖民主义间接统治，有必要着力强调：中国革命不仅是结束一百多年来受奴役状态并建立人民共和国的长期斗争，不仅是进行经济建设与社会建设，从而让亿万人民摆脱饥饿、贫困状态的斗争，而且是粉碎帝国主义技术垄断的斗争。要知道，西方对技术的垄断不是自然的馈赠，而是几百年统治和压迫的结果！

田时纲：2005年问世的《自由主义的反历史》获得极大成功，在意大利一年内再版三次，并被译成多种语言。请您谈谈为什么用这个书名？

洛苏尔多：我的著作并非拒绝承认自由主义的价值。《自由主义的反历史》采用的方法论是：研究对象不是抽象的自由思想，而是自由主义，即具体的自由运动和自由社会。这本书主要批驳自由主义和"自由西方"的自我颂扬和辩护观。在这种思想传统内，大肆赞颂自由，却闭口不谈对劳动者阶级尤其对殖民地的奴役与伤害。

应当说，源于1688～1689年光荣革命的自由英国的最初国际政策，是保障对贩运黑奴的垄断。无独有偶，更加典型的是奴隶制在美国历史上的作用。美国建国后最初36位总统中，竟然有32个奴隶主。不仅如此，在几十年内，美国卖力推销奴隶制，其卖力程度不亚于今天推销"民主"：在19世纪中叶，美国先通过战争并吞墨西哥的得克萨斯，再重新引入奴隶制。尽管先是英国，随后是美国，感到取消奴隶制的必要性，但黑奴被中国和印度的苦力代替，身受变相奴隶制的奴役。1952年12月，美国司法部长致函最高法院，主要讨论公立学校合并问题，言词"雄辩"地说："种族歧视为共产党宣传提供了炮弹，在友好国家中也引起我们对民主信仰忠诚度的怀疑。"美国历史学家 C. Vann Woodward 观察并描述了这一事件：华盛顿的"隔离有色种族"政策，不仅在东方和第三世界遇到危险，而且在美国心脏地区也不得人心。

这里，存在一个悖论。当今，美国乐此不疲地指责中国缺少民主；但值得注意的是，民主的一个本质要素是取消种族歧视，在美国取得这一民主成果，要感谢全世界反殖民主义运动的兴起，而中国是这一运动的重要部分。

田时纲：据我所知，在《共产党宣言》众多意大利语译本中，有3个最为著名：1902年安东尼奥·拉布里奥拉译本、1943年陶里亚蒂译本、1999年洛苏尔多译本。这部马克思、恩格斯1848年问世的杰作，对当代马克思主义者有什么意义？

洛苏尔多：我在《共产党宣言》新译本的导言中，努力回顾这一杰作发表后150年的历史。1840年，19世纪欧洲另一伟大人物托克维尔发表第二部著作《论美国的民主》。在核心一章的标题中，他断言"大规模的革命变得越来越少"。然而，考察1840年后100年或150年的历史的话，就会发现这位法国自由派人士的论断不能成立，在世界历史上，这一时期革命爆发颇为频繁。

毫无疑义：马克思和恩格斯预见到，无产阶级反对资本主义、反对把"工人变成了机器的单纯的附属品"制度的起义。不仅如此，《共产党宣言》高瞻远瞩地描述了今天被称作全球化的特征，马克思和恩格斯清醒地认识到这是一个充满矛盾的过程，（在资本主义范围内），其特征是生产过剩的巨大危机，会导致巨大社会财富的破坏和广大劳动群众的贫困化。

《共产党宣言》号召发动无产阶级革命、"农民革命"和"民族解放"革命，以反对资本主义世界。这样，马克思和恩格斯提前预告在第三世界实现的革命胜利，譬如中国革命的胜利。可以说，《共产党宣言》预见以新经济为特征的全球化，虽然主要就欧美而言，但同样为希望独立发展经济的第三世界国家（包括中国）指明了历史方向。

田时纲：作为意大利左派学者，您认为葛兰西对马克思主义理论的重要贡献是什么？

洛苏尔多：第一，葛兰西强调"领导权"对夺取政权和维护政权的重要性。早在1926年他写道："都灵共产党人具体地提出了无产阶级领导权问题，即无产阶级专政和工人国家的社会基础问题。"领导权不仅包括政治、经济，而且包括文化－意识形态领导权。在现代社会，文化－意识形态领导权尤显重要。

第二，葛兰西充分认识到建设社会主义过程的复杂性。起初，会出现"集体主义的贫困、痛苦"。接着，需要大力发展生产力。在这方面，考察葛兰西对苏联新经济政策的重要立场受益匪浅。当时苏联社会出现一种"在历史上从未见过"的现象："一个统治阶级整体上生活条件低于被统治阶级和从属阶级的某些分子和阶层"，工农群众继续过着艰难的生活，而新经济政策的受益者身着皮大衣、享尽人间幸福；"历史把这种前所未闻的矛盾留给了无产阶级，无产阶级专政的巨大危险恰恰在于这种矛盾"。但这不应当成为腐化堕落和疑惑动摇的原因。因为无产阶级"如果不能为了阶级的普遍与长远利益而牺牲那些直接利益的话，也不可能坚持无产阶级领导权和无产阶级专政"。然而，共产党必须积极努力改变这种现象，尽快缩小工农群众和其他阶层的收入差异。葛兰西的这段论述有益于西方左派理解今日中国的现实，对中国同志也具有借鉴意义。

第三，葛兰西对共产主义社会有精辟见解。当我们讨论废除国家和在市民社会中被重新吸纳的神话时，葛兰西让我们注意市民社会本身就是一种国家形态；他还指出国际主义并不否定民族的独特性。在资本主义制度灭亡后，这些民族独特性继续存在。正如说到市场，葛兰西强调"确定的市场"，而不是抽象的市场。葛兰西的这些真知灼见，能够帮助我们克服弥赛亚主义，正是这种思潮阻碍建设后资本主义社会。

第四，即使《狱中札记》在批判资本主义时，也拒绝把近代史和资产阶级革命妖魔化，视为某种"畸形学"的历史。同样，我们共产党人为了总结历史经验，要善于实事求是地、科学地批判斯大林的严重错误、毛泽东和其他领导人的错误，但绝不能把国际共产主义运动史的这些篇章妖魔化、视为某种"畸形学"的历史。

田时纲：谢谢！期待您再次来中国。

（刊于 2011 年 11 月 29 日《中国社会科学报》）

后 记

　　受歌德的启示，我将文集题名为"真与诗"，主要由文章内容决定：对真理的探寻，对美的追求。文集由三部分构成：评传、论文、随笔。

　　第一部分，是 20 世纪意大利产生世界影响的思想家克罗齐、葛兰西、贝林格和帕累托的评传。因为思想家的理论成果是他们对人生的体验和感悟，是对时代的反思，因此除阐述他们的思想理论外，还应介绍他们所处的时代，他们在时代大潮中的活动，他们的文化背景和思想发展的轨迹。4篇评传的顺序依照它们发表的时间。

　　第二部分，收录 12 篇学术论文，其中关于葛兰西的 6 篇，关于克罗齐的 2 篇，关于马基雅维利、布鲁诺、拉布里奥拉和蒙台梭利的各 1 篇；还收录 6 篇对意大利学术名著中译本（《狱中札记》《美学原理》《美学纲要》《美学精要》《美的历史》）的批评性评论。

　　第三部分，收录 11 篇学术随笔，涉及哲学、美学、文学、史学、艺术史及翻译实践。数篇意大利名著中译本的序言和后记，因篇幅短小，也可视为随笔。

　　文集内收录的文章时间跨度颇大，最早发表时间是 1984 年，最晚发表的是 2016 年，长达 32 年。从某种意义上，它们构成我的劳动史、工作史。一篇篇文章让我思绪万千，让我回想起走过的不平凡的学术之路。

　　我是北京外国语学院意大利语专业 1967 年毕业生，在"文革"浩劫年代被剥夺用所学专业报效祖国的权利。作为外事干部方向培养的我，因姑父在清理阶级队伍运动中被定为"军统特嫌"，受到牵连，先到部队农场锻炼 2 年，后分配到河北深县任乡村教师 8 年。

1978 年 9 月，我迎着改革开放的"春风"，迈进中国社会科学院研究生院大门，师从夏甄陶教授，学习马克思主义哲学原理。1980 年 12 月，姑父的冤案得以平反（同名同姓特务被揪出），我也修完基础课和专业课，被国家选派罗马大学进修理论哲学，重点研习葛兰西哲学思想。

1983 年 7 月回国至 1990 年，这 7 年间完成克罗齐、葛兰西和贝林格 3 篇评传和数篇葛兰西研究论文。20 世纪 90 年代，我被文化部和外交部借调，先后在中国驻意大利大使馆文化处和研究室工作 7 年；其余 3 年完成一部译作——帕累托的《普通社会学纲要》。

如果说 20 世纪 80 年代是我科研的"播种期"，90 年代是"生长期"，那么从 2001 年至今可以说是"收获期"。从 2001 年 1 月开始，我继续自己的科研工作，本着研究和翻译并举的精神，15 年来完成多部译著：克罗齐的《历史学的理论和历史》《作为思想和行动的历史》《十九世纪欧洲史》《美学的理论》《自我评论》，葛兰西的《狱中书简》《火与玫瑰》，布鲁诺的《论无限、宇宙和诸世界》《论原因、本原和太一》，《蒙台梭利文集》（五卷本）和世界儿童文学名著《爱的教育》等。文集中大部分论文和随笔也是这一时期撰写的。

经历过寒冬的人更知春天的温暖。我庆幸自己赶上好时代，珍惜中华民族复兴的伟大时代。我感到欣慰：能为社会主义文化大厦增添一砖一瓦；同时，我也感到惭愧：科研成果远没有达到时代对哲学社会科学工作者的要求。

我记得布鲁诺说过：我的工作无上光荣，不是为了追求获胜，而是出于对真理的追求和热爱。我下定决心，只要身体条件允许，我就不会停止工作，要用自己的科研成果为实现中国梦，为祖国的社会建设和文化建设贡献自己的力量。

田时纲

2016 年 11 月 24 日

图书在版编目（CIP）数据

真与诗：意大利哲学、文化论丛 / 田时纲著. --
北京：社会科学文献出版社，2016.12
（中国社会科学院老年学者文库）
ISBN 978 - 7 - 5097 - 9455 - 5

Ⅰ.①真… Ⅱ.①田… Ⅲ.①哲学思想 - 意大利 - 文
集②文化史 - 意大利 - 文集 Ⅳ.①B546 - 53
②K546.03 - 53

中国版本图书馆 CIP 数据核字（2016）第 163133 号

中国社会科学院老年学者文库

真与诗
——意大利哲学、文化论丛

著　　者 / 田时纲

出　版　人 / 谢寿光
项目统筹 / 宋月华　杨春花
责任编辑 / 范明礼　李海瑞

出　　版 / 社会科学文献出版社·人文分社（010）59367215
　　　　　地址：北京市北三环中路甲29号院华龙大厦　邮编：100029
　　　　　网址：www.ssap.com.cn
发　　行 / 市场营销中心（010）59367081　59367018
印　　装 / 三河市尚艺印装有限公司

规　　格 / 开　本：787mm × 1092mm　1/16
　　　　　印　张：29.75　字　数：450 千字
版　　次 / 2016 年 12 月第 1 版　2016 年 12 月第 1 次印刷
书　　号 / ISBN 978 - 7 - 5097 - 9455 - 5
定　　价 / 128.00 元

本书如有印装质量问题，请与读者服务中心（010 - 59367028）联系